# ZANONI
## ROMANCE OCULTISTA

*Sir* E. Bulwer Lytton

# ZANONI

## ROMANCE OCULTISTA

*Tradução*
FRANCISCO VALDOMIRO LORENZ

**EDITORA PENSAMENTO**
São Paulo

Título do original:
*Zanoni*

| Edição | O primeiro número à esquerda indica a edição, ou reedição, desta obra. A primeira dezena à direita indica o ano em que esta edição, ou reedição foi publicada. | Ano |
|---|---|---|
| 11-12-13-14-15-16-17-18 |  | 05-06-07-08-09-10-11 |

Direitos de tradução reservados
EDITORA PENSAMENTO-CULTRIX LTDA.
Rua Dr. Mário Vicente, 368 – 04270-000 – São Paulo, SP
Fone: 6166-9000 – Fax: 6166-9008
E-mail: pensamento@cultrix.com.br
http://www.pensamento-cultrix.com.br

*Impresso em nossas oficinas gráficas.*

# *Sumário*

Nota .................................................... 6
Explicação do *Zanoni* ................................... 8
Argumento ............................................... 9
Introdução .............................................. 11

### LIVRO PRIMEIRO
O Músico ................................................ 19

### LIVRO SEGUNDO
Arte, Amor e Maravilhas ................................. 57

### LIVRO TERCEIRO
Teurgia ................................................. 98
    O Confessionário do Coração ...................... 115
    Carta de Zanoni a Mejnour ........................ 123

### LIVRO QUARTO
O Espectro do Umbral ................................... 165
    Extratos das Cartas de Zanoni a Mejnour .......... 208

### LIVRO QUINTO
Os Efeitos do Elixir ................................... 217

### LIVRO SEXTO
A Superstição Fugindo da Fé ............................ 241
    Carta de Zanoni a Mejnour ........................ 245
    Carta de Mejnour a Zanoni ........................ 246
    Carta de Viola a Zanoni .......................... 257

### LIVRO SÉTIMO
O Reinado do Terror .................................... 260
    Carta de Zanoni a Mejnour ........................ 273
    Carta de Zanoni a Mejnour ........................ 303

# *Nota*

A curiosidade que *Zanoni* despertou entre os que acham útil penetrar o sentido mais sutil que ele encerra, podia dispensar-se de acrescentar aqui poucas palavras, não como explanação de seus mistérios, mas sobre os princípios que os permitem.

*Zanoni* não é, como alguns pretendem, uma alegoria; mas, sob a narrativa que ele desenvolve, se ocultam significações simbólicas.

Apresenta ele duas feições distintas e, contudo, harmônicas.

Primeira, a de uma ficção simples e objetiva, em que (dada uma vez a permissão do autor em escolher o assunto que é, ou parece ser, preternatural) o leitor julga o escritor pelas regras usuais – a saber, pela firmeza de seus caracteres, sob tais circunstâncias admitidas, o interesse de sua história e a coerência de seu plano; da obra encarada deste ponto, não intento dizer nada, quer na exposição do objeto, quer em defesa da execução.

Nenhuma das significações simbólicas (que, em termos latos, não são mais do que sugestões morais, mais ou menos numerosas, mais ou menos sutis) pode desculpar, justamente, ao autor de uma ficção, pelos erros que deveria evitar numa novela mais ordinária. Não temos razão de esperar que o leitor mais ingênuo procure o significado interno, se o curso manifesto da narração é tedioso e desagradável. É, pelo contrário, em virtude do contentamento que provamos com o sentido objetivo de uma obra de imaginação, que nos inclinamos a investigar o fundo das intenções mais secretas do autor.

Não nos teriam maravilhado tanto o *Fausto*, o *Hamlet* e o *Prometeu* e não nos deixaríamos ardentemente levar pelo interesse da história referida às inteligências comuns, se nos preocupássemos pouco com os símbolos que podemos observar em cada qual deles. Nenhum de nós pode elucidá-los, porque a *essência* do símbolo é um mistério. Vemos a figura, mas não podemos levantar-lhe o véu. O autor mesmo não poderia *explicar* o que designou.

Uma alegoria é um disfarce das coisas distintas e definidas – virtudes ou qualidades –, e a chave pode ser facilmente dada; mas o escritor que comunica as significações simbólicas, pode expressá-las em miríades. Ele não pode dissociar as cores que se casam dentro da luz que procura lançar sobre a verdade; e, por isso, os grandes mestres desta encantada região – o país maravilhoso dos países maravilhosos, a poesia da poesia –, levam, com sabedoria, cada discípulo a adivinhar a Verdade, como melhor lhe apraz, ou segundo as luzes que possui. Ter pedido a Goethe uma explicação do *Fausto*, fora provocar uma resposta complexa e embaraçosa; o mesmo fora pedir a Mefistófeles uma explanação do que está debaixo da terra.

As cumulações internas podem diferir para o caminhante; cada uma pode requerer uma nova descrição; e o que é um tesouro para o geólogo, é uma caliça para o mineiro. Seis mundos podem achar-se debaixo de um torrão, mas o olhar comum não descobre mais do que *seis camadas de pedra*.

A arte em si mesma, se não é necessariamente simbólica, é essencialmente o que sugere algo de mais sutil do que o que reveste os sentidos. O que Plínio nos conta de um grande pintor da antiguidade, é igualmente aplicável aos grandes pintores; "suas obras exprimem alguma coisa além das palavras" – mais sentidas do que compreendidas. Pertence tal coisa à concentração do intelecto que pede sublime arte, e que, melhor do que todas as suas irmãs, a escultura ilustra.

A estátua de Mercúrio de Thorwaldsen não é senão uma simples figura e, contudo, significa muitas coisas para os versados em toda lenda mitológica. Tirou o deus dos lábios o cachimbo, porque já acalentou, a dormir, o Argus, que vós não vedes. Ele impele a espada com o seu calcanhar, porque é chegado o momento que deve arremeter contra a vítima.

Aplicou o princípio desta nobre concentração da arte ao escritor moral: este expõe ao seu olhar apenas uma *simples figura*; contudo, cada atitude, ou expressão, denota acontecimentos verdadeiros; deve ter o conhecimento, lembrança e sutileza para *penetrar*, ou a imaginação para *conjecturar*. Mas, para um juiz severo da escultura, haveria, porventura, algum prazer em descobrir o todo *não falado* na obra-prima de Thorwaldsen, se o artista tivesse gravado na base da estátua o pormenor da significação?

Não é a mesma coisa com o sentido simbólico que o artista dá em suas palavras?

O prazer da arte profética, em cada qual, é o nobre exercício de todos aqueles por quem a arte é dignamente encarada.

Nós, que somos os mais humildes da raça, não desarrazoadamente nos abrigamos sob a autoridade dos mestres, sobre quem o julgamento do mundo é pronunciado; e citam-se grandes nomes, não com a arrogância dos iguais, mas com a humildade dos inferiores.

O autor de *Zanoni* não dá, pois, a *chave* dos mistérios, sejam eles triviais ou importantes, chave que pode ser encontrada na *câmara secreta* por aqueles que erguem a tapeçaria das paredes; mas fora de muitas soluções de maiores enigmas – se enigmas, de fato, há que lhe foram transmitidos, ele aventura-se a escolher um que nos apresenta, apesar da nossa engenhosidade de pensamento e do respeito ao escritor distinto (um dos mais eminentes que a nossa época produziu), o qual é digno de honra e maior acatamento.

Ele deixa-o ao leitor, que pode aceitá-lo ou não. Cem homens, diz um velho platônico, podem ler um livro sob a luz da mesma lâmpada; não obstante, todos podem diferir no texto, porque a lâmpada só alumia os caracteres – *a mente deve adivinhar a significação*.

O objeto de uma parábola não é o de um problema; ele não vem, por fim, convencer, mas sugerir. A parábola apresenta o pensamento por baixo da superfície do conhecimento para as inteligências que o mundo raramente conhece. Não é luz solar sobre a água; é um hino cantado à ninfa, que acorda e ouve internamente.

## EXPLICAÇÃO DO ZANONI

### Por...

*Mejnour* – Contemplação do Atual – *Ciência*. Sempre velho, deve ser, apesar disso, sempre o Atual. Menos falível do que o Idealismo, mas menos praticamente poderoso, por sua ignorância do coração humano.

*Zanoni* – Contemplação do Ideal. Sempre necessariamente simpático; vive pelo gozo; e é, por isso, simbolizado pela eterna mocidade.* O Idealismo é o poderoso Intérprete e Profeta do Real; mas os seus poderes se enfraquecem à medida que se manifesta à paixão humana.

*Viola* – Instinto humano. (Dificilmente digno de chamar-se *Amor*, visto como o Amor não faltaria ao seu objeto na ordem da superstição.) Dirige-se, primeiro, em sua aspiração ao Ideal, às aparências brilhantes; depois, deixa estas por um sentimento mais elevado: mas é, contudo, pelas condições da sua natureza, impróprio a este, e sujeito a suspeitas e desconfianças. Sua força maior (Instinto Materno) tem o poder de penetrar muitos segredos, de traçar muitos movimentos do Ideal; mas, sendo fraca demais para os governar, cede à Superstição, vê faltas onde não há enganos, cometendo, além disso, um erro sob uma falsa direção; procura fracamente refugiar-se entre os tumultos das paixões guerreiras do Atual, ao passo que deserta do sereno Ideal – lânguido, não obstante, na ausência do Ideal, e moribundo (não parecendo, mas tornando-se transmudado) na aspiração de ter reconciliadas as leis de duas naturezas.

(Poder-se-ia melhor acomodar à concepção popular e chamar a estes três: – a Compreensão, a Imaginação e o Coração.)

*Filhos – Instinto recém-nascido*, enquanto educado e instruído pelo Idealismo, promete um resultado sobre-humano por sua precoce, incomunicável vigilância e inteligência, mas é impelido à inevitável orfandade, e uma parte das leis de sua existência cai nas condições ordinárias.

*Adonai (Aidon-Ai)* – Fé, que manifesta seu esplendor, relata seus oráculos, e comunica suas maravilhas somente à natureza mais alta da alma, e cujos ordenados

---

\* Não compreendo o Idealismo menos durável (sobre a cena da existência) que a Ciência. – Comentador.

Porque, dadas as premissas acima, o Idealismo é mais que a Ciência, sujeito às Afeições, ou ao Intelecto, pois as Afeições, mais cedo ou mais tarde, forçam o Idealismo no Atual, e no atual a sua imortalidade se extingue. A única porção do Atual encontra-se nas cenas finais que pintam a Região do Terror... A introdução desta parte foi acusada de conter as porções fantásticas que a precederam... Mas, se o escritor da solução mostrou exatamente a intenção do Autor, a cena mais forte e rudemente atual da idade em que a história está calcada, foi a compleição necessária e harmoniosa do Todo. Os excessos e crimes da Humanidade são a sepultura do Ideal. – O Autor.

antagonismos são como o Medo; de modo que aqueles que empregam os recursos do Medo devem dispensar os da Fé. Contudo, a aspiração conserva aberto o caminho da redenção e pode excitar a Fé, quando o grito saia mesmo da escravidão do Medo.

*Morador do Umbral* – Medo (ou Horror), de cuja palidez os homens se protegem pela opacidade da região da Prescrição e do Costume. Desde que esta proteção é deixada e o espírito humano atravessa a nuvem, e entra só nas inexploradas regiões da Natureza, este Horror Natural o persegue, e deve ser felizmente combatido somente pela desconfiança – pela aspiração para o Formador e Diretor da Natureza e confiança Nele, cujo Mensageiro e Instrumento de segurança é a Fé.

*Mervale* – Convencionalismo.

*Nicot* – Baixa, vil, maligna *Paixão*.

*Glyndon* – Aspiração sem apoio. Seguiria o Instinto, mas é impedido pelo Convencionalismo, intimidado pelo Idealismo, todavia, atraído e ligeiramente inspirado, mas não tem firmeza para a contemplação iniciatória do Atual.

Ele associa os seus arrebatados privilégios ao sensualismo habitual, e sofre, ao mesmo tempo, o horror de um desgosto do outro, envolvendo o inocente no conflito fatal de seu espírito. Quando já está a ponto de perecer, é salvo pelo Idealismo e, incapaz de levantar-se à idéia da existência, compraz-se em abismar-se na região do Familiar, e descansa, daqui por diante, no Costume.

(É o espelho da mocidade.)

## ARGUMENTO

A existência humana está sujeita às condições ordinárias ou delas isenta (tais são: moléstia, pobreza, ignorância, morte).

A *Ciência* esforça-se por levar o mais digno além das condições ordinárias, e o resultado disso é haver tantas vítimas quanto os esforços, e o competidor ficar finalmente solitário – porque o seu objeto é incongruente com as naturezas que trata.

A procura do Ideal envolve tanta emoção que torna o Idealismo vulnerável pela paixão humana e, enquanto tenta guardar-se, fica, não obstante, vulnerável – sujeito a unir-se ao Instinto. A paixão obscurece o conhecimento e a previsão.

Todo o esforço para elevar o Instinto ao Idealismo é infrutuoso; as leis do ser de um e as de outro não coincidem (no primeiro estágio da existência de um).

Ou o Instinto se alarma e se refugia na Superstição ou no Costume, ou fica entregue à caridade humana, ou aos cuidados da providência.

O Idealismo, sem conhecimento e previsão, perde a sua serenidade; torna-se, uma vez mais, sujeito ao horror de que escapou, e, aceitando o seu auxílio, perde o favor mais alto da Fé. Resta-lhe, contudo, a aspiração, com cujo auxílio pode vagarosamente reabilitar-se e, desta maneira, alcançar o melhor.

Fortalecida pela aspiração, a Fé tira do Medo a verdade salvadora a que a Ciência continua cega e a quem o Idealismo dá as boas-vindas como à sua coroação final, a Prova inestimável conseguida com muito trabalho, depois de muitos conflitos.

Dada a elaboração desta prova, o *Convencionalismo* estiola-se, e se por acaso se salva, torna-se complacente; a *Paixão egoística* morre, ou rasteja sem auxílio; o *Instinto* dorme, para despertar num plano mais alto; o *Idealismo* aprende, como uma lição, que o sacrifício próprio é a verdadeira redenção; que a região de além-túmulo é apenas um *preparo* para a isenção das condições mortais; e que a Morte é o *portal eterno*, indicado pelo dedo de Deus – a larga avenida na qual o homem não se lança solitário e clandestino, mas entra triunfante, saudado por uma hierarquia de naturezas imortais.

O resultado é (em outros termos) que o *Lote universal-humano é, afinal, o do privilégio mais sublime.*

# *Introdução*

*É possível que entre os meus leitores haja alguns poucos que ainda se recordem de uma antiga livraria que existia, há uns anos, nas imediações de* Covent Garden;* *digo poucos porque, certamente, para a grande maioria das pessoas, muito escasso atrativo possuíam aqueles preciosos volumes que toda uma vida de contínuo labor havia acumulado nas empoadas estantes do meu velho amigo D. Ali não se encontravam tratados populares, nem romances interessantes, nem histórias, nem descrições de viagens, nem a "Biblioteca para o povo", nem a "Leitura recreativa para todos". O curioso, porém, podia descobrir ali uma rica coleção de obras de Alquimia, Cabala e Astrologia, que um entusiasta conseguiu reunir e que, em toda a Europa, talvez fosse a mais notável em seu gênero. Seu proprietário tinha gasto uma verdadeira fortuna na aquisição de tesouros que não deviam ter saída. Mas o velho D. não desejava, na realidade, vendê-los. O seu coração não se sentia bem quando um freguês entrava em sua livraria; ele espiava os movimentos do intruso, lançando-lhe olhares vingativos; andava ao redor dele, vigiando-o atentamente; fazia carrancas e dava suspiros quando mãos profanas tiravam de seus nichos alguns dos seus ídolos. Se, por acaso, a alguém atraía uma das sultanas favoritas do seu encantador harém, e o preço dado não lhe parecia ser demasiado exorbitante, muitas vezes era duplicado esse preço. Se vacilava um pouco, o proprietário, com vivo prazer, arrebatava-lhe das mãos a venerável obra que o encantava; se aceitava suas condições, o desespero se pintava no rosto do vendedor; e não eram raros os casos em que, no meio do silêncio da noite, ia bater à porta da moradia do freguês, pedindo-lhe que lhe vendesse, nas condições que desejasse, o livro que havia comprado, pagando-lhe esplendidamente o preço estipulado. Um crente admirador do seu Averrois e do seu Paracelso, ele sentia a mesma repugnância que os filósofos que havia estudado, em comunicar aos profanos o saber que tinha adquirido.*

*Sucedeu, pois, que nos anos juvenis da minha existência e da minha vida literária, senti um vivo desejo de conhecer a verdadeira origem e as doutrinas da estranha seita a que se dá o nome de "rosa-cruz". Não satisfeito com as escassas e superficiais*

---

\* Assim se denomina um ponto de Londres, ocupado antigamente pelo jardim de um convento, e onde atualmente estão situados um teatro e um mercado. (N. do T.)

*informações que acerca deste assunto se pode achar nas obras comuns, opinei que talvez na coleção do Sr. D., que era rica não só em livros impressos como também em manuscritos, encontrasse alguns dados mais precisos e autênticos sobre essa famosa fraternidade, escritos, quiçá, por algum dos membros da Ordem, e que confirmassem, com o valor da sua autoridade e com certas particularidades, as pretensões à sabedoria e à virtude que Bringaret atribuía aos sucessores dos caldeus e dos ginosofistas. De acordo com essas suposições, encaminhei os meus passos ao dito sítio, o qual era, indubitavelmente (embora eu tenha de envergonhar-me disso), um dos meus passeios prediletos. Porém, não existem, acaso, nas crônicas dos nossos dias, erros e enganos tão obscuros como os dos alquimistas dos tempos antigos? É possível que até os nossos periódicos vão parecer à posteridade tão cheios de ilusões, como aos nossos olhos parecem os livros dos alquimistas; e, talvez, achem até estranho que a imprensa é o ar que respiramos, quando este ar é tão nebuloso!*

Ao entrar na livraria, notei um freguês de venerável aspecto, a quem nunca dantes ali havia encontrado, e cuja presença chamou a minha atenção. Surpreendeu-me também o respeito com que era tratado pelo colecionador, de ordinário desdenhoso.

– Senhor – exclamou este, com ênfase, enquanto eu estava folheando o catálogo –, nos quarenta e cinco anos que levo dedicados a esta classe de investigações, é o senhor o único homem que tenho encontrado digno de ser meu freguês. Como pôde nestes tempos tão frívolos adquirir um saber tão profundo? E quanto a essa augusta fraternidade, cujas doutrinas, vislumbradas pelos primeiros filósofos, lhes ficaram sendo misteriosas, diga-me se existe realmente na Terra um livro, um manuscrito em que se possam aprender as descobertas e os ensinos dessa sociedade?

Ao ouvir as palavras "augusta fraternidade", excitou-se muito a minha curiosidade e atenção, e escutei com avidez a resposta do desconhecido.

– Eu não julgo – disse o velho cavalheiro – que os mestres da dita escola tenham revelado ao mundo as suas verdadeiras doutrinas, a não ser por meio de obscuras insinuações e parábolas místicas; e não os censuro por sua discrição.

Depois de ter dito estas palavras calou-se e parecia que ia retirar-se, quando eu me dirigi ao colecionador, dizendo-lhe de um modo algo brusco:

– Não vejo em seu catálogo, Sr. D., nada que faça referência aos rosa-cruzes.

– Os rosa-cruzes! – repetiu o velho cavalheiro, olhando-me fixamente, com certa surpresa. – Quem, a não ser um rosa-cruz, poderia explicar os mistérios rosa-cruzes?! E o senhor poderá imaginar que um membro dessa seita, a mais zelosa de todas as sociedades secretas, tenha querido levantar o véu que oculta ao mundo a Ísis da sua sabedoria?

Ah! pensei eu comigo, esta será, pois, a "augusta fraternidade" de que falou. Louvado seja o céu! Com certeza, topei agora com um membro dessa fraternidade.

– Porém – respondo em voz alta –, onde poderia eu, senhor, obter alguma informação, se não se encontra nos livros? Em nossos dias, não pode um literato arriscar-se a escrever sobre qualquer coisa sem conhecê-la a fundo, e quase nem se pode citar uma frase de Shakespeare sem citar ao mesmo tempo o título da obra, o capítulo e a página. Nossa época é a época dos fatos, senhor, a época dos fatos.

– Bem – disse o ancião, com um amável sorriso –, se nos virmos outra vez, poderei talvez, ao menos, dirigir as investigações do senhor à fonte mesma do saber.

E, ditas essas palavras, abotoou o sobretudo, chamou com um assobio o seu cão e saiu.

Quatro dias depois da nossa breve conversação na livraria do Sr. D., encontrei-me de novo com o velho cavalheiro. Eu ia tranqüilamente a cavalo em direção a Highgate quando, ao pé da sua clássica colina, distingui o desconhecido que ia montado num cavalo preto, e diante dele marchava o seu cão, preto também.

Se você encontrar, prezado leitor, o homem que deseja conhecer, cavalgando ao pé de uma longa subida, de onde não pode se afastar muito, por certa consideração de humanidade à espécie animal, a não ser que ande no cavalo de estimação de algum amigo que lho emprestou, julgo que seria sua a culpa se não o alcançasse antes de ele chegar em cima da colina. Em suma, favoreceu-me tanto a sorte que, ao chegar a Highgate, o velho cavalheiro convidou-me a descansar um pouco em sua casa, que estava a curta distância da povoação; e era uma casa excelente, pequena, porém confortável, com um vasto jardim, e das suas janelas gozava-se de uma vista tão bela que seguramente Lucrécio a recomendaria aos filósofos. Num dia claro, podiam-se distinguir perfeitamente as torres e cúpulas de Londres; ali estava o tranqüilo retiro do eremita, e lá longe o mare-magnum do mundo.

As paredes dos principais aposentos estavam decoradas com pinturas de um mérito extraordinário, pertencentes àquela alta escola de arte que é tão malcompreendida fora da Itália. Fiquei admirado ao saber que essas pinturas haviam sido feitas pela mão do mesmo proprietário. As demonstrações da minha admiração pareceram agradar ao meu novo amigo, e levaram-no a falar sobre esse ponto; notei que ele não era menos inteligente no que se referia às teorias da arte do que consumado na prática da mesma. Sem querer molestar o leitor com juízos críticos desnecessários, não posso deixar entretanto de observar, a fim de elucidar em grande parte o desígnio e o caráter da obra à qual estas páginas servem de introdução, digo, não posso deixar de observar em poucas palavras que ele insistia muito na relação que existe entre as diferentes artes, de igual modo como um eminente autor o tem feito com respeito às ciências; e que também opinava que, em toda a classe de obras de imaginação – sejam estas expressas por meio de palavras ou por meio de cores – o artista, pertencente às escolas mais elevadas, deve fazer a mais ampla distinção entre o real e o verdadeiro ou, em outras palavras, entre a imitação da vida real e a exaltação da natureza até o ideal.

– O primeiro – disse ele – é o que caracteriza a escola holandesa; o segundo, a escola grega.

– Hoje, senhor – repliquei –, a escola holandesa está mais em voga.

– Sim, na arte de pintar, pode ser – respondeu o meu amigo –, porém na literatura...

– Foi precisamente à literatura que me referi. Os nossos poetas mais novos são todos pela simplicidade e por Betty Foy; e o que os nossos críticos apreciam mais numa obra de imaginação é poder-se dizer que suas personagens são exatamente como se tiradas da vida comum. Até na escultura.

13

– *Na escultura! Não, não! Ali o ideal mais elevado deve ser, pelo menos, a parte essencial!*

– *Perdoe-me, senhor; parece-me que não viu Souter Johnny e Tom O'Shanter.*

– *Ah!* – exclamou o velho cavalheiro, meneando a cabeça – *pelo que vejo, vivo muito apartado do mundo. Suponho que Shakespeare deixou de ser admirado, não é?*

– *Pelo contrário; a gente adora Shakespeare, porém essa adoração não é mais que um pretexto para atacar a todos os outros escritores. Mas os nossos críticos descobriram que Shakespeare é tão* realista!

– *Shakespeare realista! O poeta que nunca delineou uma personagem que se pudesse encontrar no mundo em que vivemos, e que nem uma vez sequer desceu a apresentar uma paixão falsa, ou uma personagem real!*

Estava eu pronto a replicar gravemente a esse paradoxo, quando percebi que o meu companheiro começava a perder sua calma habitual. E aquele que desejar pescar um rosa-cruz, deve cuidar de não turvar a água. Assim, pois, achei que convinha mais dar outro rumo à conversação.

– *Revenons à nos moutons (Volvamos ao nosso tema)* – disse-lhe –; *o senhor me prometeu dissipar a minha ignorância acerca dos rosa-cruzes.*

– *Muito bem!* – respondeu-me ele, em tom sério –, *porém, com que propósito? Deseja talvez entrar no templo somente para ridicularizar os ritos?*

– *Por quem me toma o senhor?! Certamente, se tal fosse o meu intento, a infeliz sorte do abade de Vilars seria uma lição suficiente para advertir a toda gente que não se deve tratar com frivolidade os reinos das salamandras e dos silfos. Todo mundo sabe como misteriosamente foi privado da vida aquele homem de talento, em paga das satíricas burlas do seu* Conde de Gabalis.

– *Salamandras e silfos! Vejo que incorre no erro vulgar de entender ao pé da letra a linguagem alegórica dos místicos.*

Essa observação deu motivo ao velho cavalheiro para condescender em fazer-me uma relação muito interessante e, como me pareceu, muito erudita acerca das doutrinas dos rosa-cruzes, dos quais, segundo me assegurou, alguns ainda existiam, continuando ainda, em augusto mistério, suas profundas investigações no domínio das ciências naturais e da filosofia oculta.

– *Porém, esta fraternidade* – disse o ancião –, *se bem que respeitável e virtuosa, porque não há no mundo nenhuma ordem monástica que seja mais rígida na prática dos preceitos morais, nem mais ardente na fé cristã, esta fraternidade é apenas um ramo de outras sociedades ainda mais transcendentes nos poderes que adquiriram, e ainda mais ilustres por sua origem. Conhece o senhor a filosofia platônica?*

– *De vez em quando tenho-me perdido em seus labirintos* – respondi. – *À minha fé, os platônicos são cavalheiros que não se deixam compreender facilmente.*

– *E, contudo, os seus problemas mais intrincados nunca foram publicados. Suas obras mais sublimes conservam-se manuscritas e constituem os ensinamentos da iniciação, não só dos rosa-cruzes, como também daquelas fraternidades mais nobres a que me referia há pouco. Porém, ainda mais solenes e sublimes são os conhecimentos que podem respigar-se de seus antecessores, os pitagóricos, e das imortais obras-mestras de Apolônio.*

– *Apolônio, o impostor de Tiana! Existem seus escritos?*
– *Impostor!* – *exclamou meu amigo.* – *Apolônio impostor?!*
– *Perdoe-me, senhor; eu não sabia que ele era um dos seus amigos; e se o senhor me garante por sua pessoa, acreditarei com gosto que ele foi um homem muito respeitável, que dizia só a pura verdade quando se gabava de poder estar em dois lugares distintos ao mesmo tempo.*
– *E isto é tão difícil?* – *replicou o ancião.* – *Se lhe parece impossível, é porque nunca sonhou!*

*Aqui terminou a nossa conversação; porém, desde aquele momento, ficou formada entre nós uma verdadeira intimidade, que durou até que o meu venerável amigo abandonou esta vida terrestre. Descansem em paz as suas cinzas! Ele era um homem de costumes muito originais e de opiniões excêntricas; mas a maior parte do seu tempo empregava em atos de filantropia, sem alarde e sem ostentação alguma. Era entusiasta dos deveres do samaritano; e assim como as suas virtudes eram realçadas pela mais doce caridade, as suas esperanças tinham por base a mais fervorosa fé. Nunca falava sobre a própria origem e a história de sua vida, e eu nunca pude elucidar o mistério obscuro em que estava envolvido. Segundo parece, tinha viajado muito pelo mundo e havia sido testemunha ocular da 1ª Revolução Francesa, a respeito da qual se expressava de modo tão eloqüente quanto instrutivo. Não julgava os crimes daquela tempestuosa época com a filosófica indulgência com que alguns escritores ilustrados (que têm as suas cabeças bem seguras sobre os ombros) se sentem atualmente inclinados a tratar as matanças desses tempos passados; ele falava não como um estudante que tinha lido e raciocinado, mas como um homem que tinha visto e sofrido.*

*O velho cavalheiro parecia estar só no mundo; e eu ignorava que ele tivesse algum parente, até que o seu executor testamentário, um primo seu em grau afastado que residia no estrangeiro, informou-me do bonito legado que fizera o meu pobre amigo. Esse legado consistia, em primeiro lugar, numa quantia de dinheiro, a qual julgo que convém guardar em previsão de um novo imposto sobre as rendas e bens imóveis e, em segundo lugar, em certos preciosos manuscritos, aos quais este livro deve a sua existência.*

*Suponho que devo este último legado a uma visita que fiz àquele sábio – se me permitem chamá-lo com tal nome – poucas semanas antes da sua morte.*

*Embora lesse pouco da literatura moderna, o meu amigo, com a amabilidade que o caracterizava, permitia-me afavelmente que o consultasse acerca de alguns ensaios literários projetados pela irrefletida ambição de um estudante novo e sem experiência. Naquele tempo, procurei saber o seu parecer a respeito de uma obra de imaginação, em que eu me propunha pintar os efeitos do entusiasmo nas diversas modificações do caráter. Ele escutou, com sua paciência habitual, o argumento da minha obra, que era bastante vulgar e prosaico e, dirigindo-se depois com ar pensativo, à sua coleção de livros, tirou um volume antigo do qual me leu, primeiro em grego e em seguida em inglês, alguns trechos do teor seguinte:*

"*Platão fala aqui de quatro classes de mania (palavra que, a meu entender, denota entusiasmo, a inspiração dos deuses); primeira, a musical; segunda, a telética ou mística; terceira, a profética; e, quarta, a pertencente ao amor.*"

*O autor citado pelo meu amigo, depois de sustentar que na alma há algo que está acima do intelecto, e depois de afirmar que em nossa natureza existem distintas energias – uma das quais nos permite descobrir e abraçar, por assim dizer, as ciências e os teoremas com uma rapidez quase intuitiva, ao passo que, mediante outras, executam-se as sublimes obras de arte, tais como as estátuas de Fídias – veio dizer que "o entusiasmo, na verdadeira acepção da palavra, aparece quando aquela parte da alma, que está por cima do intelecto, se eleva, exaltada, até os deuses, de onde provém a sua inspiração".*

*Prosseguindo em seus comentários sobre Platão, o autor observa que "uma dessas manias (isto é, uma das classes de entusiasmo), especialmente a que pertence ao amor, pode fazer remontar a alma à sua divindade e bem-aventurança primitivas; porém, que existe uma íntima união entre elas todas, e que a ordem progressiva pela qual a alma sobe é esta: primeiro, o entusiasmo musical; depois, o entusiasmo telético ou místico; terceiro, o profético; e, finalmente, o entusiasmo do amor".*

*Escutava eu estas intrincadas sublimidades, com a cabeça aturdida e com atenção relutante, quando o meu mentor fechou o livro, dizendo-me com complacência:*

*– Ali tem você o mote para o seu livro, a tese para o seu tema.*

*–* Davus sum, mon Oedipus *– respondi, meneando a cabeça com ar descontente. – Tudo pode ser muito belo, mas, perdoe-me o Céu, eu não compreendi nem uma só palavra de tudo o que acaba de me dizer. Os mistérios dos rosa-cruzes e as fraternidades de que fala não são mais do que brinquedos de crianças em comparação com a geringonça dos platônicos.*

*– E, contudo, enquanto o senhor não tiver compreendido bem esta passagem, não poderá entender as mais elevadas teorias dos rosa-cruzes ou das fraternidades ainda mais nobres, das quais fala com tanta leviandade.*

*– Oh! se assim é, então renuncio a toda esperança de consegui-lo. Porém, uma vez que está tão versado nesta classe de matérias, por que não adota o senhor mesmo aquele mote para um dos seus livros?*

*– Mas, se eu já tivesse escrito um livro com aquela tese, encarregar-se-ia o meu amigo de prepará-lo para o público?*

*– Com o maior gosto! – respondi eu, infelizmente com bastante imprudência.*

*– Pois tomo-o pela palavra – redargüiu o ancião –, e quando eu tiver deixado de existir nesta Terra, receberá os manuscritos. Do que diz respeito ao gosto que hoje predomina na literatura, deduzo que não posso lisonjeá-lo com a esperança de que venha a obter grande proveito em sua empresa; e advirto-lhe de antemão que achará bastante laboriosa a tarefa.*

*– É a sua obra um romance?*

*– É romance, e não é. É uma realidade para os que são capazes de compreendê-la; e uma extravagância para os que não se acham neste caso.*

*Por fim, chegaram às minhas mãos os manuscritos, acompanhados de uma breve carta do meu inolvidável amigo, na qual me recordava da minha imprudente promessa.*

*Com o coração oprimido e com febril impaciência abri o embrulho, avivando a luz da lâmpada. Julguem qual foi o desalento que se apoderou de mim quando vi que toda a obra estava escrita em caracteres que me eram desconhecidos! Apresento aqui ao leitor uma amostra deles:*

*e assim por diante, as novecentas e quarenta páginas de grande formato! Apenas podia dar crédito aos meus olhos; comecei a pensar que a lâmpada estava luzindo com um azul singular; ocorreram à minha desconcertada imaginação vários receios a respeito da profanada índole dos caracteres que eu, sem me dar conta disso, havia aberto, contribuindo para isto as estranhas insinuações e a mística linguagem do ancião. Com efeito, para não dizer outra coisa pior, tudo aquilo me parecia muito misterioso, impossível!*

*Já estava eu querendo pôr precipitadamente esses papéis num canto da minha escrivaninha, com a pia intenção de não me ocupar mais deles, quando a minha vista, de improviso, fixou-se num livro primorosamente encadernado em marroquim. Com grande precaução abri esse livro, ignorando o que podia sair dali, e – com uma alegria que é impossível descrever – vi que ele continha uma chave ou um dicionário para decifrar aqueles hieróglifos. Para não fatigar o leitor com a relação minuciosa dos meus trabalhos, contentar-me-ei em dizer que, por fim, cheguei a me julgar capaz de interpretar aqueles caracteres e pus mãos à obra com verdadeiro afinco. A tarefa não era, porém, fácil; e passaram-se dois anos antes que eu fizesse um adiantamento notável. Então, desejando experimentar o gosto do público, consegui publicar alguns capítulos desconexos num periódico, em que tinha a honra de colaborar havia uns meses.*

*Esses capítulos pareceram excitar a curiosidade do público muito mais do que eu havia presumido; dediquei-me, pois, com mais ardor do que nunca, à minha laboriosa tarefa. Porém, então me sobreveio um novo contratempo: ao passo que eu ia me adiantando no meu trabalho, achei que o autor tinha feito dois originais de sua obra, sendo um deles mais esmerado e mais minucioso do que o outro; infelizmente, eu tinha topado com o original defeituoso\* e, assim, tive de reformar o meu trabalho desde o princípio até o fim, e traduzir de novo os capítulos que já escrevera. Posso dizer, pois, que excetuando os intervalos que eu dedicava às ocupações mais peremptórias, a minha desditosa promessa custou-me alguns anos de trabalhos e fadigas, antes de poder vê-la*

---

\* O autor refere-se aqui à primeira forma deste romance, que se publicou com o título de "Zicci". (N. do T.)

*devidamente cumprida*. A tarefa era tanto mais difícil porque o original estava escrito numa espécie de prosa rítmica, como se o autor houvesse pretendido que a sua obra fosse considerada, de certo modo, como uma concepção ou um esboço poético. Não foi possível dar uma tradução que conservasse tal forma, e onde tentei fazê-lo é freqüentemente necessário pedir a indulgência do leitor. O respeito natural com que ordinariamente tenho aceitado os caprichos do velho cavalheiro, cuja Musa era de um caráter bastante equívoco, deve ser a minha única desculpa onde quer que a linguagem, sem entrar plenamente no campo da poesia, apareça com algumas flores emprestadas, um tanto impróprias, da prosa.

Em honra da verdade, hei de confessar também que apesar de todos os esforços que fiz, não tenho a certeza absoluta de ter dado sempre a verdadeira significação a cada um dos caracteres hieroglíficos do manuscrito; e acrescentarei que, em algumas passagens, tenho deixado em branco certos pontos da narração, e que houve ocasiões em que, encontrando um hieróglifo novo de que não possuía a chave, vi-me obrigado a recorrer a interpolações de minha própria invenção que, sem dúvida, distinguem-se do resto, mas que, com prazer reconheço, não estão em desacordo com o plano geral da obra. Esta confissão que acabo de fazer leva-me a formular a seguinte sentença, com a qual vou terminar: Se neste livro o caro leitor encontrar algo que seja do seu gosto, sabe que é, com toda a certeza, produzido por mim; porém, onde achar algo que o desagrade, dirija a sua reprovação ao endereço do velho cavalheiro, o autor dos hieróglifos manuscritos!

*Londres, janeiro de 1842.*

---

OBSERVAÇÃO. – Das notas anexas ao texto, algumas são do autor e outras do editor. Às vezes (mas não sempre) marquei a diferença; onde porém não o fiz, o juízo do leitor facilmente suprirá essa falta.

# LIVRO PRIMEIRO

## O MÚSICO

### Capítulo I

*"Vergine era
D'alta beltà, ma sua beltà non cura:
. . . . . . . . . . .
Di natura, d'amor, de cieli amici
Le negligenze sue sono artifici."*
　　　　　　*Gerusal. Lib.*, canto II, 14-18.

["Era uma virgem de grande beleza, mas de sua beleza não fazia caso... A própria negligência é arte nos que são favorecidos pela Natureza, pelo amor e pelos céus."]

Na segunda metade do século XVIII, vivia e florescia em Nápoles um honrado artista cujo nome era Caetano Pisani. Era um músico de grande gênio, mas não de reputação popular; havia em todas as suas composições algo caprichoso e fantástico que não era do gosto dos *dilettanti* de Nápoles. Era ele amante de assuntos pouco familiares, nos quais introduzia toadas e sinfonias que excitavam uma espécie de terror nos que as ouviam. Os títulos das suas composições lhe dirão, por si mesmos, de que índole eram. Acho, por exemplo, entre os seus manuscritos: "A Festa das Harpias", "As Bruxas em Benevento", "A Descida de Orfeu aos Infernos", "O Mau-olhado", "As Eumênides", e muitos outros, que demonstram nele uma grande imaginação que se deleitava com o terrível e o sobrenatural mas, às vezes, se elevava, com delicada e etérea fantasia, com passagens de esquisita beleza, até o sublime. É verdade que na escolha dos seus assuntos (que tomava da fábula antiga), Caetano Pisani era muito mais fiel do que os seus contemporâneos à remota origem e ao primitivo gênio da ópera italiana. Quando esse descendente, embora efeminado, da antiga união do canto e do drama, depois de uma longa obscuridade e destronamento, tornou a aparecer empunhando o débil cetro e coberto com a mais brilhante púrpura nas margens do Arno, na Etrúria, ou no meio das lagoas de Veneza, hauriu as suas primeiras inspirações das desusadas e clássicas fontes da lenda pagã; e "A Descida de Orfeu", de Pisani, era apenas uma repetição muito mais atrevida, mais tenebrosa e mais científica da "Eurídice", que Jacopo Peri pôs em música quando se celebraram as augustas núpcias de Henrique de Navarra com Maria de Médicis.*

Todavia, como já disse, o estilo do músico napolitano não era de todo agradável aos ouvidos delicados, acostumados às suaves melodias da época; e os críticos, para desculpar seu desagrado, apoderavam-se das faltas e das extravagâncias do compositor, que facilmente se descobriam em suas obras, e ponderavam-nas, muitas vezes, com intenção maligna. Felizmente – pois do contrário o pobre músico teria morrido de fome –, ele não era somente compositor, mas também um excelente tocador de vários instrumentos e especialmente de violino, e com este instrumento ganhava uma decente subsistência, tendo encontrado uma colocação na orquestra do Grande Teatro de São Carlos. Ali, os deveres formais e determinados, dados pela sua colocação, serviam necessariamente de tolerável barreira às suas excentricidades e fantasias, ainda que se saiba que não menos de cinco vezes foi deposto do seu lugar por haver desgostado os executantes e levado em confusão toda a orquestra, tocando, de repente, variações de uma natureza tão frenética e espantadiça, que se podia pensar que as harpias ou as bruxas que o inspiravam em sua composições haviam se apoderado do seu instrumento. A impossibilidade, porém, de se encontrar um violinista de igual notabilidade (isto é, em seus momentos de maior lucidez e regularidade) era a causa da sua readmissão, e ele, agora, quase sempre se conformava a não sair da estreita esfera dos "adágios" ou "alegros" das suas partituras. Além disso, o auditório, conhecendo a sua propensão, percebia imediatamente quando ele começava a se desviar do texto; e se o músico divagava um pouco, o que se podia descobrir tanto pela vista como pelo ouvido, por alguma estranha contorção do seu semblante ou por algum gesto fatal do seu arco, um suave murmúrio admonitório do público tornava a transportar o violinista das regiões do Elísio ou do Tártaro à sua modesta estante. Então parecia ele despertar, sobressaltado, de um sonho, lançava um rápido, tímido e desculpante olhar em redor de si, e com ar abatido e humilhado fazia voltar o seu rebelde instrumento ao trilhado carril da volúvel monotonia. Em casa, porém, se recompensava dessa relutante servilidade. Agarrando com dedos ferozes o infeliz violino, tocava e tocava, muitas vezes até o amanhecer, fazendo sair do instrumento sons tão estranhos e desenfreados que enchiam de supersticioso terror os pescadores que viam nascer o dia na praia contígua à sua casa, e até ele mesmo estremecia, como se alguma sereia ou algum espírito entoasse ecos extraterrestres ao seu ouvido.

O semblante deste homem oferecia um aspecto característico da gente da sua arte. Suas feições eram nobres e regulares, porém magras e um tanto pálidas; os negros cabelos descuidados formavam uma multidão de caracóis; e os seus grandes e profundos olhos costumavam permanecer fixos, contemplativos, sonhadores. Todos os seus movi-

---

* Orfeu foi o herói favorito da antiga ópera italiana ou do drama lírico. O Orfeu, de Ângelo Politiano, foi produzido em 1475. O Orfeu, de Monteverde, foi representado em Veneza no ano de 1667.

mentos eram particulares, repentinos e ligeiros, quando o frenético impulso dele se apoderava; e quando andava precipitadamente pelas ruas ou ao longo da praia, costumava rir e falar consigo mesmo. Contudo, era um homem pacífico, inofensivo e amável, que partia o seu pedaço de pão com qualquer dos *lazzaroni* preguiçosos, parando para contemplá-los como se estendiam ociosos, ao sol. Não obstante, esse músico era totalmente insociável. Não tinha amigos; não adulava a nenhum protetor nem concorria a nenhum desses alegres divertimentos de que gostam tanto os filhos da música e do Sul. Parecia que ele e a sua arte eram feitos para viver isolados e um para o outro: ambos delicados e estranhos, irregulares, pertencentes aos tempos primitivos ou a um mundo desconhecido. Era impossível separar o homem da sua música; esta era ele mesmo. Sem ela, Pisani era nada, não passava de uma máquina! *Com ela*, era o rei dos seus mundos ideais. E isto lhe bastava, ao pobre homem! Numa cidade fabril da Inglaterra, há uma lousa sepulcral cujo epitáfio recorda "um homem chamado Claudio Philips, que foi a admiração de quantos o conheceram devido ao desprezo absoluto que manifestava pelas riquezas, e devido à sua inimitável habilidade em tocar violino". União lógica de opostos louvores! Sua habilidade no violino, ó Gênio, será tão grande quanto seja o seu desprezo pelas riquezas!

O talento de Caetano Pisani, como compositor, havia-se manifestado principalmente em música apropriada ao seu instrumento favorito, que é, indubitavelmente, o mais rico em recursos e o mais capaz de exercer o poder sobre as paixões. O violino de Cremona é, entre os instrumentos, o que Shakespeare é entre os poetas. Todavia, Pisani tinha composto outras peças de maior ambição e mérito, e a principal era a sua preciosa, a sua incomparável, a sua não publicada, a sua não publicável e imperecedoura ópera "Sereia". Essa grande obra-prima tinha sido o sonho dourado de sua infância, a dona da sua idade viril; e, à medida que ele avançava na idade, "estava ao seu lado como a sua juventude". Em vão Pisani tinha se esforçado para apresentá-la ao público. Até o amável e bondoso Paisielo, mestre de capela, meneava a gentil cabeça quando o músico o obsequiava com algum ensaio de uma das suas cenas mais trespassantes. "Contudo, Paisielo, ainda que essa música difira de tudo o que Durante lhe ensinou como regras de boa composição, pode ser que..." "Paciência, Caetano Pisani! aguarde o tempo e afine o seu violino!"

Por mais estranho que possa parecer à bela leitora, esse grotesco personagem havia contraído aqueles laços que os mortais ordinários são capazes de considerar seu especial monopólio – havia se casado e era pai de uma filha. E o que parecerá mais estranho ainda – sua esposa era filha de um calmo, sóbrio e concentrado inglês: tinha muito menos anos de idade do que o músico; era formosa e amável, com um doce semblante inglês; casara-se com ele por escolha própria, e (você acredita?) amava-o ainda. Como aconteceu que ela se casou com ele, ou como esse homem esquivo, intratável, impertinente havia-se atrevido a propor-lho, só posso explicá-lo fazendo-lhe um convite para dirigir o seu olhar ao redor de si e depois explicar, primeiro a mim, como a metade dos homens e a metade das mulheres que você conhece puderam encontrar o seu cônjuge! Entretanto, refletindo bem, essa união não era coisa tão extraordinária. A moça era filha natural de pais demasiado pobres para reconhecê-la ou reclamá-la. Foi levada à Itália para aprender a arte que devia proporcionar-lhe os meios de viver, pois a jovem tinha gosto e voz; vivia em dependência, e via-se tratada com dureza. O pobre Pisani era seu mestre, e a voz dele era a única que a jovem havia ouvido desde o seu berço, que lhe parecia dela não escarnecer ou desprezar. E assim... o resto não é uma coisa muito natural? Natural ou não, eles se casaram. Essa moça amava o marido e, jovem e amável como era, podia dizer-se quase que era o gênio protetor dos dois. De quantas desgraças o tinha salvado a sua ignorada mediação oficiosa contra os déspotas de São Carlos e do Conservatório! Em quantas enfermidades – pois Pisani era de constituição delicada – tinha-o assistido e lhe dado a alimentação! Muitas vezes, nas noites escuras, esperava-o à porta do teatro, com sua lanterna acesa, dando-lhe o robusto braço em que ele se apoiava para ser guiado por ela; se não o fizesse, quem sabe o músico, em seus abstratos sonhos e desvarios, não se teria arrojado ao mar, em busca da sua "Sereia"?! Por outra parte, a boa esposa escutava com tanta paciência (pois nem sempre o bom gosto é companheiro do verdadeiro amor) e com tanto prazer aquelas tempestades de excêntrica e caprichosa melodia, até que, por meio de constantes elogios, conseguia levá-lo à cama, quando ele, mesmo no meio da noite, punha-se a tocar. Eu disse que a música era uma parte desse homem, e essa gentil criatura parecia ser uma parte da música; com efeito, quando ela se sentava junto dele, tudo o que era suave e maravilhoso em sua matizada fantasia vinha mesclar-se imperceptivelmente com a agradável harmonia. Sem dúvida, a presença dessa mulher influía na música, modificando-a e suavizando-a; Pisani, porém, que nunca perguntava de onde ou como lhe vinha a inspiração, ignorava isso. Tudo o que ele sabia era que amava e abençoava a sua esposa. Ele pensava que lho dizia pelo menos vinte vezes por dia; mas, na realidade, não lho dizia nunca, pois era muito parco de palavras, até para a consorte. A linguagem de Pisani era a música, assim como a linguagem da sua mulher eram os seus cuidados! Ele era mais comunicativo com o seu *barbiton*, como o sábio Merseno nos ensina a chamar a todas as variedades da grande família da viola. Certamente, *barbiton* soa melhor do que rabeca; deixemo-lo pois ser *barbiton*. Pisani passava horas inteiras falando com esse instrumento – louvando-o, censurando-o, acariciando-o; e até (pois assim é o homem, por mais inocente que seja) já o haviam ouvido jurar pelo seu *barbiton*; mas esse excesso sempre lhe causava, em seguida, remorso e penitência. E o instrumento tinha a sua linguagem particular, sabia responder-lhe; e quando ele (o *barbiton*) ralhava, fazia-o às mil maravilhas. Era um nobre companheiro, esse violino! – um tirolês, que saíra das mãos do ilustre instrumentista Steiner. Havia algo de misterioso na sua provecta idade. Quantas mãos, agora já convertidas em pó, tinham feito vibrar suas cordas, antes que passasse a ser o amigo familiar de Caetano Pisani? Até a sua caixa era venerável; tinha sido belamente pintada, segundo se dizia, por Caraci. Um inglês, colecionador de antiguidades, ofereceu a Pisani mais dinheiro pela caixa do que este tinha ganho com o violino. Porém o músico, a quem pouco importava morar numa choupana, orgulhava-se de ter um palácio para o *barbiton*, ao qual considerava como o seu filho primogênito. Mas ele tinha uma filha, da qual agora nos vamos ocupar.

 Como deverei fazer, ó Viola, para descrevê-la? Com certeza, a música foi, de algum modo, responsável pelo advento dessa jovem desconhecida. Pois tanto em sua forma como no seu caráter, pode-se descobrir uma semelhança familiar com essa singular e misteriosa vida do som que, noite após noite, andava nos ares, imitando os divertimentos dos espíritos dos elementos nos mares estrelados... Viola era formosa, porém de uma formosura pouco comum; era uma combinação harmoniosa de atributos opostos. Seus cabelos eram de um ouro mais rico e mais puro do que os que se vêem no Norte; mas os olhos, totalmente pretos, eram de uma luz mais terna e mais encantadora do que os olhos das italianas, sendo quase de esplendor oriental. Sua fisionomia era esquisitamente linda, mas nunca a mesma: ora rosada, ora pálida; e com a variação da fisionomia, também variava a sua disposição: ora era muito triste, ora alegríssima.

Sinto ter de dizer que essa jovem não tinha recebido dos pais, em grau satisfatório, o que nós chamamos, com razão, de educação. Não resta dúvida que nenhum deles possuía grandes conhecimentos que pudessem ensinar; e, naquela época, a instrução não era tão difundida entre o povo, como o é hoje. Mas o acaso ou a natureza favoreceram a jovem Viola. Ela aprendeu, como era natural, a falar tanto a língua materna como a paterna. Também aprendeu logo a ler e a escrever; e sua mãe, que era católica romana, ensinou-a já na infância a rezar. Porém, em contraste com todas essas aquisições, os estranhos costumes de Pisani e os incessantes cuidados e ocupações que ele reclamava de sua mulher, faziam com que, muitas vezes, a menina ficasse com uma velha aia que, com certeza, amava-a ternamente, mas não estava habilitada para instruí-la.

Dona Gianetta, a aia, era uma italiana e napolitana completa. A sua juventude fora toda amor, e a sua idade madura era toda superstição. Era uma mulher loquaz, indiscreta – uma palradora. Umas vezes falava à menina de cavalheiros e príncipes prosternados aos seus pés, outras vezes gelava-lhe o sangue nas veias, aterrorizando-a com histórias e lendas, talvez tão velhas como as fábulas gregas ou etruscas, de demônios e vampiros, das danças ao redor da grande nogueira de Benevento, e da benzedura contra o mau-olhado. Todas essas coisas concorreram silenciosamente para gravar supersticiosas idéias na imaginação de Viola, que nem a idade nem a reflexão puderam dissipar. E tudo isso fez com que se afeiçoasse, com uma espécie de mistura de temor e alegria, à música de seu pai. Aquelas toadas visionárias, lutando sempre por traduzir em tons selvagens e desconcertados a linguagem de seres extraterrestres, rodeavam-na desde o berço. Pode-se dizer, pois, que a sua imaginação, a sua mente, estava cheia de música; encontros amorosos, recordações, sensações de prazer ou de sofrimento, tudo estava mesclado inexplicavelmente com aqueles sons que ora a deleitavam, ora a enchiam de terror; isso a afagava e saudava quando abria os olhos ao sol, e a fazia despertar sobressaltada ao se encontrar só em sua cama, rodeada pela escuridão da noite. As lendas e os contos de Gianetta serviam somente para que a jovem compreendesse melhor o significado daqueles misteriosos tons; forneciam-lhe as palavras para a música. Era, pois, natural que a filha de tal pai manifestasse cedo algum gosto pela sua arte. Ainda muito criança, já cantava divinamente. Um grande cardeal – grande igualmente no Estado e no conservatório – tendo ouvido elogiar o seu talento, mandou buscá-la. Desde aquele momento a sua sorte ficou decidida: estava destinada a ser a futura glória de Nápoles, a "primadona" do São Carlos. O cardeal, insistindo em que se cumprisse sua predição, deu-lhe os mais célebres mestres. Para despertar nela o espírito de emulação, Sua Eminência levou-a certa noite ao seu camarote, crendo que lhe serviria de alguma coisa ver a representação e ouvir os aplausos que se prodigalizavam às deslumbrantes artistas, as quais ela devia superar um dia. Oh! como era gloriosa a vida teatral, e como era belo o mundo de música e de canto que começava a brilhar para ela! Parecia ser o único que correspondia aos seus estranhos e juvenis pensamentos. Afigurava-se-lhe que, tendo vivido até então em terra estrangeira, via-se enfim transportada a uma região onde encontrava as formas e ouvia a linguagem do seu país natal. Belo e verdadeiro entusiasmo, elevado pela promessa do gênio! Menino ou homem, você nunca será poeta se não sentir o ideal, o romance, se não vir a ilha de Calipso diante dos seus olhos quando, pela primeira vez, levantando-se o mágico véu, apresentar-se a você o mundo da poesia sobreposto ao mundo da prosa!

E assim começou a iniciação para a jovem. Ia ler, estudar, descrever com um gesto, com um olhar as paixões que depois devia expressar no palco; lições perigosas, na verdade, para algumas pessoas, mas não para o puro entusiasmo que nasce da arte: para a mente que a concebe exatamente, a arte não é mais que o aparelho onde se reflete o que se põe sobre a sua superfície enquanto está sem mácula. Viola compreendeu a natureza e a verdade, intuitivamente. Suas audições estavam impregnadas de um poder de que ela não era consciente; sua voz comovia os ouvintes até as lágrimas, ou inspirava-lhes uma generosa ira. Mas essas emoções eram produzidas pela simpatia que manifesta sempre o gênio, até em seus anos de infantil inocência, por tudo o que sente, aspira ou sofre. Ela não era uma mulher prematura que compreendesse o amor ou o ciúme que as palavras exprimiam; sua arte era um daqueles estranhos segredos que os psicólogos podem nos explicar, se lhes apraz, dizendo-nos, ao mesmo tempo, porque crianças de mente singela e de coração puro sabem distinguir tão bem, nos contos que lhes são relatados ou nos cantos que ouvem, a diferença entre a arte verdadeira e a falsa, entre a linguagem apaixonada e a geringonça, entre Homero e Racine, e porque ressoam, dos corações que não têm ainda sentido o que repetem, os melodiosos acentos tão naturalmente patéticos.

Fora de seus estudos, Viola era uma menina simples e afetuosa, porém um tanto caprichosa – caprichosa não em seu caráter, pois que este era sempre afável e dócil, mas em sua disposição de ânimo que, como já disse, passava da tristeza à alegria e vice-versa, sem uma causa aparente. Se existia alguma causa, só podia ser atribuída às precoces e misteriosas influências a que já me referi, ao tratar de explicar o efeito produzido em sua imaginação por aquelas estranhas e arrebatadoras correntes de som que constantemente a rodeavam; pois convém notar que aqueles que são demasiado sensíveis aos efeitos da música se vêem incessantemente acossados, nas suas lidas mais ordinárias, por melodias e tons que os atormentam e inquietam. A música, sendo uma vez admitida à alma, converte-se numa espécie de espírito e nunca morre. Ela percorre perturbadoramente os recantos e as galerias da memória e é ouvida, freqüentemente, tão viva e distinta como quando fendeu os ares pela primeira vez. De quando em quando, pois, esses fantasmas de sons vagavam pela imaginação de Viola; faziam aparecer um sorriso em seus lábios, se eram alegres; anuviavam o seu semblante, se eram tristes; e então ela abandonava de repente a sua infantil alegria e sentava-se num canto, muda e meditativa.

Com razão, pois, em sentido alegórico, podia-se chamar a essa formosa criatura, de modo tão aéreo, de beleza tão harmoniosa, de pensamentos e costumes tão pouco comuns, mais justamente filha da música do que do músico; um ser do qual se podia imaginar que lhe estava reservado algum destino, menos da vida comum do que do romance, desses que, pelo que os olhos podem ver e pelo que os corações podem sentir, deslizam sempre *junto com* a vida real, de corrente em corrente, até o negro oceano.

Por isso, não parecia estranho que Viola, mesmo na sua meninice e muito mais quando começava a florescer na doce serenidade da juventude virginal, cresse ser a sua vida destinada a participar, fosse em bem ou mal, do romance cheio de sonhos que formava a atmosfera da sua existência. Freqüentemente penetrava nos bosquezinhos que cercavam a gruta de Posillipo – a grande obra dos antigos cimerianos – e, sentada ao lado da tumba de Virgílio, entregava-se a essas visões, a essas sutis divagações que nenhuma poesia pode tornar palpáveis e definidas; porque o poeta que excede a todos que têm cantado é o coração da juventude sonhadora! Muitas vezes também, sentada ali ao umbral, sobre o qual pendiam as folhas de parreira, e olhando o azulado e sereno mar, passava a jovem as horas do meio-dia outonal, ou os crepúsculos do verão, construindo seus castelos no ar. Quem é que não faz a mesma coisa, não só na juventude, como também no meio de débeis esperanças da idade madura? Uma das prerrogativas do homem, desde o rei até o campônio, é sonhar. Mas esses sonhos eram em Viola mais habituais, mais distintos e mais solenes do que a maior parte de nós desfruta. Pareciam ser como o Orama dos gregos – fantasmas proféticos.

## *Capítulo II*

*"Fu stupor, fu vaghezza, fu diletto!"*
Gerusal. Lib., canto II, 21.

["Foi uma admiração, foi um prazer, foi um deleite!"]

Enfim, a educação artística acha-se terminada! Viola tem perto de dezesseis anos. O cardeal declara que chegou o tempo de inscrever um novo nome no Livro de Ouro, reservado aos filhos da Arte e do Canto, mas com que caráter? Qual o gênio a que Viola deve dar forma e vida? Ah, aqui está o segredo! Correm rumores de que o infatigável Paisielo, encantado pela maneira com que a jovem executou o seu *Nel cor più non mi sento*, e o seu *Io son Lindoro*, quer produzir alguma outra obra-mestra para a estréia da nova artista. Outros insistem em que Viola é mais forte no cômico, e que Cimarosa está trabalhando assiduamente para dar outro "Matrimônio Secreto". Ao mesmo tempo, observa-se que, em outras partes, reina uma reserva diplomática, e que o cardeal está de humor pouco alegre. Ele disse publicamente estas portentosas palavras: "Esta tola menina é tão sem juízo como seu pai; o que ela pede é absurdo!"

Celebra-se uma conferência atrás da outra; o cardeal fala muito solenemente, em seu gabinete, à pobre jovem – tudo em vão. Nápoles se perde num mar de curiosidade e conjecturas. A leitura termina numa dissensão e Viola regressa à casa, enfadada e teimosa: não representará – desfez o contrato!

Pisani, que não conhecia os perigos do teatro, tinha concebido a lisonjeira esperança de que ao menos uma pessoa de sua família aumentaria a celebridade da sua arte. A obstinação da filha causava-lhe grande desgosto; todavia, não disse uma só palavra de enfado. Pisani nunca ralhava com palavras, mas contentava-se em agarrar o seu fiel *barbiton*. Ó fiel *barbiton*, de que horrível maneira você ralhava! O instrumento crocitava, gralhava, gemia, rosnava. E os olhos de Viola enchiam-se de lágrimas, porque ela compreendia aquela linguagem. A jovem aproximou-se de sua mãe e falou-lhe ao ouvido; e quando o pai voltou do teatro, onde fora tocar, viu que mãe e filha estavam chorando. Ele as contemplou com admiração; e, em seguida, como se sentisse haver sido demasiado duro para com elas, correu outra vez a agarrar o violino. E agora, eis que se faz ouvir o arrulho melodioso de uma fada, tratando de consolar um filho impertinente que havia adotado. Sons suaves, fluentes, argentinos, manavam do instrumento tocado pelo mágico arco. O mais intenso pesar desaparecia diante daquela melodia; e, contudo, às vezes ouvia-se uma nota estranha, alegre, repicante, parecida com um riso, porém não com o riso mortal. Era um do trechos mais excelentes da sua querida ópera – a Sereia, no ato de encantar as ondas e adormecer os ventos. O Céu sabe o que teria acontecido em seguida se o seu braço não tivesse sido detido. Viola lançou-se ao seu peito, abraçando-o e beijando-o, com os olhos radiantes de felicidade, que se refletia nos seus dourados cabelos.

Nesse mesmo instante, abriu-se a porta para dar entrada a um mensageiro do cardeal. Viola devia apresentar-se imediatamente em casa de Sua Eminência. A mãe a acompanhou. Fez-se a reconciliação e tudo ficou arranjado num instante; Viola foi de novo admitida e escolheu, ela mesma, a sua ópera.

Ó sombrias nações do Norte, ocupadas com suas dissensões e seus debates, em suas trabalhosas vidas da Pnix e da Ágora! Não se pode imaginar que grande movimento e ruído produziu entre a gente musical de Nápoles o rumor de uma nova ópera e de uma nova cantora! Mas que ópera será essa? Nunca tinha sido tão secreta a intriga de gabinete, como dessa vez.

Pisani voltou uma noite, do teatro, evidentemente enfadado e irado. Pobres dos seus ouvidos, leitor, se tivessem escutado o *barbiton* aquela noite! Haviam-no suspendido do seu emprego, temendo que a nova ópera e a primeira representação de sua filha, como "prima-dona", afetassem demasiado os seus nervos. E nessa noite as suas variações, as suas endemoninhadas sereias e harpias produziram uma algazarra que não se poderia ouvir sem terror. Separado do teatro, e isso exatamente na noite em que sua filha, cuja melodia não era senão uma emanação da sua, ia representar pela primeira vez! Estar à parte e ausente, para que ocupasse o seu posto algum novo rival: isso era demasiado para um músico de carne e osso! Pela primeira vez o artista expressou-se em palavras sobre esse assunto, perguntando com muita gravidade – pois nessa questão o *barbiton*, apesar de sua eloqüência, não podia expressar-se claramente –, qual era a ópera que devia executar-se, e qual o papel que a jovem devia representar? E Viola respondeu, também com gravidade, que o cardeal lhe tinha proibido que o revelasse. Pisani não respondeu, mas desapareceu com o seu violino; foi-se ao mais alto da casa (onde, às vezes, quando estava de péssimo humor, se refugiava) e, em seguida, mãe e filha ouviram o violino lamentar-se e suspirar de um modo capaz de partir o coração.

As afeições de Pisani manifestavam-se muito pouco no seu semblante. Não era um desses pais carinhosos, cujos filhos estão sempre brincando ao redor dos seus joelhos; sua mente e sua alma pertenciam tão inteiramente à sua arte, que a vida doméstica deslizava para ele como se fosse um sonho, e o coração, a forma substancial, o corpo da existência. As pessoas que cultivam um estudo abstrato, especialmente os matemáticos, costumam ser assim. Quando o criado de um célebre filósofo francês foi correndo dizer a este: "Senhor, a casa está em chamas!" – respondeu o sábio, apenas levantando por um momento a vista dos seus problemas: "Vai dizê-lo à minha mulher, imbecil! Tenho eu de cuidar de assuntos domésticos?" – E que são as matemáticas para um músico, e sobretudo para um músico que não só compõe óperas, mas também toca o *barbiton*? Sabem o que respondeu o ilustre Giardini quando um principiante lhe perguntou quanto tempo deveria empregar para aprender a tocar violino? Ouçam e se desesperem os impacientes que desejam dobrar o arco, em comparação com o qual o arco de Ulisses foi apenas um brinquedo: "Doze horas todos os dias, pelo espaço de vinte anos seguidos!" Poderá, pois, um homem que toca o *barbiton*, estar sempre brincando com os filhinhos?

– Não, Pisani! Muitas vezes, com a fina suscetibilidade de sua infância, a pobre Viola tinha-se retirado da sua presença para chorar, pensando que ele não a amava.

E, contudo, debaixo dessa superficial abstração do artista, ocultava-se um afetuoso carinho; e à medida que a jovem foi crescendo, um sonhador foi compreendendo o outro. E agora não só lhe era fechado o caminho da fama, mas até não se lhe permitia saudar a glória nascente da filha! E essa filha havia entrado numa conspiração contra ele! Tamanha ingratidão era mais cruel do que a picada de uma serpente; e mais cruéis e dolorosos foram ainda os lamentos do *barbiton*!

Chegou a hora decisiva. Viola dirigiu-se ao teatro, acompanhada de sua mãe. O indignado músico ficou em casa. Uma hora depois, Gianetta entrou correndo no quarto e lhe disse:

– A carruagem do senhor cardeal está à porta; o seu protetor manda buscá-lo.

Pisani teve de deixar a um lado o violino; era necessário pôr a casaca e os punhos rendados.

– Aqui estão; ligeiro, ligeiro!

E já rola a luxuosa carruagem, e o cocheiro, sentado majestosamente na boléia, açoita os garbosos cavalos. O pobre Pisani, envolto numa nuvem de confusão, não sabe o que se passa. Chega ao teatro; apeia-se à porta principal; começa a olhar de um lado para o outro; sente que lhe falta alguma coisa – onde está o violino? Ai! a sua alma, a sua voz, o seu próprio ser ficou em casa! O músico não era então outra coisa senão um autômato que os laicos conduziam por entre corredores ao camarote do cardeal. Que surpresa, ao entrar ali! Estaria sonhando? O primeiro ato havia terminado. Não quiseram mandar buscá-lo até que o sucesso estivesse assegurado. O primeiro ato decidiu o triunfo. Pisani adivinha *isso* pela elétrica simpatia que se comunica de coração em coração, numa grande reunião de pessoas. Sente-o no silêncio profundo que reina entre o auditório; compreende-o até pela atitude do cardeal, que o recebera com o dedo levantado. Pisani vê a sua Viola no cenário, deslumbrante em seu vestido semeado de pedras preciosas – ele ouve a sua voz que extasia milhares de corações. Porém, a cena, o papel, a música! É outra a sua filha – a sua imortal filha; a filha espiritual da sua alma; a sua filha predileta que ele acariciava, por muitos anos, na obscuridade; a sua obra-prima; a sua ópera "A Sereia"!

Este, pois, foi o mistério que tanto o atormentara – esta a causa da sua dissensão com o cardeal; este o segredo que não devia revelar-se até que o êxito estivesse garantido; e a filha tinha unido o seu triunfo ao de seu pai!

E ela estava ali, enquanto todos os corações se inclinavam diante dela – mais formosa do que a própria Sereia que lhe inspirava aquelas melodias. Oh, longa e doce recompensa do trabalho! Que prazer há, na Terra, igual ao que desfruta o gênio, quando por fim abandona a sua obscura caverna para aparecer à luz e cercar-se de fama?!

Pisani não falava, nem se movia; estava deslumbrado, sem respirar; grossas lágrimas rolavam-lhe pelas faces; só de quando em quando moviam-se suas mãos – maquinalmente procuravam o seu fiel instrumento; por que não estaria ali, para participar do seu triunfo?

Por fim, o pano caiu; mas que tempestade de aplausos! O auditório levantou-se como um só homem, aclamando, com delírio, aquele nome querido. Viola apresentou-se, trêmula e pálida e, em toda aquela multidão, não viu senão a face de seu pai. O auditório, seguindo a direção daquele olhar umedecido, adivinhou o impulso da filha e compreendeu a sua significação. O bom e velho cardeal puxou delicadamente o músico para diante.

– Músico indomável, você acaba de receber de sua filha uma coisa de maior valor do que a vida que lhe deu!

– Meu pobre violino! – exclamou Pisani, enxugando os olhos –; agora nunca mais tornarão a vaiá-lo!

## Capítulo III

*"Fra si contrarie tempre in ghiaccio e in foco,*
*In riso e in pianto, e fra paura e speme,*
*L'ingannatrice Donna —."*
    Gerusal. Lib., canto IV, 44.

["Entre tão contrárias misturas de gelo e fogo, riso e pranto, temor e esperança, a Mulher enganadora."]

Não obstante a vitória definitiva da atriz e da ópera, houve um momento, no primeiro ato e, por conseguinte, antes da chegada de Pisani, em que a queda da balança parecia mais que duvidosa. Foi num coro cheio de todas as singularidades do autor. E quando esse *Maelstrom de Caprichos* volteava e escumava, dilacerando os ouvidos e os sentidos com toda a variedade de sons, o auditório reconheceu simultaneamente a mão de Pisani. Por precaução, havia-se dado à ópera um título que afastava toda a suspeita de sua procedência; e a introdução e o princípio dela, em que havia uma música regular e suave, fez o público crer que ouvia algo do seu favorito Paisielo. Acostumado desde muito tempo a ridicularizar e quase a desprezar as pretensões artísticas de Pisani como compositor, o auditório julgou que havia sido ilicitamente enganado e seduzido para os aplausos com que saudara a introdução e as primeiras cenas. Um ominoso zunido circulou por todo o teatro: os atores e a orquestra – eletricamente impressionados com o desagrado do público – começaram a se agitar e a desmaiar, deixando de emprestar aos respectivos papéis a necessária energia e precisão, que era o único recurso com que se podia dissimular o grotesco da música.

Em cada teatro, sempre que se trata de um novo autor e de um novo ator, são numerosos os rivais – partido impotente quando tudo vai bem, porém uma perigosa emboscada desde o momento em que qualquer acidente introduza a menor confusão no curso dos acontecimentos. Levantou-se um murmúrio; é verdade que era um murmúrio parcial, mas o silêncio significativo que reinava por toda a parte pressagiava que aquele desgosto não tardaria em tornar-se contagioso. Pode-se dizer que a tempestade pendia de um cabelo. Em tão crítico momento, Viola, a rainha Sereia, emergia pela primeira vez do fundo do oceano. À medida que ia se aproximando das luzes, a novidade da sua situação, a fria apatia dos espectadores – sobre os quais nem a vista daquela singular beleza parecia produzir, a princípio, a mais ligeira impressão –, o cochilar malicioso dos outros atores que havia no cenário, o resplendor das luzes, e sobretudo aquele recente murmúrio que chegara aos seus ouvidos enquanto se achava no seu esconderijo, todas essas coisas gelaram as suas faculdades e suspenderam-lhe a voz. E em vez da grande invocação na qual devia imediatamente prorromper, a régia Sereia, retransformada em tímida menina, permaneceu pálida e muda ante aquela multidão de frios olhares que a ela se dirigiam.

Naquele instante, quando parecia já abandoná-la a consciência de sua existência, e quando dirigia um tímido olhar suplicante para a multidão silenciosa, Viola percebeu, num camarote ao lado do cenário, um semblante que, de repente e como que por magia, produziu em sua mente um efeito incapaz de poder-se analisar ou esquecer. Pareceu-lhe que despertava em sua imaginação uma daquelas vagas e freqüentes reminiscências que acariciara nos momentos de suas ilusões infantis. Não podia apartar a vista daquele semblante e, à medida que o contemplava, o terror e o frio, que se apoderavam dela ao apresentar-se ante o público, dissiparam-se como a névoa diante do sol.

No escuro esplendor dos olhos que encontravam os seus, havia realmente uma doçura que a reanimava tanto, e uma admiração bondosa e compassiva – tanta coisa que aquecia, animava e revigorava –, que qualquer que fosse o ator ou espectador que houvesse observado o efeito que produz um sério e benévolo olhar da multidão dirigido à pessoa que se apresenta ante esta, e pela dita pessoa é percebido, teria compreendido a repentina e inspiradora influência que o olhar e o sorriso do estrangeiro exerceram sobre a estreante.

E enquanto Viola ainda o mirava e o ardor voltava ao seu coração, o estrangeiro levantou-se, como para chamar a atenção do público sobre o dever de cortesia para com uma jovem formosa; reanimada, começou esta a cantar e, apenas se fez ouvir a sua voz, o público prorrompeu numa salva de generosos aplausos. Esse estrangeiro era um personagem notável e, além da nova ópera, fora a sua chegada a Nápoles o objetivo principal das conversações naqueles dias. E quando cessou o aplauso, a Sereia renovou o seu canto com voz clara, cheia e livre de todo o embaraço, como o espírito libertado do pesado barro.

Desde aquele momento, Viola esqueceu o auditório, o acidente, o mundo inteiro – exceto esse paraíso ideal ao qual ela presidia. Parecia que a presença do estrangeiro servia somente para mais ainda acrescentar essa ilusão, na qual os artistas não vêem criação alguma fora do círculo de sua arte. Viola sentia como se aquela fronte serena e aqueles olhos brilhantes lhe inspirassem poderes antes nunca conhecidos, e como se buscando uma linguagem para expressar as estranhas sensações produzidas pela presença do desconhecido, essa mesma presença lhe insuflasse a melodia e o canto.

Somente quando terminou a função e Viola viu seu pai e sentiu a alegria dele, interrompeu-se aquele estranho encanto para dar lugar à pura expansão do amor filial. Contudo, ao se retirar do cenário, volveu a cabeça involuntariamente e o seu olhar encontrou-se com o do estrangeiro, cujo tranqüilo e melancólico sorriso caiu-lhe até o fundo do coração – para ali viver e despertar em sua alma recordações confusas, meio risonhas e meio tristes.

Depois das congratulações do bom cardeal virtuoso, admirado, como toda Nápoles, de haver vivido tanto tempo no erro a respeito desse assunto de gosto – e mais admirado ainda de ver que toda Nápoles confessava esse seu erro; depois de ter ouvido murmurar mil elogios que aturdiam a pobre atriz, esta, com o seu modesto véu e o seu traje singelo, passou por entre a multidão de admiradores que a aguardavam em todos os corredores do teatro; depois do terno abraço do pai com a filha, volveram à sua casa na carruagem do cardeal, atravessando as ruas iluminadas só pelas estrelas, e ao longo da Chiaja deserta; a escuridão não deixou ver as lágrimas da boa e sensível mãe. Ei-los já em sua casa e no seu bem conhecido quarto – *Venimus ad larem nostrum*;\* veja a velha Gianetta, intensamente atarefada em preparar a ceia, observe-se Pisani como tira o *barbiton* de sua caixa para comunicar-lhe tudo o que sucedeu; escute-se como a mãe se ri com toda a alegria tranqüila de um riso inglês.

Por que Viola, estranha criatura, senta-se sozinha num canto com as faces apoiadas em suas lindas mãos e com os olhos fixos no espaço? Levante-se! Tudo deve rir em sua casa, esta noite!

Feliz era o grupo que se sentou ao redor daquela mesa humilde: era uma festa capaz de causar inveja ao próprio Lúculo, em sua sala de Apolo; havia uvas secas, delicadas sardinhas, rica *polenta* e o velho vinho *Lacrima*, presente do bom cardeal. O

---

\* Viemos ao nosso lar.

*barbiton*, colocado numa alta cadeira ao lado do músico, parecia participar da festiva ceia. A sua honesta e envernizada face brilhava à luz da lâmpada; e havia algo de astuta gravidade em seu silêncio quando, depois de cada bocado engulido, o seu amo se dirigia a ele para lhe dizer alguma coisa que se esquecera de lhe contar. A boa esposa olhava afeiçoada de um lado para outro, e a alegria que experimentava não lhe permitia comer; até que, levantando-se de repente, correu a colocar sobre as fontes do artista uma coroa de louros, que o seu carinho lhe fizera preparar já antecipadamente; e Viola, sentada ao outro lado do seu irmão, o *barbiton*, arrumava o boné e alisava os cabelos do pai, dizendo-lhe:

– Querido papai, não deixará, daqui para diante, que "ele" ralhe comigo, não é verdade?

Então, o pobre Pisani, louco de prazer entre sua filha e o violino, e um tanto excitado pelo *Lacrima* e pelo seu triunfo, voltou-se para Viola e, com ingênuo e grotesco orgulho, disse-lhe:

– Não sei a quem dos dois devo estar mais agradecido. Você me causou um grande prazer, querida filha, e estou orgulhoso de você e de mim. Mas eu e ele, pobre companheiro, temos passado juntos tantos momentos de sofrimento!

O sono de Viola foi inquieto, perturbado, e isso era natural. A embriaguez da vaidade e do triunfo, e a sua felicidade pela felicidade que causara, eram coisas melhores do que dormir. Não obstante, seu pensamento voava seguidamente atrás daqueles olhos expressivos e daquele doce sorriso, aos quais deveria ir para sempre unida a recordação do seu triunfo e felicidade. Seus sentimentos, como o próprio caráter, eram estranhos e peculiares. Não eram os de uma jovem cujo coração, alcançado pela primeira vez pelo olhar, suspira a sua natural e original linguagem do primeiro amor. Ainda que o rosto, que em todas as ondas de sua desassossegada imaginação se refletia, ostentasse uma singular majestade e beleza, não era tanto a admiração nem a lembrança agradável e amorosa que a vista desse estrangeiro despertara no seu coração: mas era um sentimento humano de gratidão e prazer, mesclado a outra idéia misteriosa de medo e respeito. Estava certa de que tinha visto, já antes, aquelas feições; porém, quando e onde? Sem dúvida, só quando os pensamentos haviam tratado de penetrar no seu futuro e quando, apesar de todos os esforços para apresentar em sua imaginação um porvir semeado de flores e cheio de agradáveis raios solares, um negro e glacial pressentimento a fazia retroceder ao seu mais profundo interior. Parecia-lhe como se tivesse achado uma coisa que desde muito tempo buscara por entre mil tristes inquietações e vagos desejos, menos do coração que da mente; não como quando o estudante, depois de se ter fatigado correndo muito tempo atrás de uma verdade científica, a vê brilhar confusamente diante de si, porém ainda longe, e a vê luzir, apagar-se, reaparecer, e novamente sumir. Por fim, Viola caiu num sono inquieto, povoado de disformes, fugitivos, vagos fantasmas; ao despertar, quando os raios do sol, rompendo por meio de um véu de nebulosa nuvem, brilhavam indecisamente através da janela, ouviu seu pai que desde muito cedo se havia entregue à sua tarefa cotidiana, arrancando do violino um lento e triste som, parecido com um canto fúnebre.

– Como é – perguntou Viola, quando desceu ao quarto de Pisani –, como é, meu pai, que a sua inspiração foi tão triste, depois da alegria da noite passada?

– Não sei, minha filha. Eu queria estar alegre e compor algo para dedicar a você, mas este obstinado não quis dar outras notas além das que você ouviu.

## Capítulo IV

*"E coì i pigri e timidi desiri
Sprona".*

["E, assim, estimula os lentos e tímidos desejos."]

Era costume de Pisani, exceto quando os deveres da sua profissão lhe exigiam o sacrifício de seu tempo, dedicar uma parte do meio-dia ao sono; costume que não era tanto um luxo, como uma necessidade para um homem que dormia pouco à noite. Com efeito, as horas do meio-dia eram exatamente o tempo em que Pisani não podia fazer nada, nem compor, nem se exercitar, mesmo que o quisesse. O seu gênio assemelhava-se às fontes que estão cheias de manhã cedo e ao entardecer, abundantes de noite, e inteiramente esgotadas ao meio-dia. Durante esse tempo que o músico consagrava ao descanso, sua esposa costumava sair de casa a fim de comprar o necessário para a família, ou para aproveitar (e qual é a mulher que não gosta de fazê-lo?) a ocasião de poder conversar um pouco com outras pessoas de seu sexo. E no dia seguinte ao daquele brilhante triunfo, quantas felicitações a esperavam!

Viola, por sua vez, costumava sentar-se, a essas horas, fora da porta da casa, debaixo de um toldo estendido para proteção contra o sol, mas que não impedia a vista. Ali, com o livro posto sobre os joelhos, no qual os olhos se fixavam negligentemente de vez em quando, você a veria contemplar as folhas da parreira que pendiam da latada que havia sobre a porta, e os ligeiros barcos que, com as velas brancas, deslizavam, levantando flocos de espuma ao longo da praia que se estendia a perder de vista.

Enquanto Viola estava assim sentada, entregue antes a um sonho do que a pensamentos, um homem que vinha do lado de Posillipo, com passo lento e os olhos baixos, passava em frente da casa, e a jovem, levantando os olhos de repente, ficou sobressaltada ao ver diante de si o estrangeiro que a havia fitado no teatro. Ela deixou escapar uma involuntária exclamação, e o cavalheiro, volvendo a cabeça, avistou-a e parou.

Ficou por um instante mudo diante da jovem, contemplando-a; esse silêncio era demasiado sério e tranqüilo para que se pudesse interpretá-lo como uma demonstração de galanteria. Por fim, falou:

— É feliz, minha filha — perguntou-lhe em tom quase paternal —, na carreira que escolheu? Dos dezesseis aos trinta anos, a música do suave amor dos aplausos é mais doce do que toda a música que sua voz possa exprimir.

— Não sei — respondeu Viola, em tom vacilante, porém animada pelo afável acento da voz que se lhe dirigia —, não sei se sou feliz ou não, neste momento; mas fui feliz ontem à noite. E também sinto, Excelência, que devo agradecer-lhe, ainda que talvez não compreenda o motivo disso.

— Engana-se — disse sorrindo o cavalheiro —, eu assisti ao seu merecido sucesso, e você talvez não saiba de que maneira. O "porquê", eu lhe direi: porque vi que se albergava no seu coração uma ambição mais nobre do que a vaidade de mulher; foi a filha que me interessou. Talvez você preferisse que eu admirasse a artista?

— Não; oh! não!

— Bem, eu creio. E agora, já que nos encontramos assim, quero dar-lhe um conselho. Quando for outra vez ao teatro, terá aos seus pés todos os jovens galantes de Nápoles. Pobre menina! A fama que deslumbra a vista pode queimar as asas. Não esqueça que a única homenagem que não mancha é a que nenhum desses aduladores lhe fornecerá. E por mais elevados que sejam os seus sonhos futuros — e eu estou vendo neste momento, enquanto falo consigo, como são extravagantes e exagerados —, oxalá que só se realizem aqueles que se refiram à vida tranqüila do lar.

Quando o desconhecido se calou, o peito de Viola palpitava agitadamente sob o fino corpete. E cheia de uma natural e inocente emoção, compreendendo imperfeitamente, apesar de ser italiana, a gravidade do aviso, exclamou:

— Ah, Excelência! Não pode fazer idéia de como já me é caro este lar. E meu pai... ah! para mim não haveria lar sem o meu querido pai!

O semblante do cavalheiro cobriu-se de profunda e melancólica sombra. Ele olhou a tranqüila casa construída entre as parreiras, e fixou outra vez os olhos na vívida e animada face da jovem atriz.

— Está bem — disse. — Uma jovem singela não necessita de outro guia que o seu coração inocente. Avante, pois, e prospere! Adeus, bela cantora!

— Adeus, Excelência; porém... — e um impulso irresistível, uma espécie de ansiedade, um vago sentimento de temor e de esperança, impeliu-a a perguntar: — tornarei a vê-lo em São Carlos?

— Não, pelo menos por algum tempo. Hoje deixo Nápoles.

— Sim? — E, ao dizer isso, Viola sentiu-se desfalecer. O teatro perdia para ela toda a sua poesia.

— E, talvez — disse o cavalheiro, voltando atrás e pondo suavemente a mão sobre a da jovem —, antes que tornemos a nos ver, você terá sofrido e conhecido as primeiras dores agudas da vida humana, e saberá quão pouco tudo o que a fama pode dar substitui o valor do que o coração pode perder; mas seja forte e não ceda, nem ao que possa parecer tristeza devida ao amor filial. Observe aquela árvore no jardim do seu vizinho. Veja como cresce, curvada e torcida. Algum sopro de vento trouxe o germe, do qual ela brotou, à fenda da rocha; cercada de rochedos e edifícios, oprimida pela natureza e pelo homem, a sua vida tem sido uma contínua luta pela luz — luz que é a necessidade e o princípio dessa mesma vida: veja como se tem agarrado e enroscado; como, onde encontrava uma barreira, esforçou-se, criando o caule e os ramos, por meio dos quais conseguiu elevar-se e pôr-se em contato com a clara luz do céu. Que é o que a tem preservado e protegido contra todas as desvantagens do seu nascimento, e contra as circunstâncias adversas? Por que são as suas folhas tão verdes e formosas como as da parreira que estão aqui, e que, com todos os seus braços, desfruta o ar e o sol, sem empecilhos? Minha filha, é porque o instinto a impelia a lutar, porque os esforços que tem feito para alcançar a luz levaram-na a alcançar, por fim, essa luz que tanto procurava. Assim, pois, com o coração valente, atravesse os adversos acidentes e as mágoas do fado, dirigindo o olhar interno ao sol e lutando para alcançar o céu; é esta luta que dá saber aos fortes e felicidade aos fracos. Antes que nos tornemos a ver, você terá olhado mais de uma vez, com olhos tristes e pesados, aqueles ramos, e quando ouvir como as aves trinam pousando neles, e quando vir como os raios do sol, vindo de esguelha do rochedo e da cumeeira da casa, brincam com as suas folhas, aprenda a lição que a natureza lhe ensina e lute, atravessando as trevas para chegar à luz!

Assim que o desconhecido acabou de falar, afastou-se lentamente, deixando Viola admirada, silenciosa, tristemente impressionada pela predição do próximo mal e, contudo, encantada pela sensação dessa tristeza. Involuntariamente os olhos da virgem seguiram o estrangeiro, e involuntariamente estendeu os braços, como se quisesse detê-lo com o gesto; teria dado um mundo para vê-lo voltar, para poder ouvir outra vez aquela voz suave, calma e sonora, e para poder sentir outra vez aquela leve mão na sua. A presença desse homem produzia o efeito dos débeis raios da lua fazendo ressaltar a beleza dos ângulos que ilumina; e como quando a lua deixa de brilhar os objetos reassumem o seu aspecto ordinário de aspereza e vida prosaica, quando o estrangeiro se retirou, a Viola pareceu novamente sombria a cena que se apresentava aos seus olhos.

O estrangeiro seguiu andando pelo longo e pitoresco caminho que conduzia aos palácios em face dos jardins públicos, e dali aos bairros mais populosos da cidade.

Um grupo de jovens cortesãos (desses que passam a vida em ócio e orgias), tendo invadido a porta de uma casa estabelecida para o favorito passatempo do dia, e onde se reuniam os mais ricos e ilustres jogadores – abriu passo ao estrangeiro, quando este passou diante dele, saudando-o cortesmente.

– *Per fede*\* – disse um deles –, não é esse o rico Zanoni, de quem fala toda a cidade?

– Ah! Dizem que a sua riqueza é incalculável!

– Dizem, mas *quem* é que o diz? Quem pode afirmá-lo com autoridade? Há muito poucos dias que ele está em Nápoles e não pude encontrar uma só pessoa que soubesse dizer algo a respeito do seu lugar de nascimento, de sua família, nem, o que é mais importante, dos seus bens!

– É verdade; porém ele chegou ao nosso porto num magnífico navio que, *segundo dizem*, é de sua propriedade. Veja-o... não, você não pode vê-lo daqui; mas está ancorado

---

\* Por minha fé.

lá na baía. Os banqueiros com quem Zanoni trata falam, cheios de respeito, das quantias que depositou em suas mãos.

— De onde veio ele?

— De algum porto do Levante. O meu lacaio soube, por boca de alguns marinheiros do molhe, que ele viveu muitos anos no interior da Índia.

— Ah! Eu ouvi dizer que na Índia se encontra o ouro assim como aqui os seixos, e que lá há vales onde os pássaros constroem seus ninhos com esmeraldas, para atrair os insetos. Aí vem Cetoxa, o nosso príncipe dos jogadores; estou certo de que ele já conhece esse rico cavalheiro, pois o nosso amigo sente tanta atração para o ouro como o ímã para o aço. Olá, Cetoxa! Que novidade nos traz a respeito dos ducados do senhor Zanoni?

— Oh! — disse Cetoxa, com indiferença —, falavam do meu amigo?

— Ah! ah! Ouviu-o; o seu amigo...

— Sim, o meu amigo Zanoni foi a Roma, onde permanecerá alguns dias; ele me prometeu que, quando estiver de volta, me designará um dia para vir cear comigo, e então o apresentarei aos meus amigos e à alta sociedade napolitana! *Diávolo!* Asseguro-lhes que é um cavalheiro muito agradável e espirituoso!

— Faça o favor de nos contar o que fez para ser, tão de repente, seu amigo.

— Nada mais natural, meu caro Belgioso. Zanoni desejava ter um camarote no São Carlos; creio não ter necessidade de lhes dizer que, tratando-se de uma ópera nova (ah! e que ópera tão magnífica! — esse pobre diabo, o Pisani! — quem o haveria imaginado?!) e de uma nova cantora (que rosto! e que voz! — ah!) estavam tomados todos os lugares do teatro. Ouvi dizer que Zanoni desejava honrar o talento de Nápoles, e como mandam as boas normas da civilidade quando se trata de um distinto estrangeiro, mandei pôr à sua disposição o meu camarote. Ele aceitou; fui visitá-lo nos entreatos; é um homem encantador! Convidou-me a cear com ele. Cáspite! Que comitiva! Estivemos à mesa até muito tarde; eu lhe contei todas as notícias de Nápoles; tornamo-nos muito amigos. Antes de nos separarmos, obrigou-me a aceitar este diamante. — "É uma bagatela" — disse-me —, "os joalheiros o avaliam em 5.000 pistolas."* Há dez anos que eu não tinha passado uma noite tão divertida!

Os cavalheiros agruparam-se para admirar o diamante.

— Senhor conde Cetoxa — perguntou um homem de aspecto grave, que se havia persignado duas ou três vezes, enquanto o napolitano fazia essa narração —, não sabe que coisas estranhas se contam a respeito desse homem? E não lhe causa medo ter recebido dele um presente que pode trazer-lhe as mais funestas conseqüências? Não sabe que se diz que esse homem é um feiticeiro? Que possui o mau-olhado? Que...

— Vamos, poupe-nos de ouvir essas antiquadas superstições — interrompeu Cetoxa, com desprezo —; elas estão já fora de moda. Nos nossos dias, não impera senão o ceticismo e a filosofia. E, depois de tudo, quem ou o que é que fez surgir esses boatos? Um velho mentecapto de oitenta e seis anos! Em suas tolices, assegura solenemente

---

* Pistola — antiga moeda italiana.

haver visto este mesmo Zanoni em Milão, há setenta anos (quando ele, o narrador, era ainda rapaz); mas, como sabem, Zanoni não é mais velho do que eu ou o senhor Belgioso.

– Pois bem – disse o sério cavalheiro –, *este é*, precisamente, o mistério. O velho Aveli diz que este Zanoni não parece estar um dia mais velho do que naquele tempo, quando o encontrou em Milão. Ele diz também, note-se isto, que já então, embora com um nome diferente, este Zanoni se apresentou naquela cidade com o mesmo esplendor e envolto no mesmo mistério, pois havia lá um homem que se lembrava de tê-lo visto, sessenta anos antes, na Suécia.

– Bah! – replicou Cetoxa –, o mesmo se tem dito do charlatão Cagliostro; meras fábulas, em que eu acreditarei só quando este diamante se transformar numa mancheia de feno. Além disso – acrescentou com ar sério –, considero este ilustre cavalheiro meu amigo, e qualquer conversação que no futuro tenda a manchar sua reputação ou sua honra, considerá-la-ei como uma ofensa feita a mim mesmo.

Cetoxa era um terrível espadachim e possuía uma habilidade particular, que ele mesmo tinha inventado, para aumentar a variedade de estocadas. O bom e sério cavalheiro, se bem que ansioso pela felicidade espiritual do conde, não perdia de vista a sua segurança corporal; assim é que se contentou com dirigir-lhe um olhar de compaixão, e entrou na casa, subindo em seguida à sala onde estavam as mesas de jogo.

– Ah! Ah! – exclamou Cetoxa, rindo –, o nosso bom Loderano cobiça o meu diamante! Cavalheiros, estão convidados a cear comigo esta noite. Eu lhes asseguro que nunca em minha vida encontrei uma pessoa mais amável, mais sociável e mais espirituosa do que o meu querido amigo, o senhor Zanoni.

## Capítulo V

*"Quello Ippogrifo, grande e strano augello*
*Lo porta via."*
                    Orlando Furioso, canto VI, 18.

["Aquele hipogrifo, grande e maravilhoso pássaro, leva-o embora."]

Agora, acompanhando esse misterioso Zanoni, tenho de deixar, por algum tempo, Nápoles. Monte, leitor amigo, na garupa do meu hipogrifo, coloque-se nele da melhor forma que puder. Há poucos dias que comprei a sela de um poeta amante da comodidade, e depois mandei recheá-la para você nela se acomodar melhor. Assim pois, montemos! Veja como nos levantamos nos ares – olhe! –, não tema, os hipogrifos nunca tropeçam, e na Itália estão acostumados a carregar cavaleiros de avançada idade. Dirija o seu olhar à terra, debaixo de nós! Ali, perto das ruínas da antiga cidade osca, chamada Átela, levanta-se Aversa, outrora uma praça-forte dos normandos; ali brilham as colunas de Cápua, sobre a corrente do Volturno. Eu os saúdo, férteis campos e vinhas célebres pelo famoso, velho vinho de Falerno! Eu as saúdo, ricas campinas onde crescem as douradas laranjas de Mola di Gaeta! Saúdo também os lindos arbustos e flores silvestres, *omnis copia narium*, que cobrem as ladeiras da montanha do silencioso Látula! Pararemos na cidade volsca de Anxur – a moderna Terracina –, cujo sublime rochedo se assemelha a um gigante que guarda os últimos limites da meridional terra do amor. Adiante! Adiante! e retenhamos o fôlego enquanto voarmos por cima dos Pântanos Pontinos. Medonhos e desolados, os seus miasmas são para os jardins que temos atravessado o que a vida comum é para o coração que deixou de amar. Lúgubre *campagna*, que se apresenta à nossa vista em toda a sua majestosa tristeza. Roma, cidade das sete colinas, recebe-nos como a memória recebe o viajeiro cansado; recebe-nos em silêncio, no meio de suas ruínas!

Onde está o viajante que procuramos? Deixemos o hipogrifo apascentar-se, solto: ele gosta do acanto que trepa por aquelas colunas rompidas. Sim, aquele é o arco de Tito, o conquistador de Jerusalém; ali está o Coliseu! Por um, passou em triunfo o divinizado invasor; no outro, caíam ensangüentados os gladiadores. Monumentos de matanças, como são pobres os pensamentos, e como são mesquinhas as lembranças que despertam, comparados com o que dizem ao coração do homem as alturas de Phyle, ou o seu solitário dique, pardo Marathon! Estamos no meio de cardos, espinhos e ervas silvestres. Aqui, onde estamos, reinou outrora Nero; aqui estavam os seus pavimentos marchetados; aqui, "como um segundo céu", se elevava a abóbada de tetos de marfim; aqui, arco sobre arco, pilar sobre pilar, resplandecia ante o mundo o dourado palácio do seu senhor – a Casa d'Ouro de Nero. Olhem como o lagarto nos observa com os olhos brilhantes e tímidos! Perturbamos o seu reino. Colham aquela flor silvestre: a Casa d'Ouro desapareceu, mas a flor silvestre talvez seja da família das flores que a mão do estrangeiro espalhou por cima do sepulcro do tirano; veja como a natureza faz crescer ainda as flores silvestres sobre este solo, que é a tumba de Roma!

No meio dessa desolação levanta-se um velho edifício do tempo da Idade Média. Ali mora um singular recluso. Na época das febres, os camponeses da região fogem da viçosa vegetação desses lugares; mas ele, que é um estrangeiro, respira sem temor o ar pestilento. Esse homem não tem amigos, sócios nem companheiros, a não ser os livros e instrumentos científicos. Muitas vezes é visto como anda pelas verdejantes colinas, ou como passeia pelas ruas da cidade nova, não com o ar negligente de estudante, mas com os olhos observadores e penetrantes, que parecem sondar o coração dos transeuntes. É um homem velho, porém robusto, alto e ereto, como se fosse moço. Ninguém sabe se ele é rico ou pobre. Não pede nem dá esmola – não faz mal a ninguém, mas também, como parece, não confere bem algum. Segundo todas as aparências, esse homem vive só para si, mas as aparências são enganadoras, e a ciência, como também a benevolência, vivem para o Universo. É pela primeira vez, desde que esse homem habita essa morada, que nela entra um visitante. E este é Zanoni.

Veja esses dois homens sentados um ao lado do outro, e conversando seriamente. Muitos anos haviam transcorrido desde que se viram pela última vez – ao menos fisicamente, face a face. Porém, se são sábios, o pensamento de um pode ir ao encontro do pensamento do outro, e o espírito daquele voa em busca do espírito deste, embora os oceanos separem as formas. Nem mesmo a morte é capaz de separar os sábios. Você se encontra com Platão, quando os seus olhos umedecidos se fixam sobre o seu *Phedon*. Oxalá Homero viva eternamente com os homens!

Os dois homens estão conversando; comunicam um ao outro suas aventuras; evocam o passado e o reprovam; porém, observe com que modo distinto apresentam as recordações. No semblante de Zanoni, apesar da sua calma habitual, as emoções aparecem e somem. Ele agiu no passado que está recordando; ao passo que nem o menor vestígio dessas tristezas ou alegrias, de que participa a humanidade, pode descobrir-se no semblante insensível do seu companheiro; para este, o passado, assim como o presente, não são mais do que a natureza para o sábio ou o livro para o estudante – uma vida tranqüila e espiritual, um estudo, uma contemplação.

Do passado dirigem-se ao futuro! Ah! Pelos fins do século XVIII, o futuro parecia uma coisa tangível – estava enlaçado com os temores e as esperanças do presente.

Nos limites daquele século, o Homem, o filho mais maduro do Tempo* estava como no leito de morte do Velho Mundo, olhando o Novo Horizonte, envolto entre nuvens e ensangüentados vapores – não se sabendo se se apresentava um cometa ou um sol. Observe o frio e profundo desdém nos olhos do ancião – a sublime e tocante tristeza que obscurece o imponente semblante de Zanoni. É que, enquanto um olha com indiferença a luta e o seu resultado, o outro a considera com horror e compaixão! A sabedoria, contemplando o gênero humano, só conduz a estes dois resultados: ao desdém ou à compaixão.

Quem crê na existência de outros mundos, pode acostumar-se a considerar este mundo assim como o naturalista considera as revoluções de um formigueiro ou de uma folha. Que é a Terra para o Infinito? Que valor tem a sua duração para o Eterno?

Oh! quantas vezes a alma de um só homem é mais importante e maior do que as vicissitudes de todo o globo! Filho do céu e herdeiro da imortalidade! Como e quando, residindo numa estrela, você olhará depois o formigueiro e as suas comoções, desde Clóvis até Robespierre, desde Noé até o Juízo Final? O espírito que sabe contemplar e que vive somente no mundo intelectual, pode subir à sua estrela, embora ainda viva neste cemitério chamado Terra, e enquanto o sarcófago chamado Vida encerrar em suas paredes de barro a essência eterna!

Porém, você, Zanoni, se recusou a viver *somente* no mundo intelectual; você não mortificou o coração; o seu pulso bate ainda com a doce música de paixão dos mortais; a humanidade é para você ainda uma coisa mais atraente do que o abstrato, você quis ver essa Revolução em seu berço, que a tempestade embala, e quis ver o mundo enquanto os seus elementos lutam para sair do caos!

Vá, pois!

---

\* *"An des Jahrhunderts Neige,*
*Der reifste Sohn der Zeit."*
*Die Künstler.*

## Capítulo VI

*"Précepteurs ignorants de ce faible univers."* – Voltaire.
*"Nous étions à table chez un de nos confrères à l'Académie, un Grand Seigneur et homme d'esprit."* – La Harpe.

["Preceptores ignorantes deste fraco Universo." – "Estávamos à mesa com um dos nossos confrades da Academia, um Grande Senhor e homem de espírito."]

Uma tarde, em Paris, alguns meses depois da data do nosso capítulo precedente, achavam-se reunidos alguns dos homens mais eminentes da época em casa de um personagem distinto, tanto por seu nobre nascimento como por seus princípios liberais. Quase todos os presentes eram partidários das opiniões que então estavam em voga. Pois, assim como veio depois um tempo em que nada havia tão impopular como o povo, naqueles dias nada havia tão vulgar como a aristocracia. O mais fino cavalheiro e a mais altiva nobreza de igualdade e de luzes.

Entre os mais notáveis membros daquela reunião estava Condorcet, que se achava, naquele tempo, no apogeu de sua reputação; era o correspondente do rei da Prússia, íntimo de Voltaire, membro da metade das academias da Europa – nobre de nascimento, de maneiras distintas e de opiniões republicanas. Encontrava-se também ali o venerável Malesherbes, "o amor e as delícias da nação", como o chamava o seu historiador, Gaillard. Estava lá o erudito Jean Silvain Bailly, o aspirante político. Celebrava-se uma dessas festas denominadas *petits soupers*, que tornaram famosa a capital de todos os prazeres sociais. A conversação, como é de supor, versava sobre assuntos literários e científicos, animada por graciosas facécias. Muitas das senhoras daquela antiga e orgulhosa nobreza – pois a nobreza existia ainda, se bem que as suas horas já estivessem contadas – aumentavam o encanto da sociedade; elas se convertiam, de vez em quando, em críticos atrevidos e, com freqüência, faziam alarde de seus sentimentos liberais.

Muito trabalho me custaria – e quase me seria impossível, com o meu idioma materno – poder fazer justiça aos brilhantes paradoxos que corriam de boca em boca. O tema favorito da conversação era a superioridade dos modernos sobre os antigos. Sobre este assunto, Condorcet esteve eloqüente até o ponto de deixar convencidos muitos dos ouvintes. Poucos eram os que se atreveram a negar que Voltaire fosse maior do que Homero. Ridicularizou-se sem compaixão o torpe pedantismo que quer que tudo o que é antigo seja necessariamente sublime.

– Todavia – disse o gracioso marquês de ..., enquanto o champanhe dançava no seu copo –, mais ridícula ainda é a superstição que santifica tudo o que não compreende. Mas a inteligência circula; e, como a água, encontra o seu nível. O meu cabeleireiro disse-me esta manhã: "Ainda que eu não seja mais que um pobre diabo, creio tão pouco como o mais fino cavalheiro."

– Indubitavelmente, a grande Renovação marcha para o seu auge a passos de gigante, como disse Montesquieu de sua própria obra imortal.

E os homens de saber e os homens de nobreza, os cortesãos e os republicanos, formaram um harmonioso coro, elogiando antecipadamente as brilhantes coisas que "a grande Revolução" produziria. Sobre este ponto, Condorcet falou com eloqüência ainda maior.

"*Il faut absolutement que la superstition et le fanatisme fassent place à la philosophie.* [É absolutamente necessário que a superstição e o fanatismo cedam lugar à filosofia.] Os reis perseguem as pessoas, os sacerdotes perseguem as opiniões. Quando não houver reis, os homens estarão seguros; quando não houver sacerdotes, o pensamento será livre."

– Ah – murmurou o marquês –, e como esse querido Diderot cantou tão bem:

*Et des boyaux du dernier prêtre*
*Serrez le cou du dernier roi.**

– E então – prosseguiu Condorcet – começará a Idade da Razão. Igualdade de instrução, igualdade de instituições, igualdade de fortunas! Os grandes obstáculos que se opõem à difusão dos conhecimentos são, em primeiro lugar, a falta de uma linguagem comum e, em seguida, a curta duração da existência. Pelo que toca ao primeiro, porque não há de haver um idioma universal, uma vez que todos os homens são irmãos? Quanto ao segundo, sendo indisputável a perfectibilidade orgânica do mundo vegetal, seria menos poderosa a natureza, tratando-se de uma existência muito nobre, a do homem pensante? A destruição das duas causas mais ativas da deterioração física – a exorbitante riqueza de um lado e a degradante miséria do outro –, devem necessariamente prolongar o termo geral da existência.** Assim como hoje se tributam honras à arte da guerra, que é a arte de assassinar, dar-se-ia então toda a importância à medicina: todas as mentes privilegiadas se entregariam à busca dos descobrimentos que tendessem a minorar as causas que produzem as enfermidades e a morte. Eu admito que não se possa eternizar a vida; mas creio que se poderia prolongá-la quase indefinidamente. E assim como o mais insignificante animal lega o seu vigor à sua prole, da mesma forma o homem transmitirá a seus filhos a sua aperfeiçoada organização mental e física. Oh, sim, para conseguir isto devem dirigir-se os esforços do nosso século!

O venerável Malesherbes suspirou. Temia, talvez, que essa reforma não viesse a tempo para ele. O belo marquês de ... e as senhoras (ainda mais belas do que ele), pareciam convencidos e deleitados.

Estavam ali, entretanto, dois homens sentados um ao lado do outro, que nenhuma parte tomaram na conversação geral: um era um estrangeiro recentemente chegado a Paris, onde a sua riqueza, sua pessoa e suas maneiras distintas lhe alcançaram já certa reputação e não poucas atenções; o outro, um ancião que contava uns setenta anos de

---

* E com as tripas do último padre estrangule o pescoço do último rei.
** Veja-se a obra póstuma de Condorcet sobre o progresso da mente humana. – (Nota do Editor).

idade, era o espirituoso, virtuoso, valente e bondoso Cazotte, o autor do "Diabo Enamorado" (*Le Diable Amoureux*).

Esses dois homens conversavam familiarmente, separados dos demais, e só de vez em quando manifestavam, por um ocasional sorriso, a atenção que prestavam à conversação geral.

– Sim – disse o estrangeiro –, nós já nos temos encontrado várias vezes.

– A sua fisionomia não me é desconhecida; e, contudo, em vão procuro relembrar-me do passado em que a vi.

– Eu vou auxiliá-lo a recordar-se. Lembra-se do tempo quando, levado por curiosidade ou talvez pelo nobre desejo de alcançar conhecimentos elevados, você procurava a maneira de obter a iniciação na misteriosa ordem de Martinez de Pasqualis?*

– Ah! é possível! Você pertence a essa irmandade teúrgica?

– Não; só assisti às suas cerimônias para ver como debalde tratavam de ressuscitar as antigas maravilhas da Cabala.

– Gostas desses estudos? Eu, por minha parte, expulsei para longe a influência que outrora exercia sobre a minha imaginação.

– Você não a sacudiu – retrucou o estrangeiro gravemente –; aquela influência ainda o domina. Domina-o mesmo nesta hora; ela bate no seu coração, ilumina a sua razão e falará com a sua língua.

E ao dizer isto, o estrangeiro continuou a falar-lhe em voz ainda mais baixa, recordando-lhe certas cerimônias e doutrinas daquela seita – explicando-as e acomodando-as à atual experiência e à história do seu interlocutor, causando a Cazotte uma grande admiração o fato de ser a sua vida tão conhecida desse estrangeiro.

O tranqüilo e amável semblante do ancião anuviava-se gradualmente e, de vez em quando, dirigia ao companheiro olhares pesquisadores, curiosos e penetrantes.

A encantadora duquesa de D... fez observar à animada reunião o olhar abstrato e a enrugada testa do poeta; e Condorcet, que não gostava que fosse levada a atenção a outrem quando ele estava presente, disse a Cazotte:

– E que nos diz você da revolução? Ou, ao menos, qual a sua opinião sobre a maneira como ela influirá sobre nós?

---

\* Assim se conta de Cazotte. De Martinez de Pasqualis pouco se sabe; até sobre a terra a que pertenceu não estamos bem certos. Também não há provas que nos garantam quais eram, na realidade, os ritos, as cerimônias e os princípios da ordem cabalística por ele fundada. Saint-Martin foi um discípulo dessa escola e isto, ao menos, a recomenda; porque, apesar do seu misticismo, Saint-Martin foi, talvez, o homem mais humanitário, generoso, puro e virtuoso do século XVIII. Além disso, ninguém se distinguiu mais no círculo de filósofos céticos, pela nobreza e pelo fervor com que combatia o materialismo e proclamava a necessidade da fé, no meio de um caos de descrença. Pode-se observar também que Cazotte, seja o que for que aprendeu da irmandade de Martinez, não aprendeu nada que diminuísse a excelência da sua vida e a sinceridade da sua religião. Sendo, ao mesmo tempo, brando e valente, nunca cessou de opor-se aos excessos da Revolução. Até a última hora, em contraste com os liberais do seu tempo, conservou-se um cristão devotado e sincero. Antes da sua execução, pediu uma pena e papel para escrever as seguintes palavras: *Ma femme, mes enfants, ne me pleurez pas; ne m'oubliez pas, mais souvenez-vous surtout de ne jamais offenser Dieu.* (Isto é: "Minha mulher, meus filhos, não choreis por mim; não me esqueçais, mas lembrai-vos sobretudo de não ofender a Deus." – Nota do Editor.)

Cazotte sobressaltou-se ao ouvir essa pergunta – suas faces empalideceram; grossas gotas de suor corriam por sua fronte; seus lábios tremiam; os seus alegres companheiros miraram-no cheios de surpresa.

– Fale! – murmurou o estrangeiro, pondo a mão suavemente sobre o braço do ancião.

A esta palavra, a fisionomia de Cazotte tomou uma expressão grave e rígida, seu olhar errou pelo espaço e, com voz baixa e rouca, respondeu o velho poeta:*

– Pergunta-me você que efeito a Revolução produzirá sobre os seus mais ilustrados e desinteressados agentes. Vou responder-lhe. O marquês de Condorcet morrerá numa prisão, mas não pela mão do verdugo. Na tranqüila felicidade desse dia, o filósofo levará consigo não o elixir, mas o veneno.

– Meu pobre Cazotte – disse Condorcet, com seu amável sorriso –, que têm que ver as prisões, os verdugos e os venenos com uma era de liberdade e fraternidade?

– É em nome da liberdade e da fraternidade que as prisões estarão cheias, e o algoz terá muito o que fazer.

– Sem dúvida, você se refere ao reinado dos padres e não ao da filosofia, Cazotte – disse Champfort.** – E para mim, o que está previsto?

– Você abrirá as próprias veias para escapar à fraternidade de Caim. Console-se; as últimas gotas não seguirão a navalha. Para você, venerável Malesherbes; para Aimar Nicolai; para o douto Bailly... veio levantar-se o cadafalso! E, entretanto, ó grandes filósofos, os seus assassinos não falarão senão de filosofia!

O silêncio era completo e geral, quando o pupilo de Voltaire – o príncipe dos céticos acadêmicos, o ardente La Harpe – exclamou com riso sarcástico:

– Não me lisonjeie, ó profeta, excluindo-me do destino dos meus companheiros. Não terei *eu* nenhum papel para representar nesse drama de suas fantasias?

A essa pergunta, o semblante de Cazotte perdeu aquela estranha expressão de terror e rigidez; o seu constante humor sardônico tornou ao poeta e brincou nos seus olhos brilhantes.

– Sim, La Harpe, reservo a você o papel mais maravilhoso de todos! O de se transformar em cristão!

Isto era demasiado para o auditório que, um momento antes, parecera sério e reflexivo, e todos, menos o estrangeiro, prorromperam numa forte gargalhada, ao passo que Cazotte, como se estivesse exausto por essas suas predições, caiu sobre a cadeira, respirando pesada e dificilmente.

---

\* Esta profecia (talvez já conhecida de alguns dos meus leitores), com algumas pequenas variações, e mais extensa, acha-se nas obras póstumas de La Harpe. O manuscrito diz que também ela existe nos manuscritos do mesmo La Harpe, e M. Petitot garante a sua veracidade. (Vol. I, p. 62 – Nota do Editor.)

\*\* Champfort, um daqueles literatos que, apesar de seduzidos pela primeira aparência agradável da Revolução, recusaram-se a seguir os vis homens de ação nos seus horríveis excessos, expressou a filantropia assassina dos agentes revolucionários pelo mais belo dito daquele tempo. Vendo escrito sobre as paredes: *"Fraternité ou la Mort"* ["Fraternidade ou a Morte"], observou que estas palavras deviam interpretar-se: *"Sois mon frère, ou je te tue."* ["Sê meu irmão, ou eu te matarei"].

– Agora – falou Mme. De G... – que predisse coisas tão graves para nós, é dever profetizar também algo para você mesmo.

Um tremor convulsivo sacudiu o involuntário profeta e, a seguir, sua fisionomia animou-se de uma expressão de resignação e calma.

– Senhora – respondeu Cazotte, depois de uma longa pausa –, o historiador de Jerusalém nos diz que, durante o sítio daquela cidade, um homem andou sete dias consecutivos ao redor das muralhas, gritando: "Ai de ti, Jerusalém, e ai de mim!"

– Bem, Cazotte, e que mais?

– E ao cabo dos sete dias, enquanto ele assim falava, uma pedra arrojada pelas máquinas dos romanos esmagou-o.

Ditas estas palavras, Cazotte se levantou; e os hóspedes, profundamente impressionados, contra a sua vontade também fizeram o mesmo e retiraram-se.

## *Capítulo VII*

*"Qui donc t'a donné mission d'annoncer au peuple que la divinité n'existe pas? Quel avantage trouve-tu à persuader à l'homme qu'une force aveugle préside à ses destinées et freppe au hasard le crime et la vertu?"* – Robespierre, *Discours*, 7 de Maio de 1794.

["Quem, pois, lhe deu a missão de anunciar ao povo que a divindade não existe? Que vantagem acha no persuadir o homem que uma força cega preside a seus destinos e fustiga ao acaso o crime como a virtude?"]

Era um pouco antes da meia-noite quando o estrangeiro entrou em sua casa. Seus aposentos estavam situados num daqueles grandes edifícios que poderiam chamar-se uma miniatura da própria Paris. Os sótãos eram alugados por pobres operários, apenas um pouco melhor alojados do que mendigos; e não raras vezes eram também habitados por proscritos e fugitivos ou por algum atrevido escultor que, depois de haver espalhado entre o povo as mais subversivas doutrinas ou algum libelo contra o clero, o ministro ou o rei, retirava-se para viver entre ratos, a fim de evadir-se da perseguição; os pavimentos térreos dessas vastas casas eram ocupados por vendas ou lojas; as sobrelojas, por artistas; os primeiros andares, por nobres; e as águas furtadas, por jornaleiros ou por aprendizes.

Enquanto o estrangeiro subia a escada, passou apressadamente ao seu lado um jovem de fisionomia duvidosa e pouco simpática, tendo saído de uma porta da sobreloja. Seu olhar era furtivo, sinistro, feroz e, contudo, tímido; a face desse homem era de uma palidez cinzenta, e suas feições se moviam convulsivamente. O estrangeiro parou, observando-o com olhos pensativos, quando o moço descia correndo pela escada. Dali a instantes, ouviu-se um gemido dentro do quarto que o moço acabara de deixar; e, apesar de este, ao sair, ter puxado a porta para si com violência, algum objeto, provavelmente uma lasca de lenha, não a deixou fechar bem e agora estava entreaberta; o estrangeiro empurrou-a e entrou na habitação.

Passou por pequena ante-sala, pobremente mobiliada e deteve-se num dormitório de aspecto desagradável e sórdido. Estendido na cama e torcendo-se de dor, estava um ancião; apenas uma vela ardia no quarto e alumiava fracamente o enrugado e quase cadavérico rosto do enfermo. Não havia em casa pessoa alguma que dele cuidasse; o doente parecia prestes a exalar o último alento, ali abandonado e só.

– Água! – gemia ele, com voz fraca – água! Como me queima a garganta!

O intruso, aproximando-se do leito, inclinou-se sobre o enfermo, tomando-lhe a mão.

– Oh! muito grato, Jean, muito grato! – disse o paciente –; já trouxe o médico? Senhor, sou pobre, mas pagar-lhe-ei bem. Eu não queria morrer ainda, por amor a esse jovem.

E ao dizê-lo, sentou-se o enfermo na cama, fixando os olhos enfraquecidos no visitante.

– Que tem? – perguntou este. – Que mal o aflige?
– Tenho fogo no coração e nas entranhas! Parece-me que estou a arder!
– Quanto tempo faz que tomou o último alimento?
– Alimento! Só esta taça de caldo; afora isso, não tomei nem comi nada durante as últimas seis horas. E apenas a tinha provado, quando comecei a sofrer estas dores.

O estrangeiro examinou a taça; uma pequena porção do conteúdo ficara ainda nela.

– Quem lhe deu isto?
– Quem havia de dar-me, senão Jean? Não tenho criado algum, senhor. Sou pobre, muito pobre. Mas não! Os médicos não gostam de assistir os pobres. Sou rico! Pode curar-me?

– Sim, se o céu o permitir. Espere alguns instantes.

O ancião quase já sucumbia aos rápidos efeitos do veneno. O estrangeiro foi aos seus aposentos e voltou daí a instantes trazendo uma poção, que produziu o resultado instantâneo de um antídoto. Apenas o ancião tomou este remédio, cessaram as suas dores, desapareceu a cor azulada e lívida dos seus lábios, e o doente adormeceu profundamente.

O estrangeiro deixou então cair as cortinas em redor do leito, pegou a vela e pôs-se a inspecionar a habitação. As paredes de ambos os aposentos estavam adornadas com pinturas de grande mérito. Havia ali também uma carteira cheia de desenhos igualmente preciosos, porém estes eram, em sua maior parte, assuntos que espantavam os olhos e revoltavam o gosto: exibiam a figura humana em grande variedade de sofrimentos – o cavalete, a roda, a forca; tudo o que a crueldade inventou para aumentar as angústias da morte, parecia ainda mais horrível com o gosto apaixonado e a força séria de veracidade com que o expressava o pintor. E algumas dessas figuras assim desenhadas afastavam-se bastante do ideal para mostrar que eram verdadeiros retratos; com grandes letras irregulares e mão atrevida, estava escrito embaixo desses desenhos: "O futuro dos aristocratas." Num canto do quarto, perto de um velho armário, estava um pequeno pacote, por cima do qual, como se o devesse ocultar, via-se uma capa estendida negligentemente. Algumas estantes estavam cheias de livros, quase todos obras de filósofos da época – filósofos da escola materialista, especialmente os enciclopedistas, aos quais mais tarde Robespierre atacou com tanta veemência, quando o covarde julgou perigoso deixar a sua nação sem um Deus.*

Sobre uma mesa havia um livro – era uma obra de Voltaire, e a página estava aberta na passagem que apresentava os argumentos para provar a existência do Ser Supremo.** A margem estava coberta de notas traçadas a lápis por uma mão rija, porém que a idade fizera tremer; todas essas notas tendiam a refutar ou ridicularizar a lógica do sábio de Ferney: Voltaire não tinha ido tão longe como o desejava o anotador!

O relógio batia duas horas quando se ouviu, fora, o ruído de passos. O estrangeiro sentou-se silenciosamente no canto mais afastado da cama, cujas cortinas o ocultavam à vista de um homem que entrou nas pontas dos pés; era o mesmo que tinha descido pela escada, ao lado do estrangeiro, quando este vinha subindo. O recém-chegado pegou a vela e aproximou-se da cama. O rosto do ancião estava voltado no travesseiro; mas ele permanecia tão quieto e a sua respiração era tão imperceptível, que o seu sono, ante daquele olhar intranqüilo, trêmulo e culpável, podia equivocar-se muito facilmente com o repouso da morte. O recém-chegado retirou-se e um sorriso sinistro apareceu-lhe no semblante: o moço tornou a colocar a vela sobre a mesa e, abrindo o armário com uma chave que tirou da algibeira, apanhou alguns cartuchos de ouro que achou nas gavetas.

Nesse instante, o ancião começava a voltar a si do letargo em que jazia. Moveu-se no leito, abriu os olhos; dirigiu o olhar à luz que começava já a se apagar e viu o que estava fazendo o ladrão. Mais admirado do que aterrorizado, sentou-se por um instante, e depois saltou da cama para ir colocar-se em frente ao malfeitor.

– Justo céu! – exclamou. – Estarei sonhando? Você, para quem tanto trabalhei e sofri, privando-me às vezes até do necessário!... Você!

O ladrão, sobressaltado, deixou cair o ouro da mão, e o metal rolou pelo assoalho.

– Como! – disse o jovem –, ainda não está morto? O veneno não agiu?

– Veneno, rapaz?! Ah! – gritou o ancião, cobrindo o rosto com as mãos; e, em seguida, com uma energia repentina, exclamou:

– Jean, Jean! Retire essa palavra! Roube-me, saqueie-me, se quiser, porém, não diga que quis assassinar a quem tem vivido somente para você! Aqui tem o ouro, tome-o, eu o havia acumulado para o seu proveito. Vá, vá!

---

* *"Cette secte (les Encyclopédistes) propagea avec beaucoup de zèle l'opinion du matérialisme, qui prévalut parmi les grands et parmi les beaux esprits; on doit en partie cette espèce de philosophie pratique qui, reduisant l'Egoïsme en système, regarde la société humaine comme une guerre de ruse, le succès comme la règle du juste et de l'injuste, la probité comme une affaire de gout, ou de bienséance, le monde comme de patrimoine des fripons adroits."* – *Discours* de Robespierre, 7 de maio de 1794.

["Esta seita (os enciclopedistas) propagou com muito zelo a opinião, do materialismo, que prevaleceu entre os grandes e entre os belos espíritos; devemo-lhe, em parte, essa espécie de filosofia que, convertendo o egoísmo num sistema, considera a sociedade humana como uma guerra de astúcia, o sucesso como a regra do justo e do injusto, a probidade como um assunto de gosto, ou de decência, o mundo como o patrimônio de velhacos espertos."] – *Discours* de Robespierre, 7 de maio de 1794.

** *"Histoire de Jenni."*

E o ancião, que em sua ira abandonara a cama, caiu estendido aos pés do assassino confuso e torcia-se sobre o assoalho, atormentado pela agonia mental, muito mais intolerável do que a que antes experimentara o seu corpo.

O ladrão contemplou-o com frio desdém.

– Que lhe fiz eu, infeliz – continuou dizendo o ancião –, senão amá-lo e alimentá-lo por toda a minha vida? Você era um órfão desamparado, e eu o alimentei; dei-lhe educação, e até o adotei como filho. Se os homens me chamam de avarento, é porque eu não queria que você pudesse ser desprezado quando eu deixasse de existir, já que a natureza o fez tão desgraçado e disforme; devia ser o meu herdeiro, e teria tudo o que acumulei. Não podia deixar-me viver alguns meses, ou dias... que são nada para a sua juventude, porém tudo o que sobrou à minha velhice? Que é que lhe fiz?

– Continuou vivendo e não fazia o testamento.

– Ó meu Deus! meu Deus!

– "Seu Deus", imbecil! Não me dizia, desde a minha infância: "Não há Deus"!? Não me alimentou com filosofia? Não me dizia: "Seja virtuoso, seja bom, seja justo, por amor à humanidade; porém, não há outra vida depois desta vida." Não me dizia? A humanidade! Por que devo eu amar esta humanidade? Esta humanidade que mofa de mim porque sou feio e desgraçado, e de mim escarnece quando passo pelas ruas? Que é que me fez? Tirou de mim, que sou o escárnio deste mundo, as esperanças de um outro mundo! Não há outra vida depois desta? Bem, então eu quero ter o seu ouro, para gozar, ao menos, de tudo o que possa nesta vida!

– Monstro! Que a minha maldição caia sobre você!

– E quem ouvirá a sua maldição? Bem sabe que não há Deus! Ouça! Eu tenho tudo preparado para fugir. Olhe, aqui está o meu passaporte; os meus cavalos esperam-me na rua e já estão dadas as ordens a respeito dos cavalos de muda. E tenho eu o dinheiro. (E o miserável, ao dizê-lo, enchia friamente as suas algibeiras com cartuchos de ouro.) E agora, se poupo a sua vida, como estarei seguro de que não me denunciará?

E o malvado aproximava-se do ancião, com cara sinistra e gesto ameaçador.

A cólera do velho, que se havia acovardado ante aquele selvagem, transformou-se em medo.

– Deixe-me viver! Para que... eu...

– Para quê?

– Para que eu o perdoe! Sim, não terá nada que temer de mim. Juro-lhe!

– Jura! Porém, por quem e por que, desgraçado? Eu não posso crer, uma vez que você não crê em Deus algum! Ah! Ah! Veja os resultados das suas lições!

Um momento mais, e as mãos do assassino teriam estrangulado a sua vítima. Porém, entre os dois se interpôs uma sombra imponente e ameaçadora, que lhes pareceu um ser vindo daquele mundo em que nenhum dos dois acreditava.

O ladrão recuou, olhou-o aterrorizado e fugiu. O ancião caiu outra vez no chão, desmaiado.

## Capítulo VIII

"Se quereis saber como um homem mau age quando atinge o poder, analisai todas as doutrinas que ele prega enquanto está ocupando um lugar obscuro." – S. Montaigne.

"As antipatias formam também uma parte daquilo que (falsamente) se chama magia. O homem tem naturalmente o mesmo instinto que os animais, o qual investe involuntariamente contra as criaturas que são hostis ou fatais à sua existência. Mas o *homem* descuida-se tão amiúde desse instinto, que ele fica latente e adormecido. Não faz assim, porém, o cultivador da Grande Ciência", etc. – Trismegistus, o Quarto (um rosa-cruz).

Quando o estrangeiro, no dia seguinte, tornou a ver o ancião, encontrou-o tranqüilo e restabelecido do sofrimento da noite anterior. O ancião manifestou seu agradecimento ao seu salvador, com lágrimas nos olhos, e disse-lhe que já havia mandado chamar um parente que cuidasse de sua futura segurança.

– Ainda me sobrou dinheiro – disse o ancião –, e daqui em diante não terei motivo algum para ser avaro.

Em seguida, pôs-se a contar-lhe a origem e as circunstâncias que o haviam posto em relação com o jovem que o tentou assassinar.

Segundo parece, o ancião, quando ainda era jovem, desaviera-se com seus parentes – por causa de diversidade de crenças. Rejeitando toda religião como uma fábula, cultivava, contudo, sentimentos que o inclinaram (pois embora a sua inteligência fosse fraca, tinha bom coração) a essa falsa e exagerada sensibilidade que as pessoas, por ela seduzidas, confundem tão freqüentemente com benevolência.

Ele não tinha filhos; resolveu adotar um "filho do povo". Quis educar esse rapaz conforme a "razão". Escolheu, pois, um órfão da mais baixa classe social, cujos defeitos físicos serviram ainda de estímulo à compaixão e, afinal, aumentaram a sua afeição. No seu protegido, não só amava um filho, como também amava uma teoria! Educou-o de uma forma de todo filosófica.

Helvécio lhe provava que a educação fazia tudo; e, antes que o pequeno Jean tivesse oito anos de idade, as suas expressões favoritas eram: *La lumière et la vertu* [A luz e a virtude]. O rapaz revelava bastante talento, sobretudo para as artes. O protetor procurou um mestre que, como ele, estivesse livre de toda "superstição", e encontrou o pintor David. Esse homem, tão feio como o seu discípulo, e cujas disposições eram tão viçosas como inegável era a sua habilidade profissional era, de certo, tão livre de toda "superstição" como o protetor podia desejar. Estava reservado a Robespierre o fazer crer, mais tarde, ao sangüinário pintor, na existência do *Ser Supremo*.

O rapaz teve, desde os seus primeiros anos, a consciência da sua fealdade, que era quase extraordinária. Seu benfeitor tratou em vão de reconciliá-lo com a malícia da natureza, mediante seus aforismos filosóficos; porém, quando lhe explicava que neste mundo o dinheiro (como a caridade) encobre uma multidão de defeitos, o rapaz escutava com atenção e sentia-se consolado. Todo o afã e toda a paixão do protetor resumia-se nos esforços de juntar e guardar dinheiro para o seu protegido – o único ser que ele amava no mundo. E, como vimos, recebeu uma estranha recompensa.

— Mas eu estou contente por ele ter fugido — disse o ancião, enxugando os olhos. — Ainda que me houvesse reduzido ao extremo de pedir esmola, eu não o teria acusado nunca.

— Você não podia fazer tal — respondeu o desconhecido —, pois é o autor dos seus crimes.

— Como? — replicou o ancião. — Eu, que nunca deixei de inculcar-lhe a beleza da virtude? Explique-me!

— Ai! Se os lábios do seu pupilo não lhe disseram bastante claro na noite passada, ainda que viesse um anjo do céu, em vão o compreenderia.

O ancião agitava-se numa espécie de desassossego e ia replicar, quando entrou no quarto o parente que mandara chamar e que, sendo morador de Nancy, por acaso se achava, naqueles dias, em Paris. Era um homem de trinta e tantos anos e de uma fisionomia seca, saturnina, magra, com os olhos vivos e os lábios delgados. Fazendo muitos gestos de horror, estudou a narração do ocorrido que lhe fez o parente e tratou seriamente, porém em vão, de convencê-lo que devia denunciar o seu protegido.

— Cale-se, cale-se, René Dumas! — disse o ancião —; o senhor é advogado e, por isso, está acostumado a olhar a vida do homem com desprezo. Logo que alguém ofenda a lei, já o senhor grita: "Seja enforcado!"

— Eu?! — exclamou Dumas, levantando as mãos e os olhos ao céu. — Venerável sábio, quão mal me julga! Eu, mais do que outrem, lamento a severidade do nosso código. Penso que o Estado nunca deveria arrebatar uma vida... nunca, nem sequer a de um assassino. Concordo com esse jovem estadista, Maximiliano Robespierre, que o verdugo é invenção do tirano. O que mais me faz adorar a nossa próxima revolução é a idéia de que veremos desaparecer esta matança legal.

O advogado interrompeu-se, como se lhe faltasse o alento. O estrangeiro olhou-o fixamente e empalideceu.

— Observo uma mudança no seu semblante, senhor — disse Dumas —; sem dúvida, não participa da minha opinião?

— Perdoe-me; neste momento esforçava-me em reprimir um vago temor que me parecia profético.

— E qual é?

— Que nos encontraremos outra vez numa época em que a sua opinião sobre a morte e sobre a filosofia das revoluções será bem diferente.

— Nunca!

— Encanta-me, primo René — disse o ancião, que escutava o seu parente com grande prazer. — Ah! Vejo que tem sentimentos próprios de justiça e de filantropia. Por que não procurei conhecê-lo antes?! O senhor admira a Revolução! O senhor, assim como eu, detesta a barbaridade dos reis e a fraude dos padres?

— Detesto! Como poderia eu amar a humanidade se não detestasse essas coisas?

— E — disse o ancião, hesitando — não pensa como este cavalheiro, que errei nos preceitos que inculquei àquele miserável?

— Se errou? Pode-se, acaso, censurar a Sócrates porque Alcebíades foi um adúltero e um traidor?

– Está ouvindo, está ouvindo! Porém, Sócrates teve também um Platão; de hoje em diante, será um Platão para mim. Ouviu? – exclamou o ancião, voltando-se para o estrangeiro.

Este, porém, já estava no umbral da porta. Quem pode discutir com o mais obstinado fanatismo, o fanatismo da incredulidade?

– Já quer ir? – exclamou Dumas. – E antes que eu lhe tenha agradecido e abençoado por ter salvo a vida a este querido e venerável homem? Oh, se alguma vez puder retribuir-lhe este favor, se algum dia o precisar, o sangue de René Dumas será seu!

E, dizendo isto, seguiu o estrangeiro até a porta do segundo quarto onde, tomando-o suavemente pelo braço, e depois de olhar por cima do ombro para assegurar-se de que o ancião não podia ouvir, murmurou em voz baixa:

– Tenho de voltar a Nancy. Não quero perder tempo. Não pensa, senhor, que aquele velhaco levou consigo *todo* o dinheiro deste velho louco?

– Era assim que Platão falava de Sócrates, senhor Dumas?

– Ah! Ah! Seu gênio é cáustico. Bem; tem razão, nós nos encontraremos outra vez.

– *Outra vez!* – murmurou o estrangeiro.

E a sua fronte se anuviou. Subiu apressadamente ao seu quarto; passou o dia e a noite sozinho e em estudos, não importa de que classe, e que ainda mais aumentaram a sua tristeza.

Qual podia ser a casualidade que um dia viesse enlaçar o seu destino com o de René Dumas, ou com o fugitivo assassino? Por que os ares vibrantes de Paris lhe pareciam pesados e impregnados de vapores de sangue? Por que um instinto o impelia a afastar-se desses círculos faiscantes, desse foco de idéias que infundira tantas esperanças a todo mundo, e porque esse instinto o advertia que não voltasse mais para lá? – Ele, cuja vida elevada afrontava os perigos! – Porém, para que ocupar-se com esse sonhos e esses vaticínios ominosos?

Ia deixar a França para tornar a saudar as majestosas ruínas da Itália! A sua alma tornaria a respirar o ar livre dos Alpes. O ar livre! Ah! deixe que esses homens, que se propuseram a reformar o mundo, esgotem a sua química; o homem nunca será tão livre nos grandes mercados das cidades, como está livre nas montanhas.

Mas nós, leitor, fujamos também dessas cenas de falsa sabedoria que encobrem impiedades e crimes. Voltemos novamente "às regiões risonhas, onde residem as formas puras".*

Conservando-se impoluto no meio da vida material, o ideal vive somente com a arte e a beleza. Meiga Viola, pelas praias azuladas de Partênope, pela tumba de Virgílio e pela caverna cimeriana, voltamos outra vez a você!

---

\* *"In die heitern Regionen,*
   *Wo die reinen Formen wohnen."*

# Capítulo IX

*"Che non vuol che'l destrier più vada in alto,*
*Poi lo lega nel margine marino*
*A un verde mirto in mezzo un lauro e un pino."*
Orlando Furioso, canto VI, 23.

["Não querendo que o seu animal corredor continue a andar nas altas regiões, ate-o, na beira do mar, a um verde mirto entre um louro e um pinho."]

Ó músico! Você é feliz agora? Está reinstalado na sua esplêndida escrivaninha – e o seu fiel *barbiton* tem a sua parte no triunfo. Esta música que recria os ouvidos é a sua obra-mestra; a sua filha é a rainha da cena –, a música e a atriz estão unidas, uma à outra, que aplaudir uma é aplaudir a outra também. As pessoas abrem passo quando você dirige a orquestra; já não escarnecem de você, nem piscam os olhos quando, com grande ternura, acaricia o seu violino, que se queixa e lamenta, ralha e rosna debaixo da sua severa mão. Agora compreendem quão irregular é sempre a simetria de um verdadeiro gênio! São as desigualdades da sua superfície que fazem com que a Lua seja um astro luminoso para o homem.

Giovani Paisielo, mestre de capelo! se a sua alma generosa fosse capaz de sentir inveja, adoeceria de dor ao ver jogadas a um canto a sua "Elfrida" e o seu "Pirro", enquanto toda Nápoles delira pela "Sereia", a cujos compassos se meneou queixosamente a sua nobre cabeça. Porém você, Paisielo, tranqüilo com a longa prosperidade de sua fama, sabe que o novo tem o seu dia, e a você consola a idéia de que a "Elfrida" e o "Pirro" viverão eternamente. É talvez uma ilusão, mas com semelhantes ilusões o verdadeiro gênio vence a inveja.

"Se quer ser imortal", diz Schiller, "viva no todo." Para ser superior à hora, viva na estima de si mesmo. O auditório ouve agora com gosto aquelas variações e as estranhas melodias que outrora vaiava. Ah! – Pisani passou dois terços de sua vida trabalhando em silêncio, na sua obra-prima; não há nada que lhe possa acrescentar, embora tenha tentado corrigir as obras-mestras de outros compositores. Não é um costume comum?

O crítico mais insignificante, ao rever alguma obra de arte, dirá: "Isto vale pouco; isto vale nada; isto devia alterar-se; isto devia omitir-se." Sim, com as cordas de arame do seu violino, fará guinchar as suas amaldiçoadas variações.

Mas, deixemo-lo sentar-se e compor ele mesmo, e veremos que considerará as suas variações impossíveis de serem melhoradas. Qualquer homem pode dominar o seu violino quando toca uma composição sua, e pode tornar agradáveis as suas extravagâncias até ao próprio diabo.

E Viola é o ídolo e o tema de Nápoles. É a mimada sultana do teatro. Seria talvez fácil anular o seu mérito; porém, conseguirão viciar a sua natureza? Creio que não. Em sua casa continua sendo boa e singela; e ali, sentada debaixo do toldo em frente à porta da casa, passa horas absorta em suas contemplações. Quantas vezes, árvore com o tronco torcido, tem ela fixado os olhos nos seus verdes ramos! Quantas vezes, em seus sonhos e fantasias, tem lutado pela luz – não pela luz das lâmpadas teatrais. Ó, menina! Fiquei contente com o brilho opaco da mais humilde lâmpada! Para os fins domésticos, uma econômica vela de sebo é melhor do que as refulgentes estrelas.

Passaram-se semanas, e o estrangeiro não voltava; passaram-se meses, e a sua profecia de aflição não se realizara ainda. Uma tarde, Pisani adoeceu. O seu êxito o fazia agora dedicar-se assiduamente a composições de algumas peças adaptadas ao seu favorito violino; e foi assim que havia passado algumas semanas, trabalhando noite e dia numa obra em que esperava alcançar excelente sucesso. Como de costume, escolheu um daqueles assuntos, aparentemente impraticáveis, e que se comprazia em sujeitar aos expressivos poderes da sua arte; o assunto era, desta vez, a terrível lenda que trata da transformação de Filomela. A pantomima da música começava imitando a alegria de uma festa. O monarca de Trácia senta-se no banquete; de repente, aqueles sons alegres convertem-se numa música distante; as cordas parecem crocitar com horror. O rei vem a saber que seu filho foi assassinado pelas mãos das vingativas irmãs. O violino, com uma velocidade descomunal, faz experimentar todas as sensações do medo, do horror, da ira, do desmaio. O pai persegue as irmãs. Escute! Aqueles sons discordes e horríveis convertem-se numa música lenta, argentina, pesarosa! A transformação está completa; e Filomela, metamorfoseada agora em rouxinol, faz ouvir do seu ramo de mirto as suaves, fluentes, melodiosas notas que devem revelar ternamente ao mundo a história dos seus sofrimentos.

Foi no meio desse complicado e difícil trabalho que a enfermidade veio surpreender o sobrecarregado músico, excitado pelo triunfo obtido e por novas ambições. De noite, sentiu-se mal. No dia seguinte, o médico declarou que o seu incômodo era uma febre maligna, infecciosa. A esposa e Viola repartiam entre si os ternos cuidados que a doença do pobre Pisani delas exigia; mas em breve esse trabalho ficou só a cargo de Viola, porque sua mãe contraiu a mesma enfermidade do esposo e, em poucas horas, ficou num estado ainda mais alarmante do que o dele.

Os napolitanos, como a maior parte dos habitantes dos países quentes tornam-se egoístas e brutais nas enfermidades contagiosas. Gianetta fingiu-se também doente para não ter de assistir os enfermos e, por conseguinte, todo o trabalho de amor e mágoa pesou sobre a pobre Viola. Foi uma prova terrível...

Abreviarei o mais possível a minha história, e não entrarei em particularidades. A mãe de Viola faleceu primeiro.

Uma tarde, um pouco antes do acaso, Pisani acordou um tanto melhor do delírio que dele se apoderara desde o segundo dia de sua enfermidade; e, lançando em redor de si olhares alucinados e fracos, reconheceu Viola e sorriu. Ele balbuciou o nome da filha e estendeu-lhe os braços. Viola arrojou-se ao seu peito, esforçando-se em reprimir os soluços.

– Sua mãe? – perguntou o enfermo. – Está dormindo?

– Sim, ela está dormindo – respondeu a jovem, e as lágrimas correram-lhe dos olhos.

— Eu pensava... eh! não sei *o que* eu pensava. Mas não chore: eu estarei outra vez são, inteiramente são. Ela virá ver-me logo que acordar, não é verdade?

Viola não pôde responder; mas foi imediatamente buscar um calmante que devia dar ao enfermo, logo que cessasse o seu delírio. O doutor a tinha encarregado também de o avisar no momento em que se verificasse tão importante mudança.

Ela foi à porta para chamar a mulher que substituía Gianetta durante a pretensa indisposição desta; mas a criada não respondeu. Viola procurou-a de quarto em quarto, porém em vão — a criada teve também medo do contágio, e desapareceu.

Que fazer? O caso exigia urgência, o médico tinha declarado que não se perdesse nem um momento, que o avisassem imediatamente; precisava, pois, deixar o enfermo para ir ela mesma à casa do médico!

Entrou outra vez no quarto do pai — o calmante parecia haver produzido efeito favorável, pois o doente dormia um sono tranqüilo, respirando regularmente. Viola, querendo aproveitar esse momento, cobriu o rosto com o véu e saiu apressadamente.

O remédio, porém, não tinha produzido o efeito que parecera à primeira vista; em vez de um sono benéfico, mergulhou o enfermo numa espécie de leve sonolência, na qual a imaginação, extraordinariamente inquieta, vagava pelos seus objetos preferidos, despertando familiares instintos e inclinações. Não era sono nem delírio; era a sonolenta vigília produzida às vezes pelo ópio, quando os nervos, pondo-se em estado de trêmula vivacidade, que é acompanhada de uma correspondente atividade no corpo, comunicam a este uma espécie de vigor falso e ético.

Pisani sentia que lhe faltava alguma coisa; o que era, ele dificilmente poderia dizer: era uma combinação das duas necessidades principais da sua vida mental: a voz da esposa e o contato do seu violino. Ele se levantou, saiu da cama e pôs devagar o velho terno que costumava usar quando trabalhava em suas composições. Sorriu com complacência quando as recordações, que estavam em relação com esse fato, reviveram em sua memória. Com passo incerto, dirigiu-se ao pequeno gabinete que havia junto ao quarto, e onde sua esposa costumava permanecer, mais vezes desperta do que adormecida, sempre quando alguma enfermidade a separava dele.

O gabinete estava deserto, e o que nele havia estava em desordem. Pisani olhou em redor de si pensativo, murmurou algo entre os dentes e pôs-se a percorrer, sem fazer ruído, todos os aposentos da silenciosa casa.

Por fim, chegou ao quarto da velha Gianetta, a qual, por medida de segurança, havia-se retirado para o extremo da casa, fugindo ao perigo do contágio. Ao vê-lo entrar, pálido e fraco, com o semblante transtornado, inspecionando a habitação com um olhar inquieto e ansioso, a velha criada deu um grito e caiu a seus pés. Pisani inclinou-se sobre ela e, passando as magras mãos pelo rosto da anciã, meneou a cabeça e disse com voz rouca:

— Não posso encontrá-las; onde estão?

— Quem, meu querido amo? Oh! tenha compaixão de você mesmo; elas não estão aqui. Oh, santos abençoados! Que desgraça terrível! Está morta!

— Morta! Quem morreu? Morreu alguém aqui?

— Ah... bem... já devia sabê-lo; a minha pobre ama, contagiou-a a sua febre; esta, capaz de infeccionar e matar a cidade inteira. Proteja-me, São Januário! Minha pobre ama já está no cemitério; e eu, a sua fiel Gianetta, ai de mim! vou morrer também! Retire-se, querido amo, para a sua cama, vá, retire-se!

O pobre músico parou por um momento, mudo e imóvel, até que, por fim, um ligeiro estremecimento percorreu-lhe todo o corpo; em seguida voltou, com passos lentos, silencioso e qual um espectro, ao quarto onde costumava compor, e onde sua esposa havia passado, tantas vezes, horas inteiras sentada ao seu lado, elogiando-o e animando-o, quando o mundo só escarnecia dele.

A um canto, encontrou a coroa de louros que ela depositara sobre a sua fronte naquela noite feliz de glória e de triunfo; junto a ela, meio oculto pela mantilha da inesquecível esposa, o abandonado instrumento, metido em sua caixa.

Viola esteve ausente pouco tempo; tendo encontrado o médico, regressou com ele à casa. Ao chegarem, ouviram uma sinfonia que fazia estremecer o coração de angústia. Parecia que aqueles sons não partiam de um instrumento tocado por mão humana, mas que era algum espírito, chamando com lamentos, das sombras e da solidão, os anjos que via do outro lado do Eterno Golfo. O doutor e Viola trocaram um olhar de triste compreensão; entraram na casa e correram ao quarto. Pisani volveu a cabeça, dirigindo-lhes um olhar imperioso, que os obrigou a retroceder. A mantilha preta e a murcha coroa de louros estavam diante do músico. Viola, num relance, compreendeu tudo, e correndo para o pai, abraçou-o, exclamando:

— Meu pai, meu pai! ainda lhe fico *eu*, sua filha!

De repente, cessaram os lamentos do violino, para passar a um outro gênero de música. Com uma confusão mesclada, em que se revelava o homem e o artista, prosseguiu a melodia, que era agora um misto de tristeza e suavidade. O rouxinol tinha escapado à perseguição, e deixava ouvir seus trinos brandos, aéreos, melodiosos, até que foram expirando, pouco a pouco.

O instrumento caiu no chão, e suas cordas se romperam. No meio do silêncio, parecia que ainda se ouvia o eco do seu canto. O artista olhou a filha ajoelhada a seus pés, e as cordas rompidas do violino.

— Enterrem-me ao lado dela — disse com voz baixa e tranqüila —; e este meu fiel companheiro enterrem-no também junto a mim!...

E, ao dizer estas palavras, tornou-se lívido e rígido, como se se transformasse em pedra. Um último lampejo de vida apareceu no seu semblante, extinguindo-se no mesmo instante. O músico tombara inerte; estava morto. Eram as cordas do instrumento humano que acabavam de estalar. Ao cair, seu manto arrastou a coroa de louros, que caiu também no chão, quase ao alcance da mão do morto.

Quebrado, eis, o instrumento! Rompido o coração! Murcha a coroa de louros! Os raios do sol poente, entrando pelas gelosias cobertas de folhas da parreira, iluminavam esse triste quadro! Assim a eterna natureza contempla, risonha, os destroços de tudo o que torna gloriosa a vida!

E não há sol poente que não ilumine, em alguma parte, a música que se calou, o louro que murchou!

## Capítulo X

*"Che difesa miglior ch'usbergo e scudo,
É la santa innocenza al petto ignudo!"*
Gerusal. Lib., canto VIII, 12.

["Defesa melhor do que a couraça e o escudo, é a santa inocência, para o peito descoberto!"]

Conforme os seus últimos desejos, o músico e o seu *barbiton* foram enterrados juntos, no mesmo ataúde.

Ó *barbiton*, famoso descendente de Steiner – primevo Titã da grande raça tirolesa –, tantas vezes tentou subir aos céus e por isso há de baixar, como os comuns filhos dos homens, ao tenebroso Hades! É um destino mais cruel o seu do que o de seu mortal dono; pois a *sua* alma desceu consigo ao sepulcro, ao passo que a música que pertence a *ele*, separada do instrumento, sobe às alturas, e poderá ser ouvida muitas vezes pelos ouvidos piedosos de uma filha, quando o céu estiver sereno e a terra triste.

Porque há pessoas privilegiadas cujos sentidos percebem o que não é dado perceber ao vulgo. E as vozes dos mortos murmuram com doçura e freqüentemente aos ouvidos dos que sabem unir a memória à fé.

E Viola está agora só no mundo, só na casa onde a solidão lhe parecera desde sua infância, uma coisa fora de sua índole. E ao princípio, a solidão e o silêncio eram insuportáveis.

Homens ou mulheres tristes, a quem estas folhas sibilinas, carregadas de vários escuros enigmas, vieram à mão, não é verdade que, quando a morte de alguma pessoa querida tornou desolado o seu lar, encontraram insofrível e pesada demais a tristeza da sua morada? E que, embora fosse um palácio, o trocariam por uma humilde cabana? E todavia – é triste dizê-lo –, quando, no lugar estranho onde procuram o seu refúgio, nada lhes fala dos que têm perdido, não tem sentido uma necessidade de alimentar a sua memória com as mesmas recordações que antes lhes pareceram tão amargas e insuportáveis? Não é quase ímpio e profano abandonar aquele lar querido a pessoas estranhas? Por isso, o haver abandonado a casa onde seus pais viveram e os acariciaram, é tão amargo e pesa sobre a consciência como se tivessem vendido os seus túmulos! Era bela a superstição etrusca, segundo a qual os antepassados se convertiam em deuses domésticos. Surdo é o coração ao qual os Lares chamam em vão da sua morada deserta.

Viola, em sua intolerável angústia, a princípio aceitou, cheia de gratidão, o refúgio que lhe oferecera em sua casa uma família da vizinhança cujo chefe, íntimo amigo e companheiro de orquestra de Pisani, recebeu com prazer a desamparada órfã.

Todos procuravam dissipar as mágoas da jovem, porém a companhia de pessoas estranhas ao nosso pesar e os consolos que nos dão só irritam a nossa ferida. E depois, não é cruel ouvir pronunciar em outra parte os nomes de pai, mãe e filho – como se a morte só a sua casa tivesse visitado –, ver ali a calma e a regularidade dos que vivem unidos em amor e tranqüilos, contando as suas horas felizes no relógio imperturbável da vida doméstica, como se o dos demais não tivesse suas rodas paralisadas, sua corda rompida e seu pêndulo sem movimento?

Não há nada, nem a própria tumba, que nos lembre tão amargamente a morte das pessoas queridas, como a companhia dos que não têm perda alguma a chorar. Volte à sua solidão, jovem órfã; volte à sua casa; a tristeza que a aguarda no umbral da porta a saudará como um sorriso na face dos mortos. E ali, da sua janela, e ali, da sua porta, verá ainda aquela árvore, solitária como você, que cresce no meio da rocha, mas esforça-se por atingir a luz – como, através de todas as mágoas, enquanto as estações ainda podem renovar o verdor e a flor da juventude, o instinto do coração humano também luta! Só quando se esgotou a seiva, só quando o tempo produziu o seu efeito, brilha o sol em vão para o homem e para a árvore.

Passaram-se, entretanto, semanas e meses – muitos meses bem tristes –, e Nápoles não permite por mais tempo que o seu ídolo viva isolado; quer ouvi-la, quer admirá-la e tributar-lhe novamente as suas homenagens. O mundo, apesar de nossos esforços, arranca-nos da nossa situação com os seus milhares de braços. E novamente a voz de Viola vibra no teatro, o qual, misticamente fiel à vida, em nada é mais fiel do que na idéia de que a aparência é que faz a cena; e nós não nos damos tempo para perguntar quais são as realidades que essas aparências representam. Quando o ator de Atenas comovia todos os corações, prorrompendo em amargos soluços ao estreitar em seus braços a urna cinerária, quão poucos ali sabiam que abraçava as cinzas de seu filho!

O ouro e a fama choviam sobre a jovem atriz; mas ela seguia sempre o seu singelo modo de vida, habitando a mesma humilde morada onde viveram seus pais, e sem mais criados do que a sua velha aia, na qual a pouca experiência de Viola não descobria defeitos, nem percebia o egoísmo. Gianetta foi a primeira que a pusera nos braços de seu pai, quando Viola veio ao mundo!

A jovem via-se cercada de muitas atenções e cortejada por uma multidão de aduladores que espreitavam para aproveitar-se da sua não guardada beleza e da sua perigosa profissão. Mas a virtude de Viola passava imaculada por meio de todos os seus galanteadores. É verdade que lábios, agora mudos, lhe haviam ensinado os deveres que a honra e a religião impõem a uma jovem, e todo amor que não falasse do matrimônio, era desprezado e repelido pela formosa atriz. Além disso, a tristeza e a solidão amadureceram o seu coração e fizeram-na tremer, às vezes, ao pensar como profundamente sentia as suas vagas visões de outro tempo transformarem-se num ideal de amor. E enquanto o ideal não é achado, como a sombra que ele projeta torna-nos frios à realidade que nos cerca! Com esse ideal sempre e sempre inconscientemente, e causando-lhe uma espécie de medo e admiração, vinha mesclar-se a figura e a voz do estrangeiro que lhe tinha falado do futuro. Perto de dois anos tinham já decorrido desde que aquele homem aparecera em Nápoles pela primeira vez. Nada mais se soube depois, exceto que o seu navio se havia feito à vela rumo a Livorno. Para os amantes de novidades em Nápoles, a sua existência, apesar de supor-se extraordinária, foi muito rapidamente esquecida; porém o coração de Viola era mais fiel. Freqüentemente aquele homem apresentava-se em seus sonhos, e quando o vento fazia gemer os ramos daquela árvore fantástica, associada com suas lembranças, Viola se sobressaltava e corava, como se o ouvisse falar.

Entretanto, entre a turba de admiradores da artista havia um que ela escutava com mais complacência do que aos outros; já talvez porque ele falava o idioma pátrio da sua inolvidável mãe; já porque a timidez do moço o fazia pouco perigoso; já porque a sua condição social, mais próxima à da atriz do que a dos demais ilustres galanteadores, tirava à sua admiração toda aparência de insulto; e já porque, com sua eloqüência e seu caráter sonhador, manifestava, muitas vezes, idéias que se assemelhavam muito às dela. Viola começou a querer-lhe bem, a amá-lo talvez, porém como uma irmã ama a seu irmão; entre ambos nasceu uma espécie de privilegiada familiaridade. Se no coração do inglês se abrigavam esperanças menos nobres, nunca as havia manifestado nem remotamente. Há perigo, solitária Viola, nessa amizade, ou há um perigo maior no seu ideal que não pode encontrar no mundo das realidades?

E agora vamos cerrar esta primeira parte do livro que, como um prelúdio, há de conduzir-nos a um espetáculo estranho e surpreendente. Quer ouvir mais, leitor? Venha, pois, com a sua fé preparada. Não peço que feche os olhos, mas traga os seus sentidos bem despertos. Como a encantada ilha distante dos lares humanos, "aonde raras vezes ou nunca vai um navio das nossas costas",* é a paragem do tumultuoso oceano da vida comum, onde a Musa ou Sibila lhe oferece um santo asilo – "ali ela sobe a uma montanha despovoada e obscurecida por sombras; e por encanto lhe amontoa neve nas espaldas e nos flancos, e sem neve alguma lhe deixa a cabeça verdejante e linda; e, perto de um lago, constrói um palácio".**

---

\* *"Ove alcuno legno*
*Rado, o non mai va dalle nostre sponde."*
Gerusal. Lib., canto XIV, 69.
\*\* *"Quindi ella in cima a una montagna ascende*
*Disabitata, e d'ombre oscura e bruna;*
*E par incanto a lei nevose rende*
*Le spalle e i fianchi; e senza neve alcuna*
*Gli lascia il capo verdeggiante e vago;*
*E vi fonda un palagio appresso un lago."*

# LIVRO SEGUNDO

## ARTE, AMOR E MARAVILHAS

### Capítulo I

*"Centauri, e Sfingi e pallide Gorgoni."*
*Gerusal. Lib.*, canto IV, 5.

["Centauros e Esfinges e pálidas Górgonas."]

Numa noite enluarada, nos jardins de Nápoles, quatro ou cinco cavalheiros, sentados debaixo de uma árvore, tomavam o seu sorvete e nos intervalos da conversação, ouviam a música que animava aquele lugar favorito de alegres reuniões de uma população indolente. Um jovem inglês, desse pequeno grupo, que momentos antes parecia o mais alegre e vivaz da reunião, tornou-se subitamente triste e pensativo. Um dos seus compatriotas observou essa mudança repentina e, dando-lhe uma pancadinha no ombro, disse:

– Que tem, Glyndon? Está doente? Vejo-o tão pálido e a estremecer... Sente frio? Será melhor que se retire; estas noites italianas são, muitas vezes, perigosas para os nossos temperamentos.

– Não é nada; já me sinto bem. Foi um tremor passageiro, que não sei a que atribuir.

Um homem, de aparência ainda mais distinta que os demais, e que parecia ter uns trinta anos, voltando-se repentinamente para Glyndon, fixou nele os olhos e disse:

– Parece-me que compreendo o que tem e, talvez – acrescentou com um ligeiro sorriso –, poderia explicá-lo melhor que o senhor mesmo.

Em seguida, dirigindo-se aos outros, continuou:

– Sem dúvida, cavalheiros, todos já experimentaram várias vezes, especialmente ao estarem a sós de noite, uma sensação estranha e inexplicável de frio e terror que os assalta de repente; o sangue gela; o coração cessa de bater; as pernas tremem; os cabelos se eriçam; têm medo de lançar os olhos para os cantos mais escuros do quarto;

apresenta-se, em sua mente, uma idéia que os horroriza como, por exemplo, de se encontrarem diante de alguma coisa extraterrestre. De repente, porém, todo esse feitiço, se assim podemos chamá-lo, cessa, desvanece-se, e quase sentem vontade de rir de semelhante fraqueza. Não têm experimentado, muitas vezes, essa sensação que acabo de lhes descrever imperfeitamente? Se assim é, poderiam compreender o que o nosso jovem amigo acaba de sentir neste momento, apesar de estar rodeado das delícias desta mágica cena, e respirando as brisas balsâmicas desta noite de julho.

– Senhor – respondeu Glyndon, evidentemente muito surpreendido –, acaba de definir exatamente a natureza do arrepio que me assaltou. Como porém pôde, de um modo tão preciso, notar as minhas impressões?

– Conheço os sinais característicos – replicou o estrangeiro seriamente –; e estes não enganam facilmente a quem tem a experiência que eu tenho.

Todos os presentes declararam, então, que compreendiam perfeitamente o que o estrangeiro acabava de descrever, porque o haviam experimentado alguma vez.

– Segundo uma superstição do meu pai – disse Mervale, o inglês que primeiramente dirigiu a palavra a Glyndon –, no momento em que você sente que o seu sangue está gelado e que se eriçam os cabelos, é porque alguém pôs o pé no sítio em que estará a sua sepultura.

– Em todos os países existem diferentes superstições para explicar este fenômeno tão comum – replicou o estrangeiro. – Entre os árabes, por exemplo, há uma seita que crê que, naquele instante, Deus decreta a sua morte, ou a morte de alguma pessoa que lhe é cara. Os selvagens africanos, cuja imaginação está cheia de horrores de sua tenebrosa idolatria, crêem que o demônio está puxando, naquele momento, a pessoa pelos cabelos; assim se mescla o terrível com o grotesco.

– Evidentemente, o fenômeno de que nos ocupamos não é outra coisa senão um acidente físico, uma indisposição do estômago ou uma paralisação na circulação do sangue – disse um jovem napolitano, que poucos dias antes fora apresentado a Glyndon.

– Por quê, então, em todas as nações, essa sensação vai sempre acompanhada de algum pressentimento supersticioso ou de algum temor, formando uma conexão entre o corpo material e o suposto mundo fora de nós? Por minha parte, eu penso que...

– Que é o que pensa, meu caro? – perguntou Glyndon, com curiosidade.

– Penso – prosseguiu o estrangeiro – que é a repugnância e o horror com que os nossos elementos mais humanos retrocedem ante alguma coisa, naturalmente invisível, porém antipática à nossa natureza, e que não nos é dado conhecer por causa da imperfeição dos nossos sentidos.

– Então crê na existência dos espíritos? – inquiriu Mervale, com um sorriso incrédulo.

– Não era precisamente dos espíritos que eu falava; porém, podem existir formas de matéria, tão invisíveis e impalpáveis para nós, como o são os animálculos no ar que respiramos, ou da água que corre daquela fonte. Aqueles seres podem ter suas paixões e seus poderes como os animálculos aos quais os comparei. O monstro que vive e morre numa gota d'água, carnívoro, insaciável, subsistindo às criaturas ainda menores do que ele mesmo, não é menos mortífero em sua fúria, nem menos feroz em sua natureza do que o tigre do deserto. Existem talvez, ao redor de nós, muitas coisas que seriam perigosas e hostis para os seres humanos se a Providência não tivesse levantado uma barreira entre elas e nós, por diferentes modificações da matéria.

– E pensa o senhor que estas barreiras nunca podem ser removidas? – perguntou, de repente, o jovem Glyndon. – As tradições de feiticeiros e bruxas, tão universais e imemoriais como são, não passarão de meras fábulas?

– Talvez sim, talvez não – respondeu o estrangeiro, com indiferença. – Mas quem, numa época em que a razão tem estabelecido os próprios limites, seria bastante louco para romper a barreira que o separa da jibóia e do leão – ou para murmurar e rebelar-se contra a lei que encerra o tubarão no grande abismo? Porém, deixemos estas vãs especulações.

Ao dizer isto, o estrangeiro se levantou, chamou o garçom, pagou o sorvete, cumprimentou os demais do grupo e desapareceu, em seguida, entre as árvores.

– Quem é esse cavalheiro? – perguntou Glyndon, com curiosidade.

Todos se entreolharam, sem responder, até que, passados alguns minutos, disse Mervale:

– Esta é a primeira vez que o vi.

– Eu também.

– E eu igualmente.

– Eu o conheço bem – disse o napolitano, que era o nosso conhecido, o conde Cetoxa. – Se estão lembrados, ele veio até aqui, como meu companheiro. Haverá uns dois anos que esse homem visitou Nápoles, e há poucos dias veio outra vez à cidade. É muito rico, muitíssimo rico, e uma pessoa agradabilíssima. Sinto que tenha falado esta noite de um forma tão estranha, pois isto servirá para confirmar os diversos boatos loucos que circulam a seu respeito.

– E seguramente – disse um outro napolitano –, o fato que aconteceu outro dia, e que o meu caro Cetoxa conhece perfeitamente, justifica as suposições que pretende desprezar.

– Eu e o meu compatriota – disse Glyndon – freqüentamos tão pouco a sociedade de Nápoles, que ignoramos muitas coisas que parecem dignas de interesse. Quer fazer-nos o obséquio de nos contar esse fato, e o que se diz a respeito desse homem?

– Quanto aos boatos que circulam, cavalheiros – disse Cetoxa, dirigindo-se cortesmente aos dois ingleses –, basta observar que atribuem ao Sr. Zanoni certas qualidades que cada um desejaria ter para si, porém condena qualquer outra pessoa que parece possuí-las. O acontecimento, a que alude o Sr. Belgioso, exemplifica estas qualidades e é, devo confessá-lo, um tanto surpreendente. Provavelmente jogam, cavalheiros? – (Aqui, Cetoxa fez uma pausa. Como efetivamente os dois ingleses haviam arriscado alguns escudos nas mesas de jogo, inclinaram-se levemente para afirmar a suposição.) Cetoxa continuou: – Bem; pois saibam que, há pouco tempo, no mesmo dia em que Zanoni regressara a Nápoles, estava eu jogando e tinha perdido quantias consideráveis. Levantei-me da mesa, decidido a não tentar mais a fortuna quando, de repente, percebi Zanoni, de quem me fizera amigo em outro tempo (e que, posso dizê-lo, me devia uma pequena obrigação), estando na sala como mero espectador. Antes de eu poder manifestar-lhe o meu prazer em vê-lo, pôs a mão sobre o meu ombro e disse-me: "Perdeu muito; mais do que podia despender. Por minha parte, não gosto de jogar; mas quero ter algum interesse pelo que está se passando. Quer jogar esta quantia por mim? As perdas correm por minha conta; e se ganhar, repartiremos por igual os benefícios." – Como podem supor, esta proposta deixou-me desconcertado; porém Zanoni a dizia com um ar e tom que era impossível resistir-lhe; além disso, eu ardia em desejos de recuperar o que havia perdido, e não me teria levantado da mesa se me tivesse sobrado algum dinheiro. Respondi-lhe que aceitava a sua oferta, porém com a condição de que repartíssemos tantos os ganhos como as perdas.

"Como quiser", respondeu-me sorrindo; "não precisamos ter escrúpulos porque, com certeza, irá ganhar."

"Sentei-me e Zanoni se pôs em pé, atrás de mim. A minha sorte mudou, e isso de tal maneira que não fiz mais do que ganhar continuamente. Com efeito, levantei-me da mesa muito rico."

– Não é possível trapacear nos jogos públicos, e sobretudo quando a trapaça teria de ser feita contra a banca – asseverou Glyndon.

– Certamente – respondeu o conde –, porém a nossa sorte era tão extraordinária, que um siciliano (os sicilianos são, em geral, malcriados e de mau gênio) tornou-se colérico e até insolente:

"Senhor", disse ele, dirigindo-se ao meu novo amigo, "nada tem que fazer tão perto da mesa."

– Zanoni respondeu-lhe, com bons modos, que não fazia nada que fosse contrário às regras do jogo, que sentia muito que um homem não pudesse ganhar sem outro perder, e que ali não poderia fazer nada de má-fé, nem que estivesse disposto a fazê-lo. O siciliano tomou por medo a brandura do estrangeiro, e começou a censurá-lo em voz ainda mais alta; e até se levantou da mesa e pôs-se a olhar para Zanoni de um modo capaz de fazer perder a paciência a qualquer cavalheiro que tivesse sangue inflamável ou que soubesse manejar a espada.

– E o mais singular – interrompeu Belgioso –, o que mais me surpreendeu é que Zanoni, que estava em frente de mim, e cujo semblante, por conseguinte, eu podia examinar distintamente, não mudou as feições nem mostrou o menor ressentimento. Ele fixou sua vista no siciliano de uma forma impossível de descrever; nunca me esquecerei daquele olhar! Gelava o sangue nas veias! O siciliano titubeou como se tivesse sido golpeado, estremeceu e caiu sobre o banco. E depois...

– Sim, depois – concluiu Cetoxa –, com grande surpresa minha, o nosso cavalheiro, desarmado por um olhar de Zanoni, dirigiu a sua ira contra mim... Porém, talvez ignorem, senhores, que a minha habilidade no manejo das armas me tem valido alguma reputação.

– É o melhor esgrimista da Itália – afirmou Belgioso.

– Antes que eu tivesse tempo de saber por que motivo – prosseguiu Cetoxa –, encontrei-me no jardim atrás da casa, com Ughelli (este era o nome do siciliano) encarando-me, e com cinco ou seis cavalheiros, que deviam ser as testemunhas do nosso duelo. Zanoni, chamando-me à parte, disse:

"Este homem cairá. Quando ele estiver no chão, pergunte-lhe se quer que o enterrem ao lado de seu pai na igreja de São Januário."

"Conhece, então, a sua família?" – perguntei-lhe, surpreso.

"Zanoni não me respondeu, e um momento depois estava eu batendo-me com o siciliano. Para fazer-lhe justiça, devo dizer que o seu *imbrogliato* era magnífico, e que nunca um mandrião manejou a espada com mais destreza; apesar disso, porém – acrescentou Cetoxa, com agradável modéstia –, caiu com o corpo atravessado pela minha arma. Aproximei-me e vi que o desgraçado mal podia falar.

"Tem de encarregar-me de algo, ou tem algum negócio para ultimar?" – perguntei-lhe.

O ferido fez um sinal negativo.

"Onde quer ser enterrado?" – tornei a perguntar.

"Ele apontou a costa da Sicília."

"Como?!" – observei, com surpresa. "Não quer ser sepultado na igreja de São Januário, ao lado de seu pai?"

Ao ouvir estas minhas palavras, o seu semblante alterou-se terrivelmente; Ughelli soltou um grito agudo, lançou uma golfada de sangue pela boca e expirou.

"Agora vem a parte mais misteriosa desta história. Enterramos o siciliano na igreja de São Januário. Para este fim, levantamos a tampa do caixão onde estavam os restos mortais de seu pai cujo esqueleto ficou descoberto. Na cavidade do crânio encontramos um pedaço de arame de aço delgado e duro. Isso nos causou surpresa e levou a fazer-se investigações. O pai do meu rival, que era um homem rico e avarento, falecera repentinamente e, devido ao grande calor da estação, fora sepultado sem perda de tempo. Como o nosso achado levantasse suspeitas, procedeu-se a um exame minucioso do cadáver. Foi inquirido o criado do velho Ughelli, o qual confessou, por fim, que o filho havia assassinado o pai. O ardil tinha sido engenhoso: o arame de aço era tão delgado que atravessou o cérebro sem que saísse mais do que uma gota de sangue, que os cabelos ocultaram. O cúmplice morrerá no patíbulo."

– E Zanoni sabia desses fatos? Ele lhe contou?

– Não – respondeu o conde –, ele declarou que, por um acaso, havia visitado naquela manhã a igreja de São Januário: que havia reparado na lousa sepulcral do conde Ughelli; que o seu guia lhe havia dito que o filho desse conde estava em Nápoles, e que era perdulário e jogador. Enquanto jogávamos, Zanoni havia ouvido pronunciar o nome do conde Ughelli à mesa; e quando estivemos no terreno do duelo, veio-lhe a lembrança de ter visto a tumba do pai do meu rival, e ele, conforme assegura, falou-me nela, levado a isso por um instinto que não podia ou não queria explicar.

– Uma história bastante explicável – disse Mervale.

– Sim! Mas nós, italianos, somos supersticiosos; aquele instinto foi considerado, por muitos, como um aviso da Providência. No dia seguinte, o estrangeiro foi objeto de curiosidade e interesse geral. A sua riqueza, o seu modo de viver, a extraordinária beleza da sua pessoa, têm contribuído também para que seja olhado com inveja e furor; além disso, eu tive o prazer de introduzir esse eminente personagem entre os mais alegres dos nossos cavalheiros e apresentá-lo às nossas primeiras beldades.

– Uma narrativa interessantíssima – rematou Mervale, levantando-se. – Venha, Glyndon; vamos ao nosso hotel? Não tardará em ser dia. Adeus, senhores!

– Que pensa dessa história? – perguntou Glyndon ao seu companheiro, quando se dirigia para casa.

– Eu penso claramente que esse Zanoni é algum impostor, algum velhaco esperto; e o napolitano participa da velhacaria, e gaba-o, exaltando-o, com o vil charlatanismo do maravilhoso. Um avarento desconhecido se introduz facilmente na sociedade, quando esta o converte em objeto de terror ou de curiosidade; Zanoni, além disso, é extraordinariamente belo, e as mulheres estão prontas a recebê-lo muito contentes, sem outra qualquer recomendação, a não ser o seu semblante e as fábulas de Cetoxa.

– Não sou desse parecer – respondeu Glyndon. – Cetoxa, ainda que jogador e perdulário, é nobre de nascimento e goza de alta reputação por sua coragem e honradez. Além disso, esse estrangeiro, com sua nobre presença e o seu ar sério e sereno, tão calmo e tão modesto, não tem nada de comum com a loquacidade de um impostor.

– Perdoe-me, meu caro Glyndon; mas eu vejo que conhece ainda muito pouco do que é o mundo. O estrangeiro representa o papel de um grande personagem, e o seu ar de grande importância não é mais que um estratagema do seu ofício. Porém, mudemos de assunto. Como vai a conquista amorosa?

– Oh! Viola não pode ver-me hoje.

– Cuidado, não vá casar-se com ela. Que diriam todos lá na nossa terra?

– Desfrutemos o presente – replicou Glyndon, com vivacidade. – Somos jovens, ricos e de boa aparência; não pensemos no dia de amanhã.

– Bravo, Glyndon! Estamos já em casa. Durma bem, e não sonhe com esse senhor Zanoni.

## Capítulo II

*"Prende, giovine audace e impaziente,*
*L'occasione offerta avidamente."*
       Gerusal. Liber., canto VI, 29.

["Toma, jovem audaz e impaciente, a ocasião que se oferece avidamente."]

Clarêncio Glyndon era um jovem que possuía uma fortuna não muito avultada, porém suficiente para poder viver sem embaraços financeiros e com independência. Seus pais haviam falecido e sua parenta mais próxima era uma irmã, muito mais jovem do que ele, e que estava na Inglaterra, em casa de uma tia.

Desde muito moço, Glyndon tinha manifestado grande disposição para a pintura, e mais por entusiasmo do que por necessidade de exercer uma profissão, determinou dedicar-se a uma carreira, o que os artistas ingleses geralmente começam com ardor idealista e composição histórica, para concluírem com cálculos avarentos e retratos de Aderman Simpkins.

Glyndon, segundo a opinião de seus amigos, possuía um talento bastante considerável, mas era um tanto precipitado e presunçoso. Não gostava de um trabalho contínuo e persistente, e a sua ambição procurava antes colher o fruto do que plantar a árvore. Como a maior parte dos jovens artistas, era amante dos prazeres e divertimentos, entregando-se, sem a menor reflexão, a qualquer empresa que impressionasse e exercitasse a sua imaginação ou excitasse as suas paixões. Tinha viajado pelas mais célebres cidades da Europa, com o firme propósito e a sincera resolução de estudar as grandiosas obras-primas da sua arte; porém, em todas elas o prazer muitas vezes afastava-o do seu objetivo, e as belezas vivas distraíam a sua apreciação da tela insensível. Valente, amante de aventuras, vaidoso, inquieto, curioso, encontrava-se sempre envolvido em projetos temerários e perigos encantadores, sendo uma criatura impulsiva e escrava da sua imaginação.

Era então a época em que o frenético espírito de inovação estava abrindo caminho a esse horrível escárnio das nobres aspirações humanas denominado "Revolução Francesa", e do caos, dentro do qual estavam imergindo as santidades da Venerável Crença do Mundo, e levantavam-se muitas extravagantes e disformes quimeras. Devo lembrar ao leitor que, nesse tempo, ao lado do refinado ceticismo e afetada sabedoria, existiam a maior incredulidade e as mais crassas superstições; era a época em que o magnetismo e a magia contavam adeptos entre os discípulos de Diderot; quando as profecias estavam nos lábios de toda gente; quando o salão de um filósofo deísta se converteu numa Heracléia, onde a necromancia pretendia evocar as sombras dos mortos; quando se ridicularizavam a Cruz e a Bíblia, e acreditava-se em Mesmer e Cagliostro.

Naquele nascente helíaco, que anunciava o novo sol que devia desvanecer todas as sombras, saíram de suas tumbas medievais todos os fantasmas que tinham passado diante dos olhos de Paracelso e Agripa. Deslumbrado pela aurora da Revolução, Glyndon foi atraído ainda mais por seus estranhos acompanhamentos; e era natural que, como tantos outros, acolhesse com avidez a idéia de ver realizadas, em pouco tempo, as esperanças de uma utopia social que, pelo trilhado e poeirento caminho da ciência, conduziria à ousada descoberta de algum maravilhoso Eliseu.

Em suas viagens, Glyndon havia escutado com vivo interesse, senão com implícita crença, tudo quanto lhe contavam acerca dos milagres de todos os famosos videntes; assim é que a sua imaginação se achava preparada para receber a impressão que o misterioso Zanoni produziria nele, desde a primeira vista.

Podia existir também outra causa para essa disposição à credulidade. Um dos antepassados de Glyndon, da família de sua mãe, tinha alcançado grande reputação como filósofo e alquimista. Contavam-se estranhas histórias a respeito desse homem. Dizia-se que havia vivido muito mais tempo do que vive o comum dos homens, conservando sempre a aparência da idade viril. Supunha-se que falecera de pesar por causa da morte repentina de um neto seu, que era a única criatura pela qual, em toda a sua vida, tinha manifestado amor. As obras desse filósofo, se bem que raras, existiam ainda, e achavam-se na biblioteca da casa de Glyndon. O seu platônico misticismo, as suas atrevidas asserções, as altas promessas que podiam descobrir-se atrás da sua fraseologia alegórica e figurada, impressionaram, desde os seus anos de rapaz, a imaginação de Clarêncio Glyndon. Seus pais, sem atender às conseqüências que o encorajamento das idéias podia acarretar, que a razão e a idade pareciam suficientes para dissipar ou repelir, tinham por costume, nos longos serões do inverno, falar da história tradicional desse distinto antepassado.

E Clarêncio estremecia de prazer, mesclado de terror, quando sua mãe dizia que descobria uma notável semelhança entre as feições do filho e as do velho retrato do alquimista, que se via pendurado na parede da sala, entre outros quadros familiares, e que era o orgulho da casa, como também a admiração de seus amigos. A criança, na verdade, é mais freqüentemente do que pensamos "o pai do homem".

Eu disse que Glyndon amava os prazeres. Fácil de impressionar-se com coisas alegres, como sempre se dá com os homens de gênio, a sua descuidada vida, antes de começar a carreira trabalhosa de verdadeiro artista, havia-o levado a voar de uma flor a outra. Ele tinha já desfrutado, quase até à saciedade, todos os alegres divertimentos que oferecia Nápoles, quando se enamorou de Viola Pisani. Mas o seu amor, do mesmo modo que a ambição, era vago e mutável. Não satisfazia plenamente o seu coração, deixava antes um vazio em sua existência; não porque carecesse de fortes e nobres paixões, mas porque a sua mente não estava ainda suficientemente preparada nem bastante assentada para o desenvolvimento dessas paixões que nele brotavam.

Assim como há uma estação para a flor e outra para o fruto, igualmente, enquanto a flor da imaginação não começa a murchar, não amadurece o coração para produzir as paixões que as flores precedem e predizem. Alegre sempre, quer estivesse a sós com os seus quadros, quer no meio dos joviais amigos, Glyndon não havia conhecido ainda bastante a tristeza para poder amar profundamente. Pois, para que o homem possa compreender todo o valor das coisas grandes da vida, é preciso que tenha sofrido desenganos nas coisas que são pequenas. Só os superficiais sensualistas da França podem dizer, em sua "linguagem de salões", que o amor é uma loucura; o amor, melhor compreendido, é a sabedoria. Por outra parte, Glyndon pertencia demasiado ao mundo, e a sua ambição artística tinha necessidade dos aplausos e elogios dessa miserável minoria da superfície a que chamamos Público.

Como todos os que costumam enganar, o jovem pintor inglês temia sempre ser enganado; por isso, desconfiava da doce inocência de Viola. Não se aventurava a propor seriamente o casamento a uma atriz italiana; contudo, a modesta dignidade da jovem e alguns bons e generosos sentimentos que Glyndon possuía, detinham-no até então de qualquer plano mais mundano e menos honesto. Por isso, a familiaridade que existia entre os dois oferecia mais o caráter de uma mútua e atenta simpatia do que o de uma paixão. Glyndon via Viola no teatro; falava-lhe entre bastidores, enchia sua carteira de inumeráveis esboços de sua beleza, que o encantava como artista e como amante; e passava os dias flutuando entre a dúvida e a irresolução, entre a afeição e a desconfiança; esta última, porém, prevalecia sempre, devido aos constantes conselhos e admoestações de Mervale, homem de sóbria reflexão, na opinião do seu camarada.

De tarde, no dia seguinte ao que havia proporcionado a Glyndon o conhecimento de Zanoni, passeava aquele a cavalo pela praia de Nápoles, do outro lado da Caverna de Posillipo. O sol começava a declinar, e o mar, risonho, enviava à terra uma fresca e voluptuosa brisa. Ao longe, viu o artista um homem inclinado sobre um fragmento de pedra, à beira da estrada; aproximou-se e reconheceu o Sr. Zanoni.

O inglês saudou-o cortesmente e perguntou-lhe sorrindo:

– Descobriu alguma antiguidade? São tão abundantes aqui, como os seixos deste caminho.

– Não – respondeu Zanoni –, não é mais do que uma dessas antiguidades que datam, seguramente, do princípio do mundo, mas que a natureza dissolve e renova eternamente.

E assim falando, mostrou Zanoni ao jovem uma ervazinha de um azul pálido, e colocou-a depois cuidadosamente no seu peito.

– É herborizador? – perguntou Glyndon.

– Sim – respondeu Zanoni.

– Ouvi dizer que é um estudo interessantíssimo.

– Certamente, para as pessoas que o compreendem.

– Será um conhecimento muito difícil de se adquirir?

– Difícil! Os conhecimentos de maior profundidade, inclusive os das artes, estão, pode-se dizer, *perdidos* para a moderna filosofia, que é uma vulgaridade superficial. Julga que carecem de fundamento aquelas tradições que nos chegaram de uma forma confusa e desfigurada através dos séculos? Lembre-se de que as conchas que hoje achamos no cume das montanhas, nos informam que ali havia sido mar! Em que consistia a magia da antiga Cólchida, senão no minucioso estudo da natureza em seus mais ocultos trabalhos? Que é a fábula de Medéia, senão uma prova do poder que podem dar a semente e a folha? O mais portentoso de todos os sacerdócios, as misteriosas irmandades de Cuth, a respeito de cujos ensinamentos a própria ciência se perde no meio dos labirintos das lendas, procuravam nas mais insignificantes ervas o que talvez os sábios da Babilônia buscavam em vão entre as mais sublimes estrelas. A tradição nos diz* que existia, nos tempos antigos, uma nação que podia matar seus inimigos, a grande distância, sem necessidade de se mover e sem empregar armas. A erva que os seus pés pisam tem, talvez, um poder mais mortífero do que aquele que os engenheiros podem dar aos seus mais destrutivos instrumentos de guerra. Pode-se dizer, não foi a estas praias italianas (onde existiu o antigo promontório de Circe), onde vinham os sábios dos países mais remotos do Oriente buscar plantas e ingredientes que os nossos farmacêuticos de balcão desprezariam como se fossem ervas inúteis? Os primeiros herborizadores, os maiores químicos do mundo, pertenciam à tribo que os antigos chamavam reverentemente pelo nome de Titãs.** Recordo-me que, em outro tempo, nas margens do Ebro, no reinado de ... Porém, esta conversação não serve – disse Zanoni, interrompendo-se repentinamente e com um sorriso frio – senão para gastar inutilmente o seu tempo e o meu.

Calou-se por uns instantes e depois, tendo olhado fixamente o pintor, continuou:

– Julga, meu amigo, que uma vaga curiosidade pode substituir o trabalho assíduo? Estou lendo no seu coração. O senhor deseja conhecer-me, e não a esta ervazinha; porém, infelizmente, o seu desejo não pode ser satisfeito.

---

\* *Plut. Sypm.*, 1, 5, e 7.
\*\* Syncellus, p. 14. – *Chemistry, the Invention of the Giants.*

– Vejo que não possui a atenciosa amabilidade de seus compatriotas – respondeu Glyndon, algum tanto desconcertado. – Supondo que eu desejasse cultivar a sua amizade, porque repeliria as minhas insinuações?

– Eu não repilo as insinuações de ninguém – retrucou Zanoni. – Eu hei de conhecer aqueles que querem entrar em relações comigo; a *mim*, porém, eles nunca poderão compreender. Se o senhor deseja a minha amizade, eu lha ofereço; devo, porém, adverti-lo que melhor será se me evitar.

– E por que, senhor? É assim tão perigoso?

– Nesta terra há homens que, sem o querer, estão destinados a ser perigosos para os outros. Se eu tivesse de predizer o seu futuro pelos vãos cálculos dos astrólogos, dir-lhe-ia, em sua linguagem, que o meu planeta colocou-se em sua casa da vida. Não cruze o meu caminho, se pode evitá-lo. Advirto-lhe pela primeira e última vez.

– Diz que despreza os astrólogos e, contudo, se expressa tão misteriosamente como eles. Eu nem jogo nem pelejo; por que, pois, deveria temer?

– Faça como lhe aprouver; por minha parte, tenho dito.

– Permita-me que lhe fale com franqueza; sua conversação de ontem à noite interessou-me muito e, ao mesmo tempo, deixou-me perplexo.

– Eu o sei; as mentalidades como a sua sentem atração pelo que é misterioso.

Estas palavras molestaram Glyndon, apesar de não terem sido pronunciadas em tom de desprezo.

– Vejo que não me considera digno de sua amizade – disse o jovem. – Paciência! Adeus!

Zanoni correspondeu com frieza à saudação; e enquanto o inglês continuava o passeio, o botânico voltou à sua interrompida ocupação.

Naquela noite, segundo o seu costume, Glyndon foi ao teatro. Postado atrás dos bastidores, observava Viola, que desempenhava naquele momento um dos seus mais importantes papéis. Os aplausos ressoavam por todo o teatro. Glyndon estava embriagado de paixão e de orgulho.

– Essa encantadora criatura – pensava ele – pode ainda ser minha!

Enquanto estava absorto nessa deliciosa meditação, sentiu uma leve pancadinha no ombro; voltou-se e viu Zanoni.

– Ameaça-o um perigo – disse este. – Convém que não vá para casa esta noite; ou se for, não deve ir só.

Antes que Glyndon tornasse a si da surpresa, Zanoni havia desaparecido; e quando o inglês voltou a vê-lo, estava no camarote de um dos nobres napolitanos, onde Glyndon não pôde segui-lo.

Viola acabava de se retirar da cena, e Glyndon aproximou-se dela, com uma apaixonada galanteria que até ali não havia empregado.

Porém Viola, ao contrário da sua habitual afabilidade, não fez o menor caso das palavras do seu apaixonado; e, levando à parte Gianetta, que não a abandonava nem um instante enquanto permanecia no teatro, disse-lhe em voz baixa, afetando grande interesse:

— Oh, Gianetta! Ele está aqui outra vez! O estrangeiro de quem já tenho falado! E ele foi o único, em todo o teatro, que não me aplaudia!

— Qual é, minha querida? — perguntou a anciã, com voz terna. — Há de ser um estúpido, indigno de que pense nele.

A atriz levou Gianetta mais perto do proscênio e indicou-lhe um homem que estava num dos camarotes mais próximos, e que se distinguia de todos os demais, tanto pela simplicidade do seu traje, como por suas feições extraordinariamente belas.

— Indigno de que eu pense nele, Gianetta?! — repetiu Viola. — Indigno de que eu pense nele?! Ah! Para não pensar nele seria necessário que eu não pensasse absolutamente.

O contra-regra chamou a senhorita Pisani.

— Procure saber o seu nome, Gianetta — ordenou Viola, dirigindo-se lentamente para a cena, e passando pelo lado de Glyndon, que a olhou com tristeza e com certa repreensão.

A cena em que a atriz ia se apresentar agora era o desenlace da catástrofe, onde era necessário empregar todos os recursos da sua arte e da voz. O auditório escutava com profunda admiração todas as palavras da atriz; mas os olhos desta buscavam somente os de um espectador frio e imóvel; ela parecia inspirada. Zanoni escutava e observava-a com atenção, mas dos seus lábios não saiu a mais ligeira palavra de aprovação; e nem a menor emoção alterou a expressão do seu semblante frio e meio desdenhoso.

Viola, que desempenhava o papel de uma pessoa que ama sem ser correspondida, encarnava e *sentia* como nunca o papel que representava. Suas lágrimas eram verdadeiras; sua paixão era a paixão natural; quase causava pena olhá-la. Quando terminou o ato, as forças da atriz haviam-se esgotado, e foi levada do cenário, desmaiada, no meio de uma tempestade de aplausos e de entusiásticas exclamações de admiração. O auditório pôs-se de pé, agitavam-se centenas de lenços e, enquanto alguns espectadores lançavam ramalhetes de flores à cena, outros enxugavam os olhos cheios de lágrimas; as senhoras não puderam reprimir o pranto por muito tempo.

— Pelo céu! — exclamou um fidalgo napolitano. — Esta jovem ateou no meu coração uma paixão que me devora. Nesta noite... Sim, ainda nesta noite há de ser minha! Está tudo arranjado, Mascari?

— Tudo, senhor. E esse jovem inglês?

— Esse imbecil e presunçoso bárbaro! Como já disse, deve pagar a sua loucura com sangue. Não quero ter nenhum rival.

— Mas, é um inglês! E, quando desaparece um inglês, fazem-se muitas diligências para achar o seu corpo.

— Estúpido! Não é bastante profundo o mar, ou a terra bastante reservada para ocultar um cadáver? Os nossos sabem ser silenciosos como a tumba; e, quanto a mim... quem se atreveria a suspeitar ou acusar o príncipe de ...? Quero que nesta noite seja feito o "serviço". Eu o deixo ao seu cuidado. Os ladrões o terão assassinado, entende? Abundam tanto neste país; para que isto pareça mais certo, tire-lhe tudo quanto levar consigo. Vá com três homens; os outros ficarão em minha escolta.

Mascari encolheu os ombros e retirou-se, saudando-o servilmente.

As ruas de Nápoles não eram, naqueles tempos, tão seguras como o são hoje, e as carruagens eram menos caras e mais necessárias. O veículo que a atriz costumava tomar para regressar à casa havia desaparecido. Gianetta, demasiado acautelada para com a beleza de sua ama e temendo o enxame de admiradores que a importunariam, alarmou-se à idéia de terem de retirar-se a pé, e comunicou esta inconveniência a Glyndon. Este então pediu a Viola, que recuperava pouco a pouco as forças, que aceitasse a sua carruagem. Antes daquela noite, talvez a atriz tivesse aceitado esse pequeno obséquio; agora, porém, por um outro motivo, havia-o recusado.

Glyndon, sentindo-se ofendido, retirou-se com mau humor, quando Gianetta o deteve, dizendo em tom lisonjeiro:

— Fique, senhor; a senhorita não está bem; não se aborreça com ela; eu farei com que ela aceite a sua oferta.

Glyndon ficou, e depois de alguns instantes de discussão entre Gianetta e Viola, esta concluiu por aceitar a oferta do jovem. A anciã e a atriz subiram para a carruagem, deixando Glyndon à porta do teatro para que regressasse a pé à sua casa.

Naquele instante, apresentou-se de repente à mente do inglês a misteriosa advertência de Zanoni, que ele havia esquecido nos momentos do seu ressentimento contra Viola. Agora, julgando ser prudente precaver-se de um perigo anunciado por lábios tão misteriosos, olhou em redor de si para ver se descobriria algum conhecido. O público saía do teatro, aos encontrões, e o jovem, em toda aquela compacta multidão, não pôde distinguir bem um semblante amigo. Enquanto permanecia no mesmo sítio, sem saber o que fazer, ouviu a voz de Mervale, que o chamava, e observou com prazer que o seu amigo abria caminho por entre o povo, para chegar até ele.

— Eu lhe reservei um lugar na carruagem do conde Cetoxa — disse Mervale. — Venha comigo, o conde está à nossa espera.

— Como é gentil! Como soube que eu me encontrava aqui?

— Encontrei Zanoni no corredor — respondeu Mervale — e ele me disse: "O seu amigo está fora da porta do teatro; não deixa que regresse à casa a pé, esta noite; as ruas de Nápoles nem sempre oferecem segurança." Imediatamente lembrei-me de que alguns dos "bravos" calabreses haviam tido bastante o que fazer nas ruas da cidade, nas últimas semanas...

E encontrando logo depois Cetoxa, concluiu:

— Mas, olhe, aqui está ele...

A chegada do conde interrompeu a conversação. Enquanto Glyndon entrava na carruagem, viu, pela janela, quatro homens que estavam na calçada e que pareciam observá-lo com atenção.

— Cáspite! — exclamou um deles. — Aquele é o inglês!

Essa exclamação chegou aos ouvidos de Glyndon no momento em que a carruagem partia. Chegou à casa sem ter sofrido acidente algum.

A familiar e cordial intimidade que existe sempre na Itália entre a aia e a criança por ela criada, e que Shakespeare nos apresentou, sem exagero algum, no *Romeu e Julieta*, não podia deixar de ser mais estreita do que usualmente, numa situação tão desamparada como aquela em que se encontrava a atriz órfã. Gianetta tinha grande experiência em tudo quanto se referia às fraquezas do coração; e quando, três noites antes, ao voltar do teatro, Viola começara a chorar amargamente, a aia conseguira obter dela a confissão de que tornara a encontrar o homem que não tinha visto durante dois anos, mas a quem nunca tinha esquecido, e que esse homem, ai! não havia feito a mais leve demonstração de alegria ao vê-la.

Gianetta era incapaz de compreender as vagas e inocentes emoções que envolviam essa tristeza; mas reduzia-as todas, com a sua rude compreensão, a um só sentimento: o amor. E, nesse assunto, sabia prodigalizar consolo e demonstrar simpatia. Ela nunca conseguira saber muitas coisas que se abrigavam no coração de Viola – porque esse coração não possuía palavras para revelar todos os seus segredos; porém, por aquela pequena confiança que a aia obtivera, estava pronta a demonstrar a sua compaixão, não reprovando a jovem, mas pondo o seu resumido talento ao seu serviço.

– Descobriu quem é ele? – perguntou Viola, ao ver-se agora só com Gianetta, na carruagem.

– Sim, é o célebre senhor Zanoni, que tem transtornado o juízo a todas as grandes senhoras de Nápoles. Diz-se que é tão rico... oh! muito mais rico do que qualquer um dos ingleses! Porém, não tanto como o senhor Glyndon.

– Cale-se – interrompeu a jovem atriz. – Zanoni! Não me fale mais do inglês!

A carruagem estava agora na parte mais afastada e solitária da cidade, onde se situava a casa de Viola. De repente, parou.

Gianetta, um tanto alarmada, abriu a janela e olhou para fora. À pálida luz da lua, viu que o cocheiro, arrancado à força do seu lugar, havia sido subjugado por dois homens; a portinhola foi aberta violentamente e, diante da atriz e de sua aia, apareceu um homem de elevada estatura, mascarado e envolto numa capa.

– Não tenha medo, formosa Pisani – disse o homem, com amabilidade –; ninguém lhe fará mal algum.

E agarrando a bela atriz pela cintura, pretendeu tirá-la da carruagem. Gianetta, porém, não ficou inativa; repelindo o agressor com uma força que o deixou admirado, exprobrou a sua ação com a violência do terror.

O mascarado deu um salto a fim de reparar a desordem da sua capa.

– *Corpo di Bacco!* – exclamou rindo –; a jovem tem uma terrível defensora... Luigi! Giovani! Agarrem essa velha bruxa. Depressa! Por que esperam?

O mascarado retirou-se da portinhola, aparecendo nela, em seguida, outro homem, também disfarçado e ainda mais alto do que o primeiro.

– Tranqüilize-se, Viola Pisani – disse, em voz baixa. – Eu a porei em segurança.

E levantando a sua máscara, deixou ver as nobres feições de Zanoni.

– Tranqüilize-se; não diga nada – acrescentou –; eu a salvarei.

E retirou-se, deixando Viola imersa em surpresa, agitação e prazer.

Havia ali, entre todos, nove homens mascarados: dois subjugavam o cocheiro; um segurava pelos freios os cavalos da carruagem; o quarto cuidava dos cavalos ricamente ajaezados do agressor; três outros (além de Zanoni e do que se havia aproximado primeiramente de Viola) permaneciam um pouco afastados, ao pé de uma carruagem encostada a um lado do caminho. Zanoni falou com os três últimos e, depois de ter-lhes apontado o primeiro mascarado, que era, de fato, o príncipe de ..., dirigiram-se a este, que ficou surpreendido ao ver que o agarravam por trás.

– Traição! – exclamou ele. – Fui traído pela minha própria gente! Que significa?

– Ponham-no dentro da sua carruagem – disse Zanoni, calmamente. – Se resistir, que recaia sobre ele a culpa de sua morte.

Zanoni aproximou-se dos que seguravam o cocheiro.

– Estão em minoria e enganados – disse-lhes –, podem ir reunir-se ao seu amo. Os senhores são três, nós somos seis, e estamos armados dos pés à cabeça. Agradeçam-nos por lhes pouparmos a vida. Retirem-se!

Os homens desapareceram humilhados. O cocheiro voltou ao seu posto.

– Corte as correias da carruagem daquela gente e as rédeas dos seus cavalos – ordenou Zanoni, subindo para o carro que levava Viola, o qual partiu célere, deixando o vencido raptor num estado de raiva e estupefação impossível de descrever.

– Permita-me que lhe explique este mistério – disse Zanoni à jovem. – Eu descobri, não importa como, a conspiração tramada contra você, e frustrei-a da seguinte maneira: o cabeça desta trama é um fidalgo que a vem perseguindo há muito tempo, em vão. Ele e dois criados seus a observavam desde que você entrou no teatro, ao passo que outros seis aguardavam no lugar onde o seu coche foi atacado; eu e cinco criados meus ocupamos o seu lugar, e foi assim que o fidalgo nos tomou por seus auxiliares. Eu tinha previamente ido ao sítio onde aqueles homens esperavam e lhes disse que seu amo não precisava dos seus serviços esta noite. Eles me acreditaram e se dispersaram. Depois, fui buscar o meu grupo, que agora deixei para trás. O resto você sabe. E agora estamos à porta da sua casa.

## *Capítulo III*

*"When most I wink, then do mine eyes best see,*
*For all the day they view things unexpected;*
*But when I sleep, in dreams they look on thee,*
*And, darkly bright, are bright in dark directed."*
            Shakespeare.

["Quando fecho os meus olhos o mais possível, eles vêem melhor; porque todo o dia enxergam coisas que não me prendem a atenção; porém, quando durmo, avistam em sonhos e, brilhando no escuro, são como luzes dirigidas através da escuridão."]

Zanoni acompanhou a jovem à sua casa. Gianetta foi-se às suas ocupações, e os dois ficaram a sós.

Estavam naquele quarto onde tão freqüentemente, em dias outrora mais felizes, ouviam-se as estranhas melodias de Pisani; e agora que a jovem via ali ao seu lado esse misterioso, incompreensível, belo e valente estrangeiro, no mesmo lugar onde ela se sentara tantas vezes aos pés de seu pai, um estranho estremecimento percorreu todo o seu corpo, e como a fantasia costumava personificar suas idéias, pareceu-lhe que aquela música espiritual havia tomado forma e vida, e que esta estava diante dela, na sublime imagem que adotara. Viola sentia-se tomada de uma espécie de torpor, de uma semi-inconsciência. Havia tirado a touca e o véu; seus cabelos, um tanto desordenados, caíam-lhe sobre o colo ebúrneo, descoberto em parte pelo decote do vestuário; lágrimas de agradecimento brilhavam-lhe nos formosos olhos negros e suas faces estavam coradas pela emoção: nunca o deus da luz e da música, no meio dos vales da Arcádia, soube tornar enamorada uma virgem ou uma ninfa mais formosa, quando esse ser imortal adotara uma forma humana.

Zanoni contemplou a artista, com um olhar em que a admiração estava mesclada de compaixão. Murmurou algumas palavras entre os dentes e, depois, dirigindo-se à jovem, disse-lhe:

— Viola, eu a salvei de um grande perigo; não só da desonra, como talvez da morte. O príncipe de ..., protegido por um déspota e por uma administração venal, é um homem que está acima da lei. Ele é capaz de todos os crimes, porém, no meio de suas paixões, tem a prudência que lhe sugere a ambição; se, caindo em suas mãos, você não quiser se conformar com a desonra, nunca mais voltaria a ver a luz do mundo para descobrir a sua infâmia, e esta ficaria pois, ignorada. O poder não tem coração para o arrependimento, mas possui a mão que pode assassinar. Eu a salvei, Viola. Irá perguntar-me, talvez, por quê?

Zanoni calou-se por um instante e depois, sorrindo tristemente, prosseguiu:

— Suponho que não me fará a injustiça de pensar que é tão egoísta o seu libertador como aquele que a injuriou. Órfã, eu não lhe falo a linguagem dos seus galanteadores; eu tenho compaixão de você, e não sou insensível ao afeto. Por que corar? Por que tremer a esta palavra? Neste momento, enquanto estou falando, leio no seu coração, e não vejo nada que possa causar-lhe vergonha. Não digo que me ama; felizmente, a imaginação pode interessar-se antes que o coração. Mas foi o meu destino fascinar os seus olhos e impressionar a sua imaginação. Se sou, neste momento, seu hóspede, não é senão para adverti-la contra o que lhe traria só aflição, como já outrora lhe disse que se preparasse para sofrer grandes pesares. Glyndon, o jovem inglês, a ama muito, talvez mais do que eu poderia amá-la; e se é verdade que agora não é digno de você, sê-lo-á quando a conhecer melhor. Ele pode ser seu esposo, e pode levá-la à sua pátria, terra livre e feliz, o país natal de sua mãe. Esqueça-me; aprenda a corresponder ao amor de Glyndon e a merecê-lo, pois, repito-o, com ele será respeitada e feliz.

Viola escutava com silenciosa atenção, com emoção inexprimível e com as faces inflamadas, essa estranha recomendação, e quando Zanoni concluiu, a jovem ocultou o rosto entre as mãos e pôs-se a chorar; e embora muitas das palavras desse estrangeiro fossem pronunciadas com o fim de humilhá-la ou irritá-la, produzir indignação ou suscitar pejo, não foram esses os sentimentos que manifestaram suas lágrimas e agitaram seu coração. Neste momento, a mulher tinha-se convertido em menina; e assim como uma menina (com todo o seu forte porém inocente desejo de ser amada), chora de natural tristeza ao ver o seu afeto não correspondido, assim, sem ressentimentos e sem se sentir envergonhada, chorou Viola.

Zanoni contemplava aquela linda cabeça sacudida pelos soluços e, depois de uma dolorosa pausa, aproximou-se mais e disse-lhe com voz carinhosa e com um leve sorriso:

– Lembra-se, Viola, de quando lhe disse que devia lutar pela luz, apontando-lhe, como exemplo, aquela frondosa árvore? Eu não disse que imitasse a mariposa que, pensando voar às estrelas, cai queimada pela chama da lâmpada. Venha cá, quero falar-lhe. Esse inglês...

Viola deu um passo para trás, redobrando o seu pranto.

– Esse inglês tem, com pequena diferença, a sua idade, e a posição dele não é muito mais elevada do que a sua. Pode participar dos seus pensamentos na vida e poderá descansar depois, ao seu lado, na mesma tumba! E eu ... Porém, esse aspecto do futuro não vem agora ao caso. Consulte o coração e achará que antes que a minha imagem viesse interpor-se em seu caminho, havia brotado no seu íntimo um puro e sereno afeto por esse jovem, que é seu igual e que esse sentimento ia converter-se em amor. Nunca representou em sua imaginação um lar em que esse jovem fosse o seu esposo?

– Nunca! – respondeu Viola, com repentina energia –; nunca pensei no que diz e até sinto que o destino não me reserva tal coisa.

E, erguendo subitamente a cabeça, fixou seus olhos em Zanoni.

– Oh! quem quer que você seja, que quer ler em minha alma e penetrar no meu porvir, não se equivoque sobre o sentimento que... que...

Viola titubeou um instante e, em seguida, baixando a cabeça, acrescentou:

– ...Que reduziu, como por fascinação, os meus pensamentos a um só: você. Não pense que eu pudesse alimentar um amor não procurado e não correspondido. Estrangeiro, o que sinto por você não é amor. Por que deveria eu amá-lo? Nunca me falou senão para me advertir e me admoestar, e agora para me magoar!

Aqui Viola calou-se, sentindo faltar-lhe a voz: as lágrimas tremiam em suas pálpebras; a jovem enxugou-as e prosseguiu:

– Não, não é amor o que sinto... se o amor for tal como mo têm pintado, tal como tenho lido que é, e tal como tenho procurado imitá-lo no teatro. O que sinto é uma espécie de afeto respeitoso e cheio de temor; parece-me que é uma atração sobrenatural, que me impele para a sua pessoa, associando-a com imagens que me encantam e me assustam ao mesmo tempo. Julga que, se fosse amor, eu poderia agora falar-lhe assim? – disse, levantando de repente os olhos para buscar os dele –; que os meus olhos se atreveriam a buscar e encontrar os seus? Estrangeiro, às vezes só almejo vê-lo e ouvi-lo! Não me fale dos demais. Advirta-me, censure-me, torture o meu coração, rejeite a gratidão que minha alma lhe oferece, se assim o entender; porém, não se apresente sempre diante de mim como um presságio de tristeza e de desgraça. Algumas vezes, em meus sonhos, vi-o debaixo de uma forma muito diferente; em uma forma cheia de glória e de luz; e em seus olhos radiantes lia uma alegria celestial que não vejo agora.

Estrangeiro, você me salvou, e eu lhe agradeço de coração, e o bendigo! Rejeita também esta homenagem?

Ao dizer isso, Viola cruzou os braços humildemente sobre o peito e inclinou-se profundamente diante dele.

Esse ato de humildade não era servil nem indigno de uma mulher; não era a humildade de uma apaixonada para o seu amante, nem a de uma escrava para o seu senhor; era o respeito de uma criança para com o seu protetor, a humildade da neófita pelo seu sacerdote.

O olhar de Zanoni era triste e pensativo. Os seus olhos fixaram-se na jovem com uma estranha expressão de bondade, de tristeza e de ternura; no entanto, seus lábios revelaram certa austeridade, e a sua voz era fria, quando respondeu:

– Sabe o que pede, Viola? Sabe o perigo que corre, que corremos, talvez, nós ambos? Sabe que a minha vida, separada da vida turbulenta da multidão humana, está reduzida a adorar o Belo, e que desta adoração procuro banir aquilo que o Belo inspira nos demais? Evito sempre, como uma calamidade, o que parece ser a felicidade maior dos homens: o amor das filhas da Terra. Agora posso adverti-la e preservá-la de muitos perigos; teria eu o mesmo poder se pretendesse algo mais de você? Não me compreende, porém; o que lhe direi ainda, será mais fácil de compreender. Quero que apague a minha imagem do seu coração e que não pense mais em mim, a não ser como um homem que, como diz o seu futuro, deve evitar. Se aceitar as homenagens de Glyndon, ele a amará até que a tumba se cerre sobre ambos. Eu também – acrescentou com emoção –, eu também poderia amá-la!

– Você! – exclamou Viola, com a veemência de um repentino impulso de alegria e de prazer que não pôde reprimir; porém, um momento depois, a jovem teria dado todo o mundo se pudesse retirar essa exclamação.

– Sim, Viola, eu poderia amá-la; porém, quantos sofrimentos e quantas mudanças traria esse amor! A flor comunica a sua fragrância à rocha sobre cujo coração cresce; em pouco tempo, a flor morre, porém a rocha subsiste, desafiando a neve e a luz do sol no seu cume. Não se precipite, medite bem. O perigo ainda a rodeia. Por alguns dias, você se verá livre do seu cruel perseguidor; porém, em breve, virá a honrar em que só a fuga poderá salvá-la. Se o inglês a ama de um modo digno, a sua honra lhe será tão cara como a dele; se não, existem ainda outras terras onde o amor é mais verdadeiro e onde a virtude está menos exposta à cobiça e à violência. Adeus! Do meu destino e do meu futuro não posso prever senão nuvens e sombras. Entretanto, sei que tornaremos a nos ver; porém, compreenda antes que há terrenos mais suaves e mais vivificantes, doce flor, do que a rocha a que me refiro.

Ao dizer isso, dirigiu-se Zanoni para onde estava a discreta Gianetta, e tocando-lhe suavemente no braço, disse, com o alegre acento de um cavalheiro jocoso:

– O senhor Glyndon galanteia a sua ama, e poderá vir a ser o seu esposo. Eu sei que ama muito a senhorita. Desengane-a, se manifestar algum capricho por mim; pois eu estou aqui qual ave erradia que não pára, que não tem pouso certo.

E colocando uma bolsinha com dinheiro nas mãos de Gianetta, deixou a casa da artista.

## Capítulo IV

"*Les Intelligences Célestes se font voir, et se communiquent plus volontiers, dans le silence et dans la tranquillité de la solitude. On aura donc une petite chambre ou un cabinet secret, etc.*"
– *Les Clavicules de Rabbi Salomon*, cap. 3; traduzido para o francês diretamente do texto hebreu, por M. Pierre Morissoneau.

["As Inteligências Celestes se manifestam e se comunicam de preferência no silêncio e na tranqüilidade da solidão. É necessário, pois, um pequeno quarto ou um gabinete secreto, etc."
– *As Clavículas do Rabino Salomão*, cap. 3.]

O palácio que Zanoni habitava estava situado num dos bairros menos freqüentados da cidade. Ainda hoje se podem ver as suas ruínas, monumentos do esplendor pertencente a uma época de cavalheirismo, desterrado desde muito tempo de Nápoles, junto com as altivas raças normanda e espanhola.

Quando Zanoni entrou em seus aposentos particulares, dois hindus, vestidos com trajes do seu país, receberam-no à porta, com as graves saudações orientais. Esses homens tinham vindo com Zanoni de terras longínquas onde, segundo diziam os boatos, ele vivera muitos anos. Mas os hindus estavam impossibilitados de poderem satisfazer a curiosidade que despertavam e de fundamentarem alguma suspeita, porque não falavam outro idioma além da sua língua materna. Além desses dois, a régia comitiva de Zanoni era composta de servidores, escolhidos dentre a gente de Nápoles, os quais a sua esplêndida generosidade unida ao caráter imperioso, convertia em submissos escravos que lhe obedeciam fielmente. Nem no interior de sua casa, nem em seus costumes, o quanto podiam ser observados, não havia nada que pudesse justificar os boatos que a respeito de Zanoni circulavam pela cidade. Não era servido, como disseram outrora, de Alberto Magno e do grande Leonardo da Vinci, por formas aéreas; e nenhuma imagem de bronze, invenção de mecanismo mágico, lhe comunicava as influências das estrelas. Também não se via em seus quartos nem o crisol nem os metais, nem aparelhos de alquimista dos quais pudesse deduzir-se a sua riqueza; nem parecia ocupar-se com esses sérios estudos que podiam comunicar à sua conversação as noções abstratas e o profundo saber que às vezes manifestava.

Em seus momentos de solidão, não consultava nunca seus livros; e se em outro tempo tirava deles os vastos conhecimentos que possuía, agora só estudava na imensa página da natureza; a sua ampla e admirável memória supria o demais. Contudo, havia uma exceção em todos esses hábitos e ocupações comuns, a qual, segundo a autoridade cujo nome e cujas palavras citamos no princípio deste capítulo, indicaria o cultor das ciências ocultas. Fosse em Roma ou em Nápoles, ou em qualquer parte onde residisse, Zanoni escolhia um quarto separado do resto da casa e fechava-o com um cadeado pouco maior do que o selo de um anel e que, não obstante, bastava para burlar os mais engenhosos instrumentos de serralheiro; como sucedeu numa ocasião a um dos seus criados que, estimulado pela curiosidade, havia tentado, mas em vão, saber o que se encerrava no dito quarto; esse homem tinha escolhido o momento mais favorável para que a tentativa ficasse ignorada e secreta numa hora da noite em que não havia viva alma ao seu redor, e quando Zanoni estava ausente. O caso, porém, é que a sua superstição ou a sua consciência o advertiu do motivo pelo qual, no dia seguinte, o mordomo calmamente o despediu. O criado, para se compensar dessa desgraça, divulgou a sua história, acrescentando-lhe mil divertidas exagerações. Declarava que, ao aproximar-se da porta, viu-se repelido por mãos invisíveis, e que apenas tocou o cadeado, caiu ao chão, como ferido de paralisia. Um cirurgião que ouvira essa história observou, com desgosto dos crédulos admiradores de milagres, que talvez Zanoni empregasse habilmente a eletricidade. Fosse como fosse, naquele quarto hermeticamente fechado, não entrava ninguém mais que Zanoni.

A solene voz do tempo, provinda da igreja vizinha, veio tirar de sua profunda e tranqüila meditação o senhor do palácio, meditação que mais parecia um êxtase.

– É mais um grão escapado do relógio de areia – murmurou o estrangeiro – e, sem embargo, o tempo nem dá nem tira um átomo ao infinito! Alma da minha alma, Augoeides,* ser luminoso, por que desces da tua esfera? Por que abandonas a tua eterna, radiante e serena mansão, inacessível às paixões, e te transportas à obscuridade do negro sepulcro? Quanto tempo habitaste contente em tua majestosa solidão, sabendo muito bem que o nosso afeto pelas coisas que morrem não nos traz mais que tristeza?

Enquanto Zanoni murmurava estas palavras, uma das primeiras aves matutinas que saúdam a vinda da aurora, começou a gorjear alegremente entre as laranjeiras do jardim que havia debaixo da janela do estrangeiro. De repente, outro canto respondeu ao primeiro; era a companheira da primeira avezinha, despertada pelo gorjeio desta, que lhe enviava a sua doce resposta. Zanoni pôs-se a escutar, e não ouviu a voz do espírito a quem perguntara, mas, em vez dele, respondeu-lhe o coração. Levantando-se então, começou a andar a passos largos pelo estreito quarto.

– Fora deste mundo! – exclamou por fim, com impaciência. – Não poderá o tempo romper seus fatais laços? A atração que liga a alma à Terra é igual à atração que segura a Terra no espaço? Deixe, ó minha alma, este obscuro planeta! Rompa cadeias! Agite as asas!

E ao dizer isto, Zanoni, atravessando as silenciosas galerias, subiu a escada que conduzia ao quarto secreto, e desapareceu.

. . . . . . . . . . . . . . . . . . . . . . . . . . . . . . . . . . . . . . . . . . . . . . . . . . . . . . . . . . . . .

---

\*Αύγοειδής,(= luminoso, uma palavra usada pelos místicos platonistas) σφαῖρα Ψυχῆς αὐγοειδής, ὅταν μήτε ἐπτείνηται ἐπί τι, μήτε ἔσω συντρέχῃ, μήτε συνιζάνη, ἀλλὰ φωτὶ λάμπηται, ᾧ τὴν ἀλήθειαν ὁρᾷ τὴν πάντων, καὶ τὴν ἐν αὐτῇ. (Marc. Ant., lib. 2). A esfera da alma é luminosa, quando nada que pertence ao mundo exterior está em contato com ela, mas a alma, iluminada pela própria luz, vê a verdade de todas as coisas e a verdade que se concentra nela mesma.

(É pois Augoeides o que chamamos de "Eu Superior"). (N. T.)

## Capítulo V

*"I and my fellows
Are ministers of Fate."*
   The Tempest.

["Eu e os meus companheiros somos ministros do Destino."
   A Tempestade.]

No dia seguinte, Glyndon encaminhou-se para o palácio de Zanoni. A imaginação do jovem, naturalmente impressionável, estava singularmente excitada pelo pouco que tinha visto e ouvido a respeito desse estranho homem; um encanto, que o inglês não podia explicar nem dominar, impelia-o para o estrangeiro. O poder de Zanoni parecia ser misterioso e grande; suas maneiras, conquanto ordinariamente fossem amáveis e benévolas, tornavam-se algumas vezes frias e insociáveis. Por que aquele homem, que por uma parte repelia a amizade de Glyndon, por outra queria salvá-lo do perigo? Como havia descoberto Zanoni uns inimigos que aquele jovem ignorava ter? Esse fato, avivando duplamente o seu interesse e despertando a sua gratidão, fez com que Glyndon resolvesse tentar um novo esforço para captar a amizade do áspero botânico.

Glyndon foi introduzido numa vasta sala, onde Zanoni, em poucos minutos, veio recebê-lo.

– Venho agradecer-lhe pelo aviso da noite passada – disse o jovem – e pedir-lhe o favor de informar-me em que bairro da cidade é que me ameaça o perigo de que falou.

– É um jovem insinuante – respondeu Zanoni, com um sorriso e falando inglês – e conhece tão pouco o Sul para ignorar que os homens aqui têm sempre rivais?

– Fala seriamente? – perguntou Glyndon, corando.

– Muito seriamente – respondeu Zanoni. – Ama Viola Pisani, e tem como rival um dos mais poderosos e implacáveis príncipes napolitanos. O perigo que o ameaça é realmente grande.

– Mas, perdoa-me: como pôde descobri-lo?

– Que lhe importa como o descobri? – replicou Zanoni, com altivez –; de resto, para mim é indiferente que despreze ou não a minha advertência.

– Bem, se não posso perguntar-lhe, seja assim; porém, ao menos aconselhe-me o que devo fazer.

– Seguir o meu conselho?

– Por que não?

– Porque é naturalmente valente, ama as emoções e os mistérios e gosta de representar o papel de herói de um romance. Se eu o aconselhar que deixe Nápoles, fa-lo-á durante todo o tempo que esta cidade lhe ofereça um inimigo com quem não pode medir forças, ou uma mulher amada que quer conquistar?

– Tem razão – respondeu o jovem inglês, com energia. – Não! e suponho que não me censurará por essa resolução.

– Porém, não lhe resta outro caminho. Ama deveras a bela Pisani? Se assim é, case-se com ela e leve-a para o seu país natal.

– Não – respondeu Glyndon, embaraçado –; Viola não é da minha classe; além disso, a sua profissão... Enfim, eu me sinto escravizado pela sua beleza, mas não posso casar-me com ela.

Zanoni franziu as sobrancelhas e retrucou:

– Então o seu amor não passa de um paixão egoísta e indigna. Jovem, o destino é menos inexorável do que parece. Os recursos do grande Senhor do Universo não são tão escassos nem tão duros, que Ele negue aos homens o privilégio divino do livre-arbítrio; todos nós podemos traçar o próprio caminho, e Deus pode fazer com que até as nossas contradições se harmonizem com os Seus fins solenes. Apresenta-se-lhe uma ocasião de escolher. Um amor nobre e generoso pode produzir a sua felicidade e salvá-lo; uma paixão frenética e egoísta não faria mais do que levá-lo à miséria e à desgraça.

– Pretende, então, ler o futuro?

– Eu disse tudo o que pretendia dizer.

– Vejo que é um grande moralista, senhor Zanoni – disse Glyndon, sorrindo –, mas diga-me: é tão indiferente à juventude e à beleza, que possa resistir estoicamente aos seus afagos?

– Se fosse necessário ajustar a prática ao preceito – respondeu Zanoni, com um sorriso amargo –, teríamos bem poucos conselheiros. A conduta de um indivíduo pode afetar somente um pequeno círculo fora dele; e o bem ou o mal permanente que faz aos demais está, mais do que em outra coisa, nos sentimentos que difunde. As suas ações são limitadas e momentâneas; ao passo que os seus sentimentos podem atravessar o universo e inspirar as gerações até o fim do mundo. Todas as nossas virtudes e todas as nossas leis foram tiradas de livros e de máximas, isto é, de sentimentos, e não de ações. Em sua conduta, Juliano teve as virtudes de um cristão, e Constantino, os vícios de um pagão. Os sentimentos de Juliano fizeram voltar milhares de pessoas ao paganismo; os sentimentos de Constantino ajudaram, debaixo da vontade do Céu, a converter ao cristianismo as nações da Terra. Em sua conduta, o mais humilde pescador daquela praia, que crê nos milagres de São Januário, pode ser um homem melhor do que Lutero; não obstante, Lutero produziu uma revolução nas idéias da Europa moderna, devido aos seus pensamentos e sentimentos. Nossas opiniões, jovem inglês, formam em nós a parte angélica, e nossas ações, a parte terrestre.

– Para ser italiano, tem refletido muito profundamente.

– Quem lhe disse que eu sou italiano?

– Então não é? E, não obstante, quando o ouço falar o meu idioma natal como só um inglês poderia falá-lo quase...

– Bah! – interrompeu Zanoni, com certa impaciência.

E depois de alguns momentos de silêncio, prosseguiu com afabilidade:

– Senhor Glyndon, renuncia a Viola Pisani? Quer alguns dias para refletir sobre o que lhe disse?

– Renunciar a ela? Nunca!

– Então vai se casar com ela?

– Impossível!

– Seja, pois; será ela quem renunciará. Digo-lhe outra vez que tem rivais.

– Sim, o príncipe de ...; porém, não o temo.

– Tem um outro, muito mais terrível.

– E quem é?

– Eu mesmo.

Glyndon empalideceu e levantou-se da cadeira.

– O senhor Zanoni! E atreve-se a dizer?

– Atrever-me! Ah! Há ocasiões em que eu desejaria ter medo.

Estas palavras altivas foram ditas sem arrogância; o tom da voz de Zanoni era triste e melancólico. Glyndon, apesar de sentir o coração cheio de ira, permaneceu por alguns instantes confuso e como que aterrorizado. Entretanto, como possuísse um valente coração, recobrou prontamente a serenidade.

– Senhor – disse ele, calmamente –, não me deixo iludir com estas frases solenes e com essas coisas místicas que a si se atribui. É possível que tenha poderes que eu não compreenda, nem poderia imitar, ou talvez não seja mais que um astuto impostor...

– Bem, continue!

– Quero dizer – prosseguiu Glyndon, com resolução, ainda que um tanto desconcertado –, pois quero lhe fazer compreender que não me deixo convencer ou obrigar por um estrangeiro a me casar com Viola Pisani e que, não obstante, não me sinto inclinado a cedê-la tranqüilamente a outrem.

Zanoni dirigiu um olhar sério ao jovem, cujos olhos brilhantes e faces afogueadas manifestavam claramente que estava resolvido a sustentar a palavra.

– Tão animado se sente? – perguntou-lhe o estranho personagem. – Está bem. Porém, aceite o meu aviso: aguarde ainda nove dias, e então me dirá se quer ou não casar-se com a criatura mais formosa e mais pura que encontrou neste mundo.

– Mas, se você a ama, por quê ... por quê?...

– Por que desejo que ela se case com outro? Porque quero desviá-la de mim! Escute-me. Essa menina, embora seja humilde e de modesta educação, possui todos os dons que podem elevá-la às mais altas qualidades e às mais sublimes virtudes. Ela pode ser tudo quanto seja possível para o homem a quem ame, tudo quanto o homem pode desejar numa mulher. A sua alma, desenvolvida pelo afeto, elevará a sua; terá notável influência sobre a sua fortuna, engrandecerá o seu destino, chegará a ser um grande homem e feliz. Se, ao contrário, Viola for minha, não sei o que será dela; mas sei que existe uma prova pela qual poucos podem passar, uma prova à qual, até agora, não sobreviveu mulher alguma.

Enquanto Zanoni pronunciava estas palavras, sua face tornou-se pálida, e havia em sua voz algo que gelou o sangue do jovem que o escutava.

– Qual é, pois, esse mistério que o rodeia? – exclamou Glyndon, incapaz de reprimir sua emoção. – Você é efetivamente diferente dos demais homens? Tem passado além do limite da ciência oficial? É, como alguns asseveram, um feiticeiro, ou somente um...?

– Silêncio! – interrompeu Zanoni afavelmente e com um sorriso que expressava uma singular e melancólica doçura. – Creio que não adquiriu o direito de fazer-me estas perguntas... Embora haja na Itália ainda uma Inquisição, o seu poder é tão débil como o de uma folha que o primeiro sopro de vento leva quem sabe aonde... Os dias de tortura e de perseguição já se foram; e o homem pode viver como lhe agrada e falar o que quiser, sem que deva temer a fogueira e a roda. E visto que posso desafiar a perseguição, perdoe se não cedo à sua curiosidade.

Glyndon levantou-se. Apesar do seu amor por Viola, e apesar do temor natural que lhe infundia um rival como Zanoni, o jovem se sentia irresistivelmente atraído para o homem do qual só tinha motivos para suspeitar e temer. Ele estendeu a mão a Zanoni, dizendo-lhe:

– Bem; se tivermos de ser rivais, as espadas decidirão a nossa sorte; mas até lá eu desejaria que fôssemos amigos.

– Amigos! Não sabe o que está pedindo.

– Outra vez enigmas?!

– Enigmas! – exclamou Zanoni, com exaltação. – Ah! sente-se capaz de resolvê-los? Só quando você puder, poderei dar-lhe a minha mão direita e chamar-lhe meu amigo.

– Eu seria capaz de tudo para alcançar a sabedoria super-humana – afirmou Glyndon. E o seu semblante brilhou com o fogo de um estranho e intenso entusiasmo.

– As sementes do antepassado vivem no jovem – murmurou Zanoni –, ele talvez possa... porém...

E tirando-se da sua meditação, disse em voz alta:

– Vá, sr. Glyndon; tornaremos a nos ver; mas eu não lhe pedirei a resposta senão quando se aproximar a hora da decisão.

## *Capítulo VI*

*"Its is certain that this man has an estate of fifty thousand livres, and seems to be a person of very great accomplishments. But, then, if is a wizard, are wizards so devoutly given, as this man seems to be? In short, I could make neither head nor tail on it." – The Count of Gabalis*, tradução para o inglês anexada à 2ª edição de *"Rape of the Lock."*

["É certo que esse homem possui bens no valor de cinqüenta mil francos, e parece ser uma pessoa de muito talento. Mas então, se ele é um feiticeiro, demonstram os feiticeiros tanta devoção como esse homem parece ter? Em breves palavras, eu não compreendo tudo isto." – *O Conde de Gabalis.*]

De todas as fraquezas que são objeto de burla por parte dos homens de escassa inteligência, nenhuma é por eles mais ridicularizada do que a credulidade. E de todos os sinais de um coração corrompido e de uma inteligência curta, a tendência à incredulidade é o sinal mais seguro.

A verdadeira filosofia prefere antes tentar resolver o problema do que negá-lo. Enquanto ouvimos diariamente os pequenos pedantes que pretendem ser homens de ciência falarem dos absurdos da alquimia e do sonho da Pedra Filosofal, outros homens mais eruditos confessam que as maiores descobertas científicas se devem aos alquimistas, e que muitos segredos poderiam ser ainda decifrados se possuíssemos a chave da mística fraseologia que os alquimistas se viam obrigados a empregar e cujo conhecimento nos abriria o caminho para aquisições ainda mais preciosas. A alguns dos mais notáveis químicos do nosso século, a Pedra Filosofal não pareceu ser uma ilusão quimérica. É verdade que o homem não pode contrariar as leis da natureza; porém, podemos dizer que todas as leis da natureza já foram descobertas?

– Dê-me uma prova da sua arte – diz todo investigador racional. – Quando eu tiver visto o efeito, esforçar-me-ei, juntamente com você, para verificar as causas.

Quando Clarêncio Glyndon se separou de Zanoni, um dos seus primeiros pensamentos foi recordar-se dos efeitos que testemunhara. Mas Glyndon não era um "investigador racional". Quanto mais vaga e misteriosa era a linguagem de Zanoni, tanto maior impressão causava nele. Uma prova teria sido para ele uma coisa tangível, à qual teria procurado se agarrar; e achar o sobrenatural reduzido à Natureza não teria sido mais do que uma desilusão para a sua curiosidade. Às vezes se esforçava, mas em vão, por libertar-se da credulidade e abraçar o ceticismo, que invocava para reconciliar o que ouvira com os prováveis motivos e desígnios de um impostor. Porém Zanoni, quaisquer que fossem as suas pretensões, não fazia dos seus poderes, como Mesmer e Cagliostro, um objeto de especulação ou fonte de ganância; nem era Glyndon homem cuja posição pudesse sugerir a idéia de impressionar a imaginação para fazê-la servir de instrumento a seus projetos, fossem estes de avareza ou de ambição. Não obstante, de vez em quando, com a suspeita que é própria à generalidade dos homens não espiritualizados, o jovem tentava persuadir-se de que Zanoni agia, ao menos sinistramente, induzindo-o ao que o seu orgulho inglês e a sua maneira de pensar consideravam um aviltamento – o casamento com a pobre atriz. Não podia existir algum acordo secreto entre Viola e o Místico? Não seria essa história de profecias e ameaças apenas artifícios para enganá-lo? Glyndon começou a sentir um vago ressentimento para com Viola, por ter-se aliado a uma tal pessoa; ressentimento ao qual se mesclava um natural ciúme. Zanoni ameaçava-o com a sua rivalidade. Zanoni que, quaisquer que fossem o seu caráter e as suas artes, possuía ao menos todos os atributos externos que deslumbram e dominam. Torturado pelo aguilhão da dúvida, Glyndon procurou distrair-se visitando, mais do que antes, os amigos que havia adquirido em Nápoles, principalmente artistas como ele, literatos e ricos comerciantes que, se não gozavam dos privilégios da nobreza, competiam com ela em esplendor. Entre esses amigos falava-se muito de Zanoni, o qual, não só para eles como para os ociosos em geral, era um objeto de curiosidade e de conjecturas.

Glyndon observou, como uma coisa notável, que Zanoni havia falado com ele em inglês, praticando esse idioma com tanta perfeição que poderia bem passar por um compatriota seu. Por outra parte, Zanoni falava o italiano com igual pureza; e o mesmo sucedia com outros idiomas, pouco estudados por estrangeiros.

Um pintor sueco, que tinha falado com ele, afirmava que era filho da Suécia; e um comerciante de Constantinopla, que tinha vendido alguns de seus gêneros a Zanoni, era de parecer que somente um turco, ou ao menos uma pessoa nascida no Oriente, podia possuir tão perfeitamente a suave entonação oriental. Entretanto, em todos esses idiomas, quando os comparavam, notava-se uma diferença apenas perceptível, não na pronúncia, nem no acento, mas na chave e no som da voz, que o distinguia do natural do país cujo idioma falava. Essa faculdade, segundo Glyndon pôde recordar-se, era a que possuía uma seita, cujos dogmas e poderes não puderam nunca ser conhecidos senão parcialmente, e que se chamava Rosa-cruz. O jovem inglês lembrava-se de ter ouvido falar, na Alemanha, da obra de João Bringeret,* na qual se assegurava que os membros da verdadeira Fraternidade Rosa-Cruz conheciam todas as línguas da Terra. Pertenceria Zanoni a essa mística Fraternidade que, desde tempos remotíssimos, se gabava de possuir segredos, dentre os quais o da pedra filosofal era o mais insignificante; que se considerava herdeira de tudo o que os caldeus, os magos, os ginosofistas e os platônicos haviam ensinado, e que diferia de todos os tenebrosos filhos da magia pelas virtudes de sua vida, pela pureza da doutrina, por sua insistência, como base de toda a sabedoria, em subjugar os sentidos, e pela intensidade da fé religiosa – uma seita gloriosa, se não mentia? E com efeito, se Zanoni possuía poderes que o faziam superior à raça atual dos homens científicos, parecia que não fazia mau uso deles. O pouco que se sabia de sua vida, era em seu favor. Citavam-se dele alguns atos de generosidade e de beneficência justamente aplicados, que deixavam surpreendidos os que ouviram referi-los, ao verem que um estrangeiro se achava tão bem informado sobre as obscuras e ignoradas necessidades que socorrera. Algumas pessoas que ele havia visitado quando já estavam desenganadas e abandonadas pelos médicos, recuperaram então a saúde, ignorando totalmente com que remédios foram curadas. Não podiam dizer senão que receberam a visita do estranho personagem e que este as deixara curadas; geralmente, porém, antes do seu restabelecimento, experimentaram um sono profundo.

Uma curiosa circunstância começou a ser notada e que também veio acrescentar provas em favor desse homem. As pessoas com as quais costumava reunir-se – os jovens alegres, os pródigos, os levianos, os transviados da classe mais polida da sociedade –, todos se encontravam dentro em pouco transformados, sem eles mesmos o sentirem, despertando-se neles pensamentos mais puros e uma tendência a reformar seus costumes. Até Cetoxa, o príncipe dos galanteadores, dos duelistas e dos jogadores, não era mais o mesmo homem desde a noite das singulares aventuras referentes a Glyndon. O primeiro passo para a sua transformação foi retirar-se do jogo; o segundo; a sua reconciliação com um inimigo hereditário de sua família, ao qual, pelo espaço de seis anos, havia provocado sempre, quando se lhe oferecia ocasião, para ver se podia ensaiar com ele a

---

* Publicada em 1615.

sua inimitável manobra da estocada. E quando Cetoxa e seus jovens companheiros falavam de Zanoni, nenhum indício fazia suspeitar que essa mudança se devera nem a conselhos nem a uma austera admoestação. Todos descreviam Zanoni como um homem propenso ao divertimento; de maneiras não muito alegres, porém joviais; sempre pronto a escutar a conversação dos demais, embora insulsa, ou a encantar os ouvidos com o seu inesgotável fundo de anedotas brilhantes e com a sua grande experiência da sociedade. Todos os costumes, todas as nações, todos os graus de homens pareciam ser-lhe familiares. Só era reservado nos assuntos que podiam ter relação com o seu nascimento ou com a história da sua vida. A opinião mais geral que se tinha de sua origem parecia a mais plausível. Sua riqueza, a sua familiaridade com idiomas orientais, sua residência na Índia, certa gravidade que não o abandonava nem em seus momentos de alegria e franqueza, o famoso brilho dos seus olhos e cabelos pretos, e até as particularidades de suas formas, a delicada pequenez das suas mãos e os contornos árabes da sua nobre cabeça, pareciam designá-lo como pertencente a alguma raça oriental.

E um estudante das línguas orientais pretendeu reduzir o simples nome de Zanoni, que um século antes usara um inofensivo naturalista de Bolonha,* aos radicais da extinta língua caldaica. *Zan* era o nome que os caldeus empregavam para designar o sol. Os gregos, que mutilavam todos os nomes orientais, conservaram neste caso o nome verdadeiro, como o demonstra a inscrição cretense do sepulcro de Zeus.** Quanto ao resto, o *Zan* ou *Zaim* era, entre os sidonienses, um prefixo não desusado de *On. Adonis* não era mais do que um segundo nome dado a *Zanonas* que, segundo recorda Hesychius, era muito venerado em Sidônia.

Mervale escutou com grande atenção esta profunda e erudita explicação, observando que, por sua parte, atrevia-se a mencionar um importante descobrimento que tinha feito ele mesmo, já muito tempo antes, e que era o seguinte: que a numerosa família dos *Smith*, na Inglaterra, fora indubitavelmente os antigos sacerdotes de Apolo Frígio.

– Porque – disse ele – não era o sobrenome de Apolo, em Frígia, *Smintheus*? Esse nome sofreu, em seguida, várias corruptelas ou alterações: Smintheus, Smitheus, Smithé, Smith! Observei também que nos nossos dias os ramos mais ilustres dessa distinta família, inconscientemente desejosos de se aproximarem, ao menos por uma letra do nome verdadeiro, sentem um piedoso prazer em assinar o seu nome Smithe!

O filólogo, surpreendido com esse descobrimento, pediu a Mervale permissão para anotá-lo como uma ilustração digna de figurar numa obra que ia publicar, relativa à origem da linguagem, a qual teria o título "Babel" e constaria de três volumes, para cuja publicação pediria as assinaturas adiantadas.

---

\* O autor de duas obras sobre botânica e plantas raras.

\*\* Ὧδε πέγας πεῖτα: Ζὰν. ("Aqui jaz o grande Zan" – *Cyrillo contra Juliano*.)

## Capítulo VII

*"Learn to be poor in spirit, my son, if you would penetrate that sacred night which environs truth. Learn of the Sages to allow to the Devils no power in Nature, since the fatal stone has shut them up in the depth of the abiss. Learn of the Philosophers always to look for natural causes in all extraordinary events: and when such natural causes are wanting, recur to God."*
*– The Count of Gabalis.*

["Aprende a ser pobre em espírito, meu filho, se queres penetrar nessa noite sagrada que envolve a verdade. Aprende dos Sábios a não conceder aos Diabos nenhum poder na Natureza, desde que a pedra fatal os encerrou nas profundezas do abismo. Aprende dos filósofos a procurar sempre causas naturais em todos os acontecimentos extraordinários; e quando faltarem tais causas naturais, recorre a Deus." – *O Conde de Gabalis*.]

Depois da idéia que Glyndon formara de Zanoni, todas essas informações sobre o estrangeiro, que ouvira nos vários lugares de reuniões e visitas que freqüentava, não lhe agradaram. Naquela noite, Viola não representou no teatro; e no dia seguinte, ainda perturbado por estranhas fantasias, aborrecido da sarcástica companhia de Mervale, Glyndon errava pensativo, pelos jardins públicos, detendo-se embaixo da árvore onde ouvira, pela primeira vez, a voz que havia exercido sobre a sua imaginação tão estranha influência. Os jardins estavam desertos. Ele sentou-se à sombra das árvores; dentro em pouco, quando absorto em profundas meditações, tornou a experimentar o mesmo tremor frio que Zanoni definira tão exatamente, atribuindo-lhe uma causa extraordinária.

Glyndon fez um repentino esforço para se levantar e ficou sobressaltado ao ver sentada ao seu lado uma pessoa bastante feia, que podia tomar-se perfeitamente por um desses seres malignos dos quais Zanoni havia falado. Era um homem de pequena estatura, vestido com um traje muito diferente da moda dominante; afetava uma rusticidade e pobreza que se aproximavam do desalinho. As largas calças de tecido grosseiro como a vela de um navio, a jaqueta desconcertada e com alguns rasgões, os pretos anéis de cabelos emaranhados a saírem debaixo do gorro de lã, tudo isso formava um estranho contraste com outras coisas que anunciavam nele um relativo bem-estar. A camisa, aberta ao pescoço, estava presa por um broche de pedras preciosas, e duas correntes de ouro maciço deixavam ver o ridículo de levar dois relógios.

O aspecto desse homem, se não era de todo repugnante, era pouco recomendável. Os seus ombros eram altos e robustos; o peito parecia comprimido; as mãos, que não levavam luvas, eram grossas, e os dedos, cujas nodosas articulações revelavam grande força, contrastavam com o pulso delgado, como se não pertencessem ao mesmo indivíduo. As feições assumiam, às vezes, a dolorosa contratura que se observa no semblante de um aleijado – eram largas, exageradas, e o nariz quase tocava a barba; os olhos eram pequenos, porém brilhavam com o fogo da astúcia quando se fixavam em Glyndon; a boca entreaberta deixava ver duas fileiras de dentes sujos, cariados e desiguais.

E sobre esse horrível semblante ainda transluzia uma espécie de inteligência desagradável, uma expressão de ousadia sagaz; mas quando Glyndon, voltando a si da surpresa, olhou fixamente o seu vizinho, corou envergonhando-se da impressão que sentira, pois o reconheceu como um artista francês que pertencia ao número dos seus conhecidos e que era possuidor de grande talento.

Era coisa verdadeiramente notável que essa criatura, cujo exterior era completamente desprovido de atrativos, se deleitasse particularmente nas pinturas tão cheias de majestade e de grandeza. Conquanto o colorido dos seus quadros fosse duro e sombrio, como era costume geral da escola francesa daquele tempo, os seus desenhos eram admiráveis pela harmonia, pela singela elegância e pelo vigor clássico, apesar de carecerem, às vezes, dessa graça requintada e ideal. Esse pintor preferia os assuntos que se referiam à história romana, aos que representavam as belezas da Grécia ou as sublimes histórias da Sagrada Escritura, que inspiraram Rafael e Miguel Ângelo. A grandeza dos seus desenhos não era a dos deuses ou dos santos, porém a dos mortais. A beleza das suas concepções era do gênero que a vista não pode censurar, porém que a alma não reconhece. Em uma palavra, como se dizia de Dioniso, era um "antropófago", um pintor de homens.

Notava-se também uma grande contradição nesse homem: ao passo que se entregava com extravagantes excessos a todas as paixões, tanto ao ódio como ao amor, sendo implacável na vingança e insaciável na devassidão, costumava usar frases repletas dos mais belos sentimentos de exaltada pureza e de genial filantropia. O mundo não era bastante bom para ele; esse homem era, valendo-nos de uma frase alemã, um "reformador do mundo".

Contudo, o esgar sarcástico dos seus lábios parecia zombar dos sentimentos que manifestava como se quisesse dar a entender que era superior até o mundo que desejava construir.

Esse pintor estava em íntima correspondência com os republicanos de Paris, e era tido por um desses missionários que, desde o primeiro período da Revolução, os regeneradores do gênero humano se comprazíam em enviar aos vários Estados que ainda gemiam na escravidão, fosse pela tirania de um homem ou pelo despotismo das leis. Certamente, como disse um historiador italiano,* não havia na Itália nenhuma cidade onde essas novas doutrinas fossem acolhidas com maior fervor do que em Nápoles, um tanto devido ao ardente temperamento do povo, e principalmente porque os mais odiosos privilégios feudais, embora diminuídos alguns anos antes pelo grande ministro Tanucini, ofereciam tantos males na vida prática, que o povo achava mais sedutora a forma das promessas que fazia a novidade.

Esse homem, a quem chamaremos Jean Nicot, era, portanto, uma espécie de oráculo para os jovens de idéias mais exaltadas de Nápoles; e antes que Glyndon conhecesse Zanoni, não era dos que menos deslumbrados estavam pelas eloqüentes aspirações do feio filantropo.

— Há tanto tempo que não nos vemos, *cher confrère*** — disse Nicot, aproximando a sua cadeira da de Glyndon —, que não deve surpreender-se que o veja com grande prazer, e até tomo a liberdade de interromper as suas meditações.

---

\* Botta.
\*\* Querido confrade.

— Que eram, por sinal, bem desagradáveis — respondeu Glyndon. — O momento não podia ser mais azado para me interromper.

— Alegrar-se-á em saber — continuou Nicot, tirando um pacote de cartas da algibeira — que a grande obra marcha com maravilhosa rapidez? Mirabeau faleceu, é verdade; mas, com os diabos!, cada francês agora é um Mirabeau.

Dizendo isso, Nicot pôs-se a ler e a comentar vários animados e interessantes tópicos da sua correspondência, onde a palavra "virtude" aparecia vinte e sete vezes, e nenhuma vez se falava de Deus. Depois, entusiasmado pelo brilhante porvir que se abria à sua vista, começou a se entregar ao gozo antecipado dessas promessas do futuro, cuja descrição já ouvimos da extravagante eloqüência de Condorcet. Todas as virtudes velhas foram destronadas e substituídas por outras com que adornavam o novo Panteon: o patriotismo era um sentimento muito limitado e a filantropia devia substituí-lo. O único amor digno de animar o peito de um homem generoso seria aquele que abraçasse toda a humanidade, ardendo tanta para a Índia e os pólos como para o torrão natal. A opinião devia ser tão livre como o ar; e, para consegui-lo, era necessário exterminar todos aqueles cujas idéias não fossem as mesmas que as do sr. Jean Nicot.

Muitas dessas coisas divertiam Glyndon, e muitas lhe causavam aversão; porém, quando o pintor passou a falar de uma ciência que todos compreenderiam e cujos resultados todos desfrutariam — uma ciência que tendo por base a igualdade das instituições e da cultura mental, daria a todas as raças humanas riqueza sem trabalho e uma vida isenta de cuidados e desgostos, mais longa do que a dos patriarcas —; então Glyndon escutou com interesse e admiração, se bem que com certo desassossego.

— Observe — disse Nicot — quantas coisas que hoje consideramos como virtude serão então rejeitadas como baixeza. Os nossos opressores, por exemplo, nos pregam a excelência da gratidão. Gratidão! A confissão da inferioridade! Que pode haver mais odioso para um espírito nobre do que o humilhante sentimento de obrigação? Porém, onde há igualdade, o poder não conseguirá escravizar o mérito. O benfeitor e o cliente deixarão igualmente de existir, e...

— Entretanto — disse uma voz baixa ao seu lado —, e entretanto, Jean Nicot?

Os dois artistas se sobressaltaram e Glyndon reconheceu Zanoni. Este fixou sua vista com severidade em Nicot, que o olhava de soslaio, tendo no semblante uma expressão de terror.

E era ele, Nicot, que não temia nem a Deus, nem ao diabo, que estava ali assustado e a tremer à vista de um homem!

— Não é esta a primeira vez que tenho sido testemunha de suas opiniões acerca do nenhum valor da gratidão — disse Zanoni.

Nicot reprimiu uma exclamação e, depois de dirigir a Zanoni um olhar sinistro em que se revelava um ódio impotente e inexplicável, retrucou:

— Não o conheço; que quer de mim?

— Que se ausente daqui e nos deixe a sós.

Nicot deu um passo para diante, crispando os punhos e cerrando os dentes, como um animal feroz enraivecido. Zanoni, sem fazer o menor movimento, dirigiu-lhe um olhar altivo, acompanhado de um sorriso de desprezo. Nicot deteve-se de repente ante esse imponente olhar que o fez estremecer da cabeça aos pés e, em seguida, com um visível esforço, como se agisse impelido por uma força exterior, foi-se embora.

Glyndon estava positivamente surpreso.

– Como conhece esse homem? – perguntou-lhe Zanoni.

– Conheço-o como companheiro de arte – respondeu o jovem.

– De "arte"! Não profane essa palavra maravilhosa. O que a natureza é para Deus, a arte deveria ser para o homem: uma criação sublime, benéfica e genial. Esse miserável pode ser um pintor, porém não um artista.

– Por que fala assim dele, senhor? Que é que sabe desse homem?

– Sei o bastante para preveni-lo contra ele; os seus lábios manifestam a fealdade do seu coração. Que necessidade tenho de dizer-lhe os crimes que cometeu? Tudo nele fala de crime.

– Parece, senhor Zanoni, que não é um dos admiradores da Revolução que se aproxima. Talvez deteste este homem porque lhe desagradam as suas opiniões?

– Que opiniões?

Glyndon sentiu-se bastante embaraçado para querer defini-las; por fim, disse:

– Suponho que, entre todos os homens, não pode estar contra a doutrina que prega o melhoramento infinito da espécie humana.

– Tem razão; os poucos, em cada século, produzem o progresso dos muitos; os muitos podem agora ser tão sábios como foram os poucos, mas o progresso fica estacionário, se me diz que agora os muitos são tão sábios como o são os poucos.

– Compreendo; não quer admitir a lei da igualdade universal!

– A lei! Ainda que todo o mundo conspirasse para reforçar a mentira, não conseguiriam fazê-la lei. Nivele todas as condições de hoje, e não fará mais que preparar o caminho para a tirania de amanhã. Uma nação que aspira à igualdade é incapaz de gozar liberdade. Em toda a criação, desde o arcanjo até o verme, desde o Olimpo até o seixo, desde o radiante planeta perfeito até a nebulosa que, através dos séculos de névoa e viscosidade, vai-se consolidando até tornar-se um mundo habitável, a primeira lei da natureza é a desigualdade.

– Doutrina dura quando se aplica aos Estados. Não desaparecerão nunca as cruéis desigualdades da vida?

– Desigualdades da vida física? Oh, esperemos que estas sim, desaparecerão. Porém, as desigualdades da vida intelectual e da vida moral, nunca! Igualdade universal de inteligência, de gênio, de virtude! Deixar o mundo sem um mestre! Sem um homem que seja mais sábio e melhor do que os outros! Se isto não fosse uma coisa impossível, *que perspectiva desesperada seria para a humanidade!* Não; enquanto existir o mundo, o sol iluminará o cume das montanhas sempre primeiro do que a planície. Difunda todos os conhecimentos que contém a Terra, hoje, entre a humanidade, para cada um ter deles porção igual à dos outros, e amanhã já haverá homens que saberão algo mais do que o resto. E isto não é uma lei dura, mas uma lei benéfica – a *verdadeira* lei do progresso; quanto mais sábios são os poucos numa geração, tanto mais sábia será a multidão na geração vindoura!

Enquanto Zanoni assim falava, iam andando pouco a pouco pelos jardins risonhos, e o sol do meio-dia brilhava na formosa baía. Uma brisa fresca e suave temperava aquela hora de calor, encrespando a água do mar; e na serenidade da atmosfera havia algo que deliciava os sentidos. A alma parecia tornar-se mais leve e mais pura nesse ar lúcido.

– E estes homens, ao começarem sua era de melhoramento e igualdade, têm zelos até do Criador! Quereriam negar uma inteligência, um Deus! – continuou Zanoni, como se falasse involuntariamente. – É possível que sendo você um artista, e contemplando o mundo, possa prestar ouvido a semelhante dogma? Entre Deus e o gênio existe um elo necessário, ao menos uma linguagem correspondente. Disse um pitagórico:* "Um bom intelecto é o coro da divindade."

Surpreendido e admirado desses sentimentos, que não esperava existirem num homem a quem ele atribuía aqueles poderes que os supersticiosos atribuem aos que pactuam com o gênio do mal, Glyndon disse:

– E contudo você confessou que a sua vida, separada da vida dos outros homens, é de uma espécie que a gente temeria compartilhar. Existe, pois, alguma relação entre a magia e a religião?

– Magia! – exclamou Zanoni. – E que é a magia? Quando o viajante contempla na Pérsia as ruínas de palácios e de templos, os ignorantes moradores daquelas regiões lhe dizem que aqueles monumentos foram a obra de magos. O vulgo não compreende que possa estar legalmente em poder de outros o que está fora do próprio poder. Se, porém, por magia você entende um perpétuo estudo e pesquisa incansável de tudo o que é mais latente e obscuro na natureza, respondo-lhe que professo essa magia, e que aquele que faz o mesmo, aproxima-se mais da fonte de toda a crença. Não sabe que se ensinava a magia nas escolas dos antigos? Entretanto, como e por quem? Como a última e a mais solene lição, pelos sacerdotes** que serviam no Templo. E você, que quer ser um pintor, não sabe que existe uma magia também na arte a que se dedica? Depois de longos estudos do Belo que tem existido, não se sente levado a novas e imaginárias combinações de uma beleza que deverá existir? Não vê que a arte mais sublime, seja a do poeta ou a do pintor, buscando sempre o *verdadeiro*, aborrece o real? Que deve tratar a natureza como o seu senhor, e não como o seu escravo? Você procura obter o domínio sobre o passado e uma concentração do futuro como o passado? Acaricia em sua imaginação os seres invisíveis? E que é a pintura, senão a arte de dar forma e realidade ao invisível? Está descontente com este mundo? Este mundo nunca foi suficiente para um gênio! Para poder existir, o gênio há de criar um outro mundo. Que mais pode fazer um mago? Ou, por outra, que ciência pode fazer outro tanto? Há dois caminhos que, das pequenas paixões e das tristes calamidades da Terra, conduzem ao céu e se

---

\* Sextus.
\*\* Assim diz Psellus de Dœmon. – (M. S.)

atastam do inferno; estes caminhos são a arte e a ciência. Mas a arte é mais divina do que a ciência, porque a ciência só descobre, ao passo que a arte cria. Você possui faculdades que podem dominar a arte; contente-se com a sua sorte. O astrônomo que forma o atlas das estrelas, não pode acrescentar um átomo ao universo; o poeta pode evocar um mundo de um átomo. O químico, que combina substâncias, pode curar com suas drogas as enfermidades do corpo humano; o pintor ou o escultor revestem de uma eterna juventude formas divinas que não serão alteradas por doenças, nem desfiguradas pelos anos. Renuncie a esses instáveis caprichos que ora o impelem para mim e ora para aquele reformador da raça humana; nós dois somos antípodas um do outro. O seu pincel é a sua varinha poderosa; a sua tela pode criar utopias mais belas do que as utopias com que sonha Condorcet. Não o aconselho que precipite a sua decisão; porém, o que mais pode pedir o homem de gênio para embelezar o seu caminho para o túmulo, do que o amor e a glória?

— Porém — objetou Glyndon, fixando seriamente Zanoni —, se há um poder para evitar a própria morte...

Zanoni franziu a testa e, depois de uma pausa, respondeu:

— E ainda que houvesse tal poder, seria uma sorte agradável sobreviver a quantos lhe foram caros, e renunciar a todos os laços que constituem a felicidade humana? A mais bela imortalidade, talvez, que se possa alcançar na Terra, é a que proporciona um nome nobre.

— Você não me responde, fala por enigmas. Tenho lido a respeito de existências que duraram muito mais tempo do que o homem comum costumava viver — continuou Glyndon —, e de alguns alquimistas que possuíram esse segredo. É uma mera fábula o que se diz do elixir de ouro?

— Se não o é, e esses homens o descobriram, então morreram porque não quiseram viver! Isto pode ser uma triste advertência à sua conjectura. Ouça-me: volte ao seu cavalete e à sua tela!

Ao dizer isto, Zanoni saudou o jovem e, com os olhos baixos e a passos lentos, encaminhou-se para a cidade.

## *Capítulo VIII*

"A ciência, para alguns, é uma grande deusa: para outros, porém, é apenas uma vaca leiteira, e esses cuidam sempre de calcular quanta manteiga lhes dará." — *Schiller.*

A última conversa com Zanoni produziu um efeito tranqüilizador e salutar sobre a mente de Glyndon.

No meio da confusão que anuviara a sua mente, começaram novamente a tomar corpo os felizes e dourados projetos próprios da juvenil ambição de um artista, para iluminar o espaço como os raios do sol. E com esses projetos mesclava-se também a visão de um amor mais puro e sereno do que o que tinha concebido até então. Seus pensamentos retrocederam aos tranqüilos dias de sua infância, quando o gênio, não tendo ainda provado da fruta proibida, permanecia em toda a sua louçania, não conhecendo outra terra além do Éden amenizado por uma Eva.

Insensivelmente, foram se desenvolvendo ante seus olhos as doces cenas do lar, sem necessidade de qualquer outra emoção do que a que lhe fornecia a sua arte e o amor de Viola, que o cercava de felicidade e contentamento; e, no meio dessas fantasias de um futuro que podia realizar, viu-se restituído ao presente pela sonora voz de Mervale.

Quem estudou a vida das pessoas cuja imaginação é mais forte do que a sua vontade, e sabem o quanto é fácil impressioná-las, terá observado a influência que sobre tais naturezas exerce um caráter enérgico e conhecedor do mundo. Isto sucedia com Glyndon. Seu amigo Mervale tinha-o tirado muitas vezes dos perigos a que o expuseram as suas imprudências; e havia algo na voz de Mervale que apagava o seu entusiasmo, e com freqüência o fazia envergonhar-se ainda mais de seus nobres impulsos do que de uma conduta fraca. Esse amigo de Glyndon, embora homem honesto, não podia simpatizar com a extravagância da generosidade, e igualmente aborrecia a presunção e a credulidade. Seguia o caminho reto da vida, e sentia um igual desprezo pelo homem que vagava pelos flancos dos montes, fosse para caçar uma borboleta, fosse para descobrir uma boa vista do oceano.

– Ainda que não seja Zanoni – disse Mervale, rindo – vou contar-lhe, Clarêncio, seus pensamentos. Conheço-os ao ver seus olhos ainda úmidos e o meio sorriso nos seus lábios. Está meditando sobre aquela linda perdição: a jovem cantora do São Carlos.

A jovem cantora de São Carlos! Glyndon corou e respondeu:

– Falaria dela assim, se fosse minha esposa?

– Não! porque se me atrevesse então a sentir algum desprezo, seria por você. Pode-se olhar com repugnância ao enganador, porém despreza-se sempre a quem se deixou enganar, apesar de ter sido advertido.

– Está seguro que eu seria enganado se efetuasse essa união? Onde encontraria uma mulher tão amável e tão inocente, e cuja virtude houvesse resistido a tanta tentação? Há a mais leve sombra que obscureça o nome puro de Viola Pisani?

– Não conheço todas as contadoras de novidades em Nápoles – volveu Mervale – e por isso não posso responder-lhe; sei, porém, que na Inglaterra ninguém acreditaria que um jovem inglês de boa fortuna e respeitável nascimento, casando-se com uma cantora do teatro de Nápoles, não tivesse caído lamentavelmente num grande engano. Quero salvá-lo de cometer uma tolice irreparável. Pensa nas mortificações que teria de sofrer ao ver que os moços se apressariam a freqüentar a sua casa, enquanto as senhoras a evitariam cuidadosamente.

– Eu posso escolher o meu próprio sistema de vida – observou Glyndon – onde não se necessita da sociedade comum para nada. Posso fazer com que o mundo me respeite por minha arte, e não pelos acidentes do nascimento e da fortuna.

– Quer dizer que persiste em sua segunda loucura... a absurda ambição de borrar telas? Livre-me o céu de eu dizer alguma coisa contra a louvável indústria de quem segue essa profissão para ganhar com ela a sua subsistência; contudo, o meu caro Glyndon, que tem meios e altas relações na sociedade, por que quer reduzir-se a um mero artista? Para distrair as horas de ócio, ainda vá; porém, fazer da pintura a ocupação da sua existência, seria uma loucura!

– Os artistas têm sido amigos dos príncipes! – exclamou Glyndon.

– Muitas raras vezes, creio eu, na sóbria Inglaterra – retrucou Mervale. – Ali, no grande centro da aristocracia política, os homens respeitam o que é prático, e não o ideal. Permita-me que lhe apresente dois quadros pintados por mim. Eis o primeiro: Clarêncio Glyndon regressa à Inglaterra; casa-se com uma jovem de fortuna igual à sua, filha de amigos ou de parentes que possam realizar a sua natural ambição. Clarêncio Glyndon, transformado assim num homem rico e respeitável, com o seu talento e com as suas energias concentradas, entra na vida prática. Tem uma casa onde pode receber as pessoas cujas relações lhe dão honra e vantagens; pode dedicar-se a úteis estudos nas horas que lhe sobram; a sua reputação, fundada sobre uma base sólida, é respeitada por todos. Ele adere a um partido; entra na vida política, e as suas novas relações servem para ele alcançar tudo o que almeja. Que é o que Glyndon tem a probabilidade de ser na idade de quarenta e cinco anos? Posto que ambicioso, deixo a você o cuidado de responder a esta pergunta! Vamos, agora, ao outro quadro: Clarêncio Glyndon volta à Inglaterra com uma mulher que não lhe traz dinheiro algum, a não ser que a deixe continuar a cantar no teatro; essa mulher é tão formosa, que todos perguntam quem ela é e, em pouco tempo, sabem que é a célebre cantora Viola Pisani. Glyndon se fecha para moer as tintas e pintar grandes quadros no estilo da escola histórica, que ninguém lhe compra. Tem um preconceito contra si: não estudou na Academia, é um pintor amador. Quem é o senhor Clarêncio Glyndon? Oh! o esposo da célebre Pisani! Que mais? Ah! exibe aqueles grandes quadros! Pobre homem! É verdade que esses quadros têm o seu valor; porém os de Tiniers e Watteau estão mais em moda, e não são mais caros. Clarêncio Glyndon tinha uma fortuna regular, enquanto solteiro; mas agora tem uma numerosa família, e como a sua fortuna não melhorou com o casamento, só pode permitir-se despesas muito limitadas e há de impor-se certas privações. Ele se retira para o campo, para precaver-se da necessidade e para pintar; vive abandonado e descontente. "O mundo não faz caso de mim", diz, e retira-se do mundo social. Na idade de quarenta e cinco anos, o que será Clarêncio Glyndon? A sua ambição que responda também a esta pergunta!

– Se todos os homens pensassem assim tão mundanamente – disse Glyndon, levantando-se –, não teria havido, nem nunca haveria no mundo um artista ou um poeta.

– E talvez passássemos muito bem sem eles – respondeu Mervale. – Mas ... não será já tempo de pensarmos na comida? Estes peixes aqui são muito saborosos!

## Capítulo IX

*"Wollt ihr hoch auf ihren Flügen schweben,*
*Werft die Angst des Irdischen von euch!*
*Fliehet aus dem engen, dumpfen Leben*
*In des Ideales Reich!"*
           *Das Ideal und das Leben.*

["Quer levantar-se alto em suas asas? Atire longe de você a ânsia do peso terrestre! Fugindo da vida estreita e abafada das realidades, entre no reino do Ideal."]

Assim como alguns mestres pouco judiciosos rebaixam e corrompem o gosto do discípulo, fixando a sua atenção no que chamam o Natural, mas o que, na realidade, não é mais do que uma vulgaridade, e não compreendem que a beleza na arte é criada pelo que Rafael descreve tão acertadamente, a saber: *a idéia da beleza na própria mente do pintor*, e porque não sabem que em toda a arte, seja a sua plástica expressão feita em palavras ou em mármore, em cores ou em sons, a servil imitação da natureza é o trabalho dos jornaleiros e dos aprendizes – assim, no que se refere à conduta, o homem do mundo perverte e rebaixa o nobre entusiasmo das naturezas idealistas, pela contínua redução de tudo o que é generoso e digno de confiança, ao trivial e grosseiro. Um grande poeta alemão definiu bem a distinção que há entre a discrição e a sabedoria mais larga, dizendo que nesta há certa temeridade que aquela desdenha. "O míope vê apenas a costa que se afasta, e não aquilo a que a ousada onda o transporta."

Entretanto, na lógica do homem prudente e homem do mundo encontra-se freqüentemente um raciocínio a que é difícil opor uma objeção.

Há de ter um sentimento – uma fé em coisas que representam o sacrifício de si próprio a algo divino, seja em religião ou em arte, em glória ou em amor; e se não tem a fé firme, o sentido comum lhe apresentará uma razão que tira ao sacrifício todo o valor, e um silogismo reduzirá o divino a um objeto mercantil.

Todos os verdadeiros críticos de obras de arte, desde Artistóteles e Plínio, Winkelmann e Vasari, até Reinolds e Fuseli, se esforçaram por convencer o pintor que não deve copiar a natureza, porém exaltá-la; que a arte de ordem mais elevada, escolhendo só as mais sublimes combinações, é perpétua luta da humanidade para aproximar-se dos deuses. O grande pintor, da mesma forma que o grande autor, incorpora o que é possível ao homem, é verdade, porém o que não é comum à humanidade. Há verdade em Hamlet; em Macbeth e suas feiticeiras; em Desdêmona; em Otelo; em Próspero e em Caliban; há verdade nos cartões de Rafael; há verdade no Apolo, no Antinous e no Lacoonte. No entanto, não encontrará o original das palavras, dos cartões ou do mármore, nem na rua de Oxford, nem na de Santiago. Tornando a Rafael, todas estas são produções da idéia da mente do artista. Essa idéia não é inata; proveio de um intenso estudo; porém, esse estudo ocupou-se do ideal que pode ser dirigido do positivo e do existente a um elevado grau de grandeza e beleza. O mais vulgar modelo pode tornar-se cheio de esquisitas sugestões a quem tem formado essa idéia, uma Vênus de carne e osso baixaria à vulgaridade pela imitação de quem não tem a noção do ideal que ela representa.

Guido, a quem se perguntou de onde tirava os seus modelos, chamou um simples porteiro e fez ver que de um rústico original obtinha uma cabeça de beleza surpreendente. Aquela cabeça assemelhava-se à do porteiro; contudo, o pincel do pintor a idealizou, transformando-a numa cabeça de herói. Aquela pintura era verdadeira, mas não era o retrato real ou realista. Há críticos que lhes dirão que o Aldeão de Teniers é mais fiel à natureza do que o Porteiro de Guido. O público vulgar dificilmente compreende, mesmo na arte, o princípio idealizador, porque a arte sublime é um gosto adquirido.

Porém, volvamos à minha comparação. Ainda menos do que o princípio idealizador, compreende-se o princípio de benevolência na conduta do homem. Assim os conselhos da prudência mundana desviam tão freqüentemente dos perigos da virtude, como dos castigos do vício; porém, na conduta, como na arte, existe uma idéia do grande, do sublime, por meio da qual os homens poderiam engrandecer as ações mais vulgares e triviais da vida.

Glyndon, sentindo a sóbria prudência dos raciocínios de Mervale, recuou diante do quadro provável apresentado à sua vista interna, em sua devoção ao talento artístico que possuía, e para não ceder a uma forte paixão que, se fosse bem dirigida, poderia purificar a sua existência como um forte vento purifica o ar.

Todavia, embora não pudesse resolver-se a seguir os conselhos do seu prudente amigo, também não teve a coragem de deixar de perseguir Viola. Temendo que os conselhos de Zanoni exercessem uma influência demasiado grande no seu coração, evitava nos últimos dois dias a entrevista com a jovem atriz. Mas essa precaução não impediu que, na noite da sua última conversa com Zanoni e com Mervale, tivesse uns sonhos tão distintos do quadro que lhe descrevera o seu amigo e compatriota, e tão semelhantes ao que a respeito do seu futuro lhe havia predito Zanoni, que pensaria talvez que este lhe tinha sido enviado do palácio dos sonhos para acalmar os pensamentos que o atormentavam.

Um tanto impressionado, resolveu ir ver outra vez Viola e, sem um objetivo definido ou distinto, cedeu ao impulso do coração.

## Capítulo X

*"Oh sollecito dubbio e freda tema*
*Che pensando l'accresci."*
Tasso, canzone VI.

["Oh, solícita dúvida e frio medo, que aumenta ao pensar!"]

A jovem atriz estava sentada diante da porta de sua casa. O mar, na encantadora baía que tinha diante dos olhos, parecia dormir nos braços da praia, enquanto à sua direita, não muito distantes, elevavam-se as negras e amontoadas rochas de onde o viajante de hoje vai contemplar a tumba de Virgílio, ou comparar com a caverna de Posillipo a catacumba de Highgate Hill.

Alguns pescadores vagavam por aqueles rochedos, sobre os quais haviam posto a secar as suas redes; e lá ao longe, de vez em quando, o som de alguma flauta (mais comuns então do que agora), se mesclava ao ruído das campainhas das mulas preguiçosas, vindo interromper aquele voluptuoso silêncio que reina nas praias de Nápoles pelas horas do meio-dia. Nunca, enquanto não o tiver desfrutado, nunca, enquanto não houver sentido a sua deliciosa languidez, poderá você compreender toda a significação do *dolce far niente* (isto é, o prazer de não fazer nada); e uma vez conhecido esse suave estado, quando tiver respirado a atmosfera daquela linda terra, não se admirará mais que o coração amadureça e frutifique tão abundantemente debaixo do firmamento rosado e sob os gloriosos raios solares do Sul.

Os olhos da atriz haviam-se fixado no vasto profundo mar azulado que se estendia diante dela. O desusado descuido do seu traje revelava um estado de abstração. Os lindos cabelos estavam enrolados sem arte, e parcialmente atados com um lenço cuja cor de púrpura fazia ressaltar mais o brilho dos seus caracóis. Um anel das soberbas madeixas, que se desprendera inadvertidamente, caía-lhe sobre o colo gracioso. Trajava uma bata ampla ajustada ao talhe por um cinto, e o ligeiro sopro da brisa, que o mar enviava de vez em quando, vinha expirar no seu peito semidescoberto; e as minúsculas chinelas, que até Cinderela poderia calçar, pareciam um mundo demasiadamente espaçoso para o delicado pé que só em parte cobria. Talvez fosse o calor do dia que houvesse aumentado a cor rosada das sua faces, e dava uma extraordinária languidez aos seus grandes olhos negros. Nunca Viola, com toda a pompa do seu traje teatral e com todo o brilho que ao seu semblante comunicava o resplendor das lâmpadas, havia parecido tão formosa.

Ao lado da atriz, no umbral da porta, estava Gianetta, com as mãos metidas nas enormes algibeiras do avental.

— Mas eu lhe asseguro — disse a aia, naquele tom agudo, rápido e pouco melodioso que é tão comum às anciãs do Sul — eu lhe asseguro, minha querida, que não há, em toda Nápoles, um cavalheiro mais fino, elegante e belo do que esse inglês; e ouvi dizer que todos os ingleses são mais ricos do que parecem. Embora eles não tenham árvores no seu país (pobre gente!), fui informada que os seus cavalos têm ferraduras de ouro; e como esses senhores ingleses (pobre heréticos!) não podem fazer vinho, porque não têm uvas, preparam remédios de ouro e tomam um copo ou dois de dinheiro de ouro quando se sentem atacados de cólicas. Porém, vejo que não me escuta, minha queridinha, e então?...

— Todas estas coisas se dizem de Zanoni! — disse Viola, como a si mesma, sem fazer caso dos elogios que Gianetta tributava a Glyndon e aos ingleses.

— Virgem Maria! Não fale desse terrível Zanoni. Pode estar bem certa de que a sua formosura, como também as suas bonitas moedas de ouro, tudo é bruxaria. Cada quarto de hora vou olhar o dinheiro que ele me deu noutra noite, para ver se se converteu em pedra.

— Crê realmente — perguntou Viola, com tímida seriedade — que existe a bruxaria?

– Se o creio! Creio-o, como creio no bendito São Januário. Como pensa que Zanoni curou o velho Felipe, o pescador, quando o médico o deixou porque não havia remédio para a sua doença? Como pôde ele ter conseguido viver pelo menos trezentos anos? E como pensa que ele fascina aos que olha e faz com que se submetam à sua vontade, tal qual os vampiros?

– Ah! É bruxaria tudo isso? Sim, deve sê-lo! – murmurou Viola, empalidecendo.

A própria Gianetta não era mais supersticiosa do que a filha do músico; assim é que a inocência da jovem se alarmou ao sentir os efeitos de uma paixão original, atribuindo à magia o que outros corações mais experimentados teriam tido por amor...

– E depois, como é que esse grande príncipe de ... ficou aterrorizado diante dele? Por que deixou de nos perseguir? Por que ficou tão tranqüilo e quieto? Não há, em tudo isto, bruxaria? – continuou Gianetta.

– Pensa, pois – disse Viola, com certa timidez –, que devo esta felicidade e segurança à sua proteção? Ah! deixe que eu assim o creia! Não me diga mais nada, Gianetta! Porque, ó lindo sol, não tenho senão a você e aos meus terrores para consultar! – exclamou a jovem, pondo a mão sobre o coração, com apaixonado ardor. – Oh! querido sol, que ilumina tudo, menos este lugar. Vá, Gianetta! Deixe-me só, quero ficar só; deixe-me!

– E com efeito, já é hora que a deixe pois, do contrário, perderíamos a *polenta*, e você não provou nada em todo o dia. Se não come, minha querida, perderá a beleza e ninguém a olhará. Ninguém se importa com as mulheres feias, eu o sei; e se ficar feia, como a velha Gianetta, haverá de procurar alguma Viola, para ter consigo uma criatura bonita. Agora vou ver a *polenta*.

– Desde que conheci esse homem – disse a jovem a meia voz – desde que os seus negros olhos me fitaram senti-me totalmente transformada. Desejaria fugir de mim mesma, desaparecer como os raios do sol atrás do horizonte, converter-me em alguma coisa que não seja deste mundo. De noite, uma multidão de fantasmas cruza por diante dos meus olhos, enquanto sinto no coração uma agitação como se fossem as asas de uma ave, quase como se o meu espírito aterrorizado quisesse fugir de sua prisão.

E enquanto a atriz pronunciava essas incoerentes palavras, um homem aproximou-se dela, sem ser pressentido, e tocando-lhe levemente no braço, disse:

– Viola! Belíssima Viola!

A jovem voltou a cabeça e viu Glyndon. A presença do elegante rapaz tranqüilizou-a um pouco, dando-lhe mesmo prazer.

– Viola – disse o inglês, tomando-lhe a mão e fazendo-a sentar-se outra vez no banco do qual se tinha levantado –, é preciso que me escute. Deve ter percebido já que a amo. Não foi mera compaixão ou admiração o que me impeliu sempre e sempre para o seu lado. Se até aqui não tenho falado senão com os olhos, é porque certas razões mo impediram; hoje, nem sei dizer por que, sinto-me com mais coragem para dirigir-me àquela de quem depende a minha felicidade ou a minha desgraça. Sei que tenho rivais, rivais que são mais poderosos do que o pobre artista; serão eles também mais ditosos do que eu?

Viola corou levemente; porém, o seu aspecto era grave e um tanto abatido. A jovem permanecia com os olhos baixos e, enquanto traçava com a ponta da chinela algumas figuras hieroglíficas na areia, respondeu:

– Senhor, quem quer que ponha seus pensamentos numa atriz, há de conformar-se em ter rivais. É o nosso cruel destino não sermos sagradas nem a nós mesmas.

– Mas, diga-me, Viola, não gosta desta carreira tão brilhante como é e na qual tem alcançado tantos e tão belos triunfos?

– Ah, não! – respondeu a atriz, com os olhos marejados de lágrimas. – Em outro tempo, sonhei em ser sacerdotisa do canto e da música; agora só sinto que é uma triste sorte ser escrava da multidão.

– Fujamos, pois – disse o artista, apaixonadamente –, abandone para sempre a carreira que me rouba parte desse coração que eu somente quereria possuir. Compartilhe da minha sorte agora e sempre. Será o meu orgulho, a minha delícia, o meu ideal. Inspirará o meu pincel; a sua beleza será santa e admirada ao mesmo tempo. A multidão se aglomerará nas galerias de príncipes para contemplar a efígie de uma Vênus ou de uma santa, e um murmúrio de entusiasmo dirá: "É Viola Pisani!" Ah! Viola, eu a adoro! Diga-me uma palavra, uma só, de esperança.

– Glyndon – redargüiu Viola, contemplando o seu apaixonado, enquanto este se aproximava ainda mais e a olhava ansioso, ao mesmo tempo que lhe apertava suavemente a mão, o que é que eu posso dar-lhe em troca?

– Amor, amor... nada mais que amor!

– Um amor de irmã?

– Ah! Por que é tão cruel para mim?

– Não posso amá-lo de outra maneira – respondeu a jovem. – Escute-me, peço-lhe. Quando o vejo e ouço a sua voz, sinto que uma calma doce e tranqüila adormece os meus pensamentos ardentes e estranhos. Quando se ausenta, meu amigo, parece-me que uma nuvem obscurece o dia, porém essa nuvem não tarda a desaparecer. Não quero enganá-lo; não sinto a sua falta, não o amo, e darei a minha mão somente a quem eu amar.

– Mas não poderá vir a me amar um dia? O amor que acaba de descrever, em nossos climas tranqüilos, é o amor da inocência e da juventude.

– Da inocência! – repetiu Viola. – É certo? Talvez...

A jovem quedou-se pensativa um instante e acrescentou, após um grande esforço:

– Estrangeiro! Daria a sua mão a uma órfã? Ah, o senhor ao menos é generoso! Não quer destruir a inocência!

Glyndon teve um sobressalto, como se fosse impelido por um remorso da consciência.

– Não, não é possível! – prosseguiu a jovem, levantando-se, sem suspeitar dos pensamentos que cruzavam a mente do enamorado mancebo, pensamentos de vergonha e de suspeita ao mesmo tempo.

– Peço-lhe que se retire e que me esqueça. O senhor não compreende nem pode compreender a natureza e o caráter da mulher que julga amar. Desde a minha infância até agora, tenho sentido sempre como se estivesse destinada para não sei que fim estranho e sobrenatural; parece-me que sou o único ser da minha espécie. Este sentimento (oh! às vezes ele tem um não sei quê de delicioso e vago, e outras vezes transforma-se numa aflição inexplicável) domina-me cada vez mais. Ele é como a sombra do crepúsculo, que se estende lenta e solenemente sobre a terra, anunciando a noite. A minha hora se aproxima; em breve será noite para mim!

Enquanto a jovem atriz falava, Glyndon escutava, visivelmente comovido, como se fosse preso de uma forte agitação.

– Viola! – exclamou ele, quando a jovem cessou de falar. – Essas palavras não fazem mais do que estreitar os laços que me ligam a você. Eu sinto o mesmo que acaba de descrever. Também tenho sofrido a influência de uma voz terrível e misteriosa, que não pertence à Terra. No meio das multidões, tenho-me sentido só. Nos meus prazeres, nas minhas aflições, em todos os meus intentos, essa voz murmura sempre a meu ouvido: "O tempo lhe reserva um negro mistério para provar a sua coragem." Quando ouço a sua voz, Viola, parece-me ouvir o eco da minha própria alma.

Viola contemplou-o com uma espécie de temor mesclado de admiração. O semblante da jovem estava, nesse momento, branco como o mármore; e aquelas feições, tão divinas em sua rara simetria, podiam ter servido ao pintor grego para representar a Pitonisa, quando, em sua mística caverna e sentada junto à fonte murmurante, ouvia a voz do deus que a inspirava. A rigidez do seu formoso semblante foi desaparecendo pouco a pouco, a cor volveu-lhe às faces, o pulso batia novamente com regularidade e o coração se reanimou.

– Diga-me – perguntou Viola, voltando um pouco a cabeça –, conhece um estrangeiro nesta cidade, um homem do qual se contam mil estranhas histórias?

– Fala de Zanoni? Sim, tenho-o visto; conheço-o... Ah! ele também pode ser meu rival! Ele também pode arrebatar o meu amor!

– Engana-se – respondeu Viola, com precipitação, exalando um profundo suspiro –, Zanoni advoga pelo meu caro Glyndon; foi ele quem me informou deste seu amor, e aconselhou-me que eu... não o rejeitasse.

– Ser misterioso! Enigma incompreensível! Por que me fala dele? – exclamou Glyndon.

– Por quê? Ah! Eu queria perguntar-lhe se quando viu esse homem pela primeira vez, aquele pressentimento, o instinto de que me falou apresentou-se em sua mente mais aterrador, mais inteligível do que antes; se experimentou um sentimento que o arrastava para esse homem, ao mesmo tempo que outra coisa o mandava fugir da sua presença; se sentiu (e a atriz falava com inquieta animação) que o segredo da sua vida estava relacionado com ele?

– Sim – respondeu Glyndon, com voz trêmula –, senti tudo isso na primeira vez em que me vi na sua presença. Apesar de ser alegre tudo o que me rodeava... música, iluminação entre as árvores, conversa agradável junto de mim, e o céu, acima de mim, sem nuvens..., os meus joelhos tremiam, os meus cabelos se eriçavam, e parecia-me que o sangue se gelava em minhas veias. Desde então, esse homem está constantemente no meu pensamento.

– Basta! basta! – exclamou Viola, com voz agitada. – Em tudo isso há de estar a mão do destino. Por enquanto, não posso falar mais com você. Adeus!

E, ao dizer isso, entrou precipitadamente em casa e fechou a porta.

Glyndon não a seguiu, nem pensou, por mais estranho que o julguemos, em segui-la. A recordação daquela noite de luar nos jardins e da misteriosa conversa de Zanoni, sufocaram em seu coração as paixões humanas. Naquele momento, a imagem de Viola passou como uma sombra ao mais recôndito recesso do seu coração. Quando se levantou para se retirar sentiu que tinha frio, apesar dos ardentes raios de sol e, em seguida, com passo lento e entregue à meditação, encaminhou-se para a parte mais movimentada da mais rumorosa das cidades italianas.

# LIVRO TERCEIRO

## TEURGIA

### Capítulo I

*"But that which especially distinguishes the brotherhood is their marvellous knowledge of all resources of medical art. They work not by charms, but simples."* – M.S. *Account of the Origin and Atribute of the true Rosicrucians*, de J. Von D.

["Porém, o que especialmente distingue a irmandade, é que os seus membros têm um maravilhoso conhecimento de todos os recursos da arte médica. Eles não agem por meio de encantos, mas por meio de remédios." – *Manuscrito que trata da origem e dos atributos dos verdadeiros rosa-cruzes*, de J. Vond D.]

Naquele tempo, apresentou-se a Viola a oportunidade de pagar ao único amigo de seu inolvidável pai o favor que lhe fizera quando, ao vê-la só e desamparada, lhe ofereceu um asilo no seio de sua família. O velho Bernardi tinha três filhos que se haviam dedicado à profissão de seu pai e todos os três tinham abandonado Nápoles havia pouco tempo, para buscar fortuna em cidades mais ricas do norte da Europa, onde a música não possuía tantos virtuosos. Não ficara em casa de Bernardi senão a sua velha mulher e uma linda e gárrula menina de olhos pretos, de oito anos, filha do seu segundo filho, cuja mãe morrera ao dá-la à luz. Essa menina era a alegria dos dois velhos. Um mês antes da data em que começa esta parte da nossa história, um ataque de paralisia impedira a Bernardi o desempenho dos deveres da sua profissão. Esse homem tinha sido sempre um companheiro sociável, bondoso, impróvido e generoso, gastando diariamente o que ganhava, como se a velhice e as enfermidades não devessem nunca chegar. Embora recebesse um pequeno salário por seus serviços passados, este era tão insignificante que não bastava para cobrir as suas necessidades; além disso, tinha também dívidas.

A pobreza reinava em sua casa, quando Viola, com um sorriso gracioso e com mão liberal, foi lá afugentar o espectro da miséria. Para um coração verdadeiramente bondoso, não é suficiente que envie e dê; a caridade é mais bela quando visita e consola.

"Não esqueça o amigo de seu pai." Assim, quase todos os dias, o radiante ídolo de Nápoles ia à casa de Bernardi.

De repente, uma nova aflição, mais grave do que a pobreza e a paralisia, contristou o velho músico. Sua neta, a pequena Beatriz, adoeceu perigosamente, atacada de uma dessas terríveis febres, tão comuns nos países meridionais; e Viola abandonou suas estranhas e tétricas meditações e seus sonhos de amor, para ir velar à cabeceira da pequena enferma.

Essa criança amava muito a Viola, e os avós pensaram que bastaria a presença desta para restituir a saúde à enferma; porém, quando Viola chegou, Beatriz não dava acordo de si. Felizmente, naquela noite não havia função no São Carlos, e a jovem atriz resolveu passar a noite cuidando da menina.

Altas horas, o estado da criança piorou; o médico (a arte de curar nunca foi muito adiantada em Nápoles) meneou a sua polvilhada cabeça, administrou-lhe um paliativo qualquer e retirou-se. O velho Bernardi foi sentar-se ao lado de sua neta, silencioso e acabrunhado; era o único laço que o ligava à vida. Se se romper a âncora, o navio irá a pique!

Essa resolução, pesada como ferro, era muito mais terrível do que a tristeza de ver doente a criança querida.

Um dos espetáculos mais aflitivos que podem oferecer as calamidades da vida é um ancião, com um pé na sepultura, velando junto ao leito de uma criança moribunda. A avozinha parecia mais ativa e mais esperançosa; acudia a tudo, embora com lágrimas nos olhos. Viola pôs-se a cuidar dos três. Ao amanhecer, porém, o estado de Beatriz começou a ser tão alarmante que Viola sentiu desvanecer-se toda a esperança.

Foi quando a jovem viu que a anciã, levantando-se de repente de diante da imagem do santo onde estivera ajoelhada, envolveu-se em sua capa e touca, e saiu em silêncio do quarto.

Viola seguiu-a apressadamente.

– O tempo está demasiado frio para sair, querida mãe – disse a jovem. – Permita que eu mesma vá buscar o médico.

– Filha minha, não vou à casa do médico. Ouvi falar que, na cidade, há um homem muito caridoso com os pobres, e que curou muitos doentes que médicos haviam declarado incuráveis. Irei vê-lo e dir-lhe-ei: "Senhor, somos muito pobres, porém ontem éramos muito ricos em amor. Estamos à borda do túmulo, porém vivíamos da vida da nossa neta. Dê-nos a nossa riqueza, dê-nos a nossa juventude. Faça com que possamos morrer dando graças a Deus por ter deixado sobreviver a criatura que adoramos." E tenho esperança que não suplicarei em vão.

A boa anciã foi. Por que bate mais forte o seu coração, Viola? Um grito agudo de dor, que a menina soltou, chamou a atriz ao lado da cama, onde o ancião permanecia ainda, com os olhos aterrorizados fitos na criança e, ignorando que sua mulher saíra à procura da salvação, assistia horrorizado aos movimentos de agonia do anjinho. Os ais arrancados pela dor foram se reduzindo gradualmente a um gemido sufocado, as convulsões tornaram-se mais débeis, porém mais freqüentes; o ardor violento da febre converteu-se num matiz azul-pálido, indício da morte que se aproximava.

A claridade do dia começava a iluminar o quarto, quando se ouviram passos precipitados na escada. A anciã entrou correndo; deitou um olhar à doentinha e exclamou:

– Vive ainda, senhor, ela vive ainda!

Viola, que tinha a cabeça da menina apoiada no seu peito, levantou os olhos e viu Zanoni. Ele sorriu, dirigindo-lhe um suave e terno olhar de aprovação, e tomou a criança em seus braços. No momento em que viu a cabeça de Zanoni inclinar-se silenciosamente sobre o pálido semblante da menina, um medo supersticioso foi mesclar-se, na mente de Viola, às suas esperanças. Curava esse homem por meios lícitos, por uma arte santa? Essas perguntas, que a jovem atriz se fazia interiormente, cessaram de súbito, porque os olhos de Zanoni pareciam ler em sua alma, e o seu olhar acusava-a da suspeita que a sua consciência repreendia com certo desdém.

– Tranqüilize-se – disse Zanoni, dirigindo-se afavelmente ao ancião –; o perigo pode ainda desaparecer ante os recursos da ciência humana.

E, tirando do bolso um pequeno frasquinho de cristal, pingou algumas gotas do seu conteúdo num copo d'água. Apenas esse remédio umedeceu os lábios da menina, pareceu produzir um efeito maravilhoso. A cor reapareceu, em seguida, nos seus lábios e faces, e um sono tranqüilo sucedeu à sua agitação. Um instante depois, o ancião se levantou rigidamente, como pode se levantar um corpo quase sem vida – baixou os olhos, escutou e, dirigindo-se lentamente a um canto do quarto, chorou e deu graças a Deus!

O velho Bernardi havia sido, até esse momento, um crente frio; a aflição não lhe havia deixado nunca antes erguer a cabeça acima da terra. Apesar da sua idade, nunca havia pensado na morte, como deve fazê-lo uma pessoa velha; o perigo de sua neta veio despertar a sua alma, que jazia num letargo de indiferença. Zanoni disse algumas palavras em voz baixa à anciã, e esta levou seu esposo, com toda a solicitude, para fora do quarto.

– Permita-me, Viola, que eu fique uma hora com a criança? Ou pensa ainda que os meus conhecimentos são de origem diabólica?

– Ah! – exclamou Viola, humilhada e feliz ao mesmo tempo. – Perdoe-me, senhor, perdoe-me! Restituiu a vida à menina e fez o ancião rezar. Nunca mais tornarei a suspeitar do senhor, ainda que por pensamentos!

Antes do nascer do sol, Beatriz estava fora de perigo; e ao meio-dia, pôde Zanoni esquivar-se aos agradecimentos do casal de anciãos, que o abençoavam; e quando fechava a porta da casa, encontrou Viola que o aguardava.

A jovem permaneceu por alguns instantes diante dele, com ar tímido e com os braços graciosamente cruzados sobre o peito, enquanto de seus olhos, que não se atrevia a levantar, caíam abundantes lágrimas.

– Que não seja eu a única a quem deixa desconsolada! – murmurou.

– Que efeito quer que produzam em você as ervas e os anódinos? – falou Zanoni. – Se pode com tanta facilidade pensar mal dos que a auxiliam e ainda estão prontos a servi-la, a sua enfermidade é do coração; e ... não chore! Sendo eu um assistente dos enfermos e consolador dos tristes, antes aprovo a sua atitude, em vez de a censurar. Eu a perdôo. A vida, que sempre necessita de perdão, tem, por seu primeiro dever, perdoar.

– Não, não me perdoe ainda; não o mereço, pois ainda neste instante, enquanto sinto quão ingrata tenho sido em crer e em suspeitar de coisas injuriosas e falsas contra o meu libertador, as minhas lágrimas caem de prazer, e não arrancadas pelo remorso. Oh! – prosseguiu a jovem, com singelo fervor, inconsciente em sua inocência e em suas generosas emoções –; você não pode saber como me era amargo acreditá-lo não melhor, não mais puro, não mais santo do que todos os outros homens. E quando o vi, sendo rico e nobre, vir do seu palácio para socorrer os infelizes que sofriam na cabana, quando ouvi as bênçãos dos pobres seguirem os seus passos ao sair desta casa, à qual restituiu a felicidade, senti que a minha alma se exaltava também – boa por sua bondade, nobre ao menos naqueles pensamentos que não a injuriavam.

– E pensa, Viola, que num mero ato de ciência há tanta virtude? O mais vulgar dos médicos visita os enfermos, recebendo os seus honorários. São as orações e as bênçãos uma recompensa menos digna do que o ouro?

– As minhas, pois, não são sem valor? Quer aceitá-las?

– Ah! Viola! – exclamou Zanoni, com uma repentina paixão que o fez corar. – Você, penso, é a única, em toda a Terra, que pode me fazer sofrer ou me alegrar.

Zanoni, tendo dito estas palavras, calou-se por instantes, e o seu semblante tornou-se novamente grave e triste.

– E isso – prosseguiu com voz alterada – porque, se quisesse ouvir os meus conselhos, parece-me que eu poderia guiar o seu coração puro a um destino feliz.

– Seus conselhos! Estou disposta a segui-los! Ordene e eu obedeço! Quando está ausente, sou como uma criança que se assusta de toda a sombra na escuridão; em sua presença, a minha alma se expande, e todo o mundo me parece estar cheio de calma celestial de um meio-dia de verão. Não me negue essa presença. Sou órfã ignorante e só!

Zanoni volveu a cabeça para ocultar a emoção, e depois de um momento de silêncio respondeu tranqüilamente:

– Seja assim, minha irmã; eu a visitarei outra vez!

## *Capítulo II*

*"Gilding pale streams with heavenly alchemy."*
Shakespeare.

["Douradas, pálidas correntes com alquimia celestial."]

Quem é tão feliz como Viola, agora? Parecia que lhe haviam arrancado um enorme peso do coração. Quando tornou à casa, seu passo era ligeiro e airoso: tinha desejos de cantar, tanta era a sua alegria. Para quem ama com o coração puro, pode haver maior felicidade do que crer na superioridade e no sublime valor da pessoa amada? Podiam existir, entre os dois, alguns obstáculos humanos – como a riqueza, a posição social, o pequeno mundo dos homens –, porém não existia mais aquele negro abismo, em que se perde a imaginação, que separa para sempre uma alma da outra.

Zanoni não correspondia ao amor da jovem. Amá-la! Mas pedia Viola amor? Amava ela mesma, realmente? Não; se o tivesse amado, não teria sido tão humilde e tão ousada ao mesmo tempo. Como lhe parecia radiante o aspecto do mais vulgar transeunte!

Ao entrar no jardim, Viola olhou a árvore da rocha que estendia vigorosamente os seus ramos fantásticos ao sol.

– Sim, minha irmã! – disse-lhe a jovem, rindo de prazer. – Como você, eu tenho lutado pela luz!

Nunca, até então, como sucede com as instruídas filhas do Norte, Viola tinha provado esse delicioso prazer de passar os pensamentos para o papel, escrevendo as suas memórias. Agora, de repente, o seu coração sentiu um impulso; um instinto recém-vindo, que lhe inspirou o desejo de olhar no mais recôndito do coração como através de um cristal. Esse instinto era o fruto do abraço do Amor e da Alma – de Eros e de Psiquê: era o Gênio! Enquanto Viola escrevia, suspirava, corava e estremecia. E do novo mundo que acabava de criar para si, teve que transladar-se para o teatro. Como lhe parecia insulsa, agora, a música, e sem atrativos a cena, que outrora achava tão deliciosas e deslumbrantes! Ó teatro: és o País das Fadas para as pessoas que amam a glória do mundo! Tu, porém, Imaginação, cuja música não é percebida pelos homens, e cujas decorações não podem ser mudadas pela mão dos mortais como o teatro representa ao mundo no tempo presente. Tu és o futuro e o passado!

## Capítulo III

*"In faith, I do not love thee with mine eyes."*
Shakespeare.

["Por minha fé, eu não te amo com os meus olhos."]

No dia seguinte, ao meio-dia, Zanoni foi ver Viola; e seguiu visitando-a freqüentemente; e esses dias pareceram à jovem uma época especial, separada do resto de sua vida.

Todavia Zanoni não lhe falou nunca na linguagem de lisonja ou de adoração que estava acostumada a ouvir. Talvez mesmo a frieza desse homem, que era, contudo, tão afável, aumentava-lhe o encanto. Ele lhe falava com freqüência do passado dela, e Viola apenas se surpreendia (agora nunca mais lhe vinha o pensamento de terror) ao ver quantos pormenores de sua vida eram conhecidos de Zanoni.

Ele fazia muitas perguntas e observações a Viola a respeito do seu inesquecível pai e gostava de ouvi-la cantar algumas daquelas tempestuosas árias da esquisita música de Pisani, cujos sons pareciam extasiá-lo e fazê-lo cair numa espécie de doce abstração.

– A ciência para os sábios – dizia Zanoni – é talvez o mesmo que era a música para o seu pai. Sua imaginação necessitava de um campo muito vasto; tudo estava discorde com as finas simpatias que ele sentia, com as harmonias que, dia e noite, elevavam a sua alma ao trono do céu. A vida, com suas ruidosas ambições e suas paixões rasteiras, é tão pobre e de tão baixo nível! Pisani sabia criar, da própria alma, a vida, e o mundo que sua alma necessitava. Viola, você é a filha dessa vida, e será, portanto, habitante desse mundo.

Em suas primeiras visitas, Zanoni nunca falou de Glyndon; porém, veio o dia em que a ele se referiu. E era tão grande o domínio que esse homem chegou a exercer sobre o coração da jovem que, apesar desse assunto desgostá-la sensivelmente, refreou o sentimento e escutou em silêncio.

– Prometeu-me – disse Zanoni – que seguiria os meus conselhos; pois bem, se eu agora, Viola, lhe disser que a aconselho a aceitar a mão desse estrangeiro e partilhar com ele a sorte, e se ele lhe propuser, não se recusará a dar-lhe a mão?

Viola reprimiu as lágrimas que lhe invadiam os olhos e, depois de um instante, com um estranho prazer mesclado de dor – com o prazer de quem sacrifica o coração a outrem que esse coração domina –, respondeu com voz desfalecida:

– Se é capaz de mandá-lo, então...

– Fale – disse Zanoni.

– Disponha de mim como lhe agrada – respondeu a jovem com infinita tristeza.

– Viola – disse Zanoni, com voz trêmula –, o perigo que não estará agora em minha mão evitar, aproxima-se mais a cada hora, se permanecer mais tempo em Nápoles. Dentro de três dias, a sua sorte deverá estar decidida. Aceito a sua promessa. Antes da última hora desse terceiro dia, suceda o que suceder, tornarei a vê-la aqui, em sua casa. Até então, adeus!

## Capítulo IV

*"Between two worlds life hovers like a star*
*Twixt night and morn."*
          Byron.

["Entre dois mundos balança-se a vida, como uma estrela entre a noite e a manhã."]

Quando Glyndon se separou de Viola, na disposição que vimos no final da segunda parte desta obra, submergiu-se outra vez naqueles místicos desejos e conjecturas que o assaltavam sempre quando se lembrava de Zanoni. E vagando pelas ruas de Nápoles, semi-inconsciente dos próprios movimentos, encontrou-se, movido pelo mecanismo do costume, no meio de uma das ricas galerias de pinturas que constituem o luxo dessas cidades da Itália, cuja glória está toda no passado. Glyndon costumava visitar esse lugar quase diariamente, pois a galeria continha algumas pinturas de grande mérito, que eram especialmente o objeto de seu entusiasmo e estudo. As mais das vezes, parava ele diante das obras de Salvador, que lhe inspiravam um sentimento de profunda admiração e respeito. O traço característico desse artista é a força de vontade; livre da elevada idéia da beleza abstrata, que fornece um modelo arquetípico ao gênio de ordem mais ilustre, a singular energia do homem tira da pedra uma dignidade que lhe é própria. As suas imagens têm a majestade, não de um deus, porém de um selvagem; sendo inteiramente livre (como as escolas mais sublimes) da vulgar imitação, apartando-se com elas da convencional pequenez da chamada realidade – o artista apodera-se da imaginação, obrigando-a a segui-lo, não ao céu, mas através de tudo o que há de mais selvagem e fantástico sobre a Terra; é uma magia que não se parece com a do mago astrólogo, e sim com a do tenebroso feiticeiro – é um homem de romance, cujo coração bate fortemente, manejando a arte com a mão de ferro e forçando-a a idealizar as cenas de sua vida atual. Ante essa poderosa vontade, Glyndon sentiu-se mais cheio de admiração do que diante da beleza dotada de maior serenidade que brotava da alma de Rafael, como Vênus do seio do mar. E agora, como que despertando de suas meditações, encontrou-se diante daquela imponente, selvagem e magnífica gravidade da natureza, que o olhava da tela, encolerizada e cujas folhas, nessas árvores semelhantes aos gnomos, com seus troncos tortos, pareciam murmurar-lhe no ouvido segredos sibilinos. Aqueles escabrosos e sombrios Apeninos, com sua soberba catarata, estavam mais acordes com os seus pensamentos do que as cenas que o rodeavam. As ásperas e extravagantes figuras que descansavam sobre as rochas, e pareciam anões ao lado das gigantescas proporções da matéria que reinava ao seu redor, o impressionavam, fazendo-o ver o poder da natureza e a pequenez do homem. O mesmo que nos quadros dos gênios mais espirituais, o homem e a alma que vive nele são cuidadosamente apresentados como a imagem mais proeminente; e os meros acessórios da cena ocupam um grau inferior, sendo tratados com menos cuidado, como para demonstrar que o desterrado do Paraíso é ainda o monarca do mundo exterior – assim nas paisagens de Salvador, a árvore, a montanha, a cascata figuram como o objeto principal, e o homem se reduz ao acessório. A matéria parece dominar nelas, ao passo que o seu verdadeiro senhor fica quase invisível debaixo da sua estupenda sombra. A matéria é, ali, o que dá interesse ao homem imortal, e não este à matéria inerte. Que terrível filosofia na arte!

Enquanto Glyndon estava imerso em semelhantes pensamentos, alguém lhe tocou levemente o braço; era Nicot, que lhe disse:

– É um grande mestre, mas eu não gosto da sua escola.

– Nem eu – respondeu Glyndon –, porém há algo nestas pinturas que me impressiona extraordinariamente. Amamos o belo e o sereno; mas há em nós um sentimento tão profundo como o amor, e este sentimento nos faz admirar o terrível e o obscuro.

– É verdade – retrucou Nicot, pensativo. – E, não obstante, este sentimento não passa de ser uma mera superstição. As aias e outras pessoas que cuidam das crianças, com os seus contos de fadas, de espíritos e de fantasmas, são o berço da maior parte da nossa ignorância; a arte deveria representar somente verdades. Confesso que Rafael me agrada menos, porque não simpatizo com os seus assuntos. Os seus santos e as suas virgens não são, para mim, senão homens e mulheres.

– Então, de que fonte deveriam os pintores tomar os temas?

– Da história, não há dúvida – tornou Nicot –, daquelas grandes ações dos romanos, que inspiram aos homens sentimentos de liberdade e de valor, ensinando-lhes as virtudes republicanas. Eu desejaria que os quadros de Rafael tivessem ilustrado a história dos Horácios; mas é à França republicana que toca legar à posteridade a nova e verdadeira escola, que não teria podido nunca nascer e prosperar num país dominado pelo clero e pelo fanatismo.

– E os santos e as virgens de Rafael não são, para você, mais do que os homens e mulheres? – repetiu Glyndon, voltando, com admiração, à cândida confissão de Nicot, e quase sem atender às deduções que o francês fazia da sua proposição.

– Seguramente – retrucou Nicot, rindo-se horrivelmente. – Ah! Ah! Quer, acaso, fazer-me crer que o calendário conta a seu respeito?

– Porém, o ideal?

– O ideal! – interrompeu Nicot. – Que coisa! Os críticos italianos e o seu inglês Reynolds lhes transtornaram a cabeça. Eles falam tão apaixonadamente do seu "gosto refinado" e da "beleza ideal que fala à alma!" Alma! Existe uma alma? Compreendo um homem quando fala do bom gosto de uma composição, referindo-se a uma pessoa educada e inteligente ou a alguém que compreende verdades; porém, quanto à alma ... ora! ... Nós não somos mais que modificações da matéria, e a pintura é modificação da matéria também.

Os olhos de Glyndon dirigiam-se ora para o quadro que tinha diante de si, ora para Nicot. O dogmatista dotou de voz os pensamentos que a vista daquele quadro despertara. O inglês meneou a cabeça, sem replicar.

– Diga-me – perguntou Nicot, de repente –, aquele impostor, o Zanoni, oh! eu soube o seu nome, nestes dias, como também soube de suas farsas, que lhe disse de mim?

– De você? Nada; apenas me advertiu contra as suas doutrinas.

– Ah! Ah! Nada mais? Esse homem é um embusteiro e, como na última vez que nos encontramos, descobri suas trapaças e mistificações, pensei que talvez se vingasse, caluniando-me.

– Descobriu suas trapaças e mistificações?! Como?

– Oh! É uma história insulsa e longa. Ele quis ensinar a um ancião, meu amigo extremoso, seus segredos acerca da alquimia filosófica e o modo de prolongar a vida. Aconselho-o a não lhe dedicar sua amizade, para não se desacreditar.

Dizendo isso, Nicot fez um gesto significativo, e não desejando que Glyndon lhe fizesse mais perguntas sobre esse assunto, retirou-se.

Glyndon voltou à sua arte, que a presença de Nicot havia tão desagradavelmente interrompido. O jovem inglês deixou as paisagens de Salvador e, fixando a vista na Natividade, de Corrégio, ficou admirado ao ver o contraste que ofereciam aqueles dois gênios de naturezas tão opostas; a Glyndon pareceu isto como uma descoberta. Aquela calma esquisita, aquele perfeito sentimento de beleza, aquele vigor natural, aquela sublime moral que respira a arte quando, falando à mente por meio dos olhos, desperta nela, por meio da ternura e do amor, pensamentos que a elevam às regiões admiráveis e cheias de milagres – ah! aquela era a verdadeira escola! Glyndon deixou a galeria a passos lentos e com idéias inspiradas; profundamente impressionado, dirigiu-se à sua casa. Ao chegar, alegrou-se por não ter encontrado Mervale e, sentando-se, meditativo, esforçou-se para recordar as palavras de Zanoni em sua última conversa. Sentia que o que Nicot tinha dito acerca da arte era um crime, pois que reduzia até a imaginação a uma simples máquina. Podia aquele homem, que só via na alma uma combinação da matéria, falar de escolas que deviam ser superiores à de Rafael? Sim, a arte é magia; e como o jovem reconhecia a verdade do aforismo, compreendeu que na magia pode haver religião, porque a religião é uma condição essencial da arte. A sua antiga ambição, libertando-se agora da fria prudência com que Mervale tratava de profanar todas as imagens menos substanciais do que o bezerro de ouro do mundo, avivou-se, tornando a arder novamente. O sutil descobrimento do que ele julgara ser um erro na escola que havia adotado até então, patenteado ainda mais pelos mordentes comentários de Nicot, parecia oferecer à sua vista um novo mundo de invenção. Aproveitando aquele feliz momento, colocou diante de si as tintas e a tela. Perdido no conceito de um novo ideal, sentiu a mente transportada às imaginárias regiões da beleza, ao passo que se desvaneciam seus pensamentos sombrios e seus desejos profanos. Zanoni tinha razão: o mundo material desaparecia de sua vista; ele via a natureza como se a observasse do cume de uma montanha; e quando se aquietaram as ondas do seu agitado coração, os olhos angélicos de Viola apareceram no novo horizonte como uma luminosa estrela.

Encerrado em seu quarto, não quis receber visitas, nem a de Mervale. Embriagado com o ar puro da sua nova existência, permaneceu três dias e quase três noites absorto em seu trabalho, até que na manhã do quarto dia começou a se verificar a reação à qual está exposto todo trabalho. Glyndon despertou indiferente e fatigado; e quando olhou o seu quadro, pareceu-lhe que a glória se havia dele ausentado. Recordações humilhantes dos grandes mestres com os quais aspirava rivalizar, invadiram-no; defeitos, até então desaparecidos, vieram aumentar as deformidades que ia notando em sua obra, o que o descontentou sobremaneira.

O artista retocou uma e outra vez o quadro; porém sua mão mostrava-se rebelde; e por fim, cansado, depôs os pincéis e foi sentar-se à janela que abrira. O dia estava sereno e agradável; as ruas estavam cheias daquela vida e alegria tão naturais ao povo de Nápoles. Glyndon via passar os namorados a conversar nessa linguagem muda dos gestos tão eloqüentes em todos os idiomas, e que são hoje iguais aos que os etruscos, na antiguidade, pintaram nos magníficos vasos do Museu Bourbônico. A luz da vida exterior convidou sua juventude à alegria e ao prazer; e as enfadonhas paredes do quarto, o qual pouco antes era bastante vasto para conter o céu e a terra, pareciam limitar agora uma estreita e triste prisão. Glyndon abriu a porta e, com alegria, viu entrar o amigo Mervale.

– E isto é tudo o que fez? – disse Mervale, olhando a tela desdenhosamente. – E para isto fechou-se por tantas horas, privando-se dos lindos dias de sol e das encantadoras noites de Nápoles?

– Enquanto eu estive sob a influência do entusiasmo, desfrutei um sol mais brilhante e uma lua mais bela e majestosa.

– Pelo que vejo, o entusiasmo já o deixou. Bem, isso indica que voltou a recobrar a razão. E, depois de tudo vale mais besuntar a tela durante três dias do que converter-se num louco por toda a vida. E a sua sereia?

– Cale-se! Não gosto de ouvi-lo falar dela.

Mervale aproximou a sua cadeira da de Glyndon, assumiu uma atitude negligente e ia começar um sério debate, quando alguém bateu à porta e sem esperar permissão para entrar, apareceu no quarto; era Nicot.

– Bom dia, meu caro colega – disse o francês. – Desejava falar-lhe. Olá! Como vejo, tem trabalhado. Assim é bom! Sim, amigo! Um contorno atrevido... grande destreza da mão. Porém, espere! Vamos ver se a composição é boa. Não tem adotado a grande forma piramidal. Não pensa também que nesta figura se descuidou de aproveitar a vantagem do contraste? Já que a perna direita se dirige para diante, o braço direito deveria estar dirigido para trás: Com a breca! Aquele dedo pequeno é magnífico!

Mervale detestava Nicot, como a todos os especuladores, utopistas e pretensos reformadores do mundo; naquele instante, porém, teria abraçado o francês. Via, na expressiva fisionomia de Glyndon, todo o enfado e desgosto que sofria. Depois de um estudo feito com o fogo do entusiasmo, ouvir falar de formas piramidais, de braços direitos e pernas direitas, de rudimentos da arte, sem tocar absolutamente na concepção, e ver terminar a crítica enaltecendo o mérito do dedo mínimo!!

– Oh! – disse Glyndon, aborrecido, cobrindo com um pano o seu quadro. – Já falou bastante do meu pobre trabalho. Que é o que você vem me dizer?

– Em primeiro lugar – respondeu Nicot, sentando-se sem cerimônia num banquinho –, em primeiro lugar esse senhor Zanoni ... esse segundo Caliostro ... que ataca as minhas doutrinas! (sem dúvida, ele é um espião de Capet); eu não sou vingativo, pois como diz Helvécio, "nosso erros nascem das nossas paixões"; eu sei pôr freio nas minhas, porém é virtude odiar por causa da humanidade; eu queria ser o denunciante e o juiz do senhor Zanoni em Paris!

E ao dizer isto, Nicot rangeu os dentes, e os seus pequenos olhos despediam um brilho infernal.

– Ele lhe deu algum novo motivo de ódio? – perguntou Glyndon.

– Sim – respondeu Nicot, com impetuosidade –; ouvi dizer que cortejava a moça com a qual eu pretendo me casar.

– Você! E quem é essa moça?

– A célebre Pisani! É uma mulher divinamente formosa, que faria minha fortuna numa república; e uma república teremos ainda antes de findar o ano.

Mervale esfregava as mãos de prazer, rindo-se ruidosamente. Glyndon corou de raiva e vergonha.

– Você conhece a senhorinha Pisani? – perguntou o pintor inglês. – Falou-lhe alguma vez?

– Ainda não – respondeu Nicot –; porém, quando concebo um projeto, levo-o a cabo sem demora. Devo voltar, em breve, a Paris. Escreveram-me que uma mulher formosa adianta a carreira de um patriota. O tempo dos preconceitos já passou, e começam a compreender-se as virtudes mais sublimes. Levarei a Paris a mulher mais formosa da Europa.

– Então?! Que é isso? – exclamou Mervale, detendo Glyndon ao vê-lo avançar para o francês com os punhos cerrados e os olhos cintilantes.

– Senhor! – gritou Glyndon, rangendo os dentes. – Sabe de quem fala? Julga que Viola Pisani o aceitaria!?

– Não, se se lhe apresentasse um partido mais vantajoso – disse Mervale, olhando placidamente para o teto.

– Um partido mais vantajoso? – retrucou Nicot. – Eu, Jean Nicot, ofereço a minha mão à moça, e caso-me com ela! Encontrará muitos que lhe façam ofertas mais liberais, porém nenhuma será tão honrosa como a que faço. Somente eu me compadeço da triste situação em que está, isto é, sem amigos. Por outra parte, será sempre fácil, na França, desembaraçar-se de uma mulher quando assim acharmos conveniente. Teremos novas leis de divórcio. Pensa que uma jovem italiana ... e digo entre parênteses, em nenhum outro país do mundo, segundo parece, as donzelas são mais castas, ainda que muitas mulheres se consolem com virtudes mais filosóficas ... pensa que uma jovem italiana, repito, recusará a mão de um artista pelas honras de um príncipe? Não tenho formado da Pisani melhor conceito do que você. Penso fazer todo o possível para, em breve, ela aceitar a minha mão.

– Desejo-lhe todo o sucesso, senhor Nicot – disse Mervale, levantando-se e apertando-lhe a mão cordialmente.

Glyndon dirigiu a ambos um olhar de desprezo e disse, com um sorriso amargo:

– Talvez, senhor Nicot, tenha rivais.

– Tanto melhor – replicou o francês, com indiferença, fazendo bater os tacões e parecendo absorto na admiração do tamanho dos seus grandes pés.

– Eu mesmo sou um admirador de Viola Pisani – tornou Glyndon.

– Não o estranho – respondeu Nicot. – Todo pintor deve admirá-la.

– Posso oferecer-lhe a minha mão, como você pretende oferecer-lhe a sua.

– O que em mim seria sabedoria – redargüiu o francês – seria em você uma grande tolice; você não saberia tirar vantagens da especulação. Caro colega, você tem preconceitos!

– E ousa dizer que especulará com a própria mulher?

– O virtuoso Catão emprestou sua mulher a um amigo, e eu, que amo a virtude, não posso fazer melhor do que imitar esse sábio. Porém, falemos seriamente, eu não o temo como rival. Você tem um semblante bonito, e eu sou feio. Mas é irresoluto, e eu sou decidido. Enquanto você perderá tempo pronunciando frases escolhidas, eu direi simplesmente: "Tenho boa fortuna; quer se casar comigo?" E assim perderá e eu ganharei, caro colega. Adeus, tornaremos a nos ver atrás dos bastidores.

E assim falando, Nicot se levantou, e depois de estirar os compridos braços e as pernas curtas, abriu a boca num bocejo enorme, deixando ver todos os dentes, na maior parte já estragados; em seguida, com ar de desafio, enterrou o gorro na desgrenhada cabeça, e dirigindo por cima do ombro esquerdo um olhar triunfante e malicioso a Glyndon, saiu precipitadamente do quarto.

Mervale soltou uma estrepitosa gargalhada e disse:

– Veja, Glyndon, como o seu amigo Nicot estima a sua Viola. Não há dúvida que o senhor alcançaria uma grande vitória, arrancando-a das garras do cão mais feio que há entre os lapões e os calmuques.

Glyndon estava ainda bastante indignado para poder responder, quando recebeu uma nova visita: era Zanoni.

Mervale, a quem a presença e o aspecto desse homem impuseram uma espécie de relutante deferência, que ele não queria confessar e muito menos deixar transparecer, saudou Glyndon, dizendo-lhe simplesmente:

– Quando nos tornarmos a ver, falaremos mais deste assunto.

E deixou o pintor e a sua inesperada visita.

– Vejo – disse Zanoni, descobrindo o quadro – que não esqueceu o conselho que eu lhe tinha dado. Coragem, jovem artista; esta é uma excursão fora das escolas; é uma pintura cheia da ousada confiança em si mesmo, como a tem o verdadeiro gênio. Espero que não tinha nem Nicot, nem Mervale ao seu lado quando concebeu esta imagem de verdadeira beleza!

Reanimado por esse inesperado elogio, e sentindo-se novamente impelido para a sua arte, Glyndon respondeu modestamente:

– O meu quadro satisfazia-me até esta manhã: porém, depois, aborreceu-me e desvaneceu-se a minha ilusão.

– Diga antes que, não estando acostumado a um trabalho contínuo, sentiu-se fatigado com a tarefa.

– É verdade; por que negá-lo? – confessou Glyndon. – Comecei a sentir a falta do mundo exterior. Pareceu-me que, enquanto eu desperdiçava o coração e a juventude em visões de beleza, estava perdendo as formosas realidades da vida. E cheguei até a invejar o alegre pescador que passava cantando, debaixo da minha janela, e o feliz amante que ia conversando com a escolhida do seu coração.

– E censura-se – disse Zanoni – por ter voltado às coisas da terra; mas saiba que este regresso é natural, e que até os mais inveterados sonhadores procuram na terra a tranqüilidade e o repouso. O gênio do homem é uma ave que não pode voar incessantemente; quando se sente o desejo irresistível do mundo real, é mister satisfazê-lo a todo o transe. Os que dominam mais o ideal são os que melhor desfrutam a realidade. Repare que o verdadeiro artista, quando se encontra em sociedade, está sempre observando, sempre sondando o coração, sempre atento às mais insignificantes, como às mais complicadas verdades da existência, e descendo ao que os pedantes chamariam de coisas triviais e frívolas. De cada malha do tecido social, o verdadeiro artista sabe tirar uma graça, e os átomos mais insignificantes tomam para ele uma forma dourada quando flutuam nos raios do sol. Não sabe que, ao redor do animálculo microscópico que brinca na água,* brilha uma auréola, como em torno da estrela que faz a sua luminosa revolução no espaço? A verdadeira arte encontra a beleza em toda parte: na rua, no mercado, na choupana, por onde quer que procure, acha alimento para o enxame dos seus pensadores. Na lama da política, Dante e Milton escolheram pérolas para engastá-las na coroa do canto. Quem lhe disse que Rafael não desfrutou a vida exterior, levando sempre consigo a idéia interna da beleza que atraía e enchia com a sua magia até as palhas que os pés do homem tosco pisam no lodo? Assim como as feras andam pelas selvas em busca de sua presa, farejando-a e seguindo-a por montes e planícies, silvados e grutas, até que, por fim, dela se apoderam, da mesma forma o gênio busca por entre o bosque e através do deserto, infatigável e cheio de ardor, com todos os sentidos despertos, com todos os nervos levados à maior tensão, os objetos que lhe oferecem as dispersas e fugitivas imagens da matéria, de que por fim se apodera a sua mão forte, para levá-los às paragens solitárias que nenhum pé pode alcançar. Vá, procure o mundo exterior; ele é para a arte o inesgotável manancial que dá o alimento ao mundo ideal, ao mundo interior!

– Sinto-me confortado – respondeu Glyndon, com serenidade. – Eu julgava que o meu cansaço fosse uma prova de incapacidade! Porém, neste momento não quereria falar-lhe destes trabalhos. Perdoe-me se passo do trabalho à recompensa. O senhor tem pronunciado incompreensíveis profecias acerca do meu futuro, se eu me casar com uma jovem que, segundo opinam pessoas graves e sensatas, será unicamente obstáculo para realizar os sonhos que ambiciono. Fala baseando-se na sabedoria proveniente da experiência, ou inspirado pela ciência que aspira à predição?

– Porventura não são aliadas uma à outra, estas duas ciências? – retrucou Zanoni. – O homem mais acostumado ao cálculo não é, diga-me, o que mais depressa pode resolver um novo problema na aritmética das possibilidades da sorte?

– Vejo que está frustrando a minha pergunta.

– Não; quero apenas fazer com que compreenda mais facilmente a minha resposta, pois eu queria levá-lo a esse terreno. Escute-me!

Zanoni fixou o olhar seriamente em seu interlocutor, e continuou:

– Para a realização da verdade é um dos primeiros requisitos, pois as verdades que se adaptam ao objeto hão de ser bem conhecidas. Por isso, o guerreiro reduz a sorte de uma batalha a combinações quase inteiramente matemáticas. Pode predizer o resultado, se conta estritamente com os elementos que se vê obrigado a empregar. Com tantas e tantas perdas, poderá passar tal ponte; em tanto tempo, poderá apoderar-se daquela fortaleza. Ainda com mais exatidão do que o guerreiro, pois depende menos das causas materiais do que das idéias de que dispõe, pode o homem que possui uma ciência mais pura ou uma arte mais divina, se chega a perceber as verdades que estão nele e ao redor dele, predizer o que poderá levar a cabo e o que está condenado a ver fracassar. Porém, esta percepção das verdades é interrompida por muitas causas, como a vaidade, as paixões, o medo, a indolência nele mesmo, a ignorância dos meios fora dele, que deve

---

* *Monas mica*, por exemplo.

empregar para conseguir o que se tem proposto. Pode calcular mal as próprias forças; pode faltar-lhe o mapa do terreno que quer invadir. Somente quando a mente do homem se encontra em certo estado especial, é capaz de perceber a verdade; e esse estado é uma profunda serenidade. A sua mente, meu amigo, afana-se febrilmente, levada por um desejo de verdade; desejaria, talvez, que eu lhe apresentasse sem que para isso estivesse preparado, os maiores segredos que existem na natureza. Porém, a verdade não pode ser vislumbrada por uma mente que não está preparada para isso, da mesma forma como é impossível que o sol nasça à meia-noite. A mente que quer descobrir a verdade, sem estar devidamente habilitada, recebe a verdade somente para corrompê-la, como bem exprimem as palavras de um homem que andou perto do segredo da sublime Goécia (ou a magia que existe na natureza, como a eletricidade na nuvem): "Quem deita água num poço lodoso, não faz mais do que turvar a água."*

— Onde quer ir parar? — objetou Glyndon.

— No seguinte: Que o meu caro jovem possui faculdades que podem dar-lhe poder extraordinário, pondo-o na conta daqueles encantadores que, maiores do que os magos, deixam atrás de si uma influência duradoura, a qual é adorada onde quer que se compreenda a beleza, e onde a alma seja sensível para tornar-se consciente de um mundo mais elevado do que este, em que a matéria luta por uma existência rude e incompleta. Porém, para tirar proveito destas faculdades, não necessito ser profeta para dizer-lhe que é mister que aprenda a concentrar todos os seus desejos em grandes objetos. O coração deve permanecer tranqüilo, para que a mente possa ser ativa. Até aqui não tem feito mais do que vagar de um projeto a outro. O que o lastro é para o navio, a fé e o amor são para o espírito. Com todo o seu coração e perseverança, com a idéia concentrada em um só objeto, sua mente e suas aspirações se tornarão igualmente enérgicas e estáveis. Viola é ainda muito jovem; o senhor não percebe o grande caráter que as vicissitudes da vida nela desenvolveram. Perdoe-me se lhe digo que a alma dessa moça, mais pura e mais elevada do que a sua, o ajudará a subir também às alturas sublimes, como um hino sagrado eleva ao céu as almas sensíveis. A sua índole aspira à harmonia, à música que, como ensinavam tão sabiamente os pitagóricos, transporta a alma a esferas superiores e a acalma ao mesmo tempo. Eu lhe ofereço esta música, em seu amor.

— Porém, estarei eu certo de que Viola me ama?

— Tem razão, Glyndon; ela não o ama agora; o seu afeto pertence todo a um outro. Eu, porém, posso transferir para você o amor que ela sente presentemente por mim; sim, posso transferi-lo como o ímã transmite a sua atração ao aço, se eu puder conseguir que ela o considere como o ideal dos seus sonhos.

— E semelhante poder é facultado a um homem?

— Eu lha ofereço, se o seu amor for verdadeiro, se a sua fé na virtude e em si mesmo for profunda e leal; se, porém, não tem tal amor e fé, julga que eu a desencantaria da verdade para fazê-la adorar uma mentira?

---

* Jamblichus, de Vita Pythag.

– Porém – retrucou Glyndon –, se Viola é tudo o que acaba de dizer, e se ela o ama, como é que renuncia a um tesouro tão precioso?

– Oh! parvo e néscio coração humano! – exclamou Zanoni, com estranha veemência. – É possível que tenha uma idéia tão pobre do amor, que não saiba que o homem pode sacrificar-lhe tudo, até o próprio amor, para garantir a felicidade da pessoa que ama? ... Escute-me!

E, ao dizer isto, o semblante de Zanoni empalideceu.

– Escute-me! Eu lhe conto tudo isto porque a amo, e porque temo que comigo não seria tão ditosa como com o artista Glyndon. Por quê? Não me pergunte, pois não lhe quero dizer. Já basta! É tempo para que eu saiba a sua resposta; é impossível adiá-la mais. Antes da noite do terceiro dia, a contar de hoje, não terá mais direito a escolher!

– Mas – disse Glyndon, ainda duvidando e alimentando certas suspeitas –, por que tanta pressa?

– Jovem, o senhor não é digno dela se me faz semelhantes perguntas. Tudo o que posso dizer-lhe deveria já saber por si mesmo. Aquele raptor, aquele homem de vontade poderosa, aquele filho do velho Visconti, e nisto não se parece consigo, é firme, resoluto e enérgico até em seus crimes; ele nunca retrocede quando persegue um objetivo que quer alcançar. Só uma paixão domina o seu desejo voluptuoso: é a sua avareza. No dia seguinte ao da sua tentativa de raptar Viola, seu tio, o cardeal de quem ele espera herdar muitas terras e muito ouro, chamou-o e proibiu-lhe, sob pena de deserdá-lo, o prosseguimento de seus ignóbeis desígnios contra a jovem, a qual o cardeal protegera e amara desde a infância. Esta é a causa que o tem detido em seus iníquos projetos. Enquanto nós estamos conversando, a causa vai desaparecendo. Antes do meio-dia, o cardeal terá deixado de existir! Neste mesmo instante, o seu amigo Jean Nicot está falando com o príncipe de ...

– Ele? E por quê?

– Para saber que dote terá Viola Pisani na manhã em que deixar o seu palácio.

– E como sabe de tudo isso?

– Insensato! Digo-lhe outra vez: porque um amante vigia de dia e de noite quando algum perigo ameaça o objeto do seu amor.

– E foi o senhor quem informou o cardeal?

– Sim, e o que eu fiz podia também o senhor havê-lo feito. Vamos, qual é a resposta que me dá?

– Irá sabê-la dentro de três dias.

– Seja assim; deixa a sua felicidade para a última hora, pobre homem inconsciente. No terceiro dia, a contar de hoje, virei saber a sua resposta.

– E onde nos veremos?

– Antes da meia-noite, no sítio onde menos espera. Não poderá evitar esse encontro, ainda que tente fazê-lo..

– Ainda um instante! – falou o artista. – Disse-me que sou desconfiado, irresoluto. Não tenho motivos para sê-lo? Posso eu ceder, sem resistência, à estranha fascinação que exerce sobre a minha mente? Que interesse pode levá-lo a impor a um desconhecido, que eu sou para o senhor, a ação mais grave da vida do homem? Suponha que qualquer outro homem, que estivesse em seu perfeito juízo, não quisesse um prazo para deliberar e perguntasse a si mesmo: "Por que é que este estrangeiro se ocupa tanto de mim?"

– E sem embargo – respondeu Zanoni –, se lhe dissesse que posso iniciá-lo nos segredos dessa magia que a filosofia de todo mundo tem por uma quimera ou por uma impostura; se prometesse ensinar-lhe a maneira de dominar os seres do ar e do oceano, de poder acumular riquezas com tanta facilidade como uma criança junta as pedrinhas e os grãos de areia na praia, pôr em suas mãos a essência das ervas que prolongam a vida de século em século, o mistério dessa atração por meio da qual se evitam os perigos, se desarma a violência e se subjuga o homem, como quando a serpente encanta a avezinha; se eu lhe dissesse que possuo todo este poder e que posso transmiti-lo a você, então me escutaria e me obedeceria sem dúvida!

– É verdade; e posso me justificar unicamente pelas imperfeitas recordações da minha infância, por tradições que existem em casa de ... .

– De seu avô, o qual, querendo auxiliar o restabelecimento da ciência, buscou os segredos de Apolônio e de Paracelso.

– Como! – exclamou Glyndon, pasmado. – Conhece os anais de uma linhagem tão obscura?

– Para o homem que aspira ao saber – respondeu Zanoni –, não deve ser desconhecido o nome do mais humilde estudante da ciência. Pergunta-me por que me interesso tanto pela sua sorte? Por uma razão que ainda não lhe expliquei. Existe uma Irmandade, cujas leis e mistérios são ignorados pelos homens mais estudiosos. Essas leis impõem a todos os seus filiados o dever de advertir, ajudar e guiar até os mais remotos descendentes dos que se têm esforçado, embora em vão, como seu avô, por conhecer os mistérios da Ordem. Nós temos a obrigação de aconselhar-lhes tudo o que pode fazer a sua felicidade; e mais ainda: se o exigem de nós, havemos de aceitá-los por discípulos. Eu sou um membro dessa sociedade, cuja memória se perde em tempos antiqüíssimos; e é por isso que, desde que o encontrei pela primeira vez, senti-me ligado a você por esses laços de fraternidade; esta é a causa por que o tenho atraído a mim, talvez inconscientemente, filho da nossa Irmandade!

– Se é assim, ordeno-lhe, em nome das leis a que obedece, que me receba por discípulo.

– Que é o que quer? – disse Zanoni, com arrebatamento. – Saiba primeiro as condições. Quem quer ser iniciado deve, já como neófito, ser livre de todo afeto ou desejo que o ligue ao mundo. Não lhe é permitido amar mulher alguma; deve estar livre de avareza e de ambição, livre de toda ilusão, até da que inspira a arte ou a esperança de um nome ilustre. O primeiro sacrifício que teria de fazer seria renunciar a Viola. E por quê? Por pertencer a uma ordem em que podem entrar só homens de grande coragem, pois hão de passar por provas a que resistem só as naturezas privilegiadas. O senhor não está apto para a ciência que fez de mim e de outros o que somos; tem ainda muito medo!

– Medo! – exclamou Glyndon, corando e erguendo altivamente a cabeça.

– Medo, sim, e da pior espécie: o medo do que dirão os outros; o medo dos Nicots e dos Mervales; medo dos próprios impulsos quando são generosíssimos; medo dos próprios poderes, quando o seu gênio lhe inspira coisas arrojadas; medo de que a virtude não seja eterna; medo de que Deus não viva no céu para velar sobre a Terra; medo, sim, medo dos homens de coração pequeno; e estes medos os grandes homens não conhecem nunca.

E ao dizer estas palavras, Zanoni desapareceu, deixando o artista humilhado e estupefato, porém não convencido.

Glyndon permaneceu só com seus pensamentos, até que o som do relógio o fez voltar a si; lembrou-se, então, da predição de Zanoni sobre a morte do cardeal; e sentindo-se impelido por um intenso desejo de saber a verdade, saiu apressadamente para a rua e dirigiu-se ao palácio dessa alta personagem.

Ao chegar ali, soube que Sua Eminência havia expirado cinco minutos antes do meio-dia, e que a sua enfermidade havia durado apenas uma hora. A visita de Zanoni tinha sido mais prolongada do que a doença do cardeal. Aterrorizado e perplexo, abandonou Glyndon o palácio e, enquanto passava pela Chiaja, viu Jean Nicot que saía do palácio do príncipe de ... .

## *Capítulo* V

*"Two loves I have of comfort and despair,*
*Which like two spirits do suggest me still."*
    Shakespeare.

["Tenho dois amores que me dão consolo e desespero, e como dois espíritos ainda me sugestionam."]

Venerável Irmandade, tão sagrada e tão pouco conhecida, de cujos secretos e preciosos arquivos foi tirado o material para esta história; você que tem conservado, de século em século, tudo o que o tempo poupou da augusta e venerável ciência – a você agradecemos se agora, pela primeira vez, é dado ao mundo, embora imperfeitamente, algum registro dos pensamentos e das ações de um luminar da sua Ordem, que não era um falso luminar, nem por si mesmo apresentado. Muitos se intitulam membros dessa sociedade; muitos pretendentes espúrios foram assim chamados pela ignorância erudita, que até hoje, envergonhada e perplexa, se vê obrigada a confessar que nada sabe da sua origem, das suas cerimônias ou doutrinas, e nem pode nos dizer se ainda tem a sua sede na Terra. A você agradecemos que eu, o único admitido do meu país, com um passo de profano na sua misteriosa Academia,[*] tenha sido por você autorizado e instruído a adaptar à compreensão dos não-iniciados algumas das brilhantes verdades que resplan-

---

[*] Lembramos ao leitor que quem diz isto é o autor dos originais manuscritos e não o Editor.

deciam na grande *Shemaia* da *Ciência Caldaica*, e luziam francamente através da ciência obscurecida dos discípulos dos tempos posteriores, trabalhando, como Psellus e Jamblichus, para reavivar as cinzas do fogo que ardera na *Hamarin* do Leste.

Embora não seja concedido a nós, filhos de um mundo envelhecido e adoentado, dizer o NOME que, segundo afirmam os mais velhos oráculos da Terra, "penetra os mundos infinitos", contudo podemos investigar as verdades que revivem em toda nova descoberta do filósofo e do químico.

As leis da atração, da eletricidade e do ainda misterioso agente daquele grande princípio de vida que, se fosse retirado do universo, transformaria este em túmulo, eram o Código em que a Teurgia dos antigos buscava as guias que deviam levá-la a uma legislação e ciência que lhe eram próprias.

Para reconstruir com palavras os fragmentos desta história, parece-me como se, num solene transe, eu tivesse sido levado através das ruínas de uma cidade de que só restam túmulos. Do sarcófago e da urna, despertei o gênio* da extinta Tocha, e a sua forma parece-se tanto com a de Eros, que às vezes nem sei dizer com certeza qual de vós me dita – Ó Amor! Ó Morte!

E como agitou o coração virginal esta nova, insondável e divina emoção! Era somente a afeição comum do pulso e da fantasia, dos olhos voltados para o Belo, do ouvido dirigido ao Eloqüente, ou era um sentimento que não justificava a noção que ela mesma concebia a respeito dessa emoção admirável – que não era gerada pelos sentidos, que era menos de amor terrestre e humano do que o efeito de algum encanto maravilhoso e sagrado? Eu disse que desde o dia em que Viola resolveu submeter-se, sem medo, à influência de Zanoni, resolveu também traduzir em palavras seus pensamentos e confiá-los ao papel. Vejamos uma parte deste manuscrito, para conhecer o caráter e a disposição da jovem cantora, por meio dos seus pensamentos.

## O CONFESSIONÁRIO DO CORAÇÃO

"É a luz do dia que me ilumina ou é a recordação da sua presença? Para onde quer que eu dirija a vista, o mundo me parece cheio da sua imagem; no raio de sol que tremula sobre a água e sorri sobre as folhas, não vejo mais que a semelhança dos seus olhos. Que mudança é esta que altera não somente o meu ser, mas até o aspecto do universo inteiro?"

. . . . . . . . . . . . . . . . . . . . . . . . . . . . . . . . . . . . . . . . . . . . . . . . . . . . . . . . . .

"Como instantaneamente penetrou na minha vida o poder que fez vibrar meu coração em seu fluxo e refluxo! Milhares de pessoas estavam em redor de mim, e eu sempre vi só a ti. Foi na primeira noite em que entrei nesse mundo que reduz a vida a um drama, que não tem outra linguagem que a música. Quão estranha e repentinamente esse mundo se tornou para sempre ligado contigo! Minha vida me pareceu concentrar-se

---

\* O gênio grego da Morte.

naquelas curtas horas e dos teus lábios eu ouvia uma música, imperceptível para todos os ouvidos, menos para os meus. Estou sentada no quarto onde morou outrora meu pai. Aqui, naquela noite feliz, esquecendo-me do por que eles eram tão ditosos, entreguei-me à tristeza, buscando adivinhar o que tu eras para mim; e quando a voz de minha mãe me chamou, corri para sentar-me ao lado de meu pai, bem perto dele, porque os meus próprios pensamentos se assustavam.

"Ah! Como foi doce e triste ao mesmo tempo a manhã que se seguiu a essa noite, quando os teus lábios me advertiam do meu futuro! E agora, pobre órfã que sou, em que posso pensar, com que devo sonhar, a quem devo estimar, senão a ti?

"Com que ternura me repreendeste pelos pensamentos injuriosos que de ti formei! Por que eu estremecia, quando sentia que o teu olhar penetrava meus pensamentos, como o raio de sol que chega até a árvore solitária, com a qual tão bem me comparou? Era... era porque a minha vida se assemelhava à dessa árvore, e porque, como ela, eu lutava pela luz; e a luz veio. Falam-me de amor, e no teatro sempre tenho nos lábios a tua linguagem. Não, repito-o sempre, não é amor o que sinto por ti, eu sei! – não é paixão, é um pensamento! Não peço que seja amada. Não me queixo de que as tuas palavras sejam ásperas e frio o teu olhar. Não pergunto se tenho rivais; não procuro parecer formosa aos teus olhos. É o meu espírito que deseja unir-se ao teu. Eu daria mundos, ainda quando estivéssemos separados, ainda quando houvesse entre nós o imenso oceano, digo, daria mundos para saber a hora em que os teus olhos se dirigem às estrelas, e quando o teu coração eleva ao céu suas preces. Dizem-me que és mais belo do que as estátuas de mármore, mais formoso do que todas as formas humanas; mas eu nunca me atrevi a olhar fixamente o teu semblante, para que a minha memória pudesse compará-lo depois com os demais. Lembro-me somente dos teus olhos e do teu afável e tranqüilo sorriso. Tudo o que se passa no meu coração é misterioso, tão misterioso como a silenciosa luz da lua."

. . . . . . . . . . . . . . . . . . . . . . . . . . . . . . . . . . . . . . . . . . . . . . . . . . . . . . . . . . . . . . . . . . . . . . . .

"Muitas vezes, quando o ar é calmo, parece-me que ouço as toadas da música do meu inesquecível pai; e embora já há muito tempo que os autores dos meus dias repousam na tumba, creio que várias vezes vieram interromper meu sonho no meio das noites silenciosas. Parece-me que ouço o violino do meu pai gemer e lamentar-se, quando, vendo-o partir, mergulho em aflição. Você é algo dessa música, é o seu espírito, o seu gênio. Meu pai deve tê-lo conhecido, e talvez visitava as suas regiões natas, quando os ventos paravam para escutar os seus tons, e o mundo o tinha por louco! Eu ouço daqui, de onde estou sentada, o longínquo murmúrio do mar. Murmurem benditas águas! As ondas são as pulsações da praia. Elas batem com a alegria da brisa matutina – assim como bate o meu coração na frescura e luz que me fazem pensar em ti!"

. . . . . . . . . . . . . . . . . . . . . . . . . . . . . . . . . . . . . . . . . . . . . . . . . . . . . . . . . . . . . . . . . . . . . . . .

"Muitas vezes, em minha infância, meditei e perguntei a mim mesma por que havia vindo ao mundo; e minha alma, respondendo ao coração, dizia: 'Nasceste para adorar!' Sim; eu sei por que o mundo real me tem parecido sempre tão falso e tão frio. Sei por que o mundo teatral me encantava e ofuscava. Sei por que me era tão grato sentar-me num sítio solitário e mirar o meu ser inteiro nos céus distantes. Eu não nasci para esta vida, que tão feliz parece aos demais. Minh'alma precisa ter sempre diante de si alguma imagem mais sublime do que ela mesma! Estrangeiro, quando tiver passado pelo túmulo, em que região elevada poderá a minha alma adorar o que adoras?"

..................................................

"Nos jardins do meu vizinho há uma fonte. Esta manhã, depois do nascer do sol, estive junto dela. Como saltava a sua espumosa água, brilhando nos raios solares! E eu pensei que devia vê-lo outra vez naquele dia, e assim saltava o meu coração na luz da nova aurora que me trazia do céu."

..................................................

"Eu o vi, eu o ouvi outra vez. Como me tornei ousada! Corri para te contar os meus pensamentos infantis e as minhas histórias e lembranças do passado, como se o houvesse conhecido desde os tempos de criança. De repente, a idéia da minha presunção me deixou surpreendida. Eu me detive, e timidamente busquei os teus olhos.

"Bem – tu me disseste –, e quando viste que o rouxinol se recusava a cantar?

"Ah! – respondi – que te importa a história do coração de uma menina?

"Viola – respondeste, com essa voz tão calma e tão serena –, a obscuridade do coração de uma criança é, às vezes, a sombra de uma estrela. Fala! Então quando apanharam o teu rouxinol e o puseram na gaiola, ele se recusou a cantar?

"Sim, e eu coloquei a gaiola entre as folhas daquela parreira e, tomando o meu alaúde, pus-me a falar-lhe por meio das cordas; pois pensei que toda música era a sua linguagem natural e que ele compreenderia que eu queria consolá-lo.

"Sim – disseste –, e por fim, ele te respondeu, porém não cantando, mas com um grito estridente e breve; tão triste, que as tuas mãos deixaram escapar o alaúde, e os teus olhos verteram lágrimas. Em seguida, abriste a porta da gaiola, e o rouxinol, aproveitando esse teu gesto, saiu voando para o mato; e ouviste mover-se a folhagem, e viste através dos raios da lua que o passarinho havia encontrado a sua companheira. O rouxinol cantou, então, pousando entre os ramos uma ária longa, sonora e alegre. E meditando, sentiste que não eram as folhas de parreira, nem a lua, o que fazia o rouxinol cantar tão melodiosamente, mas que o segredo do seu canto era a presença de um ser querido.

"Por que conhecias os meus pensamentos infantis melhor do que eu mesma? Formoso estrangeiro, como é que a minha vida humilde, nos seus minuciosos pormenores, te é tão conhecida? Admiro-me, porém nunca mais me atreverei a ter medo de ti!"

..................................................

"Um dia, a lembrança dele me oprimia. Como uma criança que chora por não poder apanhar a lua, assim eu sentia no coração um vago desejo de uma coisa que nunca poderia conseguir. Agora, pelo contrário, quando penso em ti, desvanece-se qualquer pesar que oprima a minh'alma. Flutuo nos tranqüilos mares da luz, e nada parece demasiado alto às minhas asas, nem demasiado brilhante para os meus olhos. Era a minha ignorância que me levava a temê-lo. Parece-me que de ti se desprende um saber que não está nos livros, e que o envolve como uma atmosfera. Quão pouco tenho lido!... Quão pouco tenho aprendido! Porém, quando tu estás ao meu lado, parece-me que se levanta, diante dos meus olhos, o véu de toda a sabedoria e da natureza inteira. Sinto surpresa até quando vejo as palavras que escrevi; parece-me que não vêm de mim mesma, mas que são os sinais de uma outra língua que ensinaste ao meu coração, e que a minha mão traça rapidamente, como se me fossem ditados. Às vezes, enquanto escrevo ou medito, afigura-se-me que ouço umas asas que se agitam em redor de mim, e que vejo opacas formas de beleza que me rodeiam e se desvanecem, sorrindo. Nenhum sonho pesado e medroso vem agora inquietar-me quando durmo, mas a minha vida, quer eu durma quer esteja acordada, é toda como um contínuo sonho. Quando durmo, viajo contigo, não pelos caminhos da terra, mas pelo ar impalpável – por um ar que parece uma harmonia –, e me elevo mais e mais alto, como a alma sobe sobre os tons da lira! Antes de conhecer-te, fui escrava da Terra. Tu me deste a liberdade do universo! Antes de conhecer-te, eu estava viva, agora, porém, parece que começou para mim a eternidade!"

...................................................

"Antes, quando eu tinha de aparecer em cena, o meu coração batia com mais força; eu temia encontrar-me, face a face, com o auditório, cuja voz dá vergonha ou fama; agora, não o receio mais. Olho essa gente, mas a minha vista não se cruza com a sua; eu não observo, não ouço o auditório! Sei que há música em minha voz, pois é um hino que canto em seu louvor! Nunca vens ao teatro; e, contudo, isso não me entristece. És demasiado sagrado aos meus olhos para que me pareças igual aos demais; e sinto prazer vendo que não estás presente quando a multidão tem o direito de me julgar."

...................................................

"E ele me falou de um outro; a um outro queria ele me entregar! Não, não é amor o que sinto por ti, Zanoni; aliás, por que te escutei sem me ressentir? Por que não me pareceu coisa impossível a tua ordem? Como as cordas de um instrumento obedecem à mão de quem as maneja, o teu olhar modula todos os desejos do meu coração, submetendo-os à tua vontade. Se queres assim, seja assim. És o árbitro do meu destino; não posso rebelar-me contra ti! Até penso que amaria a quem quer que fosse, uma vez que lhe transmitisses os raios que te rodeiam. Amo tudo o que tocaste, e tudo que fala de ti. As tuas mãos brincaram com estas folhas de parreira e, por isso, eu as guardo sobre o meu peito. Parece-me que tu és a fonte de todo o amor; parece-me que, sendo demasiado alto e demasiado brilhante para seres amado, irradias a tua luz em outros objetos, que a vista pode contemplar sem se ofuscar. Não é amor o que sinto por ti e, portanto, não me envergonharei de nutrir e contestar estas idéias. Seria um opróbrio para mim, amar-te, sabendo que sou aos teus olhos uma coisa sem valor!"

...................................................

"Um outro! Minha memória repete estas palavras. Um outro! Queres dizer-me, com isso, que não tornarei já a ver-te? Não é tristeza, não é desespero o que se apodera de mim. Não posso chorar. É um profundo sentimento de desolação. Estou atirada novamente à vida vulgar, e tremo ao considerar a minha solidão. Contudo, obedecer-te-ei, se assim queres. Tornarei a ver-te só no além da tumba? Oh! como seria doce para mim a morte!

"Por que não luto para romper os laços que enredam assim a minha vontade? Tens o direito de dispor de mim como queres? Devolve-me à vida que conheci antes de ver-te; a vida que depus em tuas mãos! Devolve-me os tranqüilos sonhos da minha infância – a liberdade do meu coração que cantava em voz alta, quando andava nesta terra. Tu me desencantaste de todas as coisas que não se referem a ti mesmo. Era um crime eu pensar em ver-te? O teu beijo queima ainda a minha mão; é minha esta mão, para que eu a dê a quem quiser? O teu beijo reclamou e consagrou esta mão para ti. Estrangeiro, eu não te obedecerei!"

. . . . . . . . . . . . . . . . . . . . . . . . . . . . . . . . . . . . . . . . . . . . . . . . . . . . . . . . . . . . . . . . .

"Mais um dia – um dos três dias fatais se passou! Admiro-me como o sono da última noite derramou sobre o meu peito uma calma profunda. Sinto-me tão segura na minha concepção de que o meu verdadeiro ser tornou-se uma parte de ti, que não posso crer que a minha vida possa separar-se da tua, e nesta convicção descanso, e rio-me até das tuas palavras e dos teus temores. Professas uma máxima que repetes em mil formas: que a beleza da alma é a fé; que a fé é para o coração o que o ideal é para o escultor; que a fé, bem compreendida, se estende a todas as obras do Criador, a quem só podemos conhecer por meio dela; que a fé nos infunde uma tranqüila confiança em nós mesmos e um sereno descanso ao pensarmos no nosso futuro; que a fé é a lua que domina o fluxo no mar da vida humana. Eu sei que tenho entrelaçado de uma forma indivisível a madeixa das nossas vidas e que não posso separar-me de ti, ainda que o queira! E esta mudança da luta nesta calma realizou-se enquanto estive dormindo, num sono sem sonhos; quando despertei, tive um misterioso sentimento de felicidade – uma confusa lembrança de algo agradável –, como se de longe tivesses feito cair um sorriso teu sobre mim, adormecida. De noite, eu estava tão triste! Não havia um botão que não se tivesse fechado, como se nunca mais devesse tornar a abrir o seu cálice ao sol; e a própria noite, tanto no coração como na terra, transformou os botões em flores. O mundo torna a ser belo e a sua beleza está unida à calma; nem a mais leve brisa move as árvores; nem a menor dúvida perturba a minha alma!"

## Capítulo VI

*"Tu vegga o per violenza o per inganno*
*Patire o disonore o mortal danno."*
Orlando Fur., canto XLII, 1.

["Ou por violência ou por engano, deverá sofrer desonra ou dano mortal."]

Estamos num pequeno gabinete cujas paredes estão cobertas de pinturas, das quais cada uma tem mais valor do que toda a linhagem do dono do palácio. Oh, sim! Zanoni tem razão: o pintor é um mago; o ouro que ele, ao fim, extrai do seu crisol, não é uma ilusão. Um nobre veneziano pode ser um janota ou um assassino, um homem vil ou um imbecil; ainda, porém, que seja um homem indigno, pode ter-se feito retratar por Ticiano, e o seu retrato pode ser de um valor inestimável – algumas polegadas de tela pintada podem valer mil vezes mais do que um homem de carne e osso, com seu cérebro, sua vontade, seu coração e sua inteligência!

Nesse gabinete estava sentado um homem de uns quarenta e três anos, de olhos negros, tez pálida, formas salientes, boca grande, em cujos grossos lábios se via pintada a sensualidade e a resolução. Esse homem era o príncipe de ... . Sua estatura era algo mais que mediana e a sua forma um pouco inclinada à corpulência; trajava um largo *chambre* de rico brocado. Sobre uma mesa diante dele estavam uma espada antiga, um chapéu, uma máscara, dados e um copo para estes, uma carteira e um tinteiro de prata ricamente cinzelado.

– Bem, Mascari – disse o príncipe, olhando para o seu cortesão, que permanecia no vão de uma janela gradeada de ferro –, bem! O cardeal já dorme com seus pais; eu preciso consolar-me da perda de um parente tão excelente; e que coisa poderia oferecer-me maior distração do que a doce voz de Viola Pisani?

– Fala Vossa Excelência seriamente? – respondeu Mascari. – Há pouco tempo que faleceu Sua Eminência!

– Por esta mesma razão, ninguém suspeitará de mim – redargüiu o príncipe. – Sabe o nome do insolente que nos burlou naquela noite e avisou o cardeal no dia seguinte?

– Ainda não.

– Pois bem, sapientíssimo Mascari! Eu lhe direi. Foi o misterioso estrangeiro.

– O senhor Zanoni?! Estais seguro disso, senhor príncipe?

– Sim Mascari. Na voz desse homem há algo que não me deixa enganar; o seu tom é claro e tão imperioso que, quando o ouço, quase acredito que existe o que chamam de consciência. Sem embargo, havemos de nos desfazer desse impertinente, Mascari; o senhor Zanoni ainda não honrou a nossa pobre casa com a sua presença. Sendo ele um estrangeiro tão distinto, devemos obsequiá-lo com um banquete.

– Ah! E o vinho de Chipre! Chipre e cipreste soam um pouco semelhantemente, e o cipreste é o melhor emblema da tumba.

– Porém, isto há de ser logo – disse o príncipe –; eu sou supersticioso, e contam-se tantas coisas do poder de Zanoni e da sua previsão... Lembra-se da morte de Ughelli? Porém, não importa; ainda que esteja aliado com o demônio, não roubará a minha felicidade, nem evitará a minha vingança.

– Vejo que Vossa Excelência está deveras enfeitiçado pela atriz.

– Mascari – respondeu o aristocrata, com um sorriso orgulhoso –, por estas veias corre o sangue dos velhos Visconti – daqueles que se vangloriavam de que mulher alguma lhes escapou quando a cobiçavam, e nenhum homem soube evitar o seu ressentimento. A coroa dos meus antepassados converteu-se num brinquedo; a sua ambição e o seu espírito, porém, estão sempre firmes. Minha honra está comprometida nesta empresa. Viola há de ser minha!

– Outra emboscada? – perguntou Mascari, para descobrir terreno.

– Não – respondeu o príncipe –; por que não penetraríamos na casa? Está num sítio muito solitário, e a porta não é de ferro.

– E se ela, ao regressar à sua casa, relatar a nossa violência? Uma casa assaltada... uma virgem roubada! Refleti bem; ainda que os privilégios feudais não estejam destruídos, lembrai-vos de que agora nem um Visconti está acima da lei.

– Não está, Mascari! Louco! Em que época do mundo, mesmo se esses maníacos lá da França realizassem as suas quimeras, a férrea lei não se dobrará como um débil galho de vime ante o poder e o ouro? Não empalideça, Mascari; combinei tudo perfeitamente. No dia em que Viola deixar este palácio, seguirá para a França com Monsieur Jean Nicot!

Antes que Mascari pudesse replicar, o criado anunciou o senhor Zanoni.

O príncipe pôs, involuntariamente, a mão na espada colocada sobre a mesa; depois, sorrindo do seu impulso, levantou-se e foi receber a visita no limiar da porta, com a profunda e respeitosa cortesia da dissimulação italiana.

– É uma honra que muito me desvanece – disse o aristocrata. – Havia muito tempo que desejava apertar a mão de uma pessoa tão distinta!

– E eu lha estendo com a intenção com que a procura – respondeu Zanoni.

O napolitano apressou-se a apertar a mão de Zanoni; porém, apenas a tocou, sentiu um forte estremecimento, e o seu coração cessou de bater. Zanoni fixou no príncipe os seus negros olhos sorridentes, e sentou-se com ar familiar.

– Assim, nobre príncipe, fique firmada e selada a nossa amizade. E agora dir-lhe-ei qual é o objeto da minha visita. Acho, Excelência, que talvez inconscientemente somos rivais. Não podemos regular as nossas pretensões?

– Ah! – respondeu o napolitano, afetando indiferença – então é o senhor o cavalheiro que me arrebatou o prêmio da minha caça? Na guerra e no amor, todos os estratagemas são legais. Reconciliemos as nossas pretensões! Bem, aqui estão os dados; que a sorte decida sobre ela. Quem obtiver o ponto mais baixo, renunciará a Viola.

– É esta uma decisão a que promete se submeter?

– Sim, sob a minha palavra de honra.

– E a quem faltar à sua palavra, que castigo se lhe impõe?

– A espada está junto aos dados, senhor Zanoni. Quem faltar à sua palavra de honra, que caia pela espada.

– Então, príncipe, V. Excia. invoca esta sentença para qualquer de nós dois, se faltar à sua promessa de se submeter à decisão dos dados? Está bem; aceito. Que o senhor Mascari deite os dados por nós.

– Muito bem! Mascari, os dados!

O príncipe acomodou-se em sua cadeira; e, apesar de toda a sua fleuma mundana, não pôde dominar a emoção que fez colorir o seu semblante à idéia do seu triunfo e satisfação. Mascari agarrou os três dados, colocou-os no copo e fê-los rolar cuidadosamente. Zanoni, apoiando a face com a mão e inclinando-se sobre a mesa, fixou os seus olhos firmemente no parasita. Em vão Mascari se esforçava por subtrair-se àquele olhar perscrutador; empalideceu e, tremendo, pôs o copo dos dados sobre a mesa.

– O primeiro lance será para V. Excia. – disse Zanoni.

E dirigindo-se ao cortesão:

– Senhor Mascari, tenha a bondade de nos tirar logo das dúvidas.

Mascari tomou de novo o copo com os dados, agitou-os ruidosamente e, depois, deitando-os, verificou que o lance dava dezesseis pontos.

– É um número bem alto! – disse Zanoni, com calma –; contudo, senhor Mascari, ainda não me desespero.

Mascari recolheu os dados e, agitando o copo, despejou novamente o seu conteúdo sobre a mesa; o número era o mais elevado que se podia obter: dezoito.

O príncipe lançou um olhar irritado ao seu criado, que contemplava os dados com a boca aberta, tremendo da cabeça aos pés.

– Como vê senhor, ganhei – disse Zanoni –; poderemos, apesar de tudo, ser amigos?

– Senhor – respondeu o príncipe, esforçando-se por dominar a raiva e a confusão –, a vitória é sua. Porém, falou dessa jovem com muita frieza; haveria algo que pudesse fazê-lo renunciar ao seu direito?

– Ah! Não pense tão mal da minha fidalguia – respondeu Zanoni, e acrescentou com voz grave: – Não se esqueça da sentença que os seus lábios pronunciaram.

O príncipe franziu as sobrancelhas; porém reprimiu a altiva resposta que o seu primeiro impulso lhe punha na boca, e retrucou com fingido sorriso:

– Basta! Eu cedo; e deixe-me provar-lhe que cedo sem nutrir ressentimentos. Quer honrar com sua presença uma pequena festa que me proponho a dar?

E com riso sardônico, acrescentou:

– Será dada a festa en honra da elevação do meu parente, o falecido cardeal, de pia memória, à verdadeira cadeira de São Pedro.

– Será para mim um prazer obedecer às suas ordens – respondeu Zanoni.

E mudando de conversação, falou alguns instantes com bom humor e depois se despediu.

– Patife! – exclamou o príncipe, agarrando Mascari pelo pescoço. – Você me traiu...

– Asseguro a Vossa Excelência – disse o criado – que os dados estavam bem preparados; para ele não deviam sair mais do que dez pontos; porém esse homem é o diabo, e assim se explica tudo.

– Não percamos tempo – respondeu o príncipe, soltando o criado que, tranqüilamente, começou a pôr em ordem a sua gravata. – O meu sangue está fervendo; quero que essa menina seja minha, ainda que isto me custe a vida.

– Que ruído foi esse?

– Nada, senhor, foi a espada do seu ilustre avô que caiu da mesa.

## Capítulo VII

*"Il ne fault appeler aucun ordre, si ce n'est en temps clair et serein."*
Les Clavicules du Rabbi Salomon.

["Não se deve evocar espíritos de classe alguma, a não ser em tempo claro e sereno." – As Clavículas do Rabino Salomão.]

### CARTA DE ZANONI A MEJNOUR

"Minha arte começa já a obscurecer-se e turvar-se. Perdi a serenidade, que é o que dá o poder. Já não posso influenciar as decisões daqueles que desejava guiar à margem; vejo-os andarem cada vez mais longe e mais engolfados no imenso oceano onde os nossos barcos navegam eternamente, dirigindo-se ao horizonte que foge diante de nós. Admirado e alarmado de ver que só posso aconselhar e advertir, quando desejo mandar, dirigi o olhar à minha alma. É verdade que os desejos terrestres ligam-me ao presente e encobrem-me os solenes segredos que unicamente o intelecto, purificado de toda a escória material, pode examinar e avaliar. A dura condição, sob a qual nos foram concedidos os mais nobres e divinos dons, anuvia a nossa vista quando a dirigimos para o futuro daqueles que nos têm inspirado as fraquezas humanas de ciúme, ódio ou amor.

"Mejnour, uma densa névoa levanta-se em torno de mim; declinei da nossa sublime existência e do seio da imorredoura juventude que floresce somente no espírito, onde brota a negra e venenosa flor do amor humano.

"Esse homem não é digno dela – eu conheço esta verdade; porém, a natureza contém a semente do que é bom e grande, e essa semente poderá germinar se o joio e as más ervas da vaidade e dos preconceitos mundanos não o impedirem. Se essa jovem fosse sua, e eu pudesse assim transplantar em outro solo a paixão que obscurece a minha vista e desarma o meu poder, eu, sem ser visto, ouvido ou conhecido, poderia velar pela sorte desse homem e inspirar-lhe secretamente o bom sucesso de suas obras, e a ela proporcionar a felicidade por intermédio dele. Mas o tempo urge! Por entre as sombras que obscurecem a minha vista, vejo se acumularem sobre ela os mais terríveis perigos. Não resta outro recurso senão fugir – ela não pode se salvar senão com ele ou comigo.

"Comigo! – ó idéia sedutora –, convicção terrível! Comigo! Mejnour, causa-te admiração saber que eu desejaria salvá-la de mim?! Um momento na vida dos séculos – uma bolha no meio do mar imenso. Que outra coisa poderia ser para mim o amor humano? E nesta esquisita natureza, mais pura e mais espiritual em suas afeições juvenis do que tudo o que eu pude contemplar no passado, nos inumeráveis volumes do coração, geração após geração, existe contudo um oculto sentimento que me adverte que inevitáveis males a aguardariam, se fosse minha. Ó austero e insensível Hierofante – tu que quiseste converter à nossa irmandade todos os homens cujos espíritos te pareciam elevadíssimos e altamente atrevidos –, e sabes, por horrível experiência, quão baldada é a esperança de banir o medo do coração da mulher. A minha vida seria para ela uma maravilha. Até se, por outro lado, eu tentasse guiar seus passos pela região do terror, para fazê-la vir à luz, lembro-me do Espectro do Umbral, e estremeço ao imaginar o tremendo perigo!

"Eu me esforcei por despertar no coração do inglês a ambição que inspira a verdadeira glória da sua arte; mas o espírito inquieto do seu avô parece inspirar ainda esse jovem e atraí-lo às esferas onde se perderam os próprios passos. Existe um mistério nessa transmissão de inclinações do pai ao filho. Certas particularidades da mente, bem como as enfermidades do corpo, permanecem adormecidas durante algumas gerações, para depois reviverem em algum distante descendente; resistem a todo tratamento e zombam de toda a ciência.

"Vem visitar-me, Mejnour! Deixa as tuas solitárias ruínas de Roma, e vem prestar-me o teu auxílio! Anseio por ter um confidente vivo – um que sentiu, em outro tempo, também o ciúme e o amor. Quis comunicar-me com Adonai, mas a sua presença, que outrora me inspirava tão celestial contentamento com a sabedoria e a tão serena confiança no destino, agora só me confunde e me faz titubear. Das alturas de onde me esforço por penetrar nas sombras do porvir, vejo confusos espectros de aspecto irado e ameaçador. Parece-me que distingo um pálido fim da maravilhosa existência que tenho gozado – parece-me que, depois de séculos de uma vida ideal, vejo os meus dias precipitarem-se na mais tempestuosa voragem da realidade. Lá onde as estelas me abriam as suas portas, vejo aparecer um cadafalso – densos vapores de sangue se levantam como de um matadouro. O que acho mais estranho é que uma criatura humana, um tipo do falso ideal dos homens vulgares – um homem disforme de corpo e de mentalidade, um hediondo escárnio da arte que cria a beleza e do desejo que busca a perfeição, aparece-me sempre no meio dessas confusas e negras sombras do meu destino. Sempre o vejo junto a esse cadafalso, e fala-me em sua geringonça, e dos lábios lhe goteja lama e sangue.

"Vem, oh! vem, amigo dos tempos de outrora; sei que, quando se trata de mim, a tua sabedoria não apaga no coração as afeições humanas. Segundo os vínculos da nossa augusta Ordem, reduzida agora a nós dois, únicos sobreviventes de tantos altivos e gloriosos aspirantes, estás também obrigado a advertir o descendente daqueles que os teus conselhos procuravam iniciar no grande segredo, num tempo já passado. O último descendente daquele intrépido Visconti, que foi teu discípulo, é infatigável perseguidor dessa formosa jovem. Ele, com as suas idéias libidinosas e assassinas, está abrindo a sua sepultura; podes talvez ainda fazê-lo vacilar, desistir do seu projeto e evitar o precipício.

"E eu também, misteriosamente, pelos mesmos vínculos, vejo-me obrigado a obedecer se o jovem inglês exigir que seja iniciado – esse menos culpado descendente de um desenganado, porém nobre estudante. Se ele rejeitar o meu conselho, se insistir em que eu cumpra a promessa, terás, Mejnour, um novo neófito. Não queiras outra vítima! Vem a mim! Esta carta chegará às tuas mãos o mais depressa possível. Responde-a com o contato de uma mão que ainda me considero digno de apertar."

## *Capítulo VIII*

*"Il lupo
Ferito, credo, mi conobbe e 'ncontro
Mi venne con la bocca sanguinosa."*
**Aminta**, Ato IV, Cena I.

["O lobo ferido, creio, conheceu-me e veio ao meu encontro, com a boca sanguinolenta."]

O túmulo de Virgílio, situado sobre a caverna de Posillipo, é venerado em Nápoles, não com os sentimentos que deveriam honrar a memória do poeta, mas com o terror que inspira a recordação de um mago. Os napolitanos atribuem a seus feitiços a cavidade daquela montanha; e a tradição ainda faz guardar o seu túmulo pelos espíritos que evocara para construir a caverna.

Esse sítio, que se achava na imediata vizinhança da casa de Viola, havia muitas vezes atraído seus solitários passos. A jovem se comprazia com as tétricas e solenes fantasias que lhe inspirava a vista daquela profunda e tenebrosa gruta; e, às vezes, subia até o túmulo do poeta para contemplar, daquela elevada rocha, as pequenas figuras da afamada multidão, que pareciam arrastar-se como insetos pelas tortuosidades da cidade que ficava abaixo; e agora, na hora do meio-dia, dirigia-se a jovem para esse sítio, com ar contemplativo. Ia pelo estreito caminho, e depois de cruzar a sombria vinha que trepa pela rocha, chegou ao ponto mais elevado, coberto de musgo e de verde folhagem onde, como é opinião geral, repousam os restos daquele que ainda hoje inspira aos homens sublimes pensamentos.

Numa distância notável, levantava-se a imensa fortaleza de Sant'Elmo, fazendo negrejante carranca no meio de pináculos e zimbórios que brilhavam esplendidamente aos raios do sol. Acalentada pelo murmúrio das ondas, a sereia dormia no azulado mar, e o Vesúvio, não muito longe, elevava ao lúcido firmamento uma coluna móvel de fumaça.

À borda do precipício estava Viola, imóvel, contemplando o formoso panorama que o mundo dos vivos apresentava, lá embaixo, à sua vista; e o negro vapor do Vesúvio a fascinava ainda mais do que os dispersos jardins ou o brilhante Cáprea, que sorria no meio dos sorrisos do mar.

Viola, que não tinha notado o ruído dos passos que seguiam a sua pista, sobressaltou-se ao ouvir uma voz junto de si. Tão repentina foi a aparição da forma que notou ao seu lado, emergindo das moitas que cobriam as rochas, e a sua extraordinária fealdade harmonizava-se tanto com a selvagem natureza da cena que a rodeava e com as tradições misteriosas daquele sítio, que a jovem empalideceu, e um débil grito escapou-lhe dos lábios.

– Silêncio, tímida pombinha! Não tenha medo do meu rosto – disse o homem, sorrindo com amargura. – Depois de três meses de matrimônio, não existe a menor diferença entre a formosura e a fealdade. O costume é um grande nivelador. Eu me dirigia à sua morada justamente quando você de lá saía; e como tenho que comunicar-lhe assuntos de importância, atrevi-me a seguir os seus passos. Eu me chamo Jean Nicot, e o meu nome já é bastante conhecido como artista francês. A pintura e a música são artes irmãs, e o teatro é o altar que as une.

Havia, na conversação desse homem, uma certa franqueza que desvaneceu o medo que causara à primeira vista. O artista sentou-se sobre uma pedra ao lado da jovem, e prosseguiu, fixando nela os olhos.

– É muito formosa, Viola Pisani, e não me surpreende que tenha tantos admiradores. Se eu me atrevo a figurar entre eles, é porque sou o único que a ama honestamente e que a galanteia seriamente. Não me olhe com indignação! Escute. Falou-lhe alguma vez de matrimônio o príncipe de ... ou esse belo impostor Zanoni, ou esse jovem inglês de olhos azuis, Clarêncio Glyndon? O que eu lhe ofereço é um matrimônio; sim, ofereço-lhe a minha mão, um lar, a segurança e a reputação; e estes são bens que persistem quando o peso da velhice faz curvar as pessoas e apaga o brilho dos olhos. Que diz?

Ao fazer esta pergunta, Nicot fez um movimento, querendo tomar a mão da jovem. Viola, porém, esquivou-se ligeira e, voltando-lhe as costas, tomou silenciosamente o caminho de sua casa.

Nicot, ao perceber a intenção da jovem, correu a interceptar-lhe o passo.

– Formosa atriz! – exclamou ele –, há de me ouvir! Sabe o que é a carreira do teatro aos olhos das pessoas que vivem nutrindo preconceitos, isto é, para a maioria da sociedade? Eu vo-lo direi. De noite, ao resplendor dos lampadários, é uma princesa; à luz do dia, porém, não é mais do que uma infeliz. Ninguém crê em sua virtude nem em seus votos; é a boneca que o público veste de ouropel para que o divirta, mas não é um ídolo que se adore. Tem, por acaso, tanta afeição a essa carreira que, por ela, despreze a segurança e a honra? Talvez seja diferente do que parece ser. Talvez se ria dos preconceitos que lhe desagradam, e pode ser que queira tirar vantagens deles. Fale-me com franqueza, eu também não nutro preconceitos. Minha querida, estou certo de que nós nos compreenderemos. Agora, é preciso que saiba que tenho de dar-lhe um recado do príncipe de ... Devo dizer-lhe?

Nunca se sentira Viola tão abatida como nesse instante; nunca havia visto, tão claramente como agora, todos os perigos da sua situação, da sua ameaçada fama, do seu honrado nome, que vis projetos queriam macular.

Nicot continuou.

– Zanoni, não faria mais que se divertir com a sua vaidade; Glyndon desprezaria a si mesmo se lhe oferecesse a sua mão e o seu nome e desprezá-la-ia se aceitasse; mas o príncipe de ... pensa seriamente, e é rico. Escute!

E Nicot aproximou os lábios do ouvido da jovem e disse-lhe uma frase que Viola não lhe permitiu completar; e dirigindo-lhe um olhar de profundo desprezo, retrocedeu. Nicot fez, então, um esforço para tomar-lhe o braço e detê-la; resvalou-lhe porém um pé, e ele caiu, rolando pela rocha, até que um galho de pinho, em que ele, já ferido e machucado, se deteve, serviu-lhe de ponto de salvação, se não teria ido parar no fundo do abismo.

Viola, ouvindo a sua exclamação de raiva e dor, pôs-se a correr pelo caminho e, sem volver a vista, chegou à sua casa. Ali, sob o alpendre, Glyndon estava conversando com Gianetta. Viola, passando precipitadamente ao seu lado, entrou no quarto sem se deter e, atirando-se ao leito, pôs-se a chorar amargamente.

Glyndon, admirado de ver a jovem entrar daquela maneira, seguiu-a esforçando-se em vão por acalmá-la e consolá-la.

Viola não respondia às suas perguntas; nem parecia, igualmente, escutar as suas declarações de amor, até que, de repente, recordando-se da terrível descrição que Nicot lhe fizera, do juízo que a sociedade formava da sua carreira, dessa profissão que, outrora, lhe havia parecido, em seus pensamentos infantis, o serviço da arte e da beleza, levantou a cabeça e, olhando fixamente o inglês, disse-lhe:

– Homem falso, você se atreve a me falar de amor?

– Juro-lhe, pela minha honra, que me faltam palavras para dizer-lhe como a amo!

– Quer oferecer-me a sua casa, e dar-me o seu nome? Quer se casar comigo?

Se nesse momento Glyndon tivesse respondido o que lhe aconselhava o seu anjo bom, talvez, na terrível revolução que se operava em toda a mente da jovem, em conseqüência das palavras que lhe dissera Nicot, palavras que a faziam desprezar a si mesma, e que, depois de lhe arrebatarem as ilusões, fizeram-na desesperar do seu porvir e tiraram-lhe a crença em todo o seu ideal –, talvez, repito, reabilitando-a em seu conceito, ele teria granjeado a confiança da jovem e teria conquistado o seu coração.

Porém, contra o impulso da sua natureza mais nobre, essa inesperada pergunta despertou em seu espírito todas as dúvidas que, como Zanoni havia dito tão acertadamente, eram os verdadeiros inimigos de sua alma. Iria cair no laço que os enganadores tinham preparado para a sua credulidade? Não seria tudo isso senão um ardil, uma coisa fingida, para surpreendê-lo e arrancar-lhe uma promessa, da qual a fria prudência o faria arrepender-se depois? Não podia essa grande atriz representar um papel estudado de antemão? Esses pensamentos, filhos do mundo, cruzando por sua mente, desviaram-no do seu primeiro impulso e até se lhe afigurou ouvir, na rua, o riso sarcástico de Mervale.

E não se enganava nesse ponto: – Mervale passava naquele momento em frente à porta, e Gianetta lhe havia dito que o seu amigo estava lá dentro. Quem é que não conhece o efeito que produz o riso do mundo? E Mervale era a personificação do mundo. Na gargalhada de Mervale, parecia a Glyndon que ouvia o grito de escárnio do mundo inteiro.

127

O jovem artista parou e retrocedeu. Viola seguiu-o com os olhos sérios e impacientes. Enfim, Glyndon balbuciou:

– Exigem todas as de sua profissão, formosa Viola, o matrimônio como a única prova de amor?

Ó pergunta amarga! Ó insulto venenoso! Glyndon, conhecendo a sua injustiça, arrependeu-se logo no mesmo instante; a razão, o sentimento e a consciência repreendiam-lhe o comportamento com graves remorsos. Ele notou o movimento de dor que Viola manifestou ao ouvir as suas palavras cruéis. Viu que a cor do seu rosto mudava-se repetidas vezes, para deixá-la, por fim, pálida como morta. A atriz dirigiu-lhe depois um olhar de indizível tristeza, em que não se revelava a mais leve repreensão, e apoiando as mãos fortemente contra o coração, disse:

– Ah! ele tinha razão! Perdoe-me, senhor; eu vejo agora que, realmente, sou uma enjeitada, uma criatura detestável!

– Escute, Viola! – exclamou Glyndon. – Eu me retrato pelo que disse. Viola, Viola! perdoe-me!

Mas a jovem, em vez de responder, despediu-o com a mão, e dirigindo-lhe um sorriso triste, saiu do quarto, sem que Glyndon se atrevesse a detê-la.

## Capítulo IX

"Dafne: *Ma chi lung' é d'Amor?*
Tirsi: *Chi teme e fugge.*
Dafne: *E che giova fuggir da chi ha l'ale?*
Tirsi: *Amor nascente ha corte l'ale.*"
    *Aminta*, Ato II, Cena 2.

["*Dafne:* Mas quem está longe do Amor?
*Tirsi:* Quem teme e foge.
*Dafne:* E que vale fugir dele, se ele tem asas?
*Tirsi:* O amor nascente tem asas curtas."]

Quando Glyndon achou-se fora da casa de Viola, Mervale, que andava ainda passeando por ali, tomou-lhe o braço. O artista porém, repeliu-o asperamente.

– Tu, com os teus conselhos – disse, com amargura –, fazes de mim um covarde e um desgraçado. Mas irei para casa e escrever-lhe-ei. Hei de aliviar a minha alma; Viola me perdoará ainda!

Mervale, homem de humor imperturbável, pôs em ordem os punhos da camisa, que o brusco movimento do amigo lhe havia enrugado um pouco, e ficou calado até notar que Glyndon estava cansado de proferir apaixonadas exclamações e censuras: então, o esperto pescador começou a puxar a linha. Dirigindo a Glyndon algumas palavras suaves, conseguiu que este lhe explicasse o que havia acontecido, pondo Mervale em jogo toda a arte para tranqüilizá-lo.

Mervale, é verdade, não era mau: a sua moral era até muito mais severa do que se costumava ver em jovens da sua idade. Por isso, repreendia o amigo, porque as intenções deste para com a atriz não eram honrosas.

– Sentiria – disse-lhe –, se essa jovem viesse a ser tua esposa; porém nunca pensei, nem em sonho, que pudesses desagradá-la, fazendo-a tua concubina. Prefiro antes um casamento imprudente do que uma união ilícita. Mas reflita bem; não aja sob um impulso de momento.

– Mas não há tempo a perder – respondeu Glyndon. – Prometi a Zanoni que amanhã de noite teria a minha resposta. Depois deste prazo, é inútil toda resolução.

– Ah! – disse Mervale –, isto é para suspeitar. Explique-se.

E Glyndon contou ao amigo tudo o que se havia passado entre ele e Zanoni, suprimindo somente, sem que soubesse o porquê, a parte que fazia referência ao seu avô e à misteriosa irmandade.

Essa relação facilitou a Mervale poderosas razões para combater a idéia do amigo, o que fez empregando argumentos cheios de bom senso. E em que tom falou! Quão evidente parecia a existência de uma aliança entre a atriz e... – quem sabe? – o seu clandestino protetor, cansado já de sua posse! Como eram equívocos o caráter dele e a posição dela! Que sagacidade envolvia a pergunta da atriz! Com que perspicácia, à primeira sugestão de sua sóbria razão, havia Glyndon penetrado no fundo da intriga! Pois quê! Devia então aventurar-se a contrair um enlace precipitado e talvez temerário, porque Zanoni, um simples estrangeiro, lhe dissera com ar grave que era necessário decidir-se antes que o relógio desse certa hora?

– Ao menos – observou Mervale – espere que o tempo expire; falta apenas um dia. Burla a Zanoni. Ele te disse que viria encontrar-te amanhã antes da meia-noite, e desafiou-te a não pensares em evitá-lo. Pois bem! Vamos a qualquer parte, a qualquer ponto dos arredores de Nápoles onde, a não ser que ele seja o próprio demônio, lhe será impossível nos encontrar. Mostra-lhe que não quer que o leve com os olhos vendados a praticar um ato que carece de madura reflexão. Não escrevas, nem vás ver Viola até depois de amanhã. Isto é tudo o que te peço. Depois visita-a e faze o que te parecer melhor.

Glyndon vacilava. Não podia combater as razões do amigo; não estava convencido, mas hesitava.

Nisto, aproximou-se deles Nicot, que se deteve ao ver Glyndon e perguntou-lhe:

– Ainda pensas em Viola Pisani?

– Sim – foi a resposta. – E vós?

– Vi-a e falei-lhe. Viola será Madame Nicot antes de uma semana! Vou ao café, ao Toledo. Ah! escuta. Quando encontrares o teu velho amigo, o senhor Zanoni, dize-lhe que ele cruzou duas vezes o meu caminho. Jean Nicot, embora apenas um pintor, é homem sincero e honesto, e paga sempre as suas dívidas.

– É uma boa doutrina em questões de dinheiro – disse Mervale –, porém, para vingar-se, é menos moral, e certamente não é muito prudente. Zanoni estorvou, acaso,

129

os teus projetos amorosos? Mas como compreendê-lo, se acaba de dizer que este assunto vai tão bem?

– Podes fazer esta pergunta a Viola Pisani. Ora! Glyndon, essa jovem se faz tão inocente somente contigo. Mas eu não tenho preconceitos, como sabes. Adeus!

– Vamos lá, meu caro – disse Mervale, dando uma leve pancada no ombro de Glyndon. – Que pensas agora da tua linda atriz?

– Esse homem mente – respondeu Glyndon.

– Quer escrever agora mesmo a Viola?

– Não. Se é verdade que está representando um papel tão triste, renunciarei a ela sem exalar um suspiro. Vigiá-la-ei de perto: porém, seja como for, Zanoni não será o senhor do meu destino. Amanhã, ao amanhecer, sairemos de Nápoles, como aconselhas.

## *Capítulo X*

*"Oh! chiunque tu sia, che fuor d'ogni uso*
*Pieghi Natura ad opre altere e strane*
*E, spiando i segreti, entri al più chiuso*
*Spazi', a tua voglia, delle menti umane –*
*Deh, dimmi!"*
                    Gerusal. Lib., canto X, 18.

["Ó tu, quem quer que sejas, que por meios extraordinários obténs da natureza obras admiráveis e estranhas e que, devassando os seus segredos, entras à vontade no mais recluso recesso das mentes humanas – fala! dize-me!"]

No dia seguinte, logo pela manhã, os dois jovens ingleses montaram a cavalo e foram a Baiae. Glyndon dissera no hotel, onde morava, que se o Sr. Zanoni o procurasse, deviam fazer-lhe saber que havia saído em excursão àquele sítio, tão celebrado pelos antigos por seus magníficos banhos, e que ali o encontraria.

Os dois amigos passaram diante da casa de Viola, mas Glyndon resistiu à tentação de deter-se ali. Dirigiam-se à gruta de Posillipo, e depois, fazendo um volta para chegar aos arrabaldes, tomaram o caminho oposto, que conduz a Portici e Pompéia. Era já mais de meio-dia quando chegaram à primeira destas cidades; resolveram parar um pouco e almoçar ali, pois Mervale, que era um bom gastrônomo, tinha ouvido elogiar a excelência dos macarrões de Portici, e quis experimentá-los.

Os dois viajantes entraram num hotel de modesta aparência e comeram à sombra de um toldo. Mervale estava mais alegre que de costume; apresentava com freqüência ao amigo o copo com o bom vinho, e conversava animadamente.

– Bem, meu caro amigo – disse ele –; preguemos uma boa peça ao Sr. Zanoni, vencendo-o ao menos numa das suas predições; para o futuro não lhe terás tanta fé.

— O dia dos Idos* veio, mas ainda não passou — respondeu Glyndon.

— Ora! Se ele é adivinho tu não és o César — replicou Mervale. — Tua vaidade, amigo, torna-o crédulo. Graças a Deus, eu não me considero de tanta importância que creia que as operações da natureza mudem a sua ordem para me espantar.

— Porém, por que teria de se alterar a marcha da natureza? Pode existir uma filosofia mais profunda do que a que nós conhecemos ou com que sonhamos, uma filosofia que descobre os segredos da natureza, não alterando o seu curso, mas penetrando nele.

— Ah! Torna a cair em sua herética credulidade; supões seriamente que Zanoni é um profeta, que leia no porvir do homem, e que, talvez, esteja em contato com os gênios e os espíritos!

Nesse instante, o hoteleiro, um homem baixo e gordo, entrou com outra garrafa de vinho, dizendo que esperava que Suas Excelências estivessem contentes. O bom homem se enterneceu deveras quando ouviu dizer que os ingleses haviam gostado muitíssimo do macarrão.

— Vossas Excelências vão ao Vesúvio? — perguntou o hoteleiro. — Houve uma pequena erupção. Daqui não se pode ver, porém, é um vista magnífica, e ainda muito mais depois do sol posto.

— Soberba idéia! — exclamou Mervale. — Que lhe parece, Glyndon?

— Nunca vi uma erupção — respondeu o companheiro — e seria um espetáculo que gostaria muito de ver.

— Mas não haverá perigo? — perguntou o prudente Mervale.

— Oh, não, senhor! — respondeu o hoteleiro. — A montanha está muito cortês agora. Brinca apenas um pouquinho, o bastante para divertir Suas Excelências, os ingleses.

— Bem; mande preparar-nos os cavalos e traga-nos a conta; iremos lá antes do anoitecer. Clarêncio, meu amigo, *nunc est bibendum*;** mas não te esqueças de cuidar do *pede libero*,*** que não sei se será bastante bom para andar sobre as lavas!

Os dois amigos, depois de esvaziarem a garrafa, pagaram a conta e partiram. O hoteleiro cumprimentou-os com reverência, e eles tomaram o caminho de Resina, acompanhados da fresca brisa daquela tarde deliciosa.

O vinho, ou talvez a excitação de seus pensamentos, animou sobremaneira Glyndon, cujo humor inconstante era às vezes excelente e brilhante, como o de um menino de escola, que se vê livre da aula; assim é que as estrepitosas risadas dos viajantes do Norte ressoavam, com freqüência no meio da melancólica solidão daqueles sítios, debaixo dos quais jaziam cidades sepultadas.

O sol estava a pino quando os viajantes chegaram a Resina. Deixaram, então, os cavalos, e tomaram duas mulas e um guia.

À proporção que o dia desaparecia, o calor na montanha se tornava mais intenso. Uma coluna de fogo se precipitava por diferentes correntes, maiores e menores, saindo

---

\* O dia decisivo.
\*\* Agora deve-se beber.
\*\*\* Pé livre.

da negra cumeeira, e os ingleses, à medida que subiam, começavam a sentir essa sensação de solenidade e terror que inspira a atmosfera que rodeia o gigante das planícies do antigo Hades.

Era já noite quando, deixando as mulas, resolveram continuar a subir a pé, acompanhados do guia e de um camponês que levava uma grande tocha. O guia era um homem conservador e vivaz como é a maior parte dos seus compatriotas que exerce tal profissão; e Mervale, cujo gênio era muito sociável, gostava de se divertir e de se instruir sempre que se lhe oferecia ocasião.

— Ah! Excelência — disse o guia —, as pessoas do seu país sentem uma forte paixão pelo vulcão. Deus lhes dê longa vida, pois elas nos trazem muito dinheiro! Se tivéssemos de viver só com o que nos dão os napolitanos, em breve morreríamos de fome.

— É verdade, os napolitanos não são muito curiosos — disse Mervale. — Lembras-te, Glyndon, com que desprezo nos disse aquele velho conde: "Suponho que ides ao Vesúvio? Eu nunca lá estive; para que ir lá? Para passar frio e fome, cansar-me e expor-me ao perigo, e tudo isso para ver fogo, que tem igual aspecto num braseiro como na montanha?" Ah! Ah! O velho tinha razão!

— Mas não é só isto, Excelência — volveu o guia —; alguns cavalheiros se julgam capazes de subir a montanha sem o nosso auxílio. Esses homens mereciam ser jogados na cratera.

— É necessário ser muito ousado para andar sozinho por estes sítios, e parece-me que não se encontram muitos que se atrevam a isso.

— Fazem-no, às vezes, os franceses, senhor. Porém, noutra noite (em minha vida nunca passei por tanto susto), acompanhei uma expedição de vários ingleses, e uma senhora esqueceu no alto da montanha uma carteira em que havia feito alguns esboços. Ofereceu-me uma boa quantia de dinheiro se quisesse ir buscar essa carteira e a levasse a Nápoles. Pela tarde, subi à montanha e achei, efetivamente, o livrinho no mesmo lugar onde fora esquecido; quando, porém, dei o primeiro passo para voltar, vi uma figura que me pareceu subir da própria cratera. O ar era tão pestilento, que parecia impossível que uma criatura humana fosse capaz de respirá-lo e viver. Fiquei tão surpreendido que, por uns instantes, parei imóvel como uma estátua, até que aquela figura, passando por cima da cinza quente, veio pôr-se em frente de mim. Virgem Maria, que cabeça!

— Muita feia, não é?

— Não — retrucou o guia —; era, pelo contrário, um semblante muito belo, porém tão terrível que o seu aspecto não tinha nada de humano.

— E que disse essa salamandra? — perguntou Mervale.

— Nada! Nem sequer pareceu ter reparado em mim, apesar de eu estar tão perto dele como agora estou do senhor; mas os seus olhos se dirigiram ao céu, como se observasse atentamente alguma coisa nas alturas. Ele passou rapidamente para o meu lado, cruzou uma corrente de lava adentro e, em breve, desapareceu na outra banda da montanha. A curiosidade deu-me audácia, e eu resolvi ver se podia agüentar a atmosfera que havia respirado aquele visitante; porém, não havia dado mais que uns trinta passos em direção ao lugar onde ele aparecera primeiramente, e vi-me obrigado a recuar sem demora por causa de um vapor que esteve a ponto de me asfixiar. Cáspite! Desde então, cuspo sangue.

— Apostaria qualquer coisa pela minha suposição de que pensas que esse rei do fogo havia de ser Zanoni — murmurou Mervale, rindo, para o seu amigo.

A pequena caravana havia chegado agora quase ao alto da montanha; e soberbo era o espetáculo que se oferecia à sua vista. Do fundo da cratera saía um vapor, intensamente escuro, que enchia o espaço e cobria uma grande parte do céu; no centro da nuvem via-se uma chama de forma e cor singularmente belas. Podia comparar-se esse aspecto a uma crista de gigantescas plumas, coroada de brilhantes, formando um belo e alto arco de várias cores, às quais as sombras da noite davam encantadores matizes, enquanto o todo ondeava como a plumagem do capacete de um guerreiro. O resplendor da chama, luminoso e carmesim, iluminava o terreno escuro e escabroso que pisavam, e cada pedra e cada fenda produziam uma sombra particular.

Uma atmosfera sufocante e sulfurosa aumentava a sensação de terror que aquelas paragens inspiravam. Porém, quando se apartava a vista da montanha a fim de dirigi-la para o lado do oceano, que não se enxergava, o contraste era extraordinário; o céu, naquela região, aparecia sereno e azul, e salpicado de estrelas que brilhavam tranqüilamente, os olhos do Divino Amor. Era como se os mundos dos opostos princípios do mal e do bem se apresentassem num só quadro à vista do homem!

Glyndon — com o entusiasmo e a imaginação de artista —, sentia-se preso e arrebatado por vagas e indefiníveis emoções em que o prazer se misturava com a dor. Apoiado ao ombro do amigo, o artista olhava em torno de si e escutava, com profunda sensação de terror e admiração, o murmúrio que se ouvia debaixo dos pés, semelhante a rodas de máquinas e, pelas vozes do mistério da natureza, trabalhando em seus mais negros e inescrutáveis recessos.

De repente, como uma bomba arrojada por um morteiro, uma enorme pedra, lançada pela boca da cratera, foi voando pelos ares à altura de centenas de metros, e caindo, com forte estrondo sobre a rocha, saltou em milhares de pedaços que foram rolando estrepitosamente pelos flancos da montanha. Um desses fragmentos, o maior, veio cair no estreito espaço que havia entre os ingleses e o guia, a uns três pés de distância dos primeiros.

Mervale lançou um grito de espanto, e Glyndon, quase perdendo o fôlego, tremia da cabeça aos pés.

— Diabo! — exclamou o guia. — Vamos descer, Excelências, descer! Não devemos perder um instante; sigam-me tão perto quanto possível!

Ao dizer isto, começou o guia, bem como o camponês, a correr com toda a velocidade que o terreno permitia. Mervale, sempre mais pronto em suas resoluções do que o amigo, imitou o seu exemplo; e Glyndon, mais confuso que alarmado, seguiu em último lugar. Não tinham andado porém muitos metros quando, com um ruidoso e repentino sopro, a cratera vomitou uma enorme coluna de vapor que os perseguiu e, alcançando-os num instante, os envolveu, ao mesmo tempo que mergulhava tudo na mais espantosa escuridão. A uma grande distância ouviam-se os gritos do guia, abafados pelo ruído do vulcão e pelos rumores da terra debaixo dos pés dos excursionistas.

Glyndon se deteve. Encontrava-se já separado de seu amigo e do guia. Estava só – com a escuridão e o terror. O vapor adiantava-se, ameaçador, até a base da montanha. Outra vez apareceu, ainda que confusamente, a forma do fogo cristado, lançando uma luz indecisa sobre o caminho escabroso. Glyndon recuperou a coragem e avançou. Ouvia a voz de Mervale, que o chamava, mas não podia distinguir-lhe a forma. O som serviu-lhe de guia. Aturdido e mal podendo respirar, o artista andava tão depressa como lhe era possível quando, de repente, chegou-lhe ao ouvido um novo ruído de alguma coisa que rolava lentamente! Glyndon parou e, volvendo a cabeça para ver o que era, notou que uma torrente de fogo baixava pelo caminho que ele seguia; e já formava ali um largo córrego, perseguindo-o e prestes a alcançá-lo. Sentia, a cada instante, o bafo abrasador daquele terrível inimigo a tocar-lhe o rosto! Abandonando o caminho, o inglês dirigiu-se para um lado e agarrou-se desesperadamente, com as mãos e os pés, a uma rocha que, à sua direita, quebrava o ardente e perigoso nível do solo. A torrente ígnea vinha também até ali; o jovem, num último esforço, subiu para a rocha. A massa ardente passou primeiro ao pé desta; porém, em seguida, fazendo uma pequena volta, cercou a pedra por três lados, formando uma larga e intransponível barreira de fogo líquido, que lhe tapava o único ponto que ficava livre para a fuga. E agora não tinha outra alternativa senão permanecer ali ou retroceder até a cratera e depois procurar, sem auxílio de um guia, algum outro caminho por onde pudesse descer.

Por um instante, abandonou-o a coragem; ele se pôs a chamar, com voz desesperada, por Mervale e pelo guia. Ninguém, porém, lhe respondeu; e o inglês, vendo-se assim só e abandonado aos próprios recursos, revestiu-se de coragem e sentiu-se novamente possuído de energia, dispondo-se a lutar contra o perigo. Desceu da rocha e, tornando atrás, aproximou-se da cratera tanto quanto lhe permitiu a sufocante atmosfera que o rodeava; depois, olhando com calma e atenção a vertente da montanha, viu um caminho pelo qual podia andar, desviando-se da direção que o fogo havia tomado.

Pôs-se a caminhar, mas apenas tinha dado cerca de sessenta passos, quando parou de repente, sentindo-se tomado de um invencível e inexplicável horror, como nunca experimentara até ali. Tremia convulsivamente e os músculos não queriam obedecer à sua vontade; parecia-lhe que estava paralisado e que fora tocado pela morte. Esse medo era tanto mais inexplicável quanto o caminho parecia ser limpo e seguro. O fogo do vulcão, e o que havia deixado atrás, alumiavam a estrada até uma longa distância. Não se via obstáculo algum – nenhum perigo parecia ameaçá-lo naquele instante.

Enquanto permanecia dessa maneira como que encantado e cravado no solo, o seu peito respirava com dificuldade e grossas gotas de suor rolavam-lhe pela testa; os olhos, como se quisessem sair das órbitas, miravam fixamente, a certa distância, uma coisa que gradualmente ia tomando uma forma colossal – uma espécie de sombra, que se assemelhava um tanto a uma figura humana, porém de uma estatura muito maior –, vaga, escura, disforme mesmo, e que diferia, sem que o jovem pudesse dizer por que ou em que, não somente nas proporções, como também em sua estrutura, das regulares formas de um homem.

O resplandecer do vulcão, que parecia ser cortado por aquela gigantesca e espantosa aparição, lançava, não obstante, sua luz vermelha e firme, sobre outra figura que estava em pé, ao lado da primeira, quieta e imóvel; e era talvez o contraste dessas duas coisas – o Ser e a Sombra – que impressionara o jovem com a diferença que havia entre eles – o Homem e o Super-humano. Mas foi apenas por um instante rápido que Glyndon viu a aparição. Uma segunda erupção de vapores sulfúreos, mais rápida e mais densa do que a primeira, tornou a encobrir a montanha, e fosse a impressão produzida por esse fenômeno ou talvez o excesso de medo, o certo é que Glyndon, depois de fazer um esforço desesperado, caiu sem sentidos no chão.

## Capítulo XI

*"Was hab'ich.*
*Wenn ich nicht Alles habe? – sprach der Jüngling."*
*Das Verschleierte Bild zu Sais.*

["Que é o que tenho, se não tenho tudo? – disse o jovem."
*A Imagem velada em Sais.*]

Mervale e o italiano chegaram ilesos ao lugar onde haviam deixado as mulas; só depois de se terem reanimado do susto, e quando já respiravam com liberdade, lembraram-se de Glyndon.

Mervale, cujo coração era tão bom, ao menos como o são os corações humanos em geral, começou a temer seriamente pelo amigo. Manifestou, então, o firme desejo de voltar para ver se o encontraria; e depois de ter prometido boa recompensa ao guia, conseguiu que este o acompanhasse. A parte mais baixa da montanha estava tranqüila e bastante clara, com o suave resplendor das estrelas, de modo que o olho prático do guia podia distinguir todos os objetos a uma distância considerável.

Não tinham, porém, ido muito longe, quando perceberam duas figuras humanas que se aproximavam deles, pouco a pouco.

Quando estavam bastante perto, Mervale, reconheceu o amigo; e dirigindo-se ao guia, exclamou:

– Graças a Deus, ele está salvo!

– Santos anjos do céu, protejam-nos! – exclamou o italiano, tremendo. – Eis aqui aquele mesmo que cruzou comigo na sexta-feira de noite. É ele, sim; somente que o seu semblante agora é humano.

– Senhor inglês – disse a voz de Zanoni, enquanto Glyndon, pálido, meio desmaiado e silencioso, correspondia passivamente à saudação alegre de Mervale –; senhor inglês, eu disse ao seu amigo que nos encontraríamos esta noite. Vê que não me pregou a peça nem obstou a realização do meu intento.

– Porém, como? mas onde? – balbuciou Mervale, cheio de confusão e surpresa.

– Encontrei o seu amigo estendido no solo, vencido pela mefítica exalação da cratera; levei-o a um lugar onde a atmosfera era mais pura e, como conheço a montanha perfeitamente, pude conduzi-lo incólume até aqui. Esta é toda a história. Já vê, cavalheiro, que a não ser por essa profecia que se empenhou em frustrar, o seu amigo, neste momento, não existiria entre os vivos. Só faltava um minuto para que o vapor o asfixiasse. Adeus. Boa noite, e agradáveis sonhos!

– Mas, meu salvador, quer nos deixar? – exclamou Glyndon com ansiedade e falando pela primeira vez. – Não voltará conosco?

Zanoni, levando Glyndon para um lado, disse-lhe com acento grave:

– Jovem, é necessário que nos vejamos outra vez esta noite. É necessário que, antes da uma da madrugada, decidas o teu próprio destino. Sei que insultaste aquela que declaras amar. Ainda não é tarde, se queres arrepender-te. Não consultes sobre isso o teu amigo, o qual, embora sensível e prudente, não é capaz de dar-te o necessário conselho neste caso. Há momentos na vida em que a sabedoria vem da imaginação e não da prudência; tu te encontras agora numa destas ocasiões. Não quero que me respondas agora. Coordena as tuas idéias, serena o teu fatigado espírito. Faltam duas horas para a meia-noite. Antes dessa hora, estarei contigo.

– Ser incompreensível! – replicou o inglês. – Ponho em tuas mãos a minha vida, que acabas de salvar; mas o que vi esta noite afastou até Viola dos meus pensamentos. Sinto que em minhas veias arde um desejo mais ardente do que o de amor – é o desejo de não me assemelhar aos da minha espécie, mas exceder-lhes a vontade de penetrar o segredo da sua própria existência e de participar dele, o desejo de um conhecimento sobrenatural e de um poder supraterrestre. Já estou decidido. Em nome do meu avô, lembro-te o teu juramento e quero que cumpras a tua promessa. Instrui-me; faze-me teu discípulo; faze-me um dos teus; e desde já te entrego, sem murmurar, a mulher que, antes de tê-lo visto, eu teria disputado a todo o mundo.

– Desejo que reflitas bem: de um lado, Viola, um lar tranqüilo, uma vida feliz e serena; do outro lado, trevas e nada mais que trevas, em que não podem penetrar nem estes olhos!

– Porém, me disseste que, se me casasse com Viola, teria de contentar-me com uma existência vulgar. Se renuncio a ela, é para aspirar ao teu saber e ao teu poder.

– Homem vaidoso, o saber e o poder não constituem a felicidade!

– Porém, valem mais do que ela. Dize-me: se eu me casar com Viola, serás meu mestre, meu guia? Responde-me que sim, e eu me decido desde já.

– Seria impossível.

– Então, renuncio a ela. Renuncio ao amor. Renuncio à felicidade. Venha a solidão, venha o desespero, se eles me fazem penetrar no teu obscuro e sublime segredo.

– Agora não aceito a tua resposta. Antes de dar a última hora da noite, dar-me-ás uma só palavra: sim ou não. Até então, adeus!

Zanoni saudou-o com a mão, e descendo rapidamente a montanha, desapareceu na sombra.

Glyndon foi reunir-se ao seu impaciente amigo e este, fitando-lhe o semblante, viu que se havia operado nele uma grande mudança. A zombeteira expressão da juventude havia desaparecido.

Suas feições tornaram-se impassíveis e graves; foi tal a transformação, que se diria que aquela hora parecia ter produzido nele o efeito de muitos anos.

## Capítulo XII

*"Was ist's,
Das hinter diesem Schleir sich verbirgt?"*
*Das Verschleierte Bild zu Sais.*

["O que é que se oculta atrás deste véu?"]
*A Imagem velada em Sais.*

Quando você regressa do Vesúvio ou de Pompéia, entra em Nápoles pelo seu bairro mais animado e mais napolitano – pelo bairro onde a vida moderna se assemelha muito à antiga e onde, num dia de feira, as ruas oferecem ora o aspecto do comércio, ora o da indolência; assim é que num dia se podem ver em Pompéia habitações de uma idade remota, ao passo que em Mola, em Nápoles, parece que se vêem as mesmas pessoas que povoaram essas habitações.

Porém, à hora em que os dois jovens ingleses andavam por aquelas ruas, somente pelas lâmpadas do céu, toda a alegria do dia estava adormecida. Aqui e ali, estendidos debaixo de um pórtico ou num rancho, sem morada certa, estavam a dormir vários grupos de *lazzaroni*. Esses vadios contrastavam notavelmente com a energia e a atividade daquela população.

Os dois ingleses caminhavam silenciosos, pois Glyndon parecia não ouvir as perguntas nem prestar atenção aos comentários de Mervale, e este se sentia quase tão fatigado como o animal que montava.

De repente, o silêncio da terra e do oceano foi interrompido pelo som de um relógio distante, que dava onze horas e três quartos da noite. Glyndon, emergindo da sua meditação, olhou com ansiedade em torno de si. Ao soar a última pancada do relógio, ouviram-se as ferraduras de um cavalo açoitando as pedras do pavimento, e de uma rua estreita que havia à direita, saiu um homem a cavalo. Quando se aproximou dos ingleses, Glyndon reconheceu que era Zanoni.

– Como! Encontramo-nos outra vez, senhor? – perguntou Mervale, num tom entre vexado e sonolento.

– O seu amigo e eu temos de tratar de uns negócios particulares – respondeu Zanoni, pondo o seu cavalo ao lado do de Glyndon. – Será, porém, coisa de poucos momentos. Vai talvez, ao seu hotel, senhor?

– Sozinho? – observou Mervale.

– Não o ameaça nenhum perigo – retrucou Zanoni, dando à sua voz um acento de desdém.

– A mim não; mas a Glyndon?

– Perigo para Glyndon, de minha parte?! Ah! talvez tenha razão.

– Vai, meu caro Mervale – disse Glyndon –; alcançá-lo-ei ainda antes que chegue ao hotel.

Mervale acenou com a cabeça e, assobiando, fez com que o seu cavalo se pusesse a trotar.

– Agora quero ouvir, sem demora, a tua resposta – disse Zanoni a Glyndon.

– Estou decidido – respondeu o inglês. – O amor de Viola desvaneceu-se do meu coração. Não a importunarei mais.

– Está resolvido?

– Sim; e, agora, a minha recompensa?

– A recompensa! Bem; tê-la-á amanhã, antes desta hora.

Zanoni afrouxou a rédea do seu cavalo, e este partiu como um relâmpago; chispas de fogo saíam das ferraduras, e cavalo e cavaleiro desapareceram nas sombras da mesma ruazinha por onde haviam aparecido.

Mervale ficou surpreendido ao ver o amigo ao seu lado, decorrido apenas um minuto após ter-se separado dele.

– O que se passou entre você e Zanoni?

– Mervale, não me faça perguntas; eu estou como que num sonho – respondeu Glyndon.

– Não me admiro, pois eu também estou quase adormecido. Toca a andar.

Ao chegar em casa, tratou Glyndon de coordenar seus pensamentos. Sentado aos pés da maca, apertava fortemente as fontes latejantes. Os acontecimentos das últimas horas; a aparição do gigantesco e fantástico Companheiro do Místico, no meio das chamas e dos vapores do Vesúvio; o seu estranho encontro com Zanoni num sítio onde nem por sonho esperava achá-lo... tudo isto encheu a mente de Glyndon de emoções em que prevaleciam o espanto e a admiração. Acendeu-se no seu coração um fogo, cujas faíscas, por longo tempo, haviam estado ocultas debaixo de cinzas: a chama de asbestos que, uma vez acesa, nunca mais se apaga. Todas as suas aspirações anteriores – a sua juvenil ambição e os seus desejos de conquistar a coroa de louros, transformaram-se num apaixonado anelo de ultrapassar os limites comuns do saber humano e de alcançar aquele maravilhoso lugar entre os dois mundos, onde o misterioso estrangeiro parecia ter fixado a sua morada.

Longe de se intimidar ao recordar a aparição que tanto o havia espantado, a sua memória serviu somente para avivar e reconcentrar a curiosidade num foco ardente. Tinha razão quando disse que *o amor se havia desvanecido do seu coração*; já não havia mais um sereno espaço no meio dos desordenados elementos desse coração, onde pudessem agitar-se ou respirar afeições humanas. O entusiasta foi arrebatado da terra; e ele teria dado tudo o que a beleza mortal podia oferecer, e tudo o que a esperança mortal podia pintar como felicidade, para passar uma hora em companhia de Zanoni, fora dos portais do mundo visível.

Levantou-se, com o peito oprimido e devorado por uma febre que os novos pensamentos nele produziam, e foi abrir a janela para respirar o ar fresco. Ao longe, o oceano, palidamente iluminado pela luz das estrelas, parecia aconselhar, com muda eloqüência, o repouso às delirantes paixões terrenas. Tal era, porém, a disposição de ânimo de Glyndon, que aquela tranqüilidade servia só para aprofundar mais a veemência dos desejos que dominavam a sua alma; e as estrelas, que são outros tantos mistérios, pareciam agitar as asas do espírito que não se contentava com a sua gaiola.

Enquanto Glyndon contemplava o firmamento, uma estrela, separando-se das demais, foi perder-se no abismo do espaço.

## *Capítulo XIII*

*"O be gone!*
*By Heaven, I love thee better than myself,*
*For I came hither armed against myself."*
  *Romeu e Julieta.*

[ "Oh, parte! Por Deus, eu a amo mais do que a mim mesmo; pois vim cá, armado contra mim mesmo."]

A jovem atriz e Gianetta haviam regressado do teatro; Viola, fatigada e exausta, deixara-se cair sobre o sofá, enquanto Gianetta se entretinha em pôr-lhe em ordem as compridas tranças que, tendo-se escapado da fita que as prendia, cobriam quase metade do corpo da atriz, como se fosse um véu de fios de ouro. Ao mesmo tempo que alisava aquela rica cabeleira, a anciã foi falando dos acontecimentos da noite, dos pequenos escândalos e da política da cena e dos bastidores.

Gianetta era uma criatura excelente. Almanzor, na tragédia, "Almahide", de Dryden, não muda de bando com mais galante indiferença do que a boa aia mudava de conversação. Por fim, declarou-se desgostosa e escandalizada ao ver que Viola não havia escolhido um cavalheiro. Zegri ou Abencerrage, Glyndon ou Zanoni, eram iguais para a velha aia; só que os rumores que ouvia a respeito do último, combinados com as recomendações que lhe fizera em favor do seu rival, faziam com que desse a preferência ao inglês. Gianetta dava uma só interpretação aos impacientes e pesados suspiros com que Viola acolhera os seus elogios em favor de Glyndon, e a sua admiração de que este houvesse cessado, nos entreatos, de prodigalizar suas atenções à atriz, e crendo que este era o motivo dos suspiros da jovem, a anciã fazia todos os esforços para desculpar o seu protegido.

— Se ainda não se pode dizer nada contra o outro senhor — dizia a velha criada — é suficiente motivo para não pensar nele sabendo que está se preparando para abandonar Nápoles.

— Abandonar Nápoles? Ele, Zanoni?

— Sim, minha queridinha! Ao passar hoje por Mola, vi uma porção de gente observando uns marinheiros, que pareciam provenientes de terras estranhas. O navio do senhor Zanoni chegou esta manhã e acha-se ancorado na baía. Os marinheiros dizem que têm ordem de fazer-se à vela ao primeiro vento favorável; eles estavam renovando as provisões. Estavam também...

— Deixa-me, Gianetta, deixa-me! — interrompeu Viola.

Já havia passado o tempo que a jovem podia ter confiança em Gianetta; os seus pensamentos haviam chegado, em seu desenvolvimento intelectual, ao ponto em que o coração se recusa a fazer confidências e sente que não pode ser compreendido.

Sozinha agora no principal aposento da casa, passeava Viola, trêmula e agitada; veio-lhe à lembrança o terrível encontro de Nicot e as injuriosas palavras de Glyndon. A idéia de que os fingidos aplausos que lhe eram prodigalizados iam dirigidos à atriz e não à mulher, exposta sempre a ver-se insultada e vilipendiada, submergia-a num mar de tristeza. Naquele instante, acudiu-lhe à mente a recordação da morte de seu pai, que havia ocorrido nesse mesmo aposento; lembrou-se também da murcha coroa de louros e das cordas do violino rompidas; e sentia que o seu destino era mais triste ainda: as cordas estavam para romper-se, enquanto o louro ainda estava verde. A lâmpada ardia como uma chama pálida e opaca, e os olhos de Viola apartaram-se instintivamente do canto mais escuro do quarto. Órfã, temes, acaso, a presença dos mortos no lar paterno?

Seria verdade que Zanoni ia deixar Nápoles? Não o veria mais? Oh! se isto era verdade, nenhum outro pensamento podia já causar-lhe tristeza! O passado! — o passado não existia mais! O futuro! — não havia futuro para ela, achando-se ausente Zanoni! Porém, estava na noite do terceiro dia, a contar daquele em que Zanoni lhe disse que, sucedesse o que fosse, iria visitá-la outra vez. Havia, pois, se devia crer nele, alguma nova crise no destino a ela prescrito; e como faria para ele saber das odiosas palavras que lhe dissera Glyndon? As mentes puras e as orgulhosas não podem nunca comunicar a outrem os seus agravos, mas apenas os triunfos e a sua felicidade. Mas se Zanoni viesse a esta hora tão adiantada, recebê-lo-ia? A meia-noite já se aproximava. Apesar de ser tão tarde, Viola não pensava em se recolher ao leito; mas, presa de uma intensa e inexplicável ansiedade, vagava ainda pelo quarto. Ouviu-se um relógio distante dar onze horas e três quartos. Tudo estava em silêncio; a jovem se dispunha então, a passar ao seu dormitório, quando ouviu o ruído de um cavalo que galopava. O ruído cessou e, em seguida, bateram à porta. O coração da jovem palpitava com violência; porém o medo deu lugar a outro sentimento, quando ouviu uma voz tão conhecida, chamando-a pelo nome. Viola hesitou um instante e, depois, com a temeridade que inspira a inocência, desceu e foi abrir a porta.

Zanoni entrou com passo leve e apressado. A sua capa de montar dava um belo aspecto à sua nobre figura, e o chapéu de abas largas lançava uma melancólica sombra sobre as suas feições cheias de majestade.

Viola seguiu-o ao quarto que acabara de deixar, tremendo e corando, e parou diante dele com a lâmpada na mão; a luz iluminava o rosto da jovem, e o seu comprido cabelo caía-lhe, como uma chuva de raios luminosos, pelos ombros meio nus e sobre o formoso busto.

– Viola – disse Zanoni, com a voz cheia de emoção –, estou outra vez ao seu lado para a salvar. Não há um só momento a perder. É necessário que fuja comigo, ou será a vítima do príncipe de ... . Eu queria confiar a um outro este cuidado; esse outro bem sabe quem é. Mas ele não é digno de você, esse frio inglês! Sou eu quem se lança agora aos seus pés; tenha confiança em mim, e fujamos!

Zanoni tomou-lhe a mão, ao ajoelhar-se aos pés da jovem, e contemplou-a com olhar suplicante.

– Fugir com você! – exclamou Viola, não sabendo se devia crer no que ouvia.

– Sim, comigo. Se não fizer isso, sacrifica o nome, a fama, a honra...

– Então... então – perguntou a jovem balbuciando e volvendo a cabeça – não lhe sou indiferente? Não me cederia a outro?

Zanoni não respondeu; mas o seu peito respirava com dificuldade; tinha as faces afogueadas e seus olhos faiscavam apaixonadamente.

– Fale! – exclamou Viola, com ligeira suspeita, provocada pelo seu silêncio.

– Se me é indiferente?! Não; mas não me atrevo ainda a dizer-lhe que a amo.

– Então, que lhe importa a minha sorte? – objetou Viola, empalidecendo e retirando-se do seu lado. – Deixe-me, eu não temo os perigos. A minha vida e, portanto, a minha honra, está nas minhas próprias mãos.

– Não seja louca! – retrucou Zanoni. – Escute! Ouve o relinchar do meu cavalo? É um sinal que nos adverte que o perigo está próximo. Vamos, apresse-se, ou estará perdida!

– Por que toma tanto cuidado por mim? – insistiu a jovem, amargamente. – Lê no meu coração e sabe que é o senhor do meu destino. Porém, sofrer sob o peso de uma fria obrigação, mendigar aos olhos da indiferença, entregar-me às mãos de um homem que não me ama, isso seria, na realidade, a maior indignidade. Ah, Zanoni! Deixe-me, antes quero morrer!

Viola arrumou a formosa cabeleira enquanto falava: e como agora estava com os braços caídos, em atitude aflita, com as mãos cruzadas e com a altiva amargura do seu obstinado espírito, a qual dava novo incentivo e encanto à sua singular beleza, era impossível conceber uma visão mais irresistível para os olhos e para o coração.

– Não me tente, para o seu próprio perigo, talvez para a morte! – exclamou Zanoni, com voz trêmula. – Não sabe nem pode saber o que me pede. Venha!

E ao dizer isto, passou-lhe o braço ao redor da cintura.

– Venha, Viola! Confie na minha amizade, na minha honra, na minha proteção!

– E não no seu amor?! – interrogou a italiana, dirigindo-lhe um olhar indefinível.

Os olhos de Viola encontraram-se com os de Zanoni, que não pôde deixar de contemplá-la. Sob o encanto desse olhar, ele sentia o coração da jovem bater perto do seu próprio coração e a agitada respiração dela ia aquecendo a face de Zanoni. E ele estremeceu... Ele! o grande homem, o homem misterioso que parecia muito superior às criaturas humanas! E, exalando um profundo e ardente suspiro murmurou:

— Viola, eu a amo!

E soltando a jovem, arrojou-se apaixonadamente aos seus pés.

— Eu a amo como uma mulher pode ser amada no mundo, e peço-lhe que aceite o meu amor. Desde que a vi pela primeira vez, desde que ouvi a sua doce voz, meu coração deixou de me pertencer. Fala de fascinação ... a fascinação vive e respira em você! Fugi de Nápoles para evitar a sua presença; mas a sua imagem seguiu-me por toda a parte. Passaram-se meses e anos, e o seu semblante meigo nunca deixou de luzir no meu coração. Regressei, porque sabia que estava só e triste no mundo, e porque conhecia os perigos que a ameaçavam, e dos quais eu podia salvá-la. Era por amá-la, só para amá-la muito que eu a teria cedido a alguém que pudesse torná-la mais feliz na Terra do que posso eu fazê-lo. Viola! Viola! Você não sabe, nem pode imaginar toda a intensidade do amor que me inspirou!

Inútil seria querer buscar palavras para expressar o prazer, a deliciosa sensação que inundou o coração da napolitana. O homem que ela considerava demasiado elevado para amar, estava agora ajoelhado aos seus pés, mais humilde do que os que ela havia quase desprezado!

A jovem permaneceu silenciosa, porém os seus olhos falavam a Zanoni mais eloqüentemente do que poderiam fazê-lo as palavras e depois, quando por fim se lembrou que o amor humano acabava de sobrepor-se ao ideal, sentiu-se assaltada de temores de uma natureza modesta e virtuosa. Viola não se atrevia, nem sonhava sequer em fazer a Zanoni a pergunta que tão resolutamente havia dirigido a Glyndon; porém, de repente, experimentou uma sensação estranha, um sentimento que a advertia que entre amor e amor existia uma grande barreira.

— Oh, Zanoni! — murmurou, baixando os olhos. — Não me peça que eu fuja com você; não me tente, para que eu não tenha de me envergonhar de mim mesma. Já que quer proteger-me contra os outros, proteja-me contra você!

— Pobre órfã! — respondeu ele, com ternura —, como pode pensar que eu exigiria de você algum sacrifício? Oh, afaste de você semelhante suposição! Eu peço o seu amor de esposa; sim, peço a sua mão, e desejo fortificar o nosso amor por todos os votos que são capazes de santificar o afeto. Ah! Muitos teriam fingido amá-la, se não tivessem pensado na religião que protege e purifica o amor! Aquele que ama verdadeiramente busca, para possuir o tesouro que anela, todos os laços que podem fazê-lo seguro e durável. Viola, não chore, a não ser que me conceda o santo direito de beijar as suas lágrimas!

E aquele belo rosto, não vacilando mais, inclinou-se sobre o peito de Zanoni, e o homem misterioso, abaixando a cabeça, procurou, fremente, com os lábios, a rosada boca da formosa jovem: um beijo prolongado selou aquele amor tão ardente e tão puro. Naquele instante, tudo foi esquecido: o perigo, a vida, o próprio mundo!

De repente, porém, desprendeu-se Zanoni dos braços de Viola e disse:

— Ouve esse vento que suspira e foge? Assim mesmo foge de mim o poder que eu tinha de velar por você, protegê-la contra os perigos e prever a tempestade do seu firmamento. Mas não importa. Apresse-se! Ao menos possa o amor suprir a perda de tudo o que me fez sacrificar! Venha!

Viola não hesitou mais. Pôs o mantô sobre os ombros e recolheu a sua desordenada cabeleira. Um momento e a jovem se encontrava disposta a sair quando, de repente, ouvi-se um grande ruído na rua.

– Ah! É demasiado tarde! Louco que fui! É demasiado tarde! – exclamou Zanoni, com voz angustiada, dirigindo-se com passos rápidos para a porta.

Ao abri-la, viu-se rechaçado por uma multidão de homens armados; e, num momento, a sala ficou cheia de indivíduos mascarados e armados da cabeça aos pés.

Viola estava já nos braços de dois dos rufiões. O seu grito de desespero feriu os ouvidos de Zanoni, o qual tentou abrir passagem por entre aquela gente; a jovem ouviu o seu grito aterrador, pronunciado num idioma estrangeiro. E quando viu as armas dos bandidos assestadas contra o peito de Zanoni, ela desmaiou. Ao voltar a si, encontrou-se amordaçada, metida numa carruagem que andava com rapidez vertiginosa, e viu ao lado um homem mascarado e imóvel. Por fim, a carruagem parou. As portas abriram-se, sem fazer o mínimo ruído e, em seguida, apareceu diante dos olhos de Viola uma larga escada, esplendidamente iluminada. Estava no palácio do príncipe de ... .

## *Capítulo XIV*

*"Ma lasciamo, per Dio, Signore, ormai*
*Di parlar d'ira, e di cantar di morte."*
Orlando Fur., canto XVII, 17.

["Mas deixemos, por Deus, senhor, doravante de falar de ira e de cantar a morte."]

A jovem atriz foi conduzida a uma habitação, decorada com todo o esplendor e gosto semi-oriental, que caracterizava, numa certa época, os palácios dos grandes senhores da Itália. Deixada só naquele quarto, o seu primeiro pensamento foi para Zanoni. Estaria ele vivo ainda? Teria escapado ileso das mãos dos inimigos? – ele, que agora era para ela o seu tesouro, a nova luz da sua vida, o seu senhor e, finalmente, o seu leal amante!

Pouco tempo teve para refletir, pois em breve, ouviu passos que se aproximavam do seu quarto. Retirou-se a um canto do aposento, porém sem tremer. Não sentia medo, sentia, ao contrário, nascer-lhe uma coragem até então desconhecida. Ainda que lhe custasse a vida, estava resolvida a ficar fiel a Zanoni! Tinha um novo motivo para defender a sua honra, e queria defendê-la a todo custo.

A porta se abriu e entrou o príncipe, vestido com um esplêndido e luxuoso traje que se usava naquele tempo, em Nápoles.

– Criatura formosa e cruel – disse o recém-chegado, com um sorriso nos lábios –, espero que não me repreenderá muito duramente pela violência que o amor me fez cometer.

E ao dizer isto, quis tomar uma das mãos de Viola; porém, vendo que a jovem a retirava, prosseguiu:

– Reflita que está em poder de um homem que nunca viu fracassar uma só de suas tentativas, conseguindo sempre o seu fim, mesmo quando se tratava de um objeto que lhe era menos caro. O seu amante, por muito audacioso que seja, não poderá salvá-la desta vez. É minha; porém, deixe que eu, em vez de ser seu senhor, seja seu escravo.

– Príncipe – respondeu Viola, com gravidade –, a sua jactância é vã. Diz-me que me tem em seu poder. Engana-se! A minha vida está em minhas próprias mãos! Não o desafio; porém, também não o temo. Sinto, e há pressentimentos que são inspirados pela Divindade – acrescentou com voz solene e penetrante –, sinto que me acho segura até neste lugar; ao passo que o príncipe de ... acaba de atrair grandes perigos sobre a sua casa.

O napolitano pareceu sobressaltar-se ao ver na jovem uma resolução e uma ousadia que não esperava encontrar. Ele não era, porém, um homem que se intimidasse tão facilmente, nem que desistisse de seus projetos, uma vez concebidos. Aproximando-se de Viola, ia responder-lhe com muito calor, real ou fictício, quando se ouviu uma pancada na porta do quarto. A pancada foi repetida, e o príncipe, irritado por essa interrupção, abriu a porta, perguntando com impaciência quem se atrevia a desobedecer às suas ordens e vinha incomodá-lo. Apresentou-se Mascari que lhe disse, pálido e agitado, em voz baixa:

– Senhor, perdoe-me; porém lá embaixo está um estrangeiro que insiste em vê-lo e, por algumas palavras que pronunciou, julguei prudente avisá-lo, mesmo infringindo as ordens que tinha dado.

– Um estrangeiro!... E a esta hora! Que quer? Por que foi admitido neste palácio?

– Ele afirma que a sua vida se acha em iminente perigo, e só a V. Excia. quer manifestar de onde esse perigo procede.

O príncipe franziu as sobrancelhas e empalideceu. Depois de refletir um instante, tornou a entrar no quarto e, aproximando-se de Viola, disse:

– Creia-me, formosa criatura, eu não quero aproveitar-me da vantagem que oferece a minha posição. Quero conseguir o que desejo só por meio de afeto e carinho. Seja no interior deste palácio uma rainha mais absoluta do que a que tem representado, às vezes, no teatro. Por esta noite, passe bem! Durma tranqüilamente, e oxalá seus sonhos sejam favoráveis às minhas esperanças! Adeus!

Depois de pronunciar estas palavras, o príncipe se retirou. Um momento depois, a jovem viu-se rodeada de oficiosos criados que ela, porém, despediu, não sem dificuldade; e não querendo deitar-se, passou a noite examinando o aposento, que não oferecia saída por nenhuma parte, e pensando sempre em Zanoni, cujo poder lhe inspirava uma extraordinária confiança.

O príncipe dirigiu-se ao aposento em que haviam introduzido o estrangeiro.

O recém-chegado estava envolto num largo roupão que o cobria da cabeça aos pés, uma espécie de hábito talar, como o que costumam vestir, às vezes, os eclesiásticos. A fisionomia desse estrangeiro era notável. As suas faces pareciam tão queimadas pelo sol, e a sua cor era tão morena, que à primeira vista se podia reconhecer nele um descendente das raças do longínquo Oriente. Sua fronte era elevada, e os olhos, apesar de tranqüilos, eram tão penetrantes, que o príncipe procurou evitar fixá-los.

– Quem é o senhor? O que quer de mim? – perguntou o príncipe, oferecendo ao visitante um assento.

– Príncipe de ... – disse o estrangeiro, com voz sonora e suave ao mesmo tempo, porém com acento que manifestava não ser do país –, filho da raça mais enérgica e mais varonil e das tortuosidades, da perversidade e da teimosia a ela inatas; descendente dos grandes Visconti; em cujas crônicas está escrita a história da Itália em seus dias mais prósperos, e cuja época de elevação o mais poderoso intelecto chegou às sublimes alturas do desenvolvimento, amadurecido pela incansável ambição: eu venho contemplar a última estrela que se obscurece num nublado firmamento. Amanhã, a esta hora, o espaço não a conhecerá mais. Homem, se a sua conduta não mudar inteiramente, os seus dias estão contados!

– Que significa esta linguagem sibilina? – disse o príncipe, visivelmente admirado, e tocado por um secreto terror. – Vem ameaçar-me em minha própria casa, ou quer advertir-me de um perigo? É um saltimbanco ambulante, ou algum amigo de que não me posso lembrar? Fale claramente. Qual é o perigo que me ameaça?

– Zanoni e a espada do seu avô – respondeu o estrangeiro.

– Ah! Ah! – retrucou o príncipe, rindo-se desdenhosamente. – À primeira vista, quase adivinhei quem era. É pois o cúmplice ou o instrumento do mais destro, porém agora do mais desprestigiado charlatão? E suponho que veio dizer-me que, se restituir à liberdade a certa pessoa que conservo presa, se desvanecerá o perigo, e a mão do destino se deterá, não é verdade?

– Julgue-me como quiser, príncipe de... Não nego que conheço Zanoni. O senhor conhecerá o seu poder, porém só no momento em que será tarde para recuar. Eu quereria salvá-lo e, por isso, venho adverti-lo. Perguntará por quê? Dir-lhe-ei. Recorda-se de alguma das coisas maravilhosas que narravam do seu nobre avô? Não se lembra de ter ouvido falar de sua sede de saber, do seu desejo de conhecer uma ciência superior à dos claustros e das universidades? Não ouviu nunca referências a um homem singular que, vindo do Oriente, foi seu amigo e mestre, e contra o qual o Vaticano tem lançado, de século em século, os seus raios? Não se lembra das riquezas do seu avô? Não sabe que, em sua juventude, o seu nome teve pouca celebridade? Que depois de uma vida desregrada e extravagante, como é a sua, ele teve de fugir de Milão, pobre e exilado por si mesmo? Que, depois de passados muitos anos – ninguém sabia em que climas, nem em que ocupações, ele voltou à cidade onde haviam reinado os seus antepassados, e que com ele veio o sábio do Oriente, o místico Mejnour? Pois bem, todos os que tornaram a ver o seu avô observaram, com medrosa admiração, que o tempo não tinha plantado uma só ruga em sua testa; e que a juventude parecia haver-se fixado, como por encanto, em seu semblante e em sua pessoa. Desde então, a sua fortuna prosperou.

Os parentes mais remotos foram morrendo, e bens sobre bens passaram às mãos do nobre arruinado. Ele se tornou o conselheiro dos príncipes e o primeiro magnata da Itália. Fundou uma nova casa, de que você é o último rebento em sua linhagem, e transferiu o seu resplendor de Milão para o reino da Sicília. Planos de alta ambição o dominavam de dia e de noite. Se tivesse vivido, a Itália teria conhecido uma nova dinastia, e os Visconti teriam reinado na magna Grécia. Ele era um homem dos que o mundo vê raramente; mas os seus fins, demasiado terrenos, estavam em luta com os meios que procurava. Se a sua ambição tivesse sido maior ou menor, ele teria sido digno de um reino mais poderoso do que o dos Césares; teria sido digno da nossa augusta Ordem; digno de ser companheiro de Mejnour, que agora vê diante de si.

O príncipe, que escutara com profunda e viva atenção as palavras do seu singular hóspede, levantou-se da cadeira ao ouvir as últimas expressões.

– Impostor! – exclamou. – Como se atreve a brincar assim com a minha credulidade? Há sessenta anos que o meu avô faleceu; se estivesse ainda vivo, estaria com cento e vinte anos de idade; e o senhor, cuja velhice é tão vigorosa que não se curva ainda, pretende ter sido seu contemporâneo? Mas aprendeu mal a sua narrativa. Sem dúvida, não sabe que o meu avô, sábio e ilustre efetivamente em tudo, exceto na confiança que tinha num charlatão, foi encontrado morto em sua cama, no momento em que ia pôr em execução seus colossais planos, e que Mejnour foi quem cometeu esse assassinato?

– Ah! – respondeu o estrangeiro, com voz muito triste –, se ele tivesse escutado os conselhos de Mejnour, se tivesse deixado para mais tarde a prova mais perigosa do intrépido saber, até que a necessária prática e a iniciação tivessem sido completadas, seu avô ter-se-ia posto comigo numa eminência que as águas da Morte, embora a lavem perpetuamente, nunca poderiam subjugar. O seu avô não quis ouvir as minhas ferventes súplicas; desobedeceu às minhas mais absolutas ordens, e na sublime temeridade de uma alma que se afanava por segredos que nunca pode obter quem deseja terras e cetros, pereceu, vítima da sua impaciência.

– O meu avô morreu envenenado e Mejnour fugiu – insistiu o príncipe.

– Mejnour não fugiu – respondeu o estrangeiro, altivamente. – Mejnour não tinha de fugir porque, desde há muito tempo, é superior aos perigos. Foi no dia que precedeu aquele em que o duque tomou a fatal bebida que ele acreditava que o tornaria imortal, foi naquele dia que eu, vendo que o meu poder sobre ele havia terminado, abandonei-o à sua sorte. Porém, deixemos este assunto! Sabe que eu estimava o seu avô e, por isso, quero salvar o último da sua raça. Não se oponha a Zanoni, não entregue a sua alma às suas más paixões! Retire-se do precipício, enquanto ainda é tempo! Em sua testa e em seus olhos descubro ainda algo daquela divina glória que pertenceu à sua raça. Existem em você ainda germes do seu gênio, que estão sendo sufocados pelos seus vícios. Lembre-se que o gênio elevou a sua casa, ao passo que os vícios sempre a impediram de perpetuar o seu poder. Nas leis que regulam o universo, está decretado que nada do que é mau pode durar. Seja prudente, e aproveite as lições da história. Está no limite de dois mundos: o passado e o futuro; e de cada um deles, presságios chegam aos seus ouvidos. Tenho dito. Adeus!

– Oh! não sairá assim! – exclamou o príncipe. – Não sairá deste recinto sem que eu haja experimentado o seu poder. Olá! Aqui! Socorro! Oh!

Aos gritos do príncipe, acudiram os seus servidores.

– Segurem esse homem! – gritou o príncipe, apontando para o lugar que Mejnour havia ocupado.

Mas, no mesmo instante, recuou aterrado. O misterioso estrangeiro havia desaparecido como uma visão; apenas se via uma espécie de vapor diáfano e fragrante, que ondulava ao redor das paredes.

Mascari, ao ver o seu amo caído sem sentidos, gritou por socorro. Durante muitas horas, o príncipe pareceu estar numa espécie de transe. Quando voltou a si, despediu os criados e, um momento depois, ouviram-se os seus passos largos e pesados cruzando o quarto, de um lado para o outro, prolongadamente.

O príncipe sentiu que uma transformação singular se operara no seu íntimo; desconhecia-se a si mesmo.

## Capítulo XV

*"Oimè, come poss'io*
*Altri trovar, se me trovar non posso?"*
  Aminta, Ato I, Cena 2.

["Ai de mim! Como posso eu achar a outrem, se não posso achar a mim mesmo?"]

Depois da sua entrevista com Zanoni, Glyndon dormiu mais profundamente do que de costume; e quando abriu a janela, o sol do claro dia encheu-lhe os olhos com seus raios luminosos. O jovem levantou-se revigorado, com um sentimento de tranqüilidade, que parecia antes ser o resultado da sua resolução do que o do abatimento que sofrera. Os incidentes e as emoções da noite passada haviam gravado em sua alma distintas e claras impressões. Pensou, porém, pouco nestas coisas – pois pensava quase incessantemente no futuro. Era como um dos iniciados nos mistérios do antigo Egito que, encontrando-se no umbral, ardia em desejos de penetrar no templo do Saber.

Glyndon vestiu-se e alegrou-se quando soube que Mervale havia partido para o campo com alguns compatriotas, numa excursão à Ischia. Ficou sozinho durante as horas quentes do meio-dia e, gradualmente, a imagem de Viola reapareceu no seu coração. Era uma imagem santa – porque era uma imagem humana. Ele havia renunciado à jovem atriz; e, apesar de não estar arrependido disso, afligia-o a idéia de que, mesmo se o estivesse, o arrependimento já teria chegado demasiado tarde.

De repente, levantou-se impaciente da cadeira, e dirigiu-se com passos rápidos à morada da atriz.

A distância era considerável e o calor era intenso. Glyndon chegou à porta, meio sufocado, respirando com dificuldade. Bateu à porta; ninguém lhe respondeu. Deu volta ao trinco e entrou. Subiu pela escada; nenhum som, nenhum sinal de vida havia na casa. No quarto da frente, sobre uma mesa, via-se a guitarra da atriz e algumas peças manuscritas de suas óperas favoritas. Glyndon hesitou e, depois, revestindo-se de coragem, bateu à porta que parecia guiar ao aposento interior. A porta estava entreaberta, e o artista, não ouvindo dentro nenhum ruído, abriu-a. Era o dormitório da jovem atriz, o lugar mais santo para um amante; e era digno da divindade que o presidia; não se notava, nesse quarto, nada das fúteis esquisitices próprias das pessoas da sua profissão, nem a desordem que se observa nos aposentos das classes pobres do Sul. Tudo ali era simples, até os adornos revelavam um gosto inocente; havia alguns livros, colocados cuidadosamente em estantes, e algumas flores meio murchas num vaso de barro modelado e pintado, imitando o estilo etrusco. Os raios do sol iluminavam a cama de Viola, branca como a neve, e algumas peças de roupa de uso da atriz, ao lado da cama.

Viola não estava em casa; mas e a aia? Onde estaria ela? Glyndon chamou por Gianetta repetidas vezes e em voz alta; ninguém, no entanto, lhe respondeu. Por fim, quando o jovem abandonava já, cheio de pesar, aquela solitária morada, percebeu Gianetta, que chegava da rua. A pobre anciã lançou um grito de alegria ao vê-lo; porém; o desengano foi mútuo, quando nem um nem outro pôde dar notícia agradável, nem explicação alguma satisfatória. Gianetta contou que, na noite passada, tinha-a despertado um ruído que ouvira nos quartos inferiores; mas que, antes que pudesse sentir-se com suficiente coragem para descer, Viola havia desaparecido! Na porta da rua, viam-se ainda os sinais da violência; e tudo o que pudera inquirir na vizinhança, foi que um *lazzarone*, de sua pousada na Chiaja, tinha visto, à claridade da lua, uma carruagem que reconheceu pertencer ao príncipe de ..., e que passara por ali à uma hora da madrugada, mais ou menos, regressando pouco tempo depois.

Das confusas palavras e dos soluços de Gianetta, Glyndon compreendeu, finalmente, o que havia acontecido e, deixando repentinamente a aia, dirigiu-se ao palácio de Zanoni. Ali lhe disseram que o senhor fora ao banquete do príncipe de ..., e que não voltaria senão à noite. Triste e desanimado, Glyndon não sabia o que pensar de tudo aquilo, nem o que devia fazer. E nem Mervale estava a seu lado, para aconselhá-lo. A consciência do jovem inglês repreendia-o amargamente. Ele tivera em sua mão o poder de salvar a mulher que amava, e deixara perder esse poder; porém, como se explicava o fato de que Zanoni não a havia libertado? Como era possível que esse homem assistia ao banquete do raptor? Era possível que Zanoni ignorasse o que tinha acontecido? Pois, se assim fosse, Glyndon não queria tardar nem um momento em lho participar. Ainda que mentalmente carecesse de resolução, não havia outro homem que fisicamente fosse mais valente do que ele. Queria pois ir, desde já, ao palácio do príncipe de ... e se Zanoni faltasse à confiança que tacitamente se havia arrogado, ele, o humilde estrangeiro, pediria a liberdade da prisioneira, por boa maneira ou por força, na residência e na presença dos convidados do poderoso príncipe.

## *Capítulo XVI*

*"Ardua vallatur duris sapientia scrupis."*
Hadr. Jun., *Emblem.* XXXVII.

["A difícil sabedoria é cercada de duras rochas."]

Temos de retroceder algumas horas, antes de continuar a nossa narrativa.

Os primeiros raios de luz anunciavam o nascimento de um dia de verão, quando dois homens se achavam num balcão que pendia sobre um jardim, cheio de flores perfumadas. As estrelas não haviam ainda deixado o firmamento – as aves dormiam ainda, pousadas nos ramos; tudo estava quieto, tranqüilo e silencioso; mas que diferença entre a tranqüilidade do dia nascente e o solene repouso da noite! Na harmonia do silêncio notam-se mil variações. Esses dois homens que parecia serem os únicos em Nápoles que não dormiam, eram Zanoni e o misterioso estrangeiro que, uma ou duas horas antes, fora surpreender o príncipe de ... no seu suntuoso palácio.

– Não – dizia esse homem misterioso –, se tivesse adiado a aceitação do Dom Supremo até que tivesse atingido os anos, e tivesse passado por todas as desoladas privações que me queimaram a alma, a mim, antes que as minhas pesquisas me trouxessem esse Dom, teria escapado à infeliz situação de que agora se lamenta, e não teria de se queixar da brevidade da afeição humana, comparada com a duração da própria existência; porque teria sobrevivido ao desejo e ao sonho de amor de uma mulher. Você alcançou a etapa mais brilhante da existência, e se não fosse esse erro, conheceria talvez já o mais sublime segredo e a augusta raça que enche o intervalo da criação, entre a humanidade e os filhos do Empíreo. Oh! por longos séculos você se sentirá arrependido da esplêndida loucura que o fez querer levar a beleza e as paixões da juventude para a assombrosa grandeza da imortalidade terrestre.

– Não me arrependo, nem me arrependerei – respondeu Zanoni. – Os encantos e as mágoas, tão estranhamente unidos ou alterados que, de vez em quando, vieram trazer variação à minha vida, valem mais do que a calma e a aridez que você encontra no seu solitário caminho. Quem não ama nada, nem nada odeia, nada sente e anda pelo mundo com os passos silenciosos de um sonho que não sabe o que é a alegria.

– Engana-se – replicou o que tinha o nome de Mejnour –; embora eu não cuide do amor e esteja morto para todas as paixões que agitam os filhos do barro, não deixo de sentir os seus mais serenos gozos. Eu acompanho a corrente dos inumeráveis anos, não nutrindo os desejos turbulentos da juventude, mas gozando as calmas e espirituais delícias da idade madura. Sábia e deliberadamente, abandonei para sempre a juventude quando separei a minha sorte da sorte dos homens. Não invejemos nem repreendamos um ao outro! Eu quisera, Zanoni (como lhe apraz chamar-se agora), salvar o napolitano, já porque o seu avô esteve separado da nossa irmandade só pela última e leve barreira, já porque sei que nesse homem existem os mesmos elementos de coragem e de poder que existiam no seu avô, e esses elementos, na primeira parte de sua vida, o teriam tornado digno de ser um dos nossos. A Terra contém muito poucos homens que teriam obtido da natureza as qualidades para poder suportar as provas que a nossa Ordem impõe. Porém o tempo e os excessos, estimulando os sentidos mais grosseiros do napolitano, embotaram a sua imaginação. Eu o abandono ao seu destino.

– E ainda, Mejnour, abriga a idéia de reviver a nossa Ordem, limitada agora a nós dois, por meio de novos convertidos e filiados?! Seguramente... seguramente... a sua experiência pode ter-lhe ensinado que, em cada mil anos, nasce apenas um ente humano que possa atravessar as terríveis portas que conduzem aos mundos externos! O seu caminho não está juncado já de suas vítimas? Não se levantam diante de si as suas pálidas faces, nas quais estão gravadas a agonia e o medo? Não lhe aparecem os suicidas, manchados de sangue, e os maníacos delirantes? E todas essas aparições não são, para o que lhe sobra ainda da humana simpatia, sinais e advertências suficientes para o curarem da sua insana ambição?

– Não – respondeu Mejnour –, pois não tenho acaso obtido sucessos que compensam os meus desenganos? E posso eu abandonar esta elevada e augusta esperança, digna somente da nossa alta condição: a esperança de formar uma excelente e numerosa raça, com bastante força e poder para ensinar à humanidade as suas majestosas conquistas e o seu domínio? Uma raça de homens que venham a ser os verdadeiros senhores deste planeta, e talvez os invasores de outros; uma raça que domine as tribos inimigas e maliciosas que, neste momento, nos rodeiam; uma raça que, em seus imortais destinos, possa elevar-se, de um degrau ao outro, à glória celeste, e colocar-se por fim ao lado dos servidores e agentes mais aproximados da Divindade, que se reúnem em redor do Trono dos Tronos? Que importam mil vítimas, uma vez que dêem um convertido à nossa sociedade?

E depois de uma pausa, continuou Mejnour:

– E você, Zanoni, você mesmo, se este afeto que sente por uma beleza perecível fosse algo mais que um passageiro capricho, poderia, uma vez que o admitiu em sua íntima natureza, fazer que participe da sua mais brilhante e duradoura essência; você mesmo poderia desafiar todas as coisas para conseguir que essa pessoa querida se lhe tornasse igual. Não me interrompa! É possível que tenha a coragem de vê-la ameaçada pelas enfermidades, exposta aos perigos, ver como os anos a alquebram, como os seus olhos se enfraquecem, como a sua beleza se esvaece, enquanto o seu coração, jovem ainda, não quer desprender-se do seu? Pode ver tudo isto, sabendo que está em...?

– Basta! – exclamou Zanoni, com calor. – Que é toda e qualquer outra sorte, comparada com a morte produzida pelo terror? Pois quê?! Quando o mais frio sábio, o mais ardente entusiasta, o mais ousado guerreiro, com os seus nervos de ferro, têm sido encontrados mortos em sua cama, com os olhos desmesuradamente abertos e os cabelos eriçados, ao primeiro passo que deram na Terrível Senda – pensa, senhor, que essa fraca mulher, cuja face empalidecida ao primeiro ruído que ouvisse numa janela, ao grito de uma coruja, à vista de uma gota de sangue na espada de um homem, pensa que ela pudesse resistir ao aspecto de...? Não! Só em pensar que ela teria de ver semelhantes coisas, sinto que me abandona a coragem!

– Quando lhe disse que a amava, quando a estreitou ao seu peito, renunciou a todo o poder de prever o seu futuro e protegê-la contra os perigos. Por conseguinte, daqui por diante, não é para ela mais do que um homem, um homem como os demais. Como, pois, sabe em que poderá ser tentado? Como sabe o que despertará a sua curiosidade e o que desafiará a sua coragem? Porém, deixemos disto; está resolvido a levar adiante o seu projeto?

– O *fiat** já foi pronunciado.

– E amanhã?

– Amanhã, a esta hora, o nosso barco sulcará aquele mar, e o peso dos séculos cairá do meu coração!

– Tenho compaixão de você, pobre sábio! Você se despojou da sua juventude!

## *Capítulo XVII*

"Alch. – *Thou always speakest riddles. Tell me if thou art that fountain of which Bernard Lord Trevizan writ?*
Merc. – *I am not that fountain, but I am the water. The fountain compasseth me about.*"
Sandivogius, *New Light of Alchemy.*

["*Alquimista:* – Tu sempre falas por enigmas. Dize-me se tu és aquela fonte de que escreveu Bernardo, o nobre trevisano?
*Mercúrio:* – Eu não sou aquela fonte; sou, porém, a água. A fonte me rodeia."]

O príncipe de ... não era um homem a quem Nápoles pudesse chamar de supersticioso. No sul da Itália, existia então, e existe ainda, um certo espírito de credulidade, que se nota de vez em quando entre os mais atrevidos dogmas dos seus filósofos e céticos. Em sua infância, o príncipe de ... tinha ouvido contar estranhas histórias a respeito da ambição, do gênio e da carreira de seu avô, e secretamente, talvez influenciado pelo exemplo do antepassado, em sua primeira juventude havia estudado a ciência, não só no seu curso legítimo como também em algumas das suas tortuosidades antiquadas e erráticas. Vi, com efeito, em Nápoles, um pequeno volume com o brasão dos Visconti, e atribuído ao aristocrata a que me refiro, o qual trata de alquimia num estilo meio satírico e meio reverente.

Os prazeres distraíram muito breve o príncipe dessa espécie de trabalho, e o seu talento, que era indubitavelmente grande, dedicou-se totalmente às mais extravagantes intrigas e aos adornos do luxo de uma esplêndida ostentação mesclada com algo do gosto clássico. A sua imensa riqueza, o seu desmarcado orgulho, o seu caráter atrevido, que não conhecia escrúpulos, faziam-no impor certo medo a uma corte fraca e tímida; e os ministros do governo indolente toleravam-lhe os excessos, porque ao menos tinham adormecido a sua ambição.

---

\* *Fiat* = faça-se.

A estranha visita e o ainda mais estranho desaparecimento de Mejnour encheram de terror e admiração o napolitano, e a sua altiva arrogância e o ceticismo da sua idade madura lutavam em vão por livrar-se de tais impressões. A aparição de Mejnour serviu, na realidade, para investir Zanoni de um caráter em que o príncipe até então não o tinha considerado.

O napolitano sentiu-se bastante inquieto ao pensar no rival que havia desafiado – no inimigo que havia provocado.

Ainda um pouco antes do banquete que mandara preparar, havia tornado a recuperar o sangue-frio, com a bárbara e sinistra resolução de levar adiante os pérfidos projetos que tinha previamente formulado. Sentia que a morte do misterioso Zanoni era necessária para a sua própria sobrevivência; e, se já nos primeiros dias dessa rivalidade determinara sobre o destino de Zanoni, as advertências de Mejnour serviam só para confirmar a sua resolução.

– Experimentaremos se a sua magia é capaz de inventar um antídoto ao veneno – disse o príncipe a meia-voz e com um sorriso sardônico, quando chamou Mascari à sua presença.

O veneno que o príncipe misturara, com as próprias mãos, no vinho que havia preparado para o hóspede, era composto de ingredientes cujo segredo havia sido até ali um dos maiores orgulhos daquela hábil e perigosa raça, que deu à Itália os seus mais sábios e mais criminosos tiranos. O seu efeito era eficaz, ainda que não repentino: não produzia dor, nem convulsões, nem deixava sinal algum externo que pudesse levantar suspeitas. Em vão se teriam cortado e dissecado todas as membranas e fibras do cadáver: em nenhuma parte o médico mais hábil teria descoberto a presença do sutil agente mortífero. Durante doze horas, a vítima não sentia o mais leve sintoma, exceto uma alegre e exaltada precipitação no sangue, à qual se seguia uma deliciosa languidez, precursora infalível da apoplexia. A sangria não servia de nada! A apoplexia era uma afecção que atacava com muita freqüência os inimigos dos Visconti!

Chegou a hora da festa; os convidados achavam-se reunidos. Via-se ali a flor da nobreza napolitana, os descendentes dos normandos, dos teutões e dos godos, pois Nápoles tinha então uma nobreza que declarava derivar-se da raça do Norte, que tem sido realmente a *Nutrix Leonum* – a ama da leonina cavalaria do mundo.

O último dos convidados que apareceram foi Zanoni; e a multidão lhe deu passagem, quando o deslumbrante estrangeiro se dirigiu ao dono do palácio. O príncipe saudou-o com fingido sorriso, ao qual Zanoni respondeu, em voz baixa:

– Nem sempre ganha quem joga com dados marcados.

O príncipe mordeu os lábios e Zanoni, seguindo adiante, parecia sustentar uma animada conversação com o adulador Mascari.

– Quem é o herdeiro do príncipe? – perguntou Zanoni.

– Um parente distante pela linha materna – respondeu Mascari. – Com Sua Excelência acaba a linha masculina.

– O herdeiro está assistindo ao banquete?

– Não, senhor; não são amigos, ele e Sua Excelência, o príncipe.

– Não importa; amanhã estará aqui.

Mascari calou-se; porém, o sinal de começar o banquete foi dado, e os convidados foram para a mesa. Como era então costume, a festa principiou um pouco depois do meio-dia. O salão era grande e de forma oval; de um lado, havia uma galeria sustentada por colunas de mármore, e com a saída para um pátio ou jardim, onde a vista sentia prazer ao fixar-se nas frescas fontes e nas estátuas de mármore alvíssimo, meio veladas por laranjeiras. Ali se encontrava toda a arte que o luxo pode inventar para mitigar com frescura o lânguido calor do exterior, num dia em que o siroco* parece haver suspendido a sua respiração. Correntes artificiais de ar, por tubos invisíveis; grandes leques de seda que se moviam continuamente, como um vento de abril; repuxos em miniatura em cada ângulo da sala, ofereciam aos italianos essa alegria e conforto (se posso empregar esta palavra), como as cortinas suspensas e o chamejante fogão produzem nos filhos dos climas frios.

A conversação era um tanto mais viva e intelectual do que a costumeira entre os ociosos caçadores de prazer, nas terras meridionais; pois o príncipe, homem de talento, buscava seus amigos não somente entre as pessoas ilustradas do seu país, como também entre os alegres estrangeiros que vinham adornar e avivar a monotonia dos círculos napolitanos. Estavam ali presentes dois ou três nobres e ricos franceses do antigo regime, que haviam emigrado a tempo, vendo aproximar-se a Revolução; e o seu particular modo de pensar e a sua agudeza de espírito estavam bem calculados para o meridiano de uma sociedade que fazia do *dolce far niente* ao mesmo tempo sua filosofia e sua fé.

O príncipe, entretanto, falava menos do que ordinariamente; e quando fazia um esforço para se estimular, as suas idéias eram inoportunas e exageradas.

As maneiras de Zanoni contrastavam sensivelmente com as do príncipe. O porte desse homem singular estava sempre caracterizado por uma calma e por uma polida facilidade de se exprimir, que os cortesãos atribuíam ao muito que devia ter freqüentado a sociedade. Dificilmente se podia dizer que estava alegre; e, não obstante, poucas pessoas sabiam manter como ele o bom humor dos convidados. Parecia, por uma espécie de intuição, adivinhar em cada conviva as qualidades em que este mais sobressaía; e se ocasionalmente um certo tom de encoberta crítica se revelava em suas observações, concernentes aos tópicos de que tratava a conversação, parecia a homens que nunca tomavam nada a sério, ser a linguagem, ao mesmo tempo, do gracejo e da sabedoria. Os franceses, em particular, achavam coisa surpreendente o seu íntimo conhecimento dos acontecimentos mais minuciosos da França e de sua capital, assim como a sua profunda penetração (embora manifestada só por meio de epigramas e sarcasmos), tocante aos caracteres eminentes que estavam então desempenhando um papel no grande teatro da intriga continental.

No instante em que essa conversação parecia mais animada, e em que a alegria da festa atingia o seu auge, chegou Glyndon ao palácio. O porteiro, vendo pelo seu traje que não pertencia ao número dos convidados, disse-lhe que Sua Excelência estava ocupado, e que não se podia interrompê-lo sob pretexto algum. Glyndon, pela primeira vez, compreendeu quão estranho e árduo era o dever que se impusera. Entrar à viva

---

\* Siroco é o nome que se dá, no Mediterrâneo, ao vento sudeste.

força no salão do banquete de um personagem nobre e poderoso, rodeado do escol de Nápoles, e acusá-lo perante os seus alegres companheiros daquilo que para estes não seria mais do que um ato de galanteio, era uma empresa que não podia deixar de ser temerária e ridícula. O jovem refletiu um momento e, pondo uma moeda de ouro na mão do porteiro, disse-lhe que precisava ver o senhor Zanoni, para quem trazia uma mensagem de vida ou de morte. Esse meio facilitou-lhe a entrada no interior do palácio. Glyndon subiu a larga escadaria e, em breve, chegaram aos seus ouvidos as alegres vozes dos convivas. À entrada dos salões de recepção encontrou um pajem, por intermédio do qual transmitiu o recado a Zanoni.

O pajem foi ter com Zanoni; e este, ao ouvir o nome de Glyndon, dirigiu-se ao dono do palácio, dizendo-lhe:

– Desculpe-me, senhor príncipe; um inglês amigo meu, o senhor Glyndon (cujo nome não é desconhecido de Vossa Excelência), espera-me na ante-sala; sem dúvida, trata-se de um assunto muito importante e urgente, porque veio buscar-me aqui a esta hora. Permitirá que me ausente um momento?

– Não, senhor – respondeu o príncipe, com cortesia, ao mesmo tempo que aparecia em seu semblante um sorriso sinistro – não seria melhor que o seu amigo entrasse para nos fazer companhia? Um inglês é bem recebido em toda parte; e, ainda que fosse holandês, sua amizade o tornaria simpático. Diga-lhe que entre; não queremos privar-nos de sua presença, nem que seja por um instante.

Zanoni fez um amável cumprimento ao príncipe, enquanto o pajem ia levar a Glyndon a lisonjeira mensagem. Puseram uma cadeira para ele ao lado de Zanoni, e o jovem inglês entrou.

– Seja muito bem-vindo, cavalheiro – disse-lhe o príncipe. – Espero que os assuntos que tem de comunicar ao nosso ilustre hóspede serão de bom agouro e de alegre interesse. Se, ao contrário, traz alguma notícia má, rogo-lhe que a deixe para mais tarde.

Glyndon franziu a testa, e estava a ponto de espantar os convivas com a resposta que queria dar, quando Zanoni, tocando-lhe significativamente o braço, disse-lhe em voz baixa, em inglês:

– Eu sei por que veio me buscar. Cale-se, e preste atenção no que vai suceder.

– Então, sabe que Viola, a qual se jactava de poder salvar de todo perigo...

– Está nesta casa! Sim! – completou Zanoni a frase de Glyndon, e acrescentou: – E sei também que a Morte está assentada à direita do dono desta casa. Mas o seu destino está agora separado do de Viola para sempre; e o espelho que o reflete aos meus olhos, me aparece claramente, através das correntes de sangue. Cale-se, e espere pelo fim que aguarda o malvado!

E dirigindo-se ao napolitano, disse Zanoni em voz alta:

– Senhor príncipe, o Sr. Glyndon trouxe-me, deveras, notícias não de todo inesperadas. Vejo-me obrigado a ausentar-me de Nápoles, e este é mais um motivo para aproveitar quanto possível a presente hora.

– E qual é, se me é permitido perguntar, a causa que traz tanta aflição às damas de Nápoles?

— É a próxima morte de uma pessoa que me tem honrado com a mais leal amizade — replicou Zanoni, com ar grave. — Porém, não falemos disto agora; a tristeza não pode fazer retroceder o horário no relógio da vida. Assim como substituímos por novas flores as que murcham nos nossos vasos, é segredo da sabedoria mundana substituir por novos os amigos que desaparecem da nossa senda.

— Soberba e verdadeira filosofia! — exclamou o príncipe. — A máxima dos romanos era "Não se admire"; a minha é: "Nunca se entristeça!" Nada deve causar-nos pesar na vida, senhor Zanoni, exceto, com efeito, o caso de alguma jovem beleza que, depois de ter conquistado o nosso coração, escapa de nossas mãos. Em semelhantes momentos, necessitamos de toda a nossa sabedoria para não sucumbir ao desespero e apertar as mãos da morte. Que diz a isto, cavalheiro? Sorri? Nem sempre sorrirá. Brinde comigo: À saúde do amante afortunado, ... e para que o amante enganado ache um pronto consolo!

— Brindo pelo que diz — respondeu Zanoni; e (quando o fatal vinho foi deitado no seu copo) repetiu, fixando os olhos no semblante do príncipe: — Brindo pelo que diz, ainda que seja com este vinho!

E, ao dizê-lo, levou o copo aos lábios. O príncipe pareceu empalidecer, enquanto o olhar de Zanoni se fixava nele com ardor e pertinácia, ante o qual o napolitano, sentindo remorsos de consciência, se curvou e estremeceu. Zanoni não desviou os olhos do príncipe, senão quando tinha engolido a última gota do líquido.

— Príncipe, o seu vinho foi guardado demasiado tempo e, por isso, perdeu as suas virtudes. Poderia ser inconveniente a muitos; mas, quanto a mim, não tema; não me fará o menor dano.

E voltando-se para a esquerda:

— Senhor Mascari, o senhor, que é excelente conhecedor dos vinhos, quer fazer-nos o favor de dizer a sua opinião?

— Ser-me-ia difícil — respondeu Mascari, com afetada calma — porque não gosto dos vinhos de Chipre; acho-os demasiado ardentes. Talvez o Sr. Glyndon ache este vinho mais saboroso do que o acha Sua Senhoria? Pois tenho ouvido dizer que os ingleses gostam que suas bebidas sejam ardentes e picantes.

— Quer que o meu amigo prove também do vinho, príncipe? — interrogou Zanoni. — Porém lembro-lhe que nem todos podem tomá-lo com a mesma impunidade que eu.

— Não — respondeu o príncipe apressadamente. — Uma vez que este vinho não merece a sua recomendação, Deus me livre de obrigar os meus convidados a tomá-lo! Senhor duque — prosseguiu, dirigindo-se a um dos franceses — os vinhos da sua pátria são verdadeiramente dignos de Baco! Como acha este barril de Borgonha? Conservou-se bem na viagem?

— Ah! — disse Zanoni —, mudemos de vinho e de tema.

E desde esse momento, pareceu ainda mais animado e brilhante. Nunca saiu da boca de um comensal uma conversação mais cintilante, mais eloquente e mais prazerosa. Suas palavras espirituosas fascinavam a todos — até ao príncipe e a Glyndon — e todos sentiam um estranho e inexplicável contágio. O príncipe, a quem as palavras e o olhar de Zanoni, quando este bebia o veneno, haviam enchido de medrosa desconfiança, saudava agora, na brilhante eloquência da sua espiritualidade, uma prova positiva da operação do tóxico. O vinho circulava sem parar; mas ninguém parecia reparar em seus efeitos. Um por um, os convidados foram caindo numa espécie de religioso silêncio, enquanto Zanoni continuava a gracejar e a dizer epigramas. Todos pareciam estar suspensos dos lábios do divertido conviva, escutando-o com avidez. Quão amarga, porém, era a alegria desse homem! Como era cheia de desprezo pelos néscios presentes e pelas frivolidades que formavam a sua vida!

Veio a noite; o salão começava a parecer um tanto escuro; a festa se havia prolongado muitas horas mais do que então costumavam durar semelhantes divertimentos. Ainda não se levantavam os convivas das cadeiras para retirar-se, e ainda continuava Zanoni, com olhar reluzente e o lábio zombador, contando-lhes espirituosas histórias e anedotas. De repente, a lua, surgindo no horizonte, derramou seus raios sobre as flores e fontes do jardim, deixando o salão imerso numa penumbra calma e misteriosa.

Então levantou-se Zanoni, dizendo:

— Bem, cavalheiros; parece-me que ainda não temos cansado bastante o nosso hospedeiro; e o jardim oferece uma nova tentação para prolongar a nossa visita. Príncipe, não tem no seu séquito alguns músicos que recreiem os nossos ouvidos, enquanto respiramos a fragrância das suas laranjeiras?

— Que excelente idéia! — disse o príncipe. — Mascari, que venham os músicos!

Os convidados foram-se levantando simultaneamente, para passar ao jardim; e então, pela primeira vez, começaram a sentir o efeito do muito vinho que tinham bebido.

Com as faces coradas e os pés pouco seguros, saíram ao ar livre, que estimulou ainda mais neles o crescente ardor do vinho. Como se quisesse desforrar o tempo que haviam permanecido em silêncio escutando Zanoni, desataram-se agora todas as línguas — todos começaram a falar ao mesmo tempo, porém ninguém escutava. Havia algo de estranho e sinistro no contraste que oferecia a calma beleza da noite e da cena, e a confusão e o clamor desses conversadores meio ébrios. Um francês, sobretudo, o jovem duque de R..., um dos nobres da classe mais alta, e de temperamento vivo e irascível, como é a maior parte de seus compatriotas, era o que parecia mais tumultuoso e excitado. E como as circunstâncias, cuja recordação ainda se conserva entre certos círculos de Nápoles, fizeram depois necessário que o mesmo duque tivesse de revelar o que havia acontecido, quero transcrever aqui o breve relatório daqueles fatos que ele escreveu e que, há alguns anos, me foi gentilmente apresentado por meu apreciável e leal amigo, o cavalheiro de R...

"Nunca me lembro (escreve o duque) de ter sentido o meu ânimo tão excitado como naquela noite; parecíamos o mesmo que tantos rapazes saídos da aula, dando-nos empurrões uns nos outros, enquanto descíamos, tropeçando, os sete ou oito degraus da escada que conduzia ao jardim; — uns riam, outros gritavam, outros ralhavam, outros palravam. Parecia que o vinho tinha feito manifestar-se o caráter íntimo de cada um. Alguns falavam em voz alta e disputavam, outros se mostravam sentimentais ou caprichosos; alguns, que até então nos pareceram aflitos, entregavam-se a uma alegria extraordinária; outros, que tomávamos por homens discretos e taciturnos, começaram a manifestar-se loquazes e turbulentos. Lembro-me que, no meio da nossa ruidosa alegria, a minha vista se fixou no cavalheiro senhor Zanoni, cuja conversação nos encantara tanto a todos, e senti um certo estremecimento ao ver que ele conservava no semblante a mesma calma e o mesmo sorriso de antipatia, que o caracterizavam em suas singulares e curiosas histórias da corte de Luís XIV. Quase me senti inclinado a provocar esse homem, cuja calma era uma espécie de insulto à nossa desordem; e não fui eu o único que sentiu o efeito daquela irritante e escarnecedora tranqüilidade. Alguns dos convivas me disseram depois que, ao ver Zanoni, sentiam ferver o seu sangue e mudar-se-lhes a alegria em ressentimento. Parecia que, no seu frio sorriso, havia um encanto particular que feria o amor-próprio e predispunha à ira.

"Nesse instante, o príncipe, dirigindo-se a mim, pegou-me pelo braço e levou-me a um canto. Ele havia certamente participado de nossos excessos, mas não se sentia tão excitado como nós; pelo contrário, estava um pouco taciturno e demonstrava uma espécie de fria arrogância e altivo desprezo em seu porte e em sua linguagem que, apesar de manifestar-me muito afetuosa cortesia, sublevou o meu amor-próprio contra ele. Parecia que Zanoni o tinha contagiado e que ao imitar as maneiras deste, tratava de exceder o original. O príncipe zombou de mim, lembrando uma historiazinha da corte em que aparecia o meu nome ligado ao de certa formosa e distinta dama siciliana, e simulou tratá-la com um desprezo que, se houvesse sido certo, eu teria considerado como uma jactância. Esse homem falava, na realidade, como se tivesse colhido todas as flores de Nápoles, deixando para nós, estrangeiros, somente as que desdenhara. Isso picou o meu orgulho natural e nacional, e vinguei-me com alguns sarcasmos que, seguramente, teriam evitado que eu me aventurasse, se o meu sangue não tivesse esquentado. Ele riu-se gostosamente, o que me deixou bastante irado.

"Talvez (devo confessar a verdade) o vinho houvesse produzido em mim uma estranha tendência à irritabilidade e a provocar disputas. Quando o príncipe se separou de mim, voltei-me e vi Zanoni ao meu lado.

"– O príncipe é um fanfarrão – disse ele, com o mesmo sorriso que tanto me repugnara antes. – Ele desejaria monopolizar toda a riqueza e todo o amor. Vamos nos vingar!

"– E como?

"– Neste momento, ele tem em sua casa a mais encantadora atriz de Nápoles: a célebre cantora Viola Pisani. Essa jovem se encontra aqui, é verdade, contra a sua vontade; ele a arrastou ao seu palácio empregando a força, mas pretextará que ela o adora. Insistamos em que nos apresente o seu secreto tesouro, e quando a cantora entrar, o duque de R... pode estar certo de que os seus elogios e as suas atenções encantarão a jovem, e provocarão fortes ciúmes no príncipe. Esta seria uma linda vingança que castigaria a sua impetuosa presunção.

"Essa sugestão me deleitou. Dei-me pressa em procurar o príncipe. Naquele momento, os músicos haviam começado a tocar; eu fiz um sinal ao príncipe que estava no centro de um dos grupos mais animados, queixei-me da sua mesquinha hospitalidade em oferecer-nos uns maestros tão pobres na arte, quando ele se reservava, para o próprio gozo, o alaúde e a voz da primeira cantora de Nápoles. Em tom meio ridente e meio sério, supliquei que nos apresentasse a jovem Pisani. O meu pedido foi recebido com uma salva de aplausos pelos demais. Sufocamos com gritos de protesto as réplicas do príncipe, e não quisemos escutar a sua negativa.

"– Cavalheiros – disse ele, quando afinal lhe foi possível fazer-se ouvir –, mesmo se eu acedesse à sua proposta, ser-me-ia impossível induzir essa senhora a apresentar-se perante uma reunião tão tumultuosa quanto nobre. São demasiado cavalheiros para usar de violência para com ela, ainda que o duque de R... se esqueça de si mesmo o bastante para me violentar.

"Essa repreensão, embora merecida, indignou-me.

"– Príncipe – respondi-lhe –, a respeito da incivilidade da violência, tenho um exemplo tão ilustre dela, que não posso hesitar em seguir a senda honrada por seus próprios passos. Toda Nápoles sabe que Viola Pisani despreza o seu ouro e o seu amor; que somente a violência podia trazê-la até a sua casa; e que, se o senhor se nega a apresentá-la, é porque teme a sua queixa e sabe bastante da fidalguia que a sua vaidade despreza, para estar convencido de que os cavalheiros franceses estão tão dispostos a adorar a beleza, como a defendê-la contra qualquer insulto.

"– Tem razão, senhor – confirmou Zanoni, com ar sério. – O príncipe não se atreve a apresentar a sua presa.

"O príncipe calou-se por alguns instantes, como se a indignação o fizesse emudecer. Por fim, prorrompeu nos mais injuriosos insultos contra Zanoni e contra mim. Zanoni não respondeu; eu fremia de ódio.

"Os convidados pareciam deleitar-se com a nossa disputa. Ninguém tratou de nos conciliar, exceto Mascari, a quem empurramos para um lado, não querendo ouvi-lo; uns tomaram partido a favor de um, outros a favor do outro. O resultado é fácil de prever. Recorreu-se às espadas. Um do grupo apresentou-me duas. Eu ia escolher, quando Zanoni pôs em minha mão a outra, a qual, a julgar pelo seu punho, parecia um objeto de arte muito antigo. Ao mesmo tempo, olhando o meu contendor, disse-lhe sorrindo:

"– Príncipe, o duque toma a espada do seu avô. Sua Senhoria é um homem demasiado valente para fazer caso de superstições; eu o advirto da multa do contrato!

"Ao ouvir estas palavras, pareceu-me que o príncipe estremecia, empalidecendo; não obstante, respondeu ao sorriso de Zanoni com um olhar de desprezo. Um momento depois, tudo era confusão e desordem. Havia seis ou oito pessoas empenhadas numa estranha e confusa refrega; porém, eu e o príncipe nos buscávamos um ao outro. O barulho que reinava em redor de nós, a confusão dos convidados, os gritos dos músicos e o ruído das nossas espadas serviam somente para estimular o nosso rancor. Temíamos que os outros nos interrompessem, e nos batíamos como loucos, sem ordem nem método. Eu parava e atacava maquinalmente, cego e frenético, como se um demônio se houvesse apoderado de mim, até que vi o príncipe estendido aos meus pés, banhado em sangue, e Zanoni inclinando-se sobre ele, falando-lhe ao ouvido.

"Esse espetáculo deixou-nos todos gelados. A luta cessou; confusos e cheios de remorsos e horror, reunimo-nos em torno do malfadado príncipe; mas era tarde – os seus olhos rolavam espontaneamente nas órbitas. Eu tenho visto morrer muitos homens, porém nunca um que levasse em seu semblante a expressão de tanto horror. O príncipe exalou o último suspiro!

"Zanoni levantou-se e, tomando com surpreendente tranqüilidade a espada de minha mão, disse calmamente:

"– Cavalheiros, Vossas Senhorias são testemunhas de que o príncipe atraiu sobre si mesmo esta desgraça. O último desta ilustre casa pereceu numa contenda.

"Nunca mais tornei a ver Zanoni. Depois das palavras por ele proferidas, fui correndo à casa do nosso representante para contar-lhe o acontecimento e aguardar o que se seguiria. Estou agradecido ao governo napolitano e ao ilustre herdeiro do desditoso príncipe pela nobre, generosa e justa interpretação que deram a esse desgraçado incidente, cuja memória me afligirá até a última hora da minha vida. – (Assinado) *Luís Victor, duque de R...*"

No memorial acima transcrito, o leitor encontra a narração mais exata e minuciosa de um acontecimento que produziu em Nápoles, naqueles dias, a mais profunda sensação.

Glyndon não havia tomado parte alguma naquela luta, nem participado muito dos excessos daquela festa. Talvez isso fosse devido às exortações que, em voz baixa, lhe dera Zanoni. Quando este se retirou daquela cena de confusão, Glyndon reparou que ele, ao atravessar o grupo que formavam os convidados, tocou Mascari levemente no ombro, dizendo-lhe algumas palavras que o inglês não pôde ouvir. Glyndon seguiu Zanoni ao salão do banquete, o qual, exceto onde os raios da lua tocavam o soalho, estava envolvido nas tristes e pesadas sombras da noite.

– Como você pôde predizer este terrível acontecimento? O príncipe não caiu ao golpe do seu braço! – recriminou Glyndon com voz trêmula e surda.

– O general que prepara a vitória não combate em pessoa – respondeu Zanoni –; porém, deixemos o passado dormir com os mortos. À meia-noite vá encontrar-me na praia, a meia milha à esquerda do seu hotel. Conhecerá o sítio, porque há ali um grosso e único pilar, ao qual está atada uma corrente de ferro, rompida. Se quiser estudar a nossa ciência, ali encontrará então o mestre. Retire-se; eu tenho de pôr em ordem ainda alguns negócios. Lembre-se de que Viola está ainda na casa do homem que acaba de morrer.

Nesse momento aproximou-se Mascari, e Zanoni, voltando-se para o italiano, enquanto se despedia de Glyndon com um aceno de mão, levou-o para um lado e disse-lhe:

– Mascari, o seu amo deixou de existir; e como o seu sucessor é um homem sóbrio, a quem a pobreza tem preservado dos vícios, os seus serviços lhe serão inúteis. Quanto a você, agradeça-me por não o entregar nas mãos do verdugo; recorde-se do vinho de Chipre. Bem, não trema, homem; esse vinho, que mataria qualquer outro, não poderia fazer-me mal algum. Você cometeu uma ação criminosa; porém, eu lha perdôo e prometo-lhe que, se esse vinho me matar, nunca o meu espectro aparecerá a um homem tão verdadeiramente arrependido como você. Porém, deixemos isto. Conduza-me ao quarto de Viola Pisani. A morte do carcereiro abre a porta do cárcere ao preso. Vamos, depressa! eu quero ir-me embora.

Mascari pronunciou algumas palavras ininteligíveis, fez um respeitoso cumprimento, e levou Zanoni ao quarto onde estava encerrada Viola.

## *Capítulo XVIII*

"Merc. – *Tell me, therefore, what thou seekest after, and what thou wilt have. What dost thou desire to make?*
Alch. – *The Philosopher's Stone."*
Sandivogius.

["*Mercúrio:* – Dize-me, então, que é o que tu procuras, e o que queres obter. Que desejas fazer?
*Alquimista:* – A Pedra Filosofal."]

Alguns minutos antes da meia-noite, encontrava-se Glyndon no sítio indicado. O misterioso domínio que Zanoni adquirira sobre ele foi confirmado ainda mais solenemente pelos acontecimentos das últimas horas; a morte súbita do príncipe, prevista pelo singular estrangeiro e verificada, contudo, de uma forma aparentemente tão acidental, por motivos tão vulgares e, apesar de tudo, associada a palavras tão proféticas, despertou no coração do jovem inglês os mais profundos sentimentos de admiração e respeito. Parecia que aquele ser incompreensível e maravilhoso podia converter em agentes da sua inescrutável vontade os atos mais ordinários e os instrumentos mais comuns; porém, sendo assim, por que havia permitido a captura de Viola? Por que não preferiu prevenir o crime a castigar o criminoso? E amava Zanoni realmente a jovem? Amá-la e não obstante querer renunciar à sua posse – para cedê-la a um rival, do qual podia livrar-se certamente, se quisesse aplicar para isso as suas artes!

Mas Glyndon já não cria que Zanoni e Viola quisessem enganá-lo, a fim de induzi-lo a casar-se com ela. O temor e o respeito que sentia por Zanoni não lhe permitiam crer numa impostura tão mesquinha. Continuava a amar Viola? Não; ao ouvir, naquela manhã, que a jovem encontrava-se em perigo, havia sentido, é verdade, renascerem as simpatias e o afeto que lhe professara, e temia por ela; porém, com a morte do príncipe, a imagem dela desapareceu novamente do seu coração, e não lhe causava ciúmes a idéia de que Viola fora salva por Zanoni – e que naquele momento encontrava-se talvez debaixo do seu teto. Quem, no curso de sua vida, tem sentido a absorvente paixão do jogo, lembra-se da maneira como o jogador apaixonado fica inteiramente absorvido por essa estranha ilusão, e com que cetro de mágico poder o terrível déspota domina todo sentimento e todo pensamento. Pois bem, o sublime desejo que dominava agora o coração de Glyndon era muito mais intenso do que a paixão do jogador.

O jovem queria ser rival de Zanoni, não em afeições humanas perecedouras, mas sim em sua ciência eterna e sobrenatural. Ele teria dado a própria vida com satisfação – e até com êxtase – para conseguir a chave daqueles solenes segredos que separavam o estrangeiro do resto da humanidade. Enamorado da deusa das deusas, o jovem estendia os braços, – como o impetuoso Íxion –, e abraçava uma nuvem!

A noite era muito linda e serena, e as ondas vinham morrer silenciosas, aos pés do inglês que seguia pela fresca praia, ao resplendor do estrelado firmamento. Por fim, chegou ao lugar designado, onde viu um homem envolto numa capa, apoiando-se contra o pilar, como se dormisse profundamente. O jovem, aproximando-se, pronunciou o nome de Zanoni. O homem voltou-se, e Glyndon viu que era um estrangeiro, cujo semblante, ainda que não belo como o de Zanoni, tinha não obstante o mesmo aspecto majestoso, e talvez ainda mais impressionável, tanto pela idade madura como por essa elevada inteligência livre de paixões e que se revelava em sua larga testa e nos seus olhos profundos e penetrantes.

– Procura Zanoni – disse o estrangeiro. – Ele não tardará a vir; porém, talvez o homem que está diante de você seja mais ligado ao seu destino, e esteja mais disposto a realizar os seus sonhos.

– Há, pois, na Terra, ainda um outro Zanoni? – perguntou Glyndon, surpreso.

– Se isso lhe parece impossível – replicou o estrangeiro –, porque acaricia você mesmo a esperança e a fé de tornar-se um dia também o que ele é? Pensa que ninguém mais se tem abrasado no fogo do seu divino sonho? Quem, em sua juventude, quando a alma está mais próxima do céu de onde saiu, e as suas primeiras e divinas aspirações não têm sido ainda todas desvanecidas pelas sórdidas paixões e mesquinhos cuidados que o tempo gera; quem é, repito, que em sua juventude não alimentou a crença de que o universo contém segredos desconhecidos à maioria dos homens, e quem não suspirou, como o cervo suspira pelo manancial de água, pelas fontes que se ocultam longe, no meio do vasto deserto da ciência e onde não se vê o menor rastro? A música da fonte ouve-se no interior da alma, até que o pé, vacilante e erradio, se extravia longe de suas águas, e o pobre viajor desorientado morre no imenso deserto. Pensa que, dos que acariciam a esperança, ninguém achou a Verdade, ou que em vão nos foi dado esse sentimento que nos impele a procurar o Inefável Saber? Não! Todo desejo que sente o coração humano é um vislumbre de coisas que existem, ainda que distantes e divinas. Não! No mundo nunca faltaram espíritos mais resplandecentes e mais felizes, que chegaram às regiões etéreas onde só se movem e respiram os seres superiores à humanidade. Zanoni, por grande que seja, não é um ser sem igual. Ele tem os seus predecessores, e uma longa linha de sucessores poderá vir atrás dele.

– E quer dizer com isso – perguntou Glyndon – que devo ver no senhor um daqueles poucos seres poderosos aos quais Zanoni não é superior em poder nem em sabedoria?

– Em mim – respondeu o estrangeiro – você vê um de quem Zanoni mesmo aprendeu alguns dos seus mais altos segredos. Eu tenho estado nestas praias em tempos que os seus cronistas apenas conhecem. Vi os fenícios, os gregos, os oscos, os romanos, os lombardos; a todos eu vi, essas folhas alegres e brilhantes sobre o tronco da vida universal, dispersas em sua devida estação e renovadas depois; até que, na realidade, a mesma raça que deu ao mundo antigo a sua glória, deu ao mundo novo uma segunda juventude. Porque os gregos puros, os helenos, cuja origem tem confundido os seus historiadores, eram da mesma grande família que os filhos da tribo normanda, nascidos para serem senhores do universo, e em nenhum país da Terra destinados a serem humildes lenhadores. Até as obscuras tradições dos eruditos, segundo as quais os filhos de Helas vieram dos vastos territórios do norte da Trácia para serem os vencedores dos pastores pelasgos e os fundadores da raça de semideuses; as tradições que falam de uma população bronzeada sob o sol do Oeste, e de Minerva com os olhos azuis e de Aquiles com os cabelos ruivos (caracteres físicos, distintos do Norte); que introduzem, no meio de um povo pastoril, aristocracias guerreiras e monarquias limitadas, o feudalismo do tempo clássico, até estas tradições podem servir-lhe para a prova de que os primitivos estabelecimentos dos helenos se encontravam na mesma região de onde, em tempos posteriores, os guerreiros normandos vieram invadir as ignorantes e selvagens tribos celtas, para se converterem nos gregos do mundo cristão. Porém, tudo isto não lhe interessa, e faz bem em ouvi-lo com indiferença. O império do homem que aspira a ser mais do que um homem, não reside no conhecimento das coisas exteriores, mas sim no aperfeiçoamento da alma que tem no seu interior.

– E quais são os livros que contêm esta ciência? E em que laboratório se trabalha para possuí-la? – perguntou Glyndon.

– A natureza fornece os materiais – respondeu o desconhecido –; e estes existem ao seu redor, e você os pisa a cada passo; nas ervas que o animal devora e que o químico desdenha colher; nos elementos de que se extrai a matéria nas suas formas mais diminutas e mais poderosas; no seio espaçoso do ar; nos negros abismos da Terra. Em toda a parte podem os mortais encontrar os recursos e as bibliotecas da ciência imortal. Porém, como os mais simples problemas, nos mais simples de todos os estudos, são obscuros para quem não educa a mente para os compreender; como o remador daquele barco não irá dizer-lhe porque dois círculos podem tocar-se um ao outro num só ponto, assim, ainda que toda a Terra estivesse cheia de gravuras e escritos do mais divino saber, os caracteres seriam inúteis para quem não procurasse saber o que significa essa linguagem e não meditasse sobre a verdade. Jovem, se a sua imaginação é viva, se o seu coração é ousado e a sua curiosidade insaciável, eu o aceitarei por discípulo. Mas advirto-lhe que as primeiras lições são duras e terríveis.

– Se o senhor as superou – respondeu Glyndon, intrepidamente –, por que não poderia eu fazê-lo também? Desde a minha infância, acompanha-me um pressentimento de que em minha vida me estão reservados estranhos mistérios; e do ponto onde se acham os limites da ordinária ambição, dirigi sempre o meu olhar às nuvens e à escuridão que se estendem no além. No instante em que vi Zanoni, senti como se tivesse descoberto o guia e o tutor pelo qual a minha juventude em vão tinha suspirado com ardente desejo.

– E Zanoni transferiu-me este cuidado – replicou o desconhecido. – Lá, na baía, está ancorado o navio em que Zanoni vai em busca de uma morada mais agradável; não demorará muito o instante em que a brisa se levantará e inchará as velas, e o estrangeiro terá desaparecido ao longe, como um sopro de vento. Porém, como o vento, ele deixa depositadas em seu coração as sementes que podem florescer e dar frutos. Zanoni concluiu a sua missão; ele não é mais necessário aqui; quem há de aperfeiçoar a sua obra, está ao seu lado. Zanoni se aproxima! Ouço o ruído do remo. Agora deve fazer a escolha. Segundo o que decidir, tornaremos a nos ver.

Ao dizer estas palavras, o desconhecido afastou-se lentamente, desaparecendo na sombra das rochas, enquanto um barco, fendendo velozmente as águas, aproximou-se da terra e parou; um homem saltou à praia, e Glyndon reconheceu Zanoni.

— Glyndon — disse-lhe este —, já não posso oferecer-lhe a escolha de um amor feliz e de uma existência tranqüila. A hora já passou, e o destino ligou à minha a mão que poderia ter sido sua. Porém, ainda posso conceder-lhe grandes dons, se quiser abandonar a esperança que rói o seu coração, e cuja realização não posso, nem eu, prever. Se a sua ambição for humana, posso saciá-la amplamente. Os homens desejam quatro coisas nesta vida: amor, riqueza, fama e poder. O primeiro não posso conceder-lhe mais; porém, os três restantes estão à minha disposição! Escolha destas três coisas a que lhe agrada, e separemo-nos em paz.

— Estes não são os dons que cobiço; prefiro a ciência, a ciência que você possui. Por ela, e só por ela cedi o amor de Viola; e essa ciência é a única recompensa que almejo.

— Não posso opor-me aos seus desejos, mas posso adverti-lo. O desejo de aprender não contém sempre a faculdade de adquirir. É verdade que posso dar-lhe o mestre, porém, o resto depende de você. Seja prudente enquanto é tempo, e tome o que eu posso lhe conceder.

— Responda-me só às perguntas que vou fazer — disse Glyndon — e, segundo a sua resposta, me decidirei. Está no poder do homem comunicar-se com os seres de outros mundos? Está no poder do homem influir sobre os elementos e preservar a sua vida contra a espada e contra as enfermidades?

— Tudo isso é possível — respondeu Zanoni evasivamente —, contudo, somente para alguns; por um que chega a alcançar estes segredos, podem perecer milhões, ao tentarem alcançar o alvo.

— Mais uma pergunta. Você...

— Basta! Já lhe disse que, de mim, não dou contas a ninguém...

— Pois bem — retrucou o jovem —, posso crer no poder do estrangeiro que encontrei esta noite? É realmente um dos videntes eleitos, de quem me afirma terem chegado a ser senhores dos mistérios que eu desejo sondar?

— Temerário! — disse Zanoni, num tom de compaixão —, a sua crise já passou e a sua escolha já está feita! Apenas, o que posso desejar-lhe é que seja valente e que prospere; sim, eu o entrego a um mestre que tem o poder e a vontade de abrir as portas de um mundo terrível e majestoso. Sua felicidade ou seus sofrimentos são nada para a sua fria sabedoria. Pedir-lhe-ia que o poupasse, mas ele não me daria ouvidos. Mejnour, receba o seu discípulo!

Glyndon voltou-se e sentiu o coração bater com força, quando viu novamente ao seu lado o desconhecido, cujos passos não haviam produzido o menor ruído na pedregosa praia e cuja aproximação o jovem não havia percebido, apesar da claridade da lua.

— Adeus! — disse Zanoni a Glyndon, despedindo-se. — A sua prova começa. Quando nos tornarmos a ver, ou será a vítima ou terá triunfado.

Glyndon seguiu com os olhos o misterioso Zanoni, cuja forma desaparecia entre as sombras da noite. Viu-o entrar no bote e, pela primeira vez, reparou que, além dos remadores, estava ali uma mulher que se pôs em pé quando Zanoni entrou.

Apesar da distância, o inglês reconheceu que era Viola, a linda atriz que ele havia adorado poucos dias antes. Ela agitou a mão em sinal de despedida e, através do ar

163

calmo e transparente, veio ao ouvido do inglês a sua doce voz, que, com acento triste e ao mesmo tempo suave, lhe dizia, no idioma de sua mãe:

– Adeus, Clarêncio! Eu o perdôo! Adeus! Adeus!

O jovem quis responder-lhe; porém a voz de Viola havia tocado no seu coração uma corda demasiado sensível; faltaram-lhe as palavras. Perdia pois, para sempre, Viola, que partia com esse temível estrangeiro; e a escuridão cobria o destino dela! E foi ele mesmo, Glyndon, quem havia decidido sobre a sorte da jovem e sobre a própria sorte também. O bote deslizava pela superfície serena das ondas, das quais cada golpe de remo fazia brotar muitas chispas, deixando atrás de si um sulco de safira, matizado pela luz suave da lua, e levando para longe os amantes; e foi afastando-se mais e mais, até que, por fim, apareceu à vista de Glyndon apenas como um ponto preto, indo tocar o lado do navio que estava até então imóvel na formosa baía.

Nesse instante, como se fosse provocado por magia, despertou, murmurando alegremente, o vento folgazão e fresco.

Glyndon, voltando-se para Mejnour, rompeu o silêncio:

– Diga-me senhor, se pode ler no futuro, diga-me se ela será feliz e se a escolha que fez foi, ao menos, prudente?

– Meu discípulo – respondeu Mejnour, com uma voz cuja calma estava em perfeito acordo com as frias palavras –, o seu primeiro cuidado deve ser afastar de si todos os pensamentos, sentimentos e simpatias que se dirijam a outros. A base fundamental da ciência é fazer você mesmo o seu estudo, e esse estudo deve ser agora somente o seu mundo. Você se decidiu por esta carreira; renunciou ao amor; rejeitou as riquezas, a fama e a vulgar pompa do poder. Que lhe importa, então, a humanidade? Todos os seus esforços devem dirigir-se, de hoje em diante, a aperfeiçoar as suas faculdades e a concentrar as suas emoções!

– E encontrarei, por fim, a felicidade?

– Se a felicidade existe – respondeu Mejnour – deve encontrar-se num EU, que é livre de toda paixão. Porém, a felicidade é o último estado do ser; e você se encontra, agora, apenas no umbral do primeiro degrau da escada que para lá conduz.

Enquanto Mejnour dizia isto ao jovem, o navio de Zanoni desdobrava as suas velas ao vento e movia-se devagar, singrando tranqüilamente as águas.

Glyndon exalou um suspiro e, em seguida, discípulo e mestre dirigiram seus passos para a cidade.

# *LIVRO QUARTO*

## O ESPECTRO DO UMBRAL

### *Capítulo I*

*"Come vittima io vengo all'ara."*
  *Metast.*, Ato II, Cena 7.

["Como vítima eu venho ao altar".]

Havia passado quase um mês desde a partida de Zanoni e a recepção de Glyndon como discípulo de Mejnour, quando dois ingleses passeavam, de braços dados, pela rua de Toledo, em Nápoles.

– Eu lhe digo – exclamava um deles (que falava com calor) – que, se ainda tem uma partícula de senso comum, voltará comigo para a Inglaterra. Esse Mejnour é um impostor mais perigoso porque é mais sério do que Zanoni. E, além de tudo, para que lhe servem as suas promessas? Você mesmo confessa que não pode haver nada mais equívoco. Diz que ele abandonou Nápoles, que escolheu um retiro mais próprio do que os lugares cheios do bulício das multidões, para os profundos estudos em que quer iniciá-lo; e esse retiro encontra-se numas paragens onde habitam os mais terríveis bandidos da Itália, em lugares onde até a justiça não se atreve a penetrar. Magnífica ermida para um sábio! Eu tremo de medo por você. Que fará se esse estrangeiro (de quem nada se sabe) estiver ligado com os ladrões; e se essas promessas, oferecidas à sua credulidade, não forem mais do que um engodo para tirar-lhe, quando cair na armadilha, a sua propriedade e, talvez, até a sua vida? Não será possível que, uma vez no meio dessa gente, o prendam e exijam a metade da sua fortuna por seu resgaste? Sorri com indignação! Bem, não apelemos, pois, para o senso comum, olhe a questão do seu próprio ponto de vista. Vai submeter-se a uma prova que Mejnour mesmo não se atreve a descrever como fácil ou agradável. Dessa prova se sairá bem ou mal. Se não tiver bom êxito, está ameaçado de sofrer horríveis males; e se triunfar, não poderá esperar mais do que essa vida triste e sem gozos, como a que passa esse místico que escolheu por seu mestre. Deixe essas loucuras; goze a juventude enquanto pode fazê-lo; volte comigo para a Inglaterra; esqueça esses sonhos; entre numa carreira da qual você é digno; forme afeições mais respeitáveis do que aquelas que o atraíram, por algum tempo, para uma aventureira italiana. Cuide de sua fortuna, faça bons negócios e procure ser um homem feliz e distinto. Este é o conselho de um amigo sincero; veja que as promessas que exponho são mais sedutoras do que as de Mejnour.

– Mervale – respondeu Glyndon, em tom áspero –, não posso, nem quero aceder aos seus desejos. Um poder superior à minha vontade impele-me para diante; eu não posso resistir à sua influência. Quero seguir até o fim a estranha carreira que empreendi. Não pense mais em mim. Siga você mesmo o conselho que me dá, e seja feliz.

– Isto é uma loucura – replicou Mervale –, a sua saúde começa já a decair; está tão mudado, que apenas o conheço. Venha, já fiz incluir o seu nome no meu passaporte. Dentro de uma hora estarei fora de Nápoles, e você, moço como é e sem experiência, ficará aqui sem um amigo, entregue às ilusões da sua fantasia e às maquinações desse infernal saltimbanco.

– Basta! – retrucou Glyndon, friamente –; deixe de ser um conselheiro afetivo quando permite que os seus preconceitos se manifestem com tanta rudeza. Tenho já ampla prova – acrescentou o jovem inglês, e as suas pálidas faces tornaram-se agora lívidas – do poder desse homem, se é que homem seja, o que, às vezes, tenho duvidado, e, encontre eu a vida ou a morte, não retrocederei da senda me que atrai. Adeus, Mervale; e se não nos encontrarmos mais, se, algum dia, no meio dos antigos e alegres lugares que freqüentamos em nossa infância, ouvir dizer que Clarêncio Glyndon dorme o último sono nas praias de Nápoles ou naquelas distantes montanhas, diga aos nossos amigos da juventude: "Morreu dignamente, como milhares de mártires-estudantes morreram antes dele, em busca do Saber."

Ao dizer isto, apertou a mão de Mervale, e rapidamente desapareceu entre a multidão.

Na esquina, viu-se detido por Nicot, que exclamou:

– Olá, Glyndon! Há um mês que não o vejo. Onde esteve? Passou o tempo absorto em seus estudos?

– Sim – respondeu o inglês.

– Eu vou a Paris – continuou Nicot. – Quer acompanhar-me? Talentos de toda ordem são ali muito procurados e elevar-se-ão, com toda a certeza.

– Agradeço-lhe; por ora, tenho outros projetos.

– Está tão lacônico – observou o francês. – O que é que o aflige? Está triste pela perda da Pisani? Resigne-se, como eu o fiz. Em me consolei já com Bianca Sachini; uma mulher bonita, ilustrada, livre de preconceitos. Acho nela uma criatura adorável e apreciável, não há dúvida. Porém, a respeito desse Zanoni!...

– Que sabe dele?

– Nada; porém, se eu pintar alguma vez uma alegoria, retratarei esse homem como Satanás. Ah! Ah! Uma vingança digna de um pintor, não é verdade? É o modo como procede o mundo! Sim; quando não podemos fazer nada contra um homem que odiamos, nós, os pintores, podemos ao menos pintá-lo como o diabo. Porém, falo seriamente: detesto esse homem!

– Por quê?

– Por quê?! Acaso não me roubou a mulher e o dote que eu tinha negociado? E, depois de tudo – acrescentou Nicot, pensativo –, ainda que me tivesse servido, em vez de me ultrajar, odiá-lo-ia da mesma forma. A sua figura me faz invejá-lo e detestá-lo. Sinto que há algo antipático em nossas naturezas; e pressinto que nos veremos outra vez, quando o ódio de Jean Nicot for menos impotente. Também nós, querido colega, também nós nos encontraremos algum dia! Viva a República! Eu vou ao meu novo mundo!

– E eu, ao meu. Adeus!

Naquele mesmo dia, Mervale partiu de Nápoles e, no outro dia de manhã, Glyndon abandonou também a Cidade do Prazer, dirigindo-se, só e a cavalo, para aquela pitoresca, porém perigosa parte do país que, naquele tempo, estava infestada de bandidos, e por onde poucos viajantes se atreviam a passar sem levar uma forte escolta, mesmo em plena luz do dia.

Não se pode conceber um caminho mais solitário do que aquele, onde as patas do seu cavalo, pisando os fragmentos de rocha que juncavam a estrada, evocavam um triste e melancólico eco. Grandes trechos de terreno desolado, variados somente pelas viçosas e profusas folhagens do Sul, ofereciam-se à sua vista; às vezes uma cabra selvagem berrando e assomando a cabeça por trás das escarpadas rochas ou o discordante grito de alguma ave de rapina saindo assustada do seu sombrio esconderijo interrompiam o silêncio daqueles sítios.

Estes eram os únicos sinais de vida que se percebiam naquele caminho, no qual não se encontrava nenhum ser vivo – e nem se podia enxergar uma choupana. Imerso em seus pensamentos ardentes e profundos, o jovem marchou até que o calor abrasador do meio-dia cedeu lugar a uma brisa refrescante vinda do oceano, que mal se divisava lá ao longe. Então a estrada, mudando de repente de direção, ofereceu à vista de Glyndon um desses desolados e tristes povoados que se encontram no interior dos domínios napolitanos; e em breve encontrou o inglês a um lado da estrada uma pequena capela, aberta, sobre cujo altar via-se pintada, com vivas cores, a imagem da Virgem. Ao redor dessa capela, que no coração de um país cristão conservava vestígios da antiga idolatria (pois justamente dessa forma eram as capelas que na idade pagã se dedicavam aos demônios e aos deuses da mitologia), estavam reunidos seis ou sete miseráveis criaturas que essa asquerosa enfermidade – a lepra – isolara dos seres humanos. Ao verem o cavalheiro, lançaram agudos e penetrantes gritos, sem se moverem dos seus lugares e estenderam os magros braços, implorando, em nome da Mãe Misericordiosa, a caridade do viajor. Glyndon lhes arremessou algumas moedas de pequeno valor e, apartando a vista desse quadro, meteu esporas no cavalo, pondo-o a galope até entrar no povoado. Em ambos os lados da rua estreita e lamacenta viam-se grupos de indivíduos de aspecto feroz e olhar traiçoeiro; alguns estavam recostados contra as esburacadas paredes das suas miseráveis choupanas, outros sentados na soleira das portas, outros estendidos na rua. Esses grupos inspiravam compaixão por sua miséria e infundiam, ao mesmo tempo, desconfiança pelo ar feroz que se notava nos seus semblantes selvagens. Eles olhavam com atrevida sobranceria para Glyndon, enquanto este cavalgava, com passo lento, por aquela rua pedregosa e lamacenta; às vezes, murmuravam uns aos outros algo de um modo significativo, porém ninguém se atreveu a detê-lo. Até as crianças interrompiam suas conversas e seus gritos, e rapazes andrajosos, devorando-o com os olhos cintilantes, resmungavam:

– Mamãe, amanhã teremos um bom dia!

Era, efetivamente, um desses lugarejos onde a lei ainda não estava segura e onde a violência e o assassinato residiam impunemente – lugarejos muito comuns, naquele tempo, nas partes mais selvagens da Itália, onde o nome de camponês era apenas o título eufônico do ladrão.

Glyndon começou a experimentar alguma inquietação quando olhou em torno de si, e a pergunta que queria fazer expirou nos seus lábios. Por fim, de uma daquelas escuras choupanas saiu um homem que parecia superior aos demais. Em vez dos andrajos e remendos que o inglês tinha visto até então, como a única moda de vestir-se aquele gente, o traje desse homem era caracterizado por todos os adornos do luxo nacional. O seu cabelo preto, lustroso e crespo constrastava notavelmente com as emaranhadas guedelhas dos selvagens que o rodeavam; trazia um gorro de pano, com uma borla de ouro, que lhe caía sobre os ombros, seus bigodes estavam esmeradamente frisados e, sobre o pescoço bem formado, ainda que um tanto nervudo, via-se um lenço de seda de cores alegres; a curta jaqueta, de pano grosseiro, estava adornada com algumas filas de botões dourados, e os seus calções, cheios de curiosos bordados, ajustavam-se perfeitamente aos seus músculos. No largo cinturão, onde se viam vários adornos, estavam postas duas pistolas com coronhas prateadas e a faca com bainha, que costumam carregar os italianos de baixa esfera, em cujo cabo de marfim havia muitas gravuras. Uma pequena carabina, ricamente trabalhada, pendia-lhe do ombro e completava o traje desse homem, que era de mediana estatura, de formas atléticas porém delgadas, e cujas feições, ainda que tostadas pelo sol, eram regulares e expressivas, adivinhando-se desde logo nelas antes a franqueza do que a ferocidade. O aspecto geral desse homem revelava a audácia acompanhada de generosidade e, a não ser pela desconfiança que inspirava o seu traje, poderia encontrar-se nele algo de simpático.

Glyndon, depois de contemplá-lo por alguns instantes com grande atenção, deteve o cavalo e perguntou ao homem qual era o caminho para o castelo da montanha.

O interrogado tirou o gorro ao ouvir essa pergunta e, aproximando-se do inglês, pôs a mão sobre o pescoço do cavalo, dizendo em voz baixa:

– Então é o cavalheiro que o nosso senhor e protetor aguarda! Ele me mandou esperá-lo aqui, para conduzi-lo ao castelo. E com certeza, senhor, teria havido um desastre se eu me tivesse descuidado em obedecê-lo.

Apartando-se um pouco de Glyndon, em seguida, dirigiu-se esse homem aos grupos que estavam um pouco mais atrás, e disse-lhes em alta voz:

– Olá, amigos! É preciso que, de hoje em diante, prestem a este cavalheiro todo o respeito que merece. É o hóspede aguardado pelo nosso bendito patrão do castelo da montanha. Que viva longos anos! Deus o guarde, mesmo como ao nosso patrão de dia e de noite, na montanha e no deserto, do punhal e das balas! A maldição do céu caia sobre o miserável que se atrever a tocar num cabelo da sua cabeça ou num *baiocho*\* da sua algibeira! Agora e sempre o protegeremos e respeitaremos, pela lei ou contra a lei, com lealdade e até a morte. Amém! Amém!

– Amém! – responderam cem vozes, em coro selvagem.

E os grupos dispostos iam se aproximando até que formaram um estreito círculo em torno do ginete.

– E para que este cavalheiro possa ser reconhecido – prosseguiu o estranho protetor do inglês – à vista e ao ouvido, ponho-lhe o cinturão branco, e dou-lhe as sagradas palavras de passe: "Paz aos valentes." Senhor, quando tiver sobre o seu corpo este cinturão, os homens mais altivos destas comarcas descobrirão a cabeça e dobrarão o joelho diante de si. Senhor, quando pronunciar as palavras de passe, os corações mais valentes se porão às suas ordens. Se desejar salvar uma pessoa ou exercer uma vingança, conquistar uma beldade ou desfazer-se de um inimigo, diga uma palavra, e todos estaremos prontos a obedecê-lo. Estamos às suas ordens! Não é verdade, camaradas?

E novamente as vozes roucas exclamaram:

– Amém, amém!

– Agora, cavalheiro – disse o bravo em voz baixa –, se tem algumas moedas de sobra, distribua-as entre esta gente e partamos.

Glyndon, não descontente com esta sentença concludente, esvaziou a algibeira nas ruas; e enquanto, no meio de juramentos, bênçãos, guinchos e uivos, homens, mulheres e crianças arrebanhavam aquelas moedas, o bravo, agarrando a rédea do cavalo, fê-lo trotar até que, entrando num estreito beco à esquerda, encontraram-se, em poucos minutos, num sítio onde não se viam nem casas nem homens, e as montanhas cerravam o seu caminho em ambos os lados. Foi só então que o guia soltou a brida do cavalo, e deixando que o animal afrouxasse o passo, dirigiu a Glyndon seus olhos pretos, com uma expressão velhaca e lhe disse:

– Vossa Excelência, parece-me, não estava preparado para a cordial recepção que lhe fizemos?

– E a falar a verdade, eu devia estar preparado para isso, porque o Senhor, a cuja casa me dirijo, não me ocultara o caráter da vizinhança. E o seu nome, meu amigo, se é que me é lícito chamá-lo assim?

– Oh! Excelência, não gaste cumprimentos comigo. No povoado, chamam-me geralmente de mestre Paolo. Anteriormente eu tinha ainda um sobrenome, apesar de que, é verdade, era muito equívoco; mas esqueci esse sobrenome desde que me retirei do mundo.

---

\* Moeda de pequeno valor.

– E diga-me – perguntou Glyndon –, refugiou-se nestas montanhas por causa de algum desgosto, devido à pobreza, ou em conseqüência de alguma paixão que costuma ser punida?

– Cavalheiro – disse o bravo, rindo alegremente –, os eremitas da minha classe são pouco amantes do confessionário. Eu, porém, enquanto os meus pés pisarem estes desfiladeiros, enquanto o meu assobio estiver na algibeira e a minha carabina sobre o ombro, não terei medo de que os meus segredos me comprometam.

E ao dizer isto, o bandido, como se quisesse tomar a licença de falar à vontade, escarrou três vezes, e começou, com muito bom humor, a sua história; porém, à medida que a sua narração ia progredindo, as recordações que nele despertavam pareciam levá-lo mais longe do que a princípio tencionara e, pouco a pouco, a sua fisionomia foi-se animando com essa gesticulação viva e variada que caracteriza os homens do seu país.

– Nasci em Terracina – começou –, cidade magnífica, não é verdade? Meu pai era um erudito monge, nascido de uma família nobre; minha mãe (descanse em paz no céu!) era uma formosa mulher, filha de um estalajadeiro. Naturalmente, não havia possibilidade de um casamento, nesse caso; e quando eu nasci, o monge declarou gravemente que o meu aparecimento era um milagre. Desde o berço, fui dedicado ao altar; e a minha cabeça era universalmente classificada como a forma ortodoxa para um capelo de frade. O monge cuidou que eu recebesse desde a infância a educação própria para a carreira eclesiástica; e assim aprendi o latim e os salmos, na idade em que as crianças menos milagrosas aprendem a apascentar as vacas. E o cuidado do santo homem não se limitava só à minha educação moral. Embora tivesse feito os votos de pobreza, sabia ele arranjar os recursos para que as algibeiras da minha mãe estivessem sempre cheias; e entre as algibeiras dela e as minhas, estabeleceu-se logo uma secreta comunicação; assim aconteceu que, nos meus catorze anos, eu andava com o gorro a um lado, um par de pistolas à cinta, e com o ar de um cavalheiro e de um galã. Nessa idade, perdi minha mãe; e por aquela época, meu pai, tendo escrito uma História das Bulas Pontifícias, em quarenta volumes, e sendo, como já disse, de família nobre, obteve o chapéu de cardeal. Desde aquele tempo, o santo varão não quis mais reconhecer este seu humilde servo. Entregou-me a um honesto notário de Nápoles e deu-me duzentas coroas, em forma de uma provisão. Pois bem, senhor; em pouco tempo conheci bastante a lei para me convencer de que nunca seria bastante velhaco para brilhar naquela profissão. Assim, pois, em vez de manchar pergaminhos, pus-me a entreter relações amorosas com a filha do notário. O meu amo descobriu o nosso inocente divertimento e deitou-me à rua. Isso foi desagradável; mas a minha Nineta queria-me bem, e cuidou para que eu não me visse na necessidade de ter de ir misturar-me com os *lazzaroni*. Pobrezinha! Parece-me que ainda a estou vendo como vinha, com os pés descalços e o dedo posto sobre os lábios, abrir a porta da rua nas noites de verão, para introduzir-me, sem ruído, na cozinha, onde (louvados sejam os santos!) um frasco e um pãozinho sempre aguardavam o faminto amante. Por fim, porém, o amor de Nineta por mim esfriou. É o costume do sexo, senhor. O pai arranjou-lhe um excelente casamento na pessoa de um seco e velho negociante de pinturas. Nineta se casou, e como era natural, fechou a porta diante do nariz do amante. Mas eu não desanimei, senhor; oh não! Não faltam mulheres, quando somos jovens. Assim, sem um ducado na algibeira, e sem uma fatia de pão para os dentes, tratei de buscar fortuna, e entrei a bordo de um navio mercante espanhol. Era esse um trabalho mais pesado do que eu pensara; porém, felizmente, fomos atacados por um pirata que matou uma metade da tripulação e prendeu a outra metade. Eu estive entre esses, tive pois sempre sorte, como vê, senhor; os filhos de monges têm sempre uma proteção! O comandante dos piratas sentiu afeição por mim.

"– Quer servir conosco? – perguntou-me.

"– Com muito gosto – respondi-lhe.

"E assim, eis-me feito pirata! Oh, que vida alegre! Como eu abençoava o notário por ter-me posto na rua! Que vida de festins, de combates, de amores e de pendências! Às vezes, saltávamos à terra, em qualquer praia, e nos regalávamos como príncipes; outras vezes, permanecíamos dias inteiros em completa calma, no mar mais sereno que o homem jamais tenha atravessado. E quando a nossa vista descobria algum navio, como nos alegrávamos! Passei três anos nessa encantadora profissão e depois, senhor, senti-me atormentado pela ambição. Cobiçava o posto do capitão, e conspirei contra ele. Aproveitamos uma noite de calma para dar o golpe. O navio parecia dormir no mar; nenhuma terra se avistava da gávea; a água se assemelhava a um grande espelho, e era iluminada pela lua cheia. Mais de trinta conspirados, nos levantamos com um só grito, e eu, como chefe da conspiração, precipitei-me na câmara do capitão. O bravo ancião tinha percebido o tumulto e aguardava no umbral com uma pistola em cada mão; e o seu único olho (pois era caolho) despendia um brilho mais terrível do que podiam fazê-lo as bocas das suas pistolas.

"– Rendei-vos! – gritei-lhe. – Vossa vida será poupada!

"– Toma isso! – respondeu ele, e disparou a pistola.

"Porém, os santos me protegeram; a bala passou-me rente ao ouvido e matou o contra-mestre, que se achava atrás de mim. Agarrei, então, o braço do capitão, que disparou a sua segunda pistola, sem conseguir atingir ninguém. Era um homem de um metro e noventa de altura, sem incluir os sapatos! Fomos rolando pelo chão. Virgem Maria! No ardor da luta, nem tivemos tempo para tirar as nossas facas, nem eu, nem ele. Entretanto, toda a tripulação estava alvoroçada e entregue a uma espantosa refrega, uns a favor do capitão e outros a meu favor; ouviam-se detonações, ruídos de armas, gritos e maldições; e, de vez em quando, a queda de um corpo pesado no mar. Os tubarões tiveram uma ceia rica naquela noite! Por fim, o velho Bilboa se pôs sobre mim e, brandindo a faca, deixou cair o braço; porém não pôde ferir-me no coração, não! Servindo-me do braço esquerdo como de um escudo, recebi o golpe neste, no qual a faca se enterrou, e o sangue brotou como um jato de água da goela de uma baleia!

"Com a força do golpe, o homem robusto tocou com a sua cara na minha; então agarrei-o com a mão direita, pela garganta, e torci-lhe o pescoço como a um cordeiro, senhor, enquanto, no mesmo instante, o irmão do contra-mestre, um corpulento holandês, atravessou-lhe o corpo com uma lança.

"– Velho amigo, disse-lhe, quando o seu terrível olhar se fixou em mim –, eu não lhe desejava mal nenhum; porém sabe que todos devemos fazer o possível para prosperar neste mundo.

"O capitão rangeu os dentes e expirou. Em seguida, subi ao convés – que espetáculo! Vinte homens valentes estavam ali estendidos e frios, e a lua brilhava tão tranqüilamente sobre os charcos de sangue como se fossem água. Pois bem, senhor! A vitória foi nossa, e o navio ficou sendo meu; governei, bastante alegremente, pelo espaço de seis meses. Depois, atacamos um navio francês cujo tamanho era o dobro do nosso, que divertimento! Fazia tanto tempo que não nos batíamos! Fizemos o melhor que pudemos, e nos apoderamos do navio e da carga. A minha gente queria matar o capitão, porém isso era contrário às minhas leis; assim lhe pusemos uma mordaça, pois não deixava de nos insultar em voz alta, como se fôssemos casados com ele. Em seguida, com o resto da tripulação, o transladamos para o nosso navio, que estava já em más condições; arvoramos a nossa bandeira preta no navio francês, e partimos alegremente, ao sopro de um vento favorável. Mas desde que abandonamos o nosso velho barco, a fortuna pareceu virar-nos as costas.

"Um dia, um forte temporal fez saltar uma prancha do novo barco; alguns de nós escapamos à morte nas ondas, metendo-nos num bote. Todos havíamos tido o cuidado de recolher o nosso ouro, mas ninguém se lembrou de trazer uma pipa de água! Sofremos horrivelmente pelo espaço de dois dias e duas noites; por fim, porém, chegamos a uma praia, perto de um porto francês. O nosso triste estado moveu a compaixão dos habitantes, e como tínhamos dinheiro, ninguém suspeitou de nós – a gente não desconfia senão dos pobres. Em pouco tempo recuperamos as forças, vestimo-nos de novo da cabeça aos pés, e o vosso humilde servo foi considerado um nobre e honrado capitão. Quis, porém, a minha má sorte que eu me enamorasse da filha de um mercador de sedas. Oh! como eu a amava, a minha bela Clara! Sim, amava-a tanto, que sentia horror ao pensar na minha vida passada! Assim, pois, resolvi arrepender-me, casar-me com ela e viver como um homem honesto. Chamei pois, um dia, os meus companheiros para participar-lhes a minha resolução, renunciei ao meu posto e aconselhei-lhes que partissem. Como eram bons rapazes, entraram no serviço de um capitão holandês, contra o qual, como eu mais tarde soube, amotinaram-se com feliz sucesso; mas nunca mais tornei a vê-los. Restavam-me duas mil coroas; com esse dinheiro obtive o consentimento do mercador, e ficou ajustado que eu me tornaria seu sócio. Não tenho necessidade de dizer-lhe que ninguém suspeitava que meu pai fosse um homem tão respeitável, e passei por filho de um ourives napolitano, em vez do rebento de um cardeal. Eu era muito feliz então, senhor – tão feliz que não teria feito mal nem a uma mosca! Se me tivesse casado com Clara, teria sido o mais honrado e pacífico mercador do mundo."

O bravo calou-se, por alguns minutos, e era fácil ver que estava profundamente comovido, mais do que se podia julgar por suas palavras e o tom da sua voz.

– Bem, bem – prosseguiu –, não voltemos a vista atrás com demasiado ardor. Há lembranças que, como os raios de sol, fazem os olhos chorar. Foi fixada a época do nosso casamento. Na véspera desse dia, Clara, sua mãe, sua irmãzinha e eu estávamos passeando pelo porto; e enquanto olhávamos o mar, eu lhes contava alguns contos de sereias e serpentes marinhas, quando um francês narigudo e de rosto encarnado veio diretamente a mim e, pondo os óculos, exclamou:

"– *Sacré! Mille tonnerres!* Este é o maldito pirata que abordou o *Noble!*

"– Faça o favor de não brincar comigo! – disse-lhe eu, mansamente.

"– Oh! eu não me engano; é ele mesmo," prosseguiu o francês, e agarrando-me pela gravata, começou a gritar por socorro.

"Eu lhe repliquei, como pode supor, arrojando-o ao canal; mas isso não me valeu de nada. O capitão francês tinha atrás de si um tenente seu compatriota, cuja memória era tão boa como a do seu chefe. Formou-se, em seguida, um círculo em torno de mim; vieram outros marinheiros, e todos me foram hostis e a favor do capitão. Aquela noite dormi no cárcere; e poucas semanas depois fui condenado às galés. Pouparam a minha vida, porque o velho francês teve a gentileza de declarar que eu havia obrigado a minha população a poupar a vida dele. Pode acreditar que o remo e os grilhões não eram de meu gosto. Um dia, escapei com outros dois sentenciados; eles se fizeram guardiães da estrada, e não duvido que já há muito tenham expirado na roda. Eu, alma mansa, não queria cometer outro crime para ganhar o meu pão, pois a formosa imagem de Clara, com os seus doces olhos, estava gravada no meu coração; assim, pois, limitei a minha picardia a roubar os andrajos de mendigo, deixando-lhe em troca a minha fatiota de galeote, e dirigi os meus passos à cidade onde havia deixado Clara.

"Era um claro dia de inverno quando cheguei às cercanias da cidade. Não tinha medo de ser descoberto, porque a barba e o cabelo me tornavam irreconhecível. Porém, oh! Mãe de Misericórdia! Logo à entrada, encontrei-me com um enterro! Assim, pois, agora o sabeis; não posso contar-vos mais a respeito. Clara morrera, talvez de amor, porém, mais provavelmente de vergonha. Sabe como passei aquela noite? Furtei um enxadão do telheiro de um pedreiro e, sozinho, sem ser visto por alguém, numa noite gelada, fui cavar a fresca terra do túmulo; tirei o ataúde, abri-o e vi outra vez a minha amada! Não se havia desfigurado em nada! Conservava a palidez de quando viva! Teria jurado que estava viva! Que felicidade era para mim essa ocasião de vê-la outra vez e estar com ela sozinho!

"Porém, depois, de madrugada, ter de restituí-la à terra – fechar o ataúde, depositá-lo na sepultura e ouvir o ruído da terra e das pedras que caíam sobre o caixão: isso era terrível! Senhor, eu até então não sabia, e nem quero pensar agora, que coisa preciosa é a vida humana. Ao nascer do sol, comecei novamente a peregrinar pelo mundo; porém, agora que Clara não existia mais, os meus escrúpulos desvaneceram-se, e novamente achei-me em guerra com as minhas inclinações melhores.

"Por fim, consegui, em O..., ser admitido a bordo de um navio que ia para Livorno, oferecendo-me para trabalhar de marinheiro durante a viagem. De Livorno fui a Roma, e pus-me à porta do palácio do cardeal. Quando o prelado veio saindo e ia subir para o luxuoso coche que o aguardava na rua, aproximei-me e disse-lhe:

"– Oh, pai, não me conhece?

"– Quem é?! – perguntou o cardeal.

"– Seu filho! – respondi-lhe, em voz baixa.

"O cardeal deu um passo atrás, fixou-me com olhar sério, e pareceu refletir por um momento.

"– Todos os homens são meus filhos! – disse depois, com voz muito afável. – Tome este dinheiro. A quem pede uma vez, deve-se dar esmola; porém, para quem importuna pela segunda vez, há o cárcere que o espera. Reflita sobre isto, e não me moleste mais. O céu o abençoe!

"Ao dizer isto, o cardeal entrou na carruagem, e dirigiu-se ao Vaticano. A bolsa que me dera estava bem provida. Fiquei contente e agradecido, e empreendi a viagem a Terracina. Poucos instantes depois de ter passado os pântanos, vi dois homens a cavalo que vinham, a galope, na minha direção.

"– Amigo – disse-me um deles, parando –, parece muito pobre e, contudo, é um homem jovem e robusto.

"– Senhor cavalheiro! – respondi-lhe –, os homens pobres e robustos são úteis e perigosos ao mesmo tempo.

"– Tem razão! – retrucou o cavaleiro. – Siga-nos!

"Eu obedeci, e tornei-me bandido. Fui me elevando de um grau a outro, nesta nova vida; e como tenho exercido sempre a minha profissão com brandura, tomando só o dinheiro e não a vida, adquiri certa reputação, tanto que posso comer meus macarrões em Nápoles, sem correr perigo para a minha vida e os meus ossos. Há dois anos moro nesta comarca, onde comprei algumas terras. Assim, pois, tornei-me um lavrador, senhor; e eu mesmo roubo agora só por divertimento e para não perder o costume. Creio que satisfiz a sua curiosidade. Estamos já muito perto do castelo."

– E como – perguntou o inglês, a quem a narrativa do seu guia interessara vivamente – entrou em relações com o senhor a cuja casa me dirijo? Por que meios conciliou ele a sua boa vontade e a de seus amigos?

Mestre Paolo fixou seus olhos pretos seriamente no inglês, e respondeu:

– Senhor, suponho que conhece melhor do que eu esse estrangeiro, cujo nome é tão difícil de se pronunciar. Tudo o que posso dizer-lhe é que, há uns quinze dias, achando-me por acaso, junto a uma barraca no Toledo, de Nápoles, vi um senhor de aspecto respeitável que, tocando-me levemente o braço, disse:

"– Mestre Paolo, eu desejo entrar em relações de amizade consigo; faça-me o favor de ir comigo àquela taverna e tomar um frasco de bom vinho.

"– Com todo o gosto – respondi.

Entramos na taverna. Depois de nos sentarmos, disse-me o meu novo amigo:

"– O conde d'O... quer alugar-me o seu velho castelo, perto do povoado de B... Conhece aqueles sítios?

"– Perfeitamente – respondi –, há mais de um século que esse castelo não é habitado. Está meio em ruínas, senhor. É uma casa singular, para se alugar; penso que o conde não lhe fará pagar muito por esse aluguel.

"– Mestre Paolo – disse ele –, eu sou filósofo e faço pouco caso do luxo. Necessito de um lugar retirado e tranqüilo para fazer algumas experiências científicas. O castelo me servirá muito bem para esse fim, uma vez que me aceite por vizinho e que você e seus amigos me tomem sob a sua especial proteção. Sou rico; porém nada terei no castelo que valha a pena ser roubado. Pagarei o aluguel ao conde e pagar-lhe-ei também uma importância que, por certo, lhe agradará.

"Entendemo-nos em breve; e como esse estranho senhor dobrou a quantia que lhe pedi, goza de alto favor de todos os seus vizinhos. Nós defenderíamos o castelo até contra um exército. E agora, senhor, que eu fui tão franco consigo, sede-o também comigo. Quem é esse singular cavalheiro?

– Quem é ele? Pois ele vô-lo disse: um filósofo.

– Hein!? um filósofo que busca, talvez, a Pedra Filosofal ou um mago que se oculta dos sacerdotes?

– Justamente; adivinhou bem.

– Assim me parecia; e você é seu discípulo?

– Sim.

– Desejo que tenha bom sucesso – disse o bandido seriamente, fazendo o sinal da cruz com grande devoção. – Não sou nem melhor nem pior do que muita gente que anda por aí. Não me horroriza um roubozinho de vez em quando ou uma pancada na cabeça de um homem, se for necessário, porém, fazer um pacto com o diabo! Ah! cuidado, cavalheiro; olhe o que faz!

– Não tema – respondeu Glyndon, sorrindo –, o meu preceptor é demasiado sábio e bom para fazer semelhante pacto. Mas parece-me que estamos chegando. Belas ruínas e que vista magnífica!

Glyndon deteve-se, agradavelmente impressionado e, como artista, mirou extasiado o lindo panorama que se lhe oferecia. Insensivelmente, distraído pela conversação do bandido, havia subido uma colina assaz elevada, e encontrava-se agora num pequeno planalto formado por algumas rochas e coberto de musgos e arbustos raquíticos. Entre essa eminência e outra de igual altura, na qual estava situado o castelo, havia um barranco estreito e profundo, com folhagem muito abundante, razão por que a vista não podia penetrar muitos metros abaixo da escabrosa superfície do abismo. Contudo, podia-se calcular a sua profundidade pelo rouco e monótono ruído das águas que corriam invisíveis, lá embaixo, e cujo curso ia precipitar-se num marulhoso rio que serpenteava por aqueles áridos vales. À esquerda, estendia-se o horizonte a perder de vista. Deserta e desolada, como a estrada que Glyndon acabara de percorrer, havia-lhe aparecido essa paisagem, mas agora a enfraquecida luz da tarde dava aos escarpados cumes das montanhas o aspecto de castelos, cúpulas e povoados.

Ao longe, os últimos raios do sol iluminavam a branca cidade de Nápoles, e as rosadas tintas do horizonte confundiam-se com o azul da sua formosa baía. Ainda mais longe, e em outra parte da cena, viam-se, de uma forma vaga e meio coberta pela folhagem, as demolidas colunas da antiga Possidônia. Ali, no meio dos seus domínios denegridos e estéreis, levantava-se o terrível monte do Fogo, enquanto na parte oposta, por entre dilatadas planícies de variadas cores, às quais a distância emprestava toda a sua magia, resplandeciam vários rios e arroios, junto aos quais etruscos e sibaritas romanos, sarracenos e normandos haviam, por longos intervalos, plantado suas tendas invasoras.

Todas as visões do passado, as tempestuosas e brilhantes histórias da Itália Meridional, passaram pela mente do artista, enquanto a sua vista se deleitava com aquele quadro. E depois, ao voltar-se lentamente, avistou os pardos, e semiderruídos muros do castelo, em que vinha buscar os segredos que deviam dar-lhe a esperança de encontrar, no futuro, um império mais poderoso do que o passado é para a memória. O edifício era uma daquelas fortalezas feudais que tanto abundavam na Itália na primeira metade da Idade Média, e que tinham muito pouco da graça ou da grandeza gótica que ostenta a arquitetura religiosa do mesmo tempo. O castelo era forte, vasto e ameaçador, mesmo em sua decadência. Sobre o fosso havia uma ponte de madeira bastante larga para passarem por ela dois homens a cavalo, um ao lado do outro; e as suas velhas vigas tremeram, produzindo um ruído surdo, quando o fatigado cavalo de Glyndon passou por elas.

Um caminho, que em outro tempo fora largo e calçado de rudes pedras, mas que agora estava meio coberto de viçosas ervas silvestres, conduzia ao pátio externo do castelo; as portas estavam abertas e a metade do edifício, desmantelada; as ruínas estavam parcialmente ocultas debaixo da erva que ali crescia desde há séculos.

Ao entrar, porém, no pátio interior, Glyndon notou com satisfação que ali havia menos aparências de descuido e decadência. Algumas rosas silvestres davam um aspecto mais alegre aos velhos muros, e no centro do pátio havia uma fonte, onde gotejava ainda, com sonoro murmúrio, uma água cristalina da boca de um gigantesco Tritão.

Ao chegar, foi o jovem recebido por Mejnour, com um sorriso afável.

– Bem-vindo seja o meu amigo e discípulo – disse-lhe este –; quem busca a verdade, pode encontrar nesta solidão uma imortal Academia.

## *Capítulo II*

"*And Abaris, so far from esteeming Pythagoras, who taught these things, a necromanter or wizard, rather revered and admired him as something divine.*"
Iamblich, *Vita Pythag.*

["E Abáris, tão longe de dar o verdadeiro valor a Pitágoras, que ensinava estas coisas, um necromante ou feiticeiro antes o venerou e admirou como algo divino."]

Os criados que Mejnour trouxera para acompanhá-lo em sua tão estranha residência, eram tais como convinha a um filósofo que tem poucas necessidades. Eram quatro, a saber: um velho armênio, ao qual Glyndon recordava ter visto ao serviço do místico em Nápoles; uma mulher alta e de feições duras, que o filósofo tomara no povoado, por recomendação de mestre Paolo, e dois jovens de cabelos compridos, de voz branda, mas de cara atrevida, filhos do mesmo lugar, e garantidos pelo mesmo fiador. Os aposentos que o sábio ocupava eram cômodos e abrigados contra o mau tempo, ostentando ainda alguns restos de antigo esplendor nas carcomidas tapeçarias que adornavam as paredes, e em grandes mesas de mármore ricamente esculpido.

O dormitório de Glyndon tinha comunicação com uma espécie de mirante, cuja vista era incomparavelmente bela, e que estava separado pelo outro lado, por uma comprida galeria e uns dez ou doze degraus de escada, dos quartos reservados do místico. O todo deste retiro respirava uma tranqüilidade que era sombria, porém não desagradável, e convinha bem aos estudos a que agora era destinado.

Por alguns dias, Mejnour recusou-se a falar a Glyndon dos assuntos que mais interessavam ao coração do jovem inglês.

– No exterior – disse-lhe – tudo está preparado; porém não no interior; é necessário que a sua alma se acostume ao lugar e que se impregne do aspecto da natureza que a rodeia, pois a natureza é a fonte de toda inspiração.

Com estas palavras, passou Mejnour a assuntos mais fáceis. Fazia com que o inglês o acompanhasse em longas excursões pelos arredores, e sorria com ar de aprovação quando o artista dava passagem livre ao entusiasmo que lhe inspirava a sombria beleza dos sítios que freqüentavam, e que teria feito palpitar um coração menos impressionável do que o seu; e nestas ocasiões dava Mejnour ao seu discípulo lições de uma ciência que parecia inexaurível e ilimitada. Dava-lhe curiosíssimas notícias, gráficas e minuciosas, das várias raças (seus caracteres, costumes, crenças e hábitos), que haviam habitado sucessivamente aquela linda terra. É verdade que as suas descrições não se encontravam nos livros, nem eram autorizadas por historiadores célebres; porém, Mejnour possuía o verdadeiro encanto do narrador, e falava de todas as coisas com a animada confiança de uma testemunha pessoal. Às vezes, falava também dos mais duráveis e elevados mistérios da natureza, com uma eloqüência e uma pureza de linguagem, que adornavam a sua conversação mais com as cores da poesia do que com as da ciência. Insensivelmente, o jovem artista se sentiu elevado e lisonjeado pelas lições do amigo; pouco a pouco, foi-se acalmando a febre dos seus desejos. Sua mente começou a acostumar-se à divina tranqüilidade da contemplação; ele sentiu as mais nobres aspirações; e, no silêncio dos seus sentidos, parecia-lhe ouvir a voz da sua alma.

Esse era evidentemente o estado a que Mejnour queria conduzir o neófito e, nessa elementar iniciação, o místico agiu como agem todos os sábios. Pois quem procura descobrir há de entrar, primeiramente, numa espécie de idealismo abstrato, e entregar-se, em solene e doce cativeiro, às faculdades que contemplam a imaginação.

Glyndon observou que, em seus passeios, Mejnour parava com freqüência onde a folhagem era mais abundante, para colher alguma erva ou flor; e isso lembrou-lhe que havia visto Zanoni também assim ocupado.

– Podem estas humildes filhas da natureza – perguntou o jovem, um dia, a Mejnour –, estas coisas que florescem e murcham num mesmo dia, ser úteis à ciência dos segredos superiores? Existe uma farmácia para a alma, assim como há uma para o corpo? Podem as plantas que a primavera cria, empregar-se não só na conservação e restituição da saúde humana, mas também para se alcançar a imortalidade espiritual?

— Se um estrangeiro — respondeu Mejnour — tivesse visitado uma tribo errante que não conhece nenhuma das propriedades das ervas; se esse viajor tivesse dito aos selvagens que as ervas que pisavam a cada dia com seus pés eram dotadas de muitas e potentes virtudes; que uma poderia restaurar a saúde de um irmão que estivesse às portas da morte; que outra reduziria à idiotice o homem mais sábio; que uma terceira faria cair morto no chão o seu mais valente guerreiro; que as lágrimas e o riso, o vigor e a enfermidade, a loucura e a razão, a vigília e o sono, a existência e a dissolução, ocultavam-se naquelas desprezadas folhas, não o haveriam tido por um feiticeiro ou por um homem mentiroso? Em relação à metade das virtudes do mundo vegetal, a humanidade está ainda nas trevas da ignorância, como os selvagens a que me referi. Há faculdades no nosso interior com as quais certos vegetais guardam uma notável afinidade, e sobre as quais exercem um grande poder.

O caráter de Mejnour diferia muito do de Zanoni; e ainda que o primeiro fascinasse menos a Glyndon, dominava-o e impressionava-o muito mais. A conversação de Zanoni manifestava um profundo e geral interesse pela humanidade, e um sentimento que quase se confundia com entusiasmo pelas artes e pela beleza. Os boatos que circulavam acerca dos seus costumes realçavam o mistério da sua vida com ações de caridade e beneficência. Em tudo isso havia algo de genial e humano, que atenuava o temor que inspirava e tendia a despertar suspeitas sobre os altos segredos que afirmava possuir.

Mejnour, porém, parecia totalmente indiferente a tudo o que se referia ao mundo atual. Não cometia mal algum, mas parecia igualmente apático para o bem. Os seus atos não levavam socorro a nenhuma necessidade, as suas palavras não mostravam compaixão por ninguém. O coração parecia nele ter sido absorvido pelo intelecto. Ele pensava e vivia antes como um ser abstrato, do que como um homem que conservava, com a forma, os sentimentos e as simpatias da sua espécie.

Um dia, Glyndon, observando o tom de supremo desinteresse com que Mejnour falava daquelas mudanças na superfície da terra, as quais ele dizia haver presenciado, atreveu-se a dizer-lhe algumas palavras sobre a diferença que havia notado entre as idéias do seu atual mestre e as de Zanoni.

— É verdade — respondeu Mejnour, friamente. — A minha vida é a vida que contempla; a de Zanoni é a vida que goza. Quando eu colho uma erva, penso só em seus usos. Zanoni se detém para admirar a sua beleza.

— E julga que a sua existência é melhor e mais elevada do que a dele? — perguntou Glyndon.

— Não — respondeu o sábio. — A existência de Zanoni é a juventude; e a minha é a da idade madura. Cultivamos faculdades diferentes. Cada um de nós possui poderes a que o outro não pode aspirar. Os seus associam-se à idéia de viver melhor, e os meus à idéia de saber mais.

— Ouvi dizer, realmente — observou Glyndon —, que dos seus companheiros de Nápoles se notou que levavam vida mais pura e mais nobre, depois de terem entrado em relações com Zanoni; e contudo, não é para estranhar que ele, um sábio, escolhesse semelhantes companheiros? Como também esse terrível poder que ele exerce na medida do seu desejo como, por exemplo, o que manifestou na morte do Príncipe de ... e na de Ughelli, muito pouco se pode conciliar com os sentimentos filantrópicos de quem busca ocasiões de fazer o bem.

– Tem razão – respondeu Mejnour, com um sorriso frio. – Semelhante erro cometem sempre aqueles filósofos que se mesclam com a vida ativa da humanidade. É impossível servir a uns sem prejudicar a outros; é impossível proteger os bons sem indispor-se com os maus; e quem deseja reformar os defeitos, há de descer a viver entre as pessoas que têm esses defeitos, para conhecê-los. Desta opinião é também o grande Paracelso, conquanto se tivesse equivocado freqüentemente.* Pelo que me diz respeito, nunca cometerei semelhante loucura. Eu vivo só para a ciência, e na ciência; não misturo a minha vida com a vida da humanidade!

Outro dia, perguntou Glyndon ao místico acerca da natureza dessa união ou fraternidade a que Zanoni uma vez se referira.

– Julgo que não me engano – disse o jovem –, suponho que o senhor e ele pertencem à Ordem rosa-cruz?

– Pensa – respondeu Mejnour – que não tem havido outras uniões místicas e solenes de homens que procuram os mesmos fins pelos mesmos meios, antes dos árabes de Damasco terem ensinado, em 1378, a um viajor alemão, os segredos que fundaram a instituição dos rosa-cruzes? Não nego, porém, que os rosa-cruzes formavam uma seita que descendia de uma escola maior e mais antiga. Eles eram mais sábios do que os alquimistas, assim como os seus mestres são mais sábios do que eles.

– E quantos existem daquela ordem primitiva? – preguntou Glyndon.

– Zanoni e eu – respondeu Mejnour.

– Como? Somente dois! – exclamou, admirado, o jovem. – E possuem o poder de ensinar a todos o segredo de escapar à morte?

– O seu avô alcançou este segredo; ele faleceu somente porque preferia morrer a sobreviver ao único ser que amava. Sabe, discípulo, que a nossa ciência não nos dá o poder de afastar de nós a morte, se o desejarmos, ou se ela for enviada pela vontade do céu. Estes muros podem esmagar-me, se caírem sobre mim. Tudo o que declaramos que nos é possível fazer é o seguinte: descobrir os segredos que se referem ao corpo humano; saber por que as partes se ossificam e a circulação do sangue se paralisa; e aplicar contínuos preventivos aos efeitos do tempo. Isto não é magia; é a arte da medicina bem compreendida. Na nossa ordem, consideramos como as mais nobres, duas ciências; a primeira é a que eleva o intelecto e a segunda é a que conserva a saúde e a vida do corpo. Porém, a mera arte, pela qual se fazem extratos dos sumos e das drogas, que restabelece a força animal e detém os progressos da destruição, ou esse segredo mais nobre a que agora me limitarei a aludir somente, pelo qual o calor ou o calórico, como o chamam, sendo, como Heráclito sabiamente ensinou, o princípio primordial da vida, pode empregar-se como um perpétuo renovador – esta arte, repito, não seria suficiente para a nossa segurança. Possuímos também a faculdade de desarmar e iludir a ira dos homens, desviar de nós as espadas dos nossos inimigos

---

* É tão necessário conhecer as coisas más como as boas; porque, quem saberá o que é bom, se não sabe o que é mau? etc. – Paracelso, *De Natura Rerum*, livro 3.

e dirigi-las umas contra as outras, e fazer-nos invisíveis (se não incorpóreos) aos olhos dos demais, cobrindo-os de névoa ou de escuridão. Alguns videntes disseram que este segredo residia na pedra ágata. Abáris localizava-o em sua flecha. Eu lhe mostrarei, naquele vale, uma erva que produz um encanto mais seguro do que a ágata e a flecha. Numa palavra, sabe que os produtos mais humildes e comuns da natureza são os que encerram as mais sublimes propriedades?

– Porém – objetou Glyndon –, se possuem estes grandes segredos, por que se mostram tão avaros, e não tratam de difundi-los? Pois não é verdade que o charlatanismo, ou a falsa ciência, difere da ciência verdadeira e é incontestável nisto: que esta (a verdadeira ciência) comunica ao mundo os processos pelos quais obtém as suas descobertas, ao passo que aquela (a ciência falsa, o charlatanismo) gaba os seus maravilhosos resultados, negando-se a explicar as suas causas?!

– Disse bem, o lógico acadêmico! Mas reflita um pouco. Suponha que generalizássemos indiscretamente os nossos conhecimentos entre os homens, não só entre os viciosos, como entre os virtuosos; seríamos os benfeitores da humanidade, ou seríamos o seu mais terrível flagelo? Imagine o tirano, o sensualista, o homem mau e o corrupto possuindo estes tremendos poderes: não seria isto soltar um demônio sobre a Terra? Admitamos que o mesmo privilégio seja concedido também aos bons; e em que estado viria parar a sociedade? Numa espécie de luta titânica – os bons sempre em defensiva contra os ataques dos maus. Na atual condição do mundo, o mal é um princípio mais ativo do que o bem, e o mal prevaleceria. É por estas razões que estamos solenemente comprometidos a não participar a nossa ciência senão aos que são incapazes de fazer dela mau uso e pervertê-la, como também baseamos as nossas provas iniciáticas em experiências que purificam as paixões e elevam os desejos. E nisto a própria natureza nos guia e ajuda; pois ela estabelece terríveis guardiães e insuperáveis barreiras entre a ambição do vício e o céu da ciência superior.

Estas e perguntas e respostas semelhantes formavam uma pequena parte das numerosas conversações de Mejnour com o seu discípulo – conversações que, parecendo dirigir-se somente à razão deste, inflamavam-lhe cada vez mais a imaginação. A reflexão sobre as forças que se encontram na natureza, se forem propriamente investigadas, mas que não são concedidas a qualquer curioso, levava o jovem a admitir que existem forças e poderes que Mejnour afirmava que a natureza podia oferecer.

Assim se passaram dias e semanas; e a mente de Glyndon acostumando-se gradualmente a esta vida de isolamento e de meditação, esqueceu por fim as vaidades e quimeras do mundo exterior.

Uma noite, o jovem havia feito um solitário e prolongado passeio, contemplando as estrelas que apareciam, uma após outra, no firmamento. Nunca antes havia sentido tão claramente o grande poder que o céu e a terra exercem sobre um homem; nem havia sido advertido com que solenes influências a natureza desperta e agita os germes da nossa existência intelectual. Como um paciente, sobre o qual se hão de fazer agir, devagar e gradualmente, os agentes do mesmerismo, assim o jovem sentiu em seu coração a força crescente deste vasto magnetismo universal que é a vida da criação, e que liga o átomo ao todo. Uma estranha e inefável consciência de poder, de alguma coisa grande dentro do perecível corpo de pó terrestre, despertou nele sentimentos obscuros e ao mesmo tempo grandiosos – como a débil recordação de um ser mais puro e anterior a ele.

Nesse instante, notou que uma força irresistível o impelia a procurar o mestre. Queria pedir, nessa hora, a sua iniciação nos mundos que se estendem além do nosso mundo; estava preparado para respirar uma atmosfera mais divina.

Glyndon entrou no castelo e, atravessando a sombria galeria iluminada apenas pela luz das estrelas, dirigiu-se aos aposentos de Mejnour.

## *Capítulo III*

*"Man is the eye of things"* – Euriph., *De Vita Hum.*

["O homem é o olho das coisas."]

*"There is, therefore, a certain ecstatical or transporting power, which, if at any time it shall be excited or stirred up by an ardent desire and most strong imagination, is able to conduct the spirit of the more outward even to some absent and fardistant object."* – Van Helmont.

["Existe, pois, certa força extática ou arrebatadora, a qual, uma vez excitada ou instigada por um ardente desejo e por fortíssima imaginação, é capaz de conduzir o espírito de um objeto mais externo até algum objeto ausente e muito distante."]

Os aposentos que Mejnour ocupava consistiam em dois quartos que se comunicavam um com o outro, e de um terceiro, que era o seu dormitório. Todos esses quartos estavam situados dentro de uma grande torre quadrada, que se elevava ao pé do escuro precipício habitado por arbustos com folhas verdejantes.

O primeiro quarto em que Glyndon entrou estava vazio. Com um passo silencioso, seguiu o jovem adiante, e abriu a porta que dava entrada à peça interior. Ao chegar ao umbral, teve de retroceder, por causa de uma forte fragrância que enchia o quarto: uma espécie de névoa pairava no ar, como que um vapor ou uma nuvem branca que se movia lentamente, formando certas ondulações que se elevavam, onda após onda, regularmente pelo espaço.

Um frio mortal invadiu o coração do inglês e o seu sangue se gelava. Glyndon parou e permaneceu como que cravado naquele lugar; não obstante, fez um esforço involuntário para olhar através daquele vapor, e pareceu-lhe (se bem que não pudesse dizer se era uma ilusão da sua imaginação) que via escuras e gigantescas formas à guisa de espectros, flutuando no meio daquela névoa; ou era talvez a mesma névoa que convertia seus vapores fantasticamente em aparições móveis, impalpáveis e incorpóreas? Diz-se que um pintor da antiguidade, num quadro do Hades, representou os monstros deslizando por entre a etérea corrente do rio da Morte, tão artisticamente que os olhos percebiam logo que o rio não era, em si, mais do que um espectro, e que os seres sem sangue que o cruzavam não tinham vida, e que as suas formas se confundiam com as águas mortas, até que a gente, cansada de olhar, concluía por não distingui-las do elemento sobrenatural no qual, como se supunha, habitavam. Assim eram as formas que flutuavam, mesclando-se e confundindo-se naquela névoa; porém, antes que Glyndon tivesse tempo de tornar a si da violenta sensação que experimentara, sentiu que alguém lhe pegava pela mão e o conduzia ao quarto exterior. Ao ouvir fechar a porta, sentiu Glyndon que o seu sangue tornava a circular-lhe nas veias, e viu Mejnour ao seu lado. De repente, foi atacado, em todo o seu organismo, de fortes convulsões – e ele caiu no chão, perdendo os sentidos. Quando voltou a si, encontrou-se ao ar livre, num rude balcão de pedra contíguo ao quarto; as estrelas brilhavam serenamente acima do negro abismo que havia embaixo, e iluminavam escassamente o semblante do místico que estava junto a ele, em pé e com os braços cruzados.

- Jovem – disse Mejnour –, julga, pelo que acaba de experimentar, como é perigoso ao homem buscar o saber antes de estar preparado para recebê-lo. Se tivesse demorado mais um momento no ar daquele quarto, teria sucumbido.

- Então – respondeu Glyndon –, de que natureza era o saber que o senhor, outrora mortal como eu, podia buscar impunemente nessa atmosfera de gelo que me mataria se eu a respirasse? Mejnour – continuou o jovem (com o seu indômito desejo aguçado pelo ânimo e vigor) –, eu me sinto preparado, ao menos para os primeiros passos. Venho ao senhor, como na antiguidade o discípulo ao Hierofante, e peço-lhe a iniciação.

Mejnour pôs a sua mão sobre o coração do jovem e sentiu que batia com força, regularidade e ousadia. Olhou-o com uma espécie de admiração, que se revelava em sua austera e fria fisionomia, e murmurou, quase como a si mesmo:

- Este valor me anuncia que encontrei, finalmente, o verdadeiro discípulo.

Depois, acrescentou em voz alta:

- Seja, pois. A primeira iniciação do homem é feita no estado de "transe". É por meio de sonhos que começa todo o saber humano; em sonhos suspende-se sobre o imenso espaço a primeira e fraca ponte entre espírito e espírito – entre este mundo e os mundos além! Olhe fixamente aquela estrela!

Glyndon obedeceu e Mejnour retirou-se para dentro do quarto, do qual começou então a emergir lentamente um vapor, um pouco mais pálido e de olor mais fraco do que aquele que, por pouco, teria produzido um efeito fatal sobre o organismo do jovem. Esse vapor, pelo contrário, quando começou a pairar em torno dele, mesclando-se em finas espirais com o ar, exalava uma fragrância refrigerante e saudável.

Glyndon fitava ainda atentamente os olhos na estrela, e a estrela parecia gradualmente fixar e dominar o seu olhar. Um momento depois, apoderou-se dele uma espécie de languidez, porém sem que se comunicasse, como pensou, à sua mente; e quando essa languidez o dominou inteiramente, sentiu as fontes umedecidas com uma essência volátil e ardente. No mesmo instante, um leve tremor, que entrou a circular-lhe pelas veias, fez estremecer todo o seu corpo. A languidez foi crescendo; os seus olhos estavam ainda fixos na estrela, cuja luminosa circunferência parecia agora dilatar-se. A sua luz foi-se tornando, pouco a pouco mais suave e mais clara; difundindo-se cada vez mais por toda parte, encheu enfim o espaço. Por fim, no meio de uma brilhante atmosfera prateada, Glyndon sentiu como se algo explodisse no seu cérebro – como se se rompesse uma forte cadeia; naquele momento lhe pareceu que voava pelo espaço, com um sentimento de celestial liberdade, de inexplicável delícia, como se a sua alma tivesse abandonado a sua prisão corpórea e se elevasse no ar com a leveza de um pássaro.

– A quem deseja ver agora na Terra? – murmurou a voz de Mejnour.

– Viola e Zanoni! – respondeu Glyndon, com o coração, pois sentiu que os seus lábios não se moviam.

De repente, ao pensar nesses dois nomes – por aquele espaço em que nada se distinguia, exceto uma luz suave e translúcida –, começaram a passar, numa rápida sucessão, obscuras paisagens, árvores, montanhas, cidades e mares, como numa fantasmagoria; até que, por fim, o jovem viu, fixa e estacionária, uma cova junto a uma praia, cujas formosas beiras estavam povoadas de mirtos e laranjeiras. Numa colina que havia a certa distância, brilhavam os brancos e esparsos restos de algum edifício pagão arruinado; e a lua, iluminando tudo com o seu calmo resplendor, literalmente banhava com a sua luz duas figuras que estavam no exterior da cova, e a cujos pés iam estrelar-se as ondas azuis; parecia a Glyndon que ouvia até a voz baixa em que conversavam aquelas duas pessoas, nas quais reconheceu Zanoni e Viola. Zanoni estava sentado sobre um fragmento de rocha; Viola, meio reclinada ao seu lado, contemplava a face do marido, inclinado sobre ela, e na fisionomia da mulher descobria-se essa expressão de perfeita felicidade, que só revela o verdadeiro e perfeito amor.

– Quer ouvi-los falar? – perguntou Mejnour.

– Sim – respondeu Glyndon, exprimindo-se outra vez por meio de uma voz interior, sem articular som algum.

As vozes de Zanoni e Viola chegaram então ao seu ouvido, porém com um som que lhe parecia estranho; eram fracas e davam a impressão que vinham de muito longe, lembrando as vozes que, em suas visões, ouviam alguns santos, aos quais eram dirigidas de alguma esfera distante.

"– E como é – dizia Viola – que você pode encontrar prazer em escutar uma ignorante?

"– Porque o coração – respondeu Zanoni – nunca é ignorante; porque os mistérios dos sentimentos estão cheios de maravilhas, como nos mistérios do intelecto. Se você, às vezes, não pode compreender a linguagem dos meus pensamentos, também eu, às vezes, ouço doces enigmas na linguagem das suas emoções.

"– Ah! não fale assim! – retrucou Viola, enlaçando ternamente o pescoço de Zanoni, e a sua face corada aparecia mais bela debaixo daquela luz celeste. – Os enigmas não são mais do que a linguagem comum do amor, e o amor os decifra. Enquanto eu não o conhecia, enquanto não vivia com você, enquanto não sabia vigiar os seus passos, quando estava ausente, não podia saber como é forte e penetrante o laço que existe entre a natureza e a alma humana. E no entanto – prosseguiu Viola –, estou agora convencida de que era verdade o que eu pensava a princípio: que os sentimentos que me impeliam para a sua pessoa primeiramente não eram os de amor. Eu sei isto, comparando o presente com o passado; naquele tempo, era um sentimento que pertencia totalmente à minha mente ou ao meu espírito! Agora, não poderia eu ouvi-lo dizer: 'Viola, seja feliz com outro!'

"– Nem eu poderia agora dizer-lhe isso – retrucou Zanoni. – Ah, Viola! nunca se canse de me afirmar que é feliz!

"– Sim, eu sou feliz quando você se sente feliz. Porém, há momentos, Zanoni, em que o vejo tão triste!

"– Isto acontece quando considero que a vida humana é tão curta; e que, por fim, teremos de nos separar; quando me lembro que essa lua continuará brilhando no horizonte, quando o rouxinol tiver deixado já de trinar debaixo dos seus poéticos raios! Dentro de alguns anos, os seus formosos olhos perderão o encanto, a sua beleza murchará e estes lindos cabelos com que agora brinco encanecerão, e o seu aspecto já não será atraente.

"– Você é cruel! – disse Viola, pateticamente. – Nunca verei em você os vestígios dos anos? Acaso não envelheceremos ambos ao mesmo tempo?! Os nossos olhos se acostumarão insensivelmente a essa mudança de que o coração não participará!

"Zanoni suspirou e, volvendo um pouco a cabeça, parecia consultar algo consigo mesmo.

"Glyndon pôs-se a escutar com atenção ainda maior.

"– Se assim fosse! – murmurou Zanoni.

"E em seguida, olhando fixamente Viola, acrescentou sorrindo:

"– Não a excita a curiosidade de saber algo mais do seu amado, de quem, em outro tempo, pensou que era um enviado do Espírito Maligno?

"– Não – respondeu Viola –, tudo o que se deseja saber de um ser amado eu já o sei: que você me ama!

"– Eu lhe disse alguma vez – prosseguiu Zanoni – que a minha vida era diferente da vida dos demais homens. Não quereria participar dela?

"– Eu já participo dela.

"– Porém, se fosse possível nos conservarmos ambos assim, jovens e formosos para sempre, até que o mundo em redor de nós viesse a arder como uma pira funerária?!

"– Seremos jovens e formosos quando deixarmos este mundo.

"Zanoni permaneceu silencioso por alguns instantes, e depois prosseguiu:

"– Lembra-se daqueles sonhos brilhantes e ilusórios que você teve em outro tempo, quando parecia que lhe estava reservado um destino muito diferente da sorte das filhas comuns da Terra?

"– Zanoni, aqueles sonhos se realizaram; já estou desfrutando esse destino.

"– E não lhe inspira temor algum o futuro?

"– O futuro! Não penso nele! O passado, o presente e o porvir repousam no seu sorriso. Ah, Zanoni! Não brinque com as tolas credulidades da minha juventude! Desde que a sua presença dissipou a névoa que obscurecia a minha vista, tornei-me melhor e mais humilde. O futuro! Pois bem! Quando eu tiver motivo para temê-lo, levantarei os olhos ao céu e lembrar-me-ei de quem guia os nossos passos!"

Ao dizer estas palavras, Viola levantou os olhos para a abóbada celeste; e, no mesmo instante, uma nuvem escura invadiu subitamente a cena e envolveu as laranjeiras, o azulado oceano, as densas areias. As últimas imagens que a nuvem velou às encantadas vistas de Glyndon, foram Viola e Zanoni. O semblante da jovem sorria, sereno e radiante, ao passo que o do seu companheiro aparecia nublado e pensativo e encobria, numa rigidez maior do que a usual, a sua beleza e a sua profunda tranqüilidade, com melancolia.

– Basta; levante-se! – disse Mejnour –; a sua prova iniciática começou! Há pretendentes à solene ciência que se teriam mostrado aos ausentes, e lhes falariam, em sua insípida linguagem, de secretas eletricidades e do fluido magnético, de cujas verdadeiras propriedades eles conhecem apenas os germes e os elementos. Eu lhe emprestarei os livros desses patetas, e verá quantos foram, nos tempos obscuros, os que vagaram extraviados e que, por haverem tropeçado no umbral da poderosa ciência, imaginaram ter penetrado no interior do templo. Hermes, Alberto, Paracelso: eu os conheci todos; apesar de terem sido grandes e nobres espíritos, o destino os condenou e os enganou. Não havia em suas almas a suficiente fé nem a audácia que se necessita para alcançar os altos destinos a que aspiraram. Contudo, Paracelso, o modesto Paracelso, era dotado de uma arrogância que voava mais alto do que toda nossa ciência. Oh! ele pensou que poderia formar uma raça de homens com a química; ele se arrogou o dom divino, o sopro da vida.* Quis criar uma raça de homens e, depois de tudo, teve de confessar que não seriam mais do que pigmeus. A minha arte é fazer homens superiores à humanidade atual. Porém, eu vejo que o impacientam as minhas digressões. Perdoe-me. Todos esses homens (que eram grandes visionários, como você deseja ser) foram meus íntimos amigos. Mas agora estão mortos, e os seus corpos transformados em pó. Eles falavam de espíritos, mas temiam estar em outra companhia que não a dos homens. O mesmo ocorreu com alguns oradores que ouvi, que ao falarem no Pnix, em Atenas, chamejavam na assembléia com suas palavras semelhantes a cometas, e extinguiam o seu ardor como os foguetes de festas, quando se encontravam no campo. Ah! Demóstenes, meu herói-covarde, como foram ágeis os seus pés em Queronéia! E está ainda impaciente, rapaz! Eu poderia dizer-lhe tais verdades sobre o passado, que o fariam o luminar dos eruditos. Mas o seu desejo é somente penetrar nas sombras do futuro. O seu desejo será satisfeito. É porém necessário que, antes de tudo, seja preparada e exercitada a sua mente. Vá ao seu quarto e durma; imponha-se austeros jejuns; não leia livros; medite, imagine, sonhe, esqueça de si mesmo, se quiser. A idéia brota por fim e sai do seu caos. Antes da meia-noite, venha falar comigo outra vez!

---

* Paracelso, *De Nat. Rer.*, liv. I.

## Capítulo IV

"Quem tenciona elevar-se a tão sublimes degraus, deve, em primeiro lugar, esforçar-se para abandonar afeições carnais, a fraqueza dos sentidos, as paixões que pertencem à matéria; em segundo lugar, deve aprender por quais meios podemos subir às alturas do puro intelecto, unidos aos poderes superiores, sem os quais nunca podemos obter a ciência das coisas secretas, nem as forças mágicas que produzem verdadeiros milagres."
Trithemius: *Sobre Coisas Secretas e Secretos Espíritos.*

Faltavam ainda alguns minutos para a meia-noite, quando Glyndon foi ter novamente ao quarto do místico.

O jovem havia observado escrupulosamente o jejum que lhe fora ordenado; e as intensas e arrebatadoras meditações em que o submergia a sua excitada fantasia, não somente lhe fizeram esquecer as necessidades do corpo, mas até conseguiram que ele se sentisse superior a elas.

Mejnour, sentado ao lado do discípulo, falou-lhe desta maneira:

– O homem é arrogante na proporção da sua ignorância, e a sua tendência natural é o egoísmo. Na infância do saber, pensa que toda a criação foi feita para ele. Por muitos séculos, viu nos inumeráveis mundos que brilham no espaço, como as borbulhas de um imenso oceano, apenas pequenas velas que a Providência havia se comprazido em acender com o único fim de lhes tornar a noite mais agradável. A astronomia corrigiu essa ilusão da vaidade humana; e o homem, ainda que com relutância, confessa agora que as estrelas são mundos mais vastos e mais formosos do que o nosso mundo – que a Terra, sobre a qual os homens se arrastam, é apenas um ponto dificilmente visível no vasto mapa da criação. Porém no pequeno, assim como no grande, Deus pôs a vida igualmente em profusão. O viajor olha a árvore e imagina que os seus ramos foram formados para livrá-lo do ardor dos raios solares no verão, ou para fornecer-lhe o combustível durante o frio do inverno. Mas em cada folha desses ramos o Criador fez um mundo, que é povoado de inumeráveis raças. Cada gota de água naquele rego é um orbe, mais cheio de seres do que de homens é cheio um reino. Em toda a parte, neste imenso Plano de Existência, a ciência descobre novas vidas. A vida é um princípio que atravessa tudo, e até a coisa que parece morrer e apodrecer gera nova vida e dá novas formas à matéria. Raciocinando pois, por evidente analogia, diremos: Se não há uma folha, nem uma gota de água que não seja, como aquela estrela, um mundo habitável e respirante, e se até o homem mesmo é um mundo para outras vidas, e milhões e bilhões de seres habitam nas correntes do seu sangue, vivendo no seu corpo como o homem vive na Terra, o senso comum (se seus homens eruditos o tivessem) bastaria para ensinar que o infinito circunfluente, ao qual chamam espaço, o ilimitado Impalpável que separa a Terra da lua e das estrelas, está também cheio de sua correspondente e apropriada vida. Não é visível absurdo supor que se uma folha está cheia de seres e de vida, que não existam seres vivos na imensidão do espaço? A lei do Grande Sistema não permite que se desperdice um só átomo, nem conhece lugar algum onde não respire algum ser vivo. Até o ossário é um viveiro de produção e de animação. É verdade o que digo? Pois bem, se é assim, pode conceber que o espaço, que é o próprio Infinito, somente seja um deserto sem vida, menos útil ao Plano da Existência Universal do que o esqueleto de um cão, do que a povoada folha, do que a gota d'água cheia de seres viventes? O microscópio mostra-nos as criaturas na folha; mas nenhum tubo mecânico foi ainda inventado para descobrir os seres mais nobres e mais adiantados que povoam o ar ilimitado. Entre estes, porém, e o homem, existe uma misteriosa e terrível afinidade. E por isso nascem dos contos e lendas que não são nem totalmente falsos nem totalmente verdadeiros, de tempo em tempo, crenças em aparições e espectros. Se essas crenças foram mais comuns entre as tribos primitivas, mais simples do que os homens do seu enfatuado século, é só porque os sentidos daquelas tribos eram mais finos e mais perspicazes. E como o selvagem vê ou percebe até pelo olfato, a muitas milhas de distância, as pegadas de um inimigo, invisíveis aos embotados sentidos do homem civilizado, assim é menos densa e menos obscura para ela a barreira que se encontra entre ele e as criaturas do mundo aéreo. Escutou-me?

– Com toda a minha alma – respondeu Glyndon.

– Porém, para penetrar esta barreira – continuou Mejnour – é preciso que a alma com que escuta, seja aguçada por um intenso entusiasmo e purificada de todos os desejos terrestres. Não sem razão os chamados magos de todos os países e de todos os tempos, insistiam sempre sobre a necessidade da castidade e da contemplação moderada, como os mais poderosos elementos da inspiração. Quando a alma está assim preparada, a ciência pode depois vir em seu auxílio; a vista torna-se mais sutil, os nervos mais agudos, o espírito mais ativo e penetrante, e até os elementos ... o ar, o espaço ..., por meio de certos segredos da química superior, podem tornar-se mais palpáveis e claros. E também isto não é magia, no sentido que a esta palavra dão os crédulos; pois, como já lhe disse tantas vezes, a magia, se com este termo se pensa numa ciência que viola a natureza, não existe;* ela é apenas a ciência com que as forças da natureza podem ser dirigidas, dominadas e aproveitadas. Ora, no espaço há milhões de seres não literalmente espirituais, pois que têm todos, como os animálculos invisíveis a olho nu, certa forma de matéria, se bem que tão delicada e sutil, que parece não ser mais do que uma película, uma penugem que cobre o espírito. Daí nascem os belos fantasmas rosa-cruzes de silfos e gnomos. Sem embargo, essas raças e tribos diferem mais entre si do que o calmuco do grego, em suas formas, seus atributos e poderes. Na gota d'água, vê como são variados os animálculos, como grandes e terríveis são alguns desses microscópicos vermes-monstros em comparação com outros. Igualmente, dentre os habitantes da atmosfera, alguns há que possuem um alto grau de sabedoria, e outros são dotados de uma horrível malignidade; alguns são hostis aos homens, porque são seus inimigos; ao passo que outros lhes são afáveis; e servem de mensageiros entre a Terra e o céu. Quem pretende entrar em relações com esses divinos seres, assemelha-se ao viajante que, querendo penetrar em países desconhecidos, expõe-se a estranhos perigos e incalculáveis terrores. *Quando tiver entrado nessas relações, não poderei livrá-lo dos incidentes a que o seu caminho o expõe.* Não posso dirigi-lo por sendas onde não encontre alguns desses mortais

---

\* Para o ocultista, a palavra "magia" significa a ciência das forças sutis da natureza. – (N. do T.)

e terríveis inimigos. Há de fazer-lhes frente você mesmo, e sozinho. Porém, se aprecia tanto a vida, que somente queira prolongar a sua existência, não importa para que fins, reparando a força dos seus nervos e a frescura do seu sangue com o elixir vivificador do alquimista, por que deve buscar as relações com esses seres intermediários e expor-se aos perigos que daí resultam? Porque o homem poderia atraí-los sobre si. Por isso, embora o elixir seja vida, aguça os sentidos de tal maneira que essas larvas que povoam o ar, se ouvem e se vêem. Enquanto não tiver se exercitado suficientemente a poder gradualmente acostumar-se a não se perturbar pelo aparecimento desses fantasmas e a dominar a sua malícia, uma vida dotada dessas forças e capacidades seria a mais horrível sentença que o homem poderia atrair sobre si. Por isso, embora o elixir seja composto de ervas muito simples, pode recebê-lo só quem tenha passado já pelas provas mais sutis. Alguns, sobressaltados por um insuportável horror ante os objetos que se apresentaram à sua vista ao primeiro gole do milagroso líquido, acharam que a poção era menos poderosa para salvar, do que a agonia e o trabalho da natureza para destruir. Assim é que, para os que não estão preparados, o elixir não é mais do que um veneno mortífero. Entre os moradores do Umbral, há também um que, em sua malignidade e ódio, excede a toda a sua tribo; um cujos olhos têm paralisado os homens mais intrépidos, e cujo poder sobre o espírito humano aumenta precisamente na proporção do temor que inspira. Vacila a sua coragem?

– Oh, não! – respondeu Glyndon. – Pelo contrário, as suas palavras não fazem mais do que inflamá-la.

– Então – ordenou Mejnour –, siga-me; vou submetê-lo aos trabalhos de iniciação.

E Mejnour conduziu o discípulo ao quarto interior, onde lhe explicou certas operações químicas, as quais, como Glyndon logo compreendeu, apesar de serem muitíssimo simples, eram capazes de produzir resultados extraordinários.

– Nos tempos remotos – prosseguiu Mejnour, sorrindo – a nossa irmandade via-se, com freqüência, obrigada a recorrer ao engano para encobrir a realidade; e como os seus adeptos eram destros mecânicos ou peritos químicos, dava-se-lhes o nome de feiticeiros. Observe como é fácil compor o espectro do leão, que acompanhava o célebre Leonardo da Vinci!

E Glyndon viu, com deliciosa surpresa, os simples meios que bastavam para produzir as mais singulares ilusões da imaginação. As mágicas paisagens que deleitavam Baptista Porta; a aparente mudança das estações com que Alberto Magno surpreendeu o conde de Holanda; e até aquelas terríveis visões de espíritos e de imagens com que os necromantes de Heracléia alarmaram a consciência do conquistador de Pláteas.* – Tudo isso Mejnour mostrou ao discípulo, assim como o fazem os homens que, com a laterna mágica e a fantasmagoria, encantam medrosas crianças na véspera do Natal.

. . . . . . . . . . . . . . . . . . . . . . . . . . . . . . . . . . . . . . . . . . . . . . . . . . . . . . . . . . . . . . . . .

---

* Pausânias; veja-se Plutarco.

— E agora que você viu, ria-se da magia! Se estes brinquedos, estes enganos, divertimentos e frivolidades da ciência, eram aquelas coisas tão terríveis que os homens olhavam com repugnância, e que os reis e os inquisidores premiavam com a roda ou com a estaca!

— Porém, e a transmutação de metais de que falam os alquimistas? — perguntou Glyndon.

— A própria natureza — respondeu Mejnour — é um laboratório onde os metais e todos os elementos estão continuamente em transmutação. É fácil fazer ouro, e mais fácil ainda, mais cômodo e mais barato, fazer pérolas, diamantes e rubis. Oh, sim! Homens sábios consideraram também isto como feitiçaria: mas não acharam nada de feitiçaria no descobrimento de que, pelas mais simples combinações de coisas de uso cotidiano, poderiam criar um demônio que arrebatasse aos milhares as vidas dos seus semelhantes por meio de um fogo consumidor. Descubra coisas que destruam a vida, e será um grande homem! Ache, porém, um meio de prolongar a vida, e chamá-lo-ão impostor! Invente alguma máquina que torne mais ricos os ricos e que aumente a pobreza dos pobres, e a sociedade levantará a você um monumento! Descubra algum mistério na arte, que faça desaparecer as desigualdades físicas, e morrerá apedrejado! Ah! Ah! meu discípulo! Este é o mundo pelo qual Zanoni ainda se interessa! Você, porém, e eu, deixaremos este mundo entregue a si mesmo. E agora que presenciou alguns dos efeitos da ciência, comece a aprender a sua gramática.

Mejnour pôs em seguida, diante do discípulo, certos trabalhos, nos quais este empregou o resto da noite.

## *Capítulo V*

"*Great travell hath the gentle Calidore*
*And toyle endured...*
*There on a day, —*
*He chaunst to spy a sort of shepheard groomes,*
*Playing on pipes and caroling apace.*
*... He, there, besyde*
*Saw a faire damzell.*"
        Spenser, *Faerie Queene*, canto IX.

["O gentil Calidoro fez uma grande jornada e passou trabalhos... Um dia conseguiu espiar alguns jovens pastores, que tocavam flautas e cantavam alegremente... E viu também uma linda donzela." (*A Rainha das Fadas*)]

Por muito tempo, esteve o discípulo de Mejnour absorvido por um trabalho que requeria a mais vigilante atenção e um cálculo sutil e minucioso. Resultados surpreendentes e variados premiavam o seu trabalho e estimulavam o seu interesse. Os seus estudos não se limitavam a descobrimentos químicos – nos quais (é-me permitido dizê-lo) as maiores maravilhas concernentes à organização da vida física pareciam dimanar de experiências feitas sobre a vivificante influência do calor. Mejnour afirmava que achava um elo entre todos os seres pensantes, na existência de um certo fluido invisível e onipenetrante, que se assemelhava à eletricidade, mas que era diferente das operações conhecidas desse misterioso agente – um fluido que ligava um pensamento com outro, com a rapidez e a precisão do moderno telégrafo; e a influência desse fluido, segundo Mejnour, estendia-se ao mais remoto passado – isto é, a todos os tempos e a todos os lugares, quando onde o homem houvesse pensado. Se, pois, esta doutrina fosse verdadeira, todo o saber humano se tornaria atingível por meio de um "médium" (isto é, um objetivo intermediário), estabelecido entre o cérebro de um pesquisador individual e as mais longínquas e obscuras regiões do universo das idéias. Glyndon admirou-se de ver que Mejnour era adepto dos abstrusos mistérios que os pitagóricos atribuíam à outra ciência dos NÚMEROS.

Ao penetrar nesta ciência, uma luz, ainda que fraca, brilhou ante seus olhos; e ele começou a perceber que até o poder de predizer, ou, melhor, de calcular os resultados, era devido a*

. . . . . . . . . . . . . . . . . . . . . . . . . . . . . . . . . . . . . . . . . . . . . . . . . . . . . . . . . . . . . . . . . . . . . . . . . . . . . . .

Porém, o jovem observava que Mejnour reservava para si o segredo das experiências que o admirado discípulo, guiado por ele, executara, assim como o último e breve processo aplicado em cada uma dessas experiências, ficava incompreensível a Glyndon; e quando este fez ao místico essa observação, recebeu uma resposta mais dura do que satisfatória.

– Pensa – disse Mejnour – que eu entregaria a um mero discípulo, cujas qualidades não estão ainda provadas, poderes que transformariam a face do mundo social? Os últimos segredos se confiam somente àqueles de cuja virtude o Mestre esteja convencido. Paciência! O trabalho é o grande purificador da mente; e os segredos se revelarão, pouco a pouco, por si mesmos, à sua mente, à medida que ela for se tornando mais apta para recebê-los.

Por fim, Mejnour declarou ao seu discípulo que estava satisfeito com o adiantamento deste.

– Aproxima-se agora a hora – disse-lhe – em que poderá transpor a grande, porém ilusória barreira, e em que poderá enfrentar o terrível guarda do Umbral. Continue trabalhando, continue dominando a sua impaciência para saber os resultados, até que possa sondar as causas. Vou ausentar-me por um mês; se no meu regresso eu achar executadas todas as tarefas deixadas ao seu cuidado, e se a sua mente estiver preparada, pela contemplação e por pensamentos sérios, para a grande prova, prometo-lhe que essa prova começará então imediatamente. Somente tenho de adverti-lo de uma coisa: não se esqueça que deixo como uma ordem peremptória a proibição de entrar neste quarto!

---

* As palavras que se seguiam foram canceladas no manuscrito. – (N. do E.)

Encontravam-se, naquela ocasião, no quarto onde haviam feito as principais experiências, e onde Glyndon estivera perto de perecer como vítima da sua intrusão, na noite em que tinha procurado a solidão do místico.

– Não entre neste quarto durante o tempo de minha ausência – continuou o místico –; se, porém, no caso de ter de buscar materiais indispensáveis para os seus trabalhos, se aventurar a chegar aqui, não acenda a nafta naqueles vasos e nem abra os frascos naquelas prateleiras. Deixarei a chave do quarto em seu poder para provar a sua abstinência e o seu domínio sobre si próprio. Jovem, resistir a essa tentação é uma parte da grande prova pela qual deverá passar.

Ao dizer isto, Mejnour entregou a chave a Glyndon e, ao pôr-do-sol, ausentou-se do castelo.

Pelo espaço de alguns dias, continuou Glyndon imerso em trabalhos que absorviam todas as suas faculdades intelectuais. Até os mais parciais sucessos desses trabalhos dependiam de tal maneira da abstração dos pensamentos e da minuciosidade dos seus cálculos, que quase não lhe restava tempo para pensar em outra coisa. E, sem dúvida, Mejnour quis deixá-lo entretido numa multidão de tarefas que exigissem constantemente toda a sua força intelectual, apesar de parecer não terem conexão com os fins que visava; assim, por exemplo, o estudo elementar da matemática não é tão proveitoso na solução de problemas, que quase nunca nos servem, depois, em nossa profissão, mas é útil para exercitar o intelecto na compreensão e análise das verdades gerais.

Porém, ainda não havia passado a metade do tempo que Mejnour determinara para a sua ausência, quando Glyndon tinha terminado todos os trabalhos ordenados pelo místico; e então a sua mente, livre do labor e do mecanismo da ocupação, entregou-se outra vez a obscuras conjecturas e incansáveis fantasias. O seu caráter temerário e indagador sentiu-se excitado pela proibição dada por Mejnour; e, quase sem refletir, examinava muitas vezes, com uma confusa e audaz curiosidade, a chave do quarto proibido. Glyndon começou a sentir-se indignado ao pensar que se submetia a uma prova de constância, que lhe parecia frívola e pueril. Que contos infantis de Barba Azul o seu aposento secreto revivia para atemorizá-lo e terrificá-lo! Como era possível que as paredes de um quarto, onde tantas vezes estivera tranqüilamente ocupado com os seus estudos, se convertessem, de repente, num terrível perigo? Se era assombrado esse quarto, não podia o assombro ser outra coisa mais do que alguma dessas fictícias visões que Mejnour mesmo lhe ensinara a desprezar; um leão fantástico, um espectro químico! Ora! Quase perdia a metade do temor que lhe inspirava Mejnour, quando pensava que o sábio agiria com semelhantes artifícios sobre o mesmo intelecto que havia despertado e instruído!

Contudo, Glyndon resistiu ainda esta vez aos impulsos da sua curiosidade e do seu orgulho e, para fugir a novas tentações, adotou o sistema de dar prolongados passeios pelas montanhas circunvizinhas ou pelos vales que rodeavam o castelo – a fim de impor, por meio da fadiga do corpo, o repouso à mente inquieta.

Um dia, ao sair de um sombrio desfiladeiro, topou repentinamente com uma dessas festas rurais e alegres, próprias do povo italiano, nas quais parece que se vê reviverem os tempos clássicos. Era uma festa meio campestre, meio religiosa. Reunida nos arredores de um povoado, uma animada multidão, que acabava de chegar de uma procissão realizada numa capela pouco distante, formava agora vários grupos: os velhos provavam as uvas, e os jovens cantavam e dançavam; e todos estavam alegres, retratando-se a felicidade em todos os semblantes. Esse inesperado quadro de folgada alegria e de plácida ignorância, que tanto contrastava com os intensos estudos e com a ardente sede de saber que, desde tanto tempo, predominavam em sua vida, afetou sensivelmente o inglês e, enquanto contemplava aquela gente de alguma distância, o discípulo de Mejnour sentiu que era jovem. A recordação de tudo o que decidira sacrificar começou a falar-lhe com a voz cruel do remorso. As ligeiras formas das mulheres em seu pitoresco traje e o seu riso feliz, vibrando pelo fresco ar de um claro meio-dia de outono, despertaram no seu coração, ou antes, representaram aos seus sentidos as imagens dos tempos passados, daquelas doces horas de amor, em que viver era gozar.

Glyndon foi se aproximando pouco a pouco, cada vez mais desses grupos e, de repente, se viu rodeado de gente; e o mestre Paolo, tocando-lhe familiarmente o ombro, exclamou com voz afetuosa:

– Seja bem-vindo, Excelência! Alegramo-nos muito de vê-lo entre nós!

Glyndon ia responder a essa saudação, quando os seus olhos se fixaram numa jovem que se apoiava ao braço de Paolo, e cuja beleza era tão atrativa, que o inglês sentiu o sangue afluir-lhe ao rosto e o coração bater com veemência. Os olhos da moça brilhavam com alegria travessa e petulante, e os rosados lábios, emoldurando o mais adorável dos sorrisos, formavam um belo contraste com a brancura dos seus dentes, semelhantes a duas fileiras de pérolas. Como se impacientasse por estar longe dos folguedos, os seus pequeninos pés batiam no solo o compasso de uma canção ora murmurada, ora cantada. Paolo riu-se ao ver o efeito que a rapariga produzira no jovem estrangeiro.

– Não dança, Excelência? – perguntou-lhe. – Venha, deixe por alguns momentos a sua grandeza e divirta-se como nós, os pobres diabos. Olhe como a bela Filida suspira por um companheiro. Compadeça-se dela.

Filida amuou-se ao ouvir isso, e separando-se do braço de Paolo se foi, porém não sem que, por sobre o ombro, dirigisse ao jovem um olhar, meio amável, meio zombeteiro. Glyndon, quase involuntariamente, dirigiu-se à moça e começou a falar-lhe.

Sim, pôs-se a conversar com a jovem! Filida baixou os olhos e sorriu. Paolo os deixou a sós, afastando-se com um sorriso velhaco. A rapariga fala agora e olha o estudante com expressão convidativa. Glyndon meneia a cabeça; Filida ri, e o seu riso é argentino. Ela aponta com o dedo um divertido camponês que se aproxima. Por que Glyndon se sente com ciúmes? Por que ele, quando a moça lhe fala, não torna a menear a cabeça? Ele estende a mão a Filida, e esta aceita, com sedutor galanteio. Mas... que é isto?! Será possível?! Já penetraram no tumultuoso círculo dos bailarinos. Ah! Ah! Não é isto melhor do que destilar ervas e fatigar os miolos com os números pitagóricos? Com que ligeireza salta Filida! Como a sua flexível cintura desliza por entre os braços do jovem! Tara-rá-tarará, tarará, tatará-rá! Que diabo tem esse compasso que faz correr o sangue pelas veias com mais viveza do que o azougue? Tem-se já visto dois olhos mais sedutores do que os de Filida? Ali não há nada de estrelas frias! Como esses olhos brilham e sorriem! E essa rosada e linda boca, que responde tão avaramente às suas lisonjas, como se palavras fossem uma perda de tempo, e os beijos a sua verdadeira linguagem! Ó discípulo de Mejnour! Ó você que queria ser rosa-cruz, platônico, mago e não sei o que mais! Envergonho-me, vendo-o assim! Pelos nomes de Averróis, Búrrio, Agripa e Hermes, que é feito das suas austeras contemplações? Foi para isso que renunciou à Viola? Parece-me que não lhe sobrou nem a mínima recordação do elixir, nem da Cabala. Cuidado! Que está fazendo, senhor? Por que aperta com tanta veemência essa linda mão que segura na sua? Por quê? Tará-rará, tará-tará-rará-rá, tararará, ta-ra-a-rá. Afaste o seus olhos desse delgado talhe e desse espartilho carmezim! Tará-rará-rá! Lá estão outra vez dançando! E agora foram descansar debaixo das frondosas árvores. O tumulto da festa chega apenas aos ouvidos de Glyndon e de Filida. Eles ouvem – ou não ouvem – as gargalhadas que soam ao longe! Vêem – ou, se olhassem em torno de si, veriam – os pares que cruzam, um atrás do outro, falando de amor e olhando-se amorosamente. Mas eu apostaria que, sentados como estão debaixo da árvore, ainda quando o sol já se estivesse escondido atrás das montanhas, eles não veriam nem ouviriam mais do que a si mesmos.

– Olá, Excelência! Agrada-lhe a sua companheira? Venham aproveitar a nossa festa, preguiçosos; dança-se com mais alegria depois de se ter tomado vinho.

O sol se põe no ocidente; aparece a lua outonal. Tará, tará, rarará, rarará, tarará-rá! Novamente estão dançando; aquilo é uma dança ou é um movimento ainda mais alegre, mais tumultuoso, mais fogoso? Como brilham essas formas esvoaçantes através das sombras da noite! Que confusão! Ah! agora dançam a *tarantela*! Veja como os pés de mestre Paolo pisam o chão! Diabo, que fúria! A *tarantela* prendeu a todos. Dançar ou morrer, é um delírio! Os coribantes, as mênadas, os... Oh! Olá! mais vinho! o Sabá das bruxas de Benevento é uma brincadeira, em comparação com esta festa!

A lua passa de nuvem a nuvem – ora luzindo, ora ocultando-se, velando com sua obscuridade o rubor da donzela, e alumiando o seu semblante quando sorri.

– Filida, você é uma encantadora mulher!

– Boa noite, Excelência; até outra vista!

– Ah, jovem! – disse um ancião, um octogenário de rosto magro e olhos cavados e que se apoiava num bordão –, aproveite bem a sua juventude! Também eu, nos meus anos de moço, tive uma Filida! Naquele tempo, eu era ainda mais jovem do que você! Ai! se pudéssemos ser sempre moços!

– Sempre moços! – murmurou Glyndon, sobressaltado.

E ao apartar a sua vista do lindo e rosado semblante de rapariga, viu os olhos remelentos, a pálida e enrugada pele e o corpo trêmulo do ancião.

– Ah! Ah! – exclamou o velho coxeando em direção a Glyndon, e com um riso malicioso. – Eu também fui jovem!... Dê-me um *baiocho* para um copo de aguardente!

Tará, rará, ra-rará, tará; rará-rá! Ali dança a juventude! Velhice, envolva-se em seus andrajos, e vá!

## Capítulo VI

*"Whilest Calidore does follow that faire mayd,*
*Unmindfuld of his vow and high beheast*
*Which by the Faerie Queene was on him layd."*
Spenser, *Faerie Queene*, canto X, estr. 1.

["Entrementes, Calidoro segue aquela linda jovem, descuidado do seu voto e do alto preceito que lhe dera a Rainha das Fadas."]

A pálida e indistinta claridade da alvorada ia já vencendo em sua luta com o reinado da noite, quando Clarêncio entrou novamente no seu quarto. Os primeiros objetos em que se fixou a sua vista, foram aqueles abstrusos cálculos em que trabalhara nos dias anteriores, e que estavam sobre a mesa; ao olhá-los, sentiu que se apoderava dele uma emoção, composta de fadiga e desgosto. Porém... Ah! se pudéssemos ser sempre jovens! Oh! hórrido espectro do ancião com os olhos remelentos! Que aparição mais feia e mais abominável do que esta pode ocultar-se no quarto místico? Oh, sim! se pudéssemos ser sempre jovens! Mas (pensa agora o neófito) não para trabalhar sempre com essas figuras carrancudas e nessas frias composições de ervas e de drogas. Não; porém para gozar, amar e divertir-se! Quem é o companheiro da juventude, senão o prazer? E o dom da eterna juventude pode ser meu nesta mesma hora! Que significa a proibição de Mejnour? Não é do mesmo gênero que a sua pouco generosa reserva nos mais insignificantes segredos da química ou nos números da sua Cabala? Obrigar-me a executar todos os trabalhos, e não querendo deixar-me conhecer os resultados que coroam o labor! Não duvido que, no seu regresso, ele me mostrará que o grande mistério pode ser atingido; mas ainda não permitirá que eu o atinja. Não parece senão que o seu desejo é fazer da minha juventude a escrava da sua velhice; ele quer, talvez, tornar-me dependente unicamente dele; pretenderá condenar-me ao trabalho de um jornaleiro, excitando perpetuamente a minha curiosidade, e mostrando-me os frutos que põe sempre fora do alcance dos meus lábios?

Estas e outras reflexões ainda mais aflitas preocupavam a mente de Glyndon, perturbando-o e irritando-o. Excitado e exaltado pelo vinho e pela recordação da tumultuosa festa a que acabava de assistir, não pôde conciliar o sono. A imagem daquela repugnante velhice que o tempo, se o seu poder não for desbaratado, havia de trazer-lhe infalivelmente, avivava o ardor do seu desejo de possuir sempre a deslumbrante e eterna juventude que atribuía a Zanoni. A proibição de Mejnour só servia para encher de desconfiança o seu espírito.

A risonha luz do dia, entrando alegremente pelas gelosias do quarto, dissipou da sua mente todos os temores e as superstições que pertencem à noite. O quarto do místico não apresentava à sua imaginação nada em que diferisse de qualquer outra peça do castelo. Que abominável ou maligna aparição poderia fazer-lhe mal, no meio da brilhante luz daquele dia abençoado?!

Na natureza de Glyndon havia uma contradição particular e sobretudo muito infeliz que, enquanto os seus raciocínios o levavam à dúvida – a dúvida o tornava, em sua conduta moral, irresoluto e inconsciente –, a sua valentia física raiava a temeridade. Isto, aliás, nada tem de estranho; pois o ceticismo e a presunção muitas vezes são gêmeos. Quando um homem deste caráter determina realizar um projeto, nunca o detém o medo pessoal; e quanto ao medo moral, qualquer sofisma é suficiente para servir à sua vontade. Quase sem analisar os processos mentais por que os seus nervos se alentavam e as suas pernas se moviam, o jovem atravessou o corredor, dirigiu-se ao quarto de Mejnour e abriu a porta proibida.

Tudo ali estava da mesma forma como de costume; apenas, sobre a mesa no centro do quarto, via-se aberto um volumoso livro. Glyndon aproximou-se dele e olhou os caracteres que a página lhe oferecia; eram escritos em cifras, cujo estudo fizera parte de seus trabalhos. Sem que lhe custasse grande dificuldade, pareceu-lhe que podia interpretar o significado das primeiras sentenças, onde se lia:

"Sorver a vida interior é ver a vida exterior; viver desafiando o tempo é viver no todo. Quem descobre o elixir, descobre o que há no espaço, pois o espírito que vivifica o corpo, fortalece os sentidos. Há atração no princípio elemental da luz. Nas lâmpadas dos rosa-cruzes, o fogo é o puro princípio elemental. Acenda as lâmpadas enquanto abre o vaso que contém o elixir, e a luz atrairá os seres cuja vida é aquela luz. Guarde-se do Medo. O Medo é o inimigo mortal da ciência."

Aqui as cifras mudaram de caráter e tornaram-se incompreensíveis para Glyndon. Porém, não havia lido já bastante? Não seria suficiente a última sentença? – "Guarde-se do Medo!" Parecia como se Mejnour houvesse deixado de propósito aquela página aberta – quem sabe se a grande prova devia começar fazendo o contrário do que se lhe recomendara? Talvez o místico quisesse pôr à prova a coragem do discípulo, afetando proibir-lhe o que queria que fizesse? O Medo, e não a Audácia, era o inimigo da ciência. Glyndon dirigiu-se às prateleiras onde estavam colocados os vasos de cristal; com mão firme destampou um deles, e subitamente um perfume delicioso inundou todo o quarto. O ar brilhava como se estivesse cheio de pó de diamante. Um sentimento de delícia supraterrestre – de uma existência que parecia toda espiritual, difundiu-se por todo o corpo do jovem; e uma débil, porém suave e esquisita música parecia penetrar dentro do quarto. Nesse instante, ouviu Glyndon uma voz no corredor, a qual pronunciava o seu nome; e, em seguida, alguém bateu à porta exterior.

– Está aí, senhor? – disse a sonora voz de mestre Paolo.

Glyndon tampou imediatamente o frasco e recolocou-o na prateleira, dizendo a Paolo que o aguardasse no seu quarto; conservou-se quieto até que ouviu afastar-se o intruso; então, não sem relutância, saiu do aposento. Ao fechar a porta, ainda ouviu o som melodioso daquela música aérea. Com passo ligeiro e com o coração cheio de alegria, foi encontrar mestre Paolo, resolvido a tornar novamente àquele quarto, numa hora em que ninguém o viesse interromper.

Quando Glyndon passou pelo umbral do seu quarto, Paolo exclamou, estupefato:

– Que é isso, Excelência? Quase não o reconheço. Vejo que o divertimento aumenta a beleza da juventude. Ontem estava tão pálido e magro; mas vejo agora que os alegres olhos de Filida fizeram mais do que a Pedra Filosofal (os santos me perdoem o nomeá-lo!) tem feito para os feiticeiros.

Glyndon, olhando-se no velho espelho veneziano, enquanto Paolo falava, não ficou menos surpreendido do que este, ao ver a mudança que se notava no seu semblante e em toda a sua figura. O seu corpo, anteriormente um tanto curvado sob o peso dos pensamentos, pareceu-lhe haver crescido um pouco, tão flexível e ereto era agora. Os seus olhos brilhavam; as faces, agora rosadas, respiravam saúde e, ao mesmo tempo, revelavam o contentamento e o prazer de sua alma. Se a mera fragrância do elixir tinha tanto poder, razão de sobra tinham os alquimistas quando atribuíam vida e juventude ao seu uso em forma líquida!

– Perdoe-me, Excelência, por ter vindo interrompê-lo – disse mestre Paolo, tirando uma carta da algibeira. – Mas o nosso patrão me escreveu que lhe dissesse que ele regressaria amanhã, e encarregou-me que não perdesse um momento em entregar-lhe este bilhete, que veio incluso na carta a mim dirigida.

– Quem trouxe a carta?

– Um homem a cavalo, o qual se foi sem aguardar resposta.

Glyndon abriu o bilhete e leu o seguinte:

> "Volto uma semana antes do que tencionava e chegarei amanhã. Você entrará, então, na grande prova pela qual deseja passar; porém não se esqueça de que, para isso, deve reduzir, o quanto for possível, o seu Ser à Mente. Você há de mortificar e dominar os sentidos, para não ouvir nem o murmúrio de uma paixão. Seja mestre na ciência da Cabala e da química; porém, há de ser também mestre na dominação sobre a Carne e o Sangue, sobre o Amor e a Vaidade, sobre a Ambição e o Ódio. Espero encontrá-lo nesta disposição. Jejue e medite até que tornemos a nos ver!"

Glyndon amarrotou o bilhete com um sorriso desdenhoso.

Como? Mais torturas! Mais abstinência?! Juventude sem amor e sem prazer! Ah! Ah! Pobre Mejnour, o seu discípulo penetrará os seus segredos sem precisar da sua ajuda!

– E Filida? – perguntou Paolo. – Passei pelo seu rancho, quando vinha para cá; ela corou e suspirou quando, gracejando, pronunciei o seu nome, Excelência.

– Bem, Paolo – respondeu o jovem –, agradeço-lhe por me haver feito conhecer uma moça tão encantadora. Sua vida deve ser muito extraordinária.

– Ah, Excelência! enquanto somos jovens, todos gostamos de aventuras, e principalmente de vinho, amor e riso!

– Diz uma grande verdade. Adeus, mestre Paolo; dentro de alguns dias, falaremos mais demoradamente.

Toda aquela manhã, esteve Glyndon dominado pelo novo sentimento de felicidade que se havia despertado em sua alma. Não fazia mais do que vagar pelos bosques, e experimentava um prazer comparável somente com o que havia sentido nos primeiros anos de sua vida de artista; porém, esse prazer era mais sutil e mais vívido sob as variadas cores da folhagem do outono. Parecia que a natureza se aproximava mais amorosamente do seu espírito; e ele compreendia melhor, agora, tudo o que Mejnour lhe havia dito a respeito do mistério das simpatias e atrações. Estava quase a ponto de entrar na mesma lei que aqueles silenciosos filhos e filhas dos bosques. Ia conhecer a "renovação da vida"; as estações que, depois do frio do inverno, traziam outra vez a flor e a alegria da primavera. A existência comum do homem é como um ano no mundo vegetal: tem a sua primavera, o seu verão, o seu outono e o seu inverno – porém somente uma vez. Entretanto, os gigantescos carvalhos que o rodeiam passam por um círculo de séries de verdura e juventude, que vêm e vão, e o verdor da árvore centenária é tão vigoroso debaixo dos raios do sol de maio, como o do renovo que está ao seu lado. Ao observar isto, o aspirante exclamou entusiasmado:

– Hei de desfrutar desta primavera, sem nunca conhecer o inverno!

Extasiado em tão ardentes e alegres ilusões, Glyndon, saindo do bosque, encontrou-se no meio de campos cultivados e de vinhas, que até então não havia pisado ainda; e lá, à beira de uma verde alameda, que recordava as paisagens da Inglaterra, via-se uma casa, meio choupana, meio granja. A porta estava aberta, e o jovem reparou que havia, nessa casa, uma rapariga que fiava. A jovem levantou a vista, deixou escapar um leve grito e, correndo alegremente pela alameda, foi ao encontro do inglês que reconheceu nela a bela Filida

– Silêncio! – disse a rapariga, pondo graciosamente o dedo sobre os lábios. – Não fale alto; minha mãe está dormindo lá dentro. Eu já sabia que vinha visitar-me. Como é bom!

Glyndon, embora estivesse um pouco embaraçado, aceitou o cumprimento, sentindo que não o merecia tanto, pois que a sua chegada fora puramente casual.

– Então – disse ele – pensou em mim, linda Filida?

– Sim – respondeu a moça, corando, porém com essa franca e ousada ingenuidade que caracteriza as mulheres da Itália, e especialmente as da classe baixa e das províncias meridionais. – Oh! sim, quase nem pensei em outra coisa! Paolo me disse que sabia que você vinha ver-me.

– Paolo é seu parente? – perguntou Glyndon.

– Não; mas é um bom amigo de nós todos. Meu irmão é do seu bando.

– Do seu bando?! – exclamou o inglês. – Seu irmão é um bandido?

– Nós, os filhos das montanhas, senhor, não damos o nome de bandido a um montanhês.

– Perdoe; porém, não teme às vezes pela vida do seu irmão? A lei...

– A lei não se atreve a penetrar nestes desfiladeiros. Temer por ele?! Não. Meu pai e meu avô exercem a mesma profissão. Quantas vezes tenho eu desejado ser homem!

– Juro-lhe, por seus formosos lábios, que me alegro por não se ter realizado o seu desejo.

– Ora, senhor! E ama-me deveras? – perguntou a moça.

– Com todo o meu coração! – respondeu o inglês.

– Eu o amo também! – retrucou ela, com uma candura que parecia inocente, enquanto Glyndon lhe tomava a mão. – Porém – prosseguiu –, você nos deixará em breve, e eu...

A jovem calou-se e algumas lágrimas apareceram nos seus olhos.

É preciso confessar que havia nisto algo de perigoso. Certamente, Filida não tinha a ingenuidade angelical de Viola; mas a sua beleza não era menos encantadora, ao menos para os sentidos. Glyndon, talvez nunca houvesse amado deveras a Viola; talvez os sentimentos que ela lhe inspirava não fossem daquele caráter ardente que merece o nome de amor. Fosse como fosse, o certo é que ao contemplar os olhos negros de Filida, Glyndon acreditava não haver amado nunca como agora.

– E não poderia deixar estas montanhas? – murmurou o inglês, aconchegando ternamente a moça ao peito.

– Você me faz tal pergunta? – disse Filida, retrocedendo e fixando o olhar firmemente em sua face. – Sabe o que somos nós, as filhas das montanhas? Vocês, alegres e lisonjeiros cavalheiros das cidades, raras vezes sentem o que dizem. Para vocês, o amor é uma distração; para nós, é a vida. Deixar estas montanhas! Pois bem! Mas eu não poderia deixar o meu caráter.

– Guarde-o, e sempre, pois é tão gentil.

– Sim, gentil, enquanto me for fiel; porém terrível, quando deixar de o ser. Devo dizer-lhe o que eu sou, o que somos nós, as raparigas deste país? Filhas de homens a quem vocês chamam bandidos, aspiramos a ser companheiras dos nossos amantes ou dos nossos maridos. Amamos apaixonadamente, e confessamo-lo com audácia. Permaneceremos ao seu lado nos momentos de perigo; nas horas de tranqüilidade, os servimos como escravas; nós nunca mudamos, porém nos ressentimos se vocês mudam em seu amor. Podem repreender-nos, bater-nos, pisar-nos como cães, e tudo suportaremos sem murmurar; porém, se nos traem, somos mais implacáveis do que o tigre. Sejam-nos fiéis, e os nossos corações os premiarão; enganem-nos, e as nossas mãos saberão vingar-nos... Ama-me agora?

Enquanto a italiana assim falava, a sua fisionomia ia-se animando, acompanhando eloqüentemente as suas palavras – ora ternas, ora ameaçadoras, mas sempre francas –, e, ao fazer a última pergunta, inclinou a cabeça humildemente e permaneceu silenciosa, diante de Glyndon, como se esperasse com medo a resposta. O caráter indômito, valente e varonil de Filida, embora impróprio para uma jovem da sua idade, não abateu, mas antes cativou o inglês, de modo que este respondeu imediatamente, e sem titubear:

– Sim, Filida!

Ah, sim! Certamente, Clarêncio Glyndon! Todo homem de caráter leviano responde facilmente – sim, quando uns lábios tão rosados lhe fazem semelhante pergunta. Tenha cuidado! Tenha cuidado! Por que diabos Mejnour deixou o seu discípulo com a idade de vinte e quatro anos à mercê dessas feiticeiras da montanha? Prega jejuns e abstinência, e recomenda ao seu neófito que renuncie aos enganos dos sentidos! Isto é fácil para o senhor, que tem a idade Deus sabe de quantos séculos; porém, se nos seus vinte e quatro anos o seu Hierofante o tivesse deixado no caminho de Filida, haveria tido, penso eu, muito pouco gosto de estudar a Cabala!

Os dois jovens permaneceram juntos durante algum tempo, conversando e fazendo-se mútuos juramentos, até que a mãe da rapariga a chamou; então Filida, pondo outra vez o dedo nos lábios, voltou rapidamente à sua roca.

– Há mais magia em Filida do que em Mejnour – dizia Glyndon, consigo mesmo, regressando alegremente à sua morada –; não obstante, quando reflito, não sei se me convém um caráter tão disposto à vingança. Porém, quem possui o verdadeiro segredo, há de poder livrar-se também da vingança de uma mulher e evitar todo perigo!

Velhaco! Já medita na possibilidade da traição! Ah! Razão tinha Zanoni em dizer que "quem deita água limpa num copo enlameado, não faz mais do que agitar a lama".

## Capítulo VII

*"Cernis, custodia qualis*
*Vestibulo sedeat? quæ limina servet?"*
Æneid., lib. VI, 574.

["Vês que guarda está sentado no vestíbulo? Que face vigia o Umbral?"]

Noite profunda. Tudo no velho castelo repousa – um silêncio sepulcral reina sob as melancólicas estrelas. É o tempo propício. Mejnour, com a sua sabedoria austera; Mejnour, o inimigo do amor; Mejnour, cujos olhos lerão no seu coração e lhe negará os segredos prometidos, porque o belo semblante de Filida perturba essa existência. Mejnour virá amanhã! Aproveite esta noite! Não tenha medo! Agora ou nunca! Assim, intrépido jovem – intrépido a despeito de todos os seus erros – assim, com pulso firme, a sua mão abre outra vez a porta vedada.

Glyndon colocou a lâmpada ao lado do livro, que ainda estava ali aberto; virou umas folhas e outras, porém sem poder decifrar o seu significado, até que chegou ao trecho seguinte:

> "Quando, pois, o discípulo está desta maneira iniciado e preparado, deve abrir a janela, acender as lâmpadas e umedecer as suas fontes com o elixir. Mas que tenha o cuidado de não se atrever a tomar muita coisa do volátil e fogoso espírito. Prová-lo antes que, por meio de repetidas inalações, o corpo se haja acostumado gradualmente ao extático líquido, é buscar não a vida, mas sim a morte."

Glyndon não pôde penetrar mais adiante nas instruções; pois aqui as cifras novamente estavam mudadas. O jovem pôs-se a olhar fixa e seriamente em redor de si, dentro do quarto. Os raios da lua entraram quietamente através da gelosia, quando a sua mão abriu a janela, e assim que a sua misteriosa luz se fixou na parede e no chão do aposento, parecia como se tivesse entrado nele um poderoso e melancólico espírito. Depois, preparou as nove lâmpadas místicas em torno do centro do quarto e acendeu-as uma por uma. De cada uma delas brotou uma chama azul-prateada, espalhando no recinto um resplendor tranqüilo, porém ao mesmo tempo deslumbrante. Essa luz foi-se tornando, pouco a pouco, mais suave e pálida, enquanto uma espécie de fina nuvem parda, semelhante a uma névoa esparzia-se gradualmente pelo quarto; e subitamente um frio agudo e penetrante invadiu o coração do inglês e estendeu-se por todo o seu corpo, como o frio da morte. O jovem, conhecendo instintivamente o perigo que corria, quis andar, porém achou nisso grande dificuldade, porque as suas pernas haviam-se tornado rígidas como se fossem de pedra; contudo, pôde chegar à prateleira onde estavam os vasos de cristal. Apressadamente inalou um pouco do maravilhoso espírito, e lavou as fontes com o cintilante líquido. Então, a mesma sensação de vigor, juventude, alegria e leveza aérea que havia sentido pela manhã, substituiu instantaneamente o entorpecimento mortal que um momento antes lhe invadira o organismo, pondo em perigo a sua vida. Glyndon cruzou os braços e, impávido, esperou o que sucederia.

O vapor havia agora assumido quase a densidade e a aparente consciência de uma nuvem de neve, por entre a qual as lâmpadas luziam como estrelas. O inglês via distintamente algumas sombras que, assemelhando-se em seu exterior às formas humanas, moviam-se devagar e com regulares evoluções através da nuvem. Essas sombras eram corpos transparentes, evidentemente sem sangue, e se contraíam e se dilatavam como as ondulações de uma serpente. Enquanto se moviam vagarosamente, o jovem ouvia um som débil e baixo, como se fosse o espectro de uma voz – que cada uma daquelas formas apanhava de outras e a outras transmitia como num eco; um som baixo, porém musical, e que se assemelhava ao canto de uma inexprimível e tranqüila alegria. Nenhuma dessas aparições reparava nele. O veemente desejo que ele sentia de se aproximar delas, de ser um do seu número, de executar um daqueles movimentos de ilusória felicidade – pois assim lhe parecia que havia de ser a sensação que as acompanhava –, fez com que estendesse os braços, esforçando-se por chamar, com uma exclamação, a atenção desses seres; porém somente um murmúrio inarticulado saiu dos seus lábios; e o movimento e a música seguiam, como se não houvesse ali nenhum ser mortal. Aqueles seres etéreos, semelhantes a sombras, deslizavam tranqüilamente pelo quarto, girando e voando até que, na mesma majestosa ordem, um atrás do outro, saíam pela janela e se perdiam na luz da lua; depois, enquanto os olhos de Glyndon os seguiam, a janela se obscureceu com algum objeto a princípio indistinto, porém que, por um mistério, foi suficiente para mudar por si só em inefável horror o prazer que o jovem experimentara até então. Esse objeto foi gradualmente tomando forma. Aos olhos do inglês, parecia ser uma cabeça humana, coberta com um véu preto, através do qual luziam, com brilho demoníaco, dois olhos que gelavam o sangue em suas veias. Nada mais se distinguia no rosto da aparição, senão aqueles olhos insuportáveis; porém, o terror que o jovem sentia e que a princípio parecia irresistível, aumentou mil vezes ainda quando, depois de uma pausa, o fantasma entrou devagar no interior do quarto. A nuvem se retirava da aparição à medida que esta se aproximava; as claras lâmpadas empalideciam e tremeluziam inquietamente, como tocadas pelo sopro do fantasma. O corpo deste ocultava-se debaixo de um véu, como o rosto; porém, por sua forma adivinhava-se que era uma mulher; não se movia como o fazem as aparições que imitam os vivos; mas parecia antes arrastar-se como um enorme réptil; e parando um pouco, curvou-se por fim ao lado da mesa, sobre a qual estava o místico volume, e fixou novamente os olhos, através do tênue véu, sobre o temerário invocador. O pincel mais fantástico e mais grotesco dos monges-pintores medievais, ao retratar o demônio infernal, não teria sido capaz de dar-lhe o aspecto de malignidade tão horrível que se via nesses olhos aterrorizantes. O corpo do fantasma era tão preto, impenetrável e indistinguível, que lembrava uma monstruosa larva. Porém aquele olhar ardente, tão intenso, tão lívido e, não obstante, tão vivo, tinha em si algo que era quase humano em sua máxima expressão de ódio e escárnio – algo que revelava que a horripilante aparição não era um mero espírito, mas que tinha bastante matéria para ao menos apresentar-se mais terrível e ameaçadora, como inimiga dos seres humanos encarnados. Glyndon, estarrecido e apavorado, parecia querer agarrar-se à parede; os seus cabelos se eriçaram, os olhos pareciam querer saltar-lhe das órbitas e não se apartaram dos olhos coruscantes do fantasma. Por fim, este falou, com uma voz que antes falava à alma do que ao ouvido:

– Entrou na região imensurável. Eu sou o espectro do Umbral. Que é que quer de mim? Não responde? Teme-me? Não sou eu a sua amada? Acaso não tem sacrificado por mim os prazeres da sua raça? Quer ser sábio? Eu possuo a sabedoria dos séculos inumeráveis. Venha, beije-me, ó meu querido mortal!

E enquanto o horroroso fantasma dizia estas palavras, arrastava-se cada vez mais para perto de Glyndon, até que veio pôr-se ao seu lado e o jovem sentiu na face o alento do espectro. Soltando um agudo grito, caiu desmaiado no chão e nada mais soube do que ali se passou, pois quando ao meio-dia do dia seguinte tornou a si e abriu os olhos, encontrou-se em sua cama. Os raios do sol brilhante entravam no seu quarto através das gelosias da sua janela e mestre Paolo, junto ao seu leito, limpava a carabina e assobiava uma amorosa canção calabresa.

## *Capítulo VIII*

"O homem, pois, segue a senda dura,
Não diminuindo os esforços seus,
Até que lhe venha a ventura,
Que cai do seio do alto Deus."
*Schiller.*

Zanoni havia fixado a sua morada numa dessas ilhas cuja história a imperecedoura literatura e a fama de Atenas revestem ainda de melancólico interesse, e nas quais a natureza, em que "nada há de melancólico", ainda oferece vistas magníficas e um clima radiante para o homem, seja ele livre ou escravo, e seja jônio, veneziano, gaulês, turco ou um altivo inglês. Ali o ar circula impregnado de suaves aromas, que das planícies leva a muitas milhas ao longo do azul e translúcido mar.

Vista de uma de suas verdes colinas, a ilha que Zanoni escolhera parecia um delicioso jardim. As torres e torrezinhas da sua capital brilhavam no meio de bosques de laranjeiras e limoeiros; vinhas e oliveiras enchiam os vales e subiam pelas ladeiras das pitorescas colinas; e quintas, granjas e cabanas estavam cobertas de viçosas latadas de folhas verde-escuras e purpúreas frutas. A beleza, de que a natureza ali se mostra tão pródiga, como que justifica aquelas graciosas superstições de uma crença, segundo a qual, demasiado enamoradas da terra, as divindades prefeririam antes baixar a ela para aqui fazerem companhia ao homem, do que elevar o homem ao seu menos fagueiro e menos voluptuoso Olimpo.

Ali o pescador se entrega ainda às suas danças antigas sobre a areia; a jovem adorna ainda com fios prateados as suas sedosas tranças, debaixo da frondosa árvore que faz sombra à sua tranqüila cabana; e a mesma Grande Mãe que vigiou sobre o sábio de Samos, sobre a democracia de Corcira* e sobre a profunda e encantadora doutrina de Mileto, sorri agora tão graciosamente como naqueles remotos tempos. Para os países do Norte, a filosofia e a liberdade são indispensáveis à felicidade humana; na terra onde Afrodite surgiu das ondas para governar, quando as Estações, com as mãos dadas, se colocaram à beira do mar para saudá-la,** a natureza é, em tudo, suficiente.

A ilha onde Zanoni fixara a sua residência era uma das mais encantadoras naquele mar divino. Sua morada, um tanto distante da cidade, mas próxima de uma das enseadas do litoral, pertencia a um veneziano e, ainda que pequena, era de forma mais elegante do que as casas que costumam edificar os gregos. No mar, à sua vista, estava ancorado o navio de Zanoni. Os seus hindus, como dantes, faziam com o máximo zelo e seriedade o serviço doméstico. Não podia haver um sítio mais belo, nem um retiro mais solitário. Para o misterioso saber de Zanoni e para a inocente ignorância de Viola, o bulício e a ostentação do mundo civilizado não tinham atração. Um céu amoroso e uma terra amável são companheiros suficientes à sabedoria e à ignorância, quando estas amam.

Ainda que, como já disse antes, nada de particular oferecessem as visíveis ocupações de Zanoni, que pudessem revelar nele um cultivador das ciências ocultas, os seus hábitos eram os de um homem que medita, rememora e reflete. Gostava muito de passear sozinho, principalmente ao amanhecer, ou de noite, à claridade da lua (e sobretudo quando a lua se levantava e quando era cheia); e andava milhas e milhas pelo rico interior da ilha, colhendo ervas e flores que guardava com zeloso cuidado. Às vezes, ao expirar a noite, Viola despertava, porque uma espécie de instinto a advertia que Zanoni não estava ao seu lado e, estendendo os braços, verificava que

---
* Corfu.
** Hino homérico.

não se enganara. Cedo, porém, notou que ele guardava grande reserva sobre o que concernia aos seus hábitos secretos; e se, às vezes, algum negro presságio do coração, algum terror suspeito a assaltava, Viola não se atrevia a perguntar-lhe a significação de semelhantes coisas.

Porém, nem sempre passeava Zanoni sem companhia; também gostava de fazer excursões menos solitárias. Com freqüência, quando o mar estava bem tranqüilo, parecendo um calmo lago, e a estéril e melancólica costa da Cefalônia, que se avistava no lado oposto, contrastava com a risonha praia onde moravam, passeava Zanoni acompanhado de Viola, cruzando devagar ao longo da costa ou visitando as ilhas vizinhas. Todos os lugares do solo grego, "essa linda terra da fábula", pareciam-lhe familiares; e quando falava do passado e de suas esquisitas tradições, fazia-o de tal maneira que levava Viola a amar a raça que nos legara a poesia e a sabedoria que hoje o mundo possui.

À medida que Viola ia conhecendo Zanoni, sentia aprofundar-se a fascinação que esse homem misterioso, desde o primeiro dia, irradiara sobre ela. O amor que ele lhe professava era tão terno, tão vigilante e tinha aquele melhor e mais duradouro atributo, que parecia antes ser grato pela felicidade de poder cuidar dela, do que envaidecer-se com a dita que lhe proporcionava. As maneiras habituais desse homem singular, com todos os que tinham de trabalhar com ele, eram calmas, polidas e quase apáticas. Nunca saía de seus lábios uma palavra colérica – nunca brilhava a ira em seus olhos.

Um dia, estiveram expostos a um grande perigo, bastante comum naquele tempo e naquelas terras semi-selvagens. Alguns piratas que infestavam as costas vizinhas, haviam ouvido falar da chegada dos estrangeiros, e os marinheiros que Zanoni empregara haviam espalhado notícias sobre a riqueza deste. Uma noite, depois de ter-se retirado para descansar, Viola foi despertada por um leve ruído que se ouvia na parte inferior da casa. Zanoni não estava ao seu lado; assim, pôs-se a escutar, bastante alarmada. Parecia-lhe ouvir um gemido. Viola levantou-se e dirigiu-se para a porta; tudo estava tranqüilo. Um instante depois, ouviu passos que se aproximavam lentamente, e Zanoni entrou, com sua calma habitual, sem que parecesse advertido do medo que sentia sua esposa. No dia seguinte, foram encontrados três homens mortos no umbral da entrada principal, cuja porta havia sido forçada. Os vizinhos reconheceram neles três dos mais sanguinários e terríveis saqueadores daquelas costas – homens que haviam cometido inúmeras mortes, e que, até aquele dia, nunca haviam fracassado em seus projetos de rapina. As numerosas pisadas que se notavam até a praia, indicavam que os cúmplices desses três malfeitores haviam fugido, decerto ao verem mortos os seus chefes. Porém, quando o provedor veneziano, que era a autoridade da ilha, veio averiguar o fato, apurou que aqueles ladrões encontraram a morte de uma forma misteriosa e inexplicável.

Zanoni não havia saído do gabinete onde, ordinariamente, ocupava-se com estudos químicos. Nenhum dos seus criados havia sido interrompido no sono. Nos cadáveres não se notava o menor sinal de violência humana. Os bandidos morreram, sem se saber como. Desde aquele momento, a casa de Zanoni tornou-se sagrada.

As povoações vizinhas regozijaram-se ao saber que estavam livres de um flagelo, e olhavam Zanoni com grande respeito, considerando-o como pessoa especialmente protegida pela Divindade.

Com efeito, aqueles gregos de viva imaginação, tão facilmente acessíveis a todas as impressões externas, admirados da singular e majestosa beleza de um homem que conhecia o seu idioma como se fosse do país, cuja voz os consolou muitas vezes em suas aflições, e cuja mão estava sempre aberta para socorrer os necessitados – ainda muito tempo depois de ele ter abandonado essas praias, conservaram a sua lembrança em gratas tradições, e mostravam o alto plátano, debaixo do qual o tinham visto sentado muitas vezes, só e pensativo, nas horas quentes do meio-dia.

Zanoni, porém, tinha outras paragens em que era mais difícil vê-lo do que à sombra do plátano. Naquela ilha existem os mananciais betuminosos, mencionados por Heródoto. Freqüentemente, de noite, se não os homens, ao menos a lua via o misterioso estrangeiro emergir dentre os mirtos e cistos, que cobriam as colinas dos arredores do pântano que contém a inflamável matéria, cujos usos medicinais, aplicados aos nervos da vida orgânica, a ciência moderna talvez ainda não tenha estudado bastante. Mais vezes ainda passava Zanoni suas horas numa caverna, situada na parte mais solitária da praia, onde as estalactites pareciam haver sido colocadas ali pela mão da arte, e as quais a superstição dos camponeses associa, em várias lendas antigas, com os numerosos e quase incessantes terremotos a que a ilha está tão singularmente exposta.

Todas as excursões a esses sítios prediletos estavam ligadas ou subordinadas a um constante e principal desejo, que se confirmava e aumentava a cada dia que Zanoni passava na companhia de Viola.

A cena que Glyndon presenciara no seu "transe" era verdadeira e real. E poucos dias depois daquela noite, Viola sentiu vagamente que uma influência, cuja natureza ela ignorava, lutava para interpôr-se no meio da sua vida feliz. Visões indistintas e belas como as que tivera nos dias de sua infância, porém mais constantes e impressionáveis, começaram a visitá-la, de dia e de noite, quando Zanoni se achava ausente, desvanecendo-se quando ele voltava à sua presença. Zanoni lhe fazia freqüentes e minuciosas perguntas a respeito dessas aparições, porém as respostas da esposa o deixavam, ao que parecia, pouco satisfeito e, às vezes, até perplexo.

– Não me fale – disse-lhe ele, um dia – dessas desconexas imagens, dessas evoluções de brilhantes figuras que dançam em coro, nem dessas deliciosas melodias que lhe parecem ser a música e a linguagem de esferas distantes; mas, diga-me: não tem visto uma figura mais distinta e mais bela do que as demais, que não fala ou, se o faz, parece exprimir-se na própria língua e dizer, em voz baixa, estranhos segredos e solenes conhecimentos?

– Não – respondeu Viola –; tudo é confuso nestes sonhos, venham de dia ou de noite; e quando, ao ruído dos seus passos, volto a mim, minha memória não guarda mais do que uma vaga impressão de felicidade. Quão diferente, quão frio é isso, em comparação com o prazer que sinto quando, contemplando o sorriso dos seus lábios, ouço a sua voz que me diz: "Eu a amo!"

– Porém, como é que visões menos formosas do que estas lhe pareciam tão fagueiras em outro tempo? Como é que, então, excitavam a sua fantasia e enchiam o seu coração? Outrora desejou habitar uma terra semelhante à das fadas e agora parece que se contenta com a vida comum!

– Não lhe expliquei uma vez? É acaso uma vida comum amar e viver ao lado daquele que se ama? Pois já estou na terra das fadas, pela qual eu tanto anelava! Não me fale de outra.

E assim os surpreendia a noite, na solitária praia; e Zanoni, afastado de seus projetos mais sublimes pelo encanto do amor, e inclinando-se sobre o formoso semblante de Viola, esquecia que, no harmonioso infinito que os rodeava, havia outros mundos além daquele coração humano.

## Capítulo IX

"Há um princípio da alma, superior a toda a natureza, por meio do qual son os capazes de nos elevar acima da ordem e dos sistemas do mundo. Quando a alma subiu tanto que chegou junto a naturezas melhores do que ela mesma, então é inteiramente separada das naturezas subordinadas, troca esta vida por outra e, escapando à ordem das coisas com que estava em relação, passa totalmente a outra ordem, que é mais alta."

Jâmblico.

– Adonai! ó Adonai! Aparece! Aparece! – exclamou Zanoni.

E na solitária caverna, de onde, em outro tempo, haviam saído os oráculos de um deus pagão, emergiu das sombras das fantásticas rochas uma luminosa e gigantesca coluna de vapor, radiante a variada. Assemelhava-se à resplandecente e, ao mesmo tempo, nebulosa espuma que, vista de longe, uma fonte parece enviar ao estrelado firmamento. Aquela luz, iluminando as estalactites, as rochas e os arcos da caverna, espalhava um pálido e trêmulo esplendor sobre as feições de Zanoni.

– Filho da Luz Eterna – disse o invocador – tu, cuja sabedoria, grau após grau, raça após raça, por fim pude alcançar nas vastas planícies da Caldéia; tu, de quem sorvi tão copiosamente o inexprimível saber que só a eternidade mesma pode exaurir; tu, que sendo congenial comigo, quanto a diferença dos nossos recíprocos seres permitem, por muitos séculos foste meu amigo familiar, responde-me e aconselha-me!

Apenas Zanoni acabou de pronunciar estas palavras, emergiu da coluna uma figura maravilhosamente bela. O seu semblante era como o de um homem em sua juventude, mas era grave, revelando a consciência da sua imortalidade e a tranqüilidade da sua sabedoria; uma luz, semelhante a raios de estrelas, corria em suas transparentes veias; de luz eram os seus membros, e a luz corria, em contínuas faíscas, pelas ondas do seu brilhante cabelo. Com os braços cruzados sobre o peito, a luminosa aparição parou em frente de Zanoni, separada dele apenas alguns pés, e a sua harmoniosa voz murmurou brandamente:

– Meus conselhos te eram muito agradáveis em outro tempo, quando, a cada noite, a tua alma seguia as minhas asas através dos imperturbáveis esplendores do Infinito. Agora te achas ligado à terra pelos seus mais fortes laços, e a atração da matéria terrena é mais poderosa do que as simpatias que atraíam aos teus encantos o Habitante do Ar e dos Astros. A última vez que a tua alma me escutou, os teus sentidos já turvavam o teu intelecto e obscureciam a tua visão. Venho a ti mais uma vez, agora; porém o teu poder de me trazer ao teu lado já se vai desvanecendo do teu espírito, como o sol perde a força de iluminar as ondas, quando os ventos interpõem uma nuvem entre o oceano e o firmamento.

– Ah! Adonai! – respondeu o vidente, com tristeza. – Eu conheço demasiado bem as condições que é absolutamente necessário observar quando se quer gozar a felicidade da tua presença. Sei que a nossa sabedoria dimana só da indiferença pelas coisas do mundo, às quais se sobrepõe a ciência. O espelho da alma não pode refletir, a um mesmo tempo, o céu e a terra; um destes desaparece da sua superfície, quando o outro nela se retrata. Porém, não é para me elevar novamente àquela sublime abstração, onde o intelecto, livre e sem o peso do corpo sobe, de região em região, às esferas, que eu, mais esta vez, e isto com a angústia e o trabalho de um poder debilitado, te chamei para me ajudares. Amo; e este amor faz com que comece a viver na doce humanidade de outra pessoa. Tenho ainda o conhecimento e o poder para desviar qualquer perigo que ameace a mim mesmo ou às pessoas a quem posso olhar da calma altura aonde me eleva a contemplação indiferente; mas sou cego, como o mais humilde mortal, para penetrar no destino da criatura que faz palpitar o meu coração com paixões que obscurecem a minha vista.

– Que importa! – respondeu Adonai. – O teu amor não pode ser mais do que uma ilusão; pois tu não podes amar como aqueles a quem aguarda a morte e o túmulo. Dentro de um tempo muito breve, que é como um dia em tua incalculável existência, o objeto que idolatras não será mais do que um punhado de pó! Os demais seres do mundo vulgar marcham juntos pelo caminho de sua vida efêmera, para o túmulo; e juntos tornam a subir, de simples vermes, a novos ciclos de existência. A ti aguardam, nesta Terra, séculos; a ela, apenas horas. E a vós ambos, ó pobre, porém poderoso homem!, ainda vos aguarda um encontro posterior! Por quantos graus e céus de existência espiritual terá passado a alma dela, quando tu, solitário vagabundo, dos vapores da terra subires às portas da luz!

– Pensas, ó Filho da Luz Eterna – replicou Zanoni –, que esta idéia se aparta um instante da minha mente? Não vês que te invoquei para ouvir-te e para que auxilies no meu propósito? Não lês o meu desejo e sonho de elevar as condições da sua natureza às da minha? Tu, Adonai, banhado da alegria celeste, que constitui a tua vida nos oceanos do esplendor eterno, tu não podes, salvo pelas simpatias do saber, imaginar o que eu, filho de mortais, sinto, privado ainda dos objetos da tremenda e sublime ambição que, ao princípio, elevou as asas dos meus desejos acima da matéria terrestre, quando me vejo obrigado a vagar só neste baixo mundo. Em vão busquei amigos entre os da minha espécie. Por fim, encontrei uma companheira. As aves e os animais silvestres têm, cada um, a sua; e o meu poder sobre os seres malignos do terror pode banir as larvas destes, do caminho que conduzirá a minha amada às alturas, até que o ar da eternidade prepare o seu corpo para o elixir que defende contra a morte.

– E tu começaste a iniciação, e não obtiveste o resultado que esperavas! Eu o sei. Conjuraste, em teus sonhos, as mais belas visões; invocaste os mais amáveis filhos do ar para que murmurassem a sua música durante o "transe" dela; mas a sua alma não fez caso dessas aparições e dessas melodias, e evade-se de sua influência, quando volta à terra. Cego! não sabes por quê? Não o percebes? Porque em sua alma tudo é amor. Não existe nela nenhuma paixão intermediária, com que possam ter associação e afinidade as coisas com que desejas impressioná-la. A atração destas coisas não age senão sobre o desejo do intelecto. Que é que têm elas que ver com uma paixão que é puramente da terra, e com a esperança que vai diretamente ao céu?

– Porém, não pode haver um meio, um elo que una as nossas almas, assim como são unidos os nossos corações, e pelo qual a minha alma exerça influência sobre a dela?

– Não me perguntes, não me compreenderias.

– Fala, eu te suplico!

– Não sabes que, quando duas almas estão separadas, uma terceira, na qual ambas se encontrem e vivam, é o elo que as une?

– Compreendo-te, Adonai – exclamou Zanoni, e um raio de alegria mais humana iluminou o seu semblante, dando-lhe um aspecto de felicidade que nunca antes se lhe notara.

– E se o meu destino – acrescentou –, que tão obscuro se apresenta à minha vista, me conceder o feliz dote que proporciona aos seres humildes; se eu, algum dia, puder apertar ao peito um filho meu...

– E é para tornar a ser homem que tu aspiraste a ser mais do que homem?

– Porém, um filho, uma segunda Viola! – murmurou Zanoni, quase já sem atender ao Filho da Luz –, uma jovem alma, recém-vinda do céu, a qual eu poderia guiar desde o primeiro instante em que ela tocar a Terra, cujas asas poderei exercitar para seguirem as minhas no vôo por entre as grandezas e glórias da criação; e, por meio da qual, também a mãe poderá libertar-se do poder da morte!

– Porém, tem cuidado! reflete! – advertiu Adonai. – Não sabes que o teu maior inimigo habita no que se chama Mundo Real? Os teus desejos te levam cada dia para mais perto da humanidade.

– Ah, ser um ente humano é tão doce! – respondeu Zanoni.

E enquanto ele o dizia, na gloriosa face de Adonai cintilou um sorriso.

. . . . . . . . . . . . . . . . . . . . . . . . . . . . . . . . . . . . . . . . . . . . . . . . . . . . . . . . . . . . . . . . . . . . . . . . . . .
. . . . . . . . . . . . . . . . . . . . . . . . . . . . . . . . . . . . . . . . . . . . . . . . . . . . . . . . . . . . . . . . . . . . . . . . . . .

## Capítulo X

*"Æterna æternus tribuit, mortalia confert
Mortallis; divina Deus, peritura caducus."*
  Aurel. Prud. contra Symmachum, liv. II.

["O Eterno dá coisas eternas; o mortal colhe coisas mortais; Deus, o que é divino; e o homem mortal, o que é perecedouro."]

### EXTRATOS DAS CARTAS DE ZANONI A MEJNOUR

### Carta I

"Não me participaste os progressos do teu discípulo; e eu temo que as circunstâncias que formam a mente das gerações atuais sejam tão diferentes das que dominavam no tempo dos persistentes e muito sérios filhos do mundo primitivo, que até um neófito de natureza mais elevada e pura do que o que admitiste a entrar em tuas portas, não seja capaz de passar bem pelos provas da iniciação, mesmo que tu o guies cuidadosa e prudentemente. Os filhos do mundo setentrional nem conhecem aquele terceiro estado de existência, que os sábios da Índia* designam justamente como uma transição entre o sono e a vigília, e que descrevem imperfeitamente pelo nome de "transe"; e bem poucos seriam os que quereriam gozar da sua povoada calma, porque a considerariam como "Maya" e ilusão da mente. Em vez de preparar e cultivar esse aéreo solo, do qual a natureza, devidamente conhecida, pode evocar frutos tão ricos e flores tão belas, somente se esforçam por excluí-lo do horizonte de sua vista. A luta do intelecto do homem que, do seu mundo estreito, quer abrir passo para a pátria infinita, eles consideram como uma enfermidade que o médico deve extirpar com farmácia e drogas, e nem sabem que é a esta condição da sua existência, em sua forma mais imperfeita e infantil, a que a poesia, a música, a arte – tudo o que pertence a uma Idéia de Beleza, a que nem o sono, nem a vigília podem fornecer um arquétipo e semelhança – devem a sua imortal origem.

Quando nós, ó Mejnour, éramos neófitos e aspirantes, pertencíamos a uma classe à qual o mundo atual estava fechado e interdito. Para os nossos antepassados, a vida não tinha outro objetivo a não a ser a ciência. Desde o berço, éramos predestinados e educados para a sabedoria, como para um sacerdócio. Nós começávamos os estudos onde a moderna conjectura cerra as suas aleivosas asas. E para nós, eram os elementos comuns de uma ciência, essas coisas que os sábios de hoje desdenham como uma

---

\* Os brâmanes, falando do Brama, dizem: "Para o Onisciente, os três modos de existência: o sono, a vigília e o transe não existem"; e com estas palavras reconhecem distintamente o "transe" como uma terceira condição da existência, ao lado da vigília e do sono.

quimera, ou de que se desesperam como de impenetráveis mistérios. Até os princípios fundamentais, as vastas porém simples teorias da eletricidade e do magnetismo permanecem envoltas em obscuridade no meio das disputas das suas obcecadas escolas. Sem embargo, ainda em nossa juventude, quão poucos chegavam ao primeiro círculo da Irmandade e quantos, depois de terem entrado no gozo dos sublimes privilégios que haviam procurado, abandonavam voluntariamente a luz do sol e caíam, sem esforço, no túmulo, como peregrinos num ínvio deserto, subjugados pela calma da sua solidão, e espantados pela imensidade sem limite!

Tu, em quem nada parece viver senão o desejo de saber, que indiferente à felicidade e à dor, te prestas a ajudar todos os que buscam a senda da misteriosa ciência, e és como um livro em forma humana, insensível aos preceitos que enuncia – sempre tentaste, e muitas vezes conseguiste aumentar o nosso número. A estes, porém, foram concedidos apenas segredos parciais; a vaidade e as paixões os tornaram indignos do resto do saber; e agora, sem outro interesse que o de uma experiência científica, sem amor e sem piedade, expõe esta nova alma aos perigos da tremenda prova iniciática!

Pensa que um caráter tão indagador e uma coragem tão absoluta e intrépida podem ser suficientes para vencer onde intelectos mais austeros e virtudes mais puras não puderam suportar a prova. Pensa também que o germe da arte, que jaz na mente do pintor, posto que compreenda em si o completo embrião do poder e da beleza, pode expandir-se até que se desenvolva dele a sublime flor da Áurea Ciência. Isto, para o teu modo de pensar, não é mais do que um novo ensaio. Sê afável para com o teu neófito, e se a sua natureza te oferecer um desengano nos primeiros degraus da senda, restitui-o ao Mundo Real, enquanto ainda é tempo, para que possa gozar a curta vida exterior, que reside nos sentidos e que acaba na tumba.

Rirás, ó Mejnour, quando vires que te admoesto desta maneira e te falo com tão pouca esperança? Eu, que sempre me negava a iniciar outros em nossos mistérios, começo, por fim, a compreender por que a grande lei, que liga o homem à sua espécie, mesmo quando procura apartá-lo mais da condição em que vivem os demais homens, fez da tua fria e impassível ciência o elo que te une à tua raça; por que buscaste sempre convertidos e discípulos; porque ao veres, vida após vida, apartarem-se voluntariamente da nossa luminosa Ordem, ainda aspira a substituir os desaparecidos e a reparar as perdas, porque no meio dos teus cálculos infatigáveis e incessantes como as rodas da natureza, assusta-te a idéia de ver-te só! O mesmo me sucede a mim; eu também, finalmente, busco um convertido, um meu igual –, eu também temo ver-me só! Está acontecendo aquilo de que tu me advertiste em outro tempo. O amor reduz todas as coisas a si mesmo. Ou me verei obrigado a descer à natureza da pessoa que amo, ou terei de elevar a sua natureza à altura da minha.

Como qualquer coisa que pertence à verdadeira Arte sempre necessariamente teve atração para nós, cujo ser está no ideal de onde a Arte descende, assim nesta bela criatura descobri, enfim, o segredo que me uniu a ela, desde o momento em que a vi. Nesta filha da música, a música, tornando-se uma parte do seu ser, transformou-se em poesia. Não foi o teatro que a atraía, com as suas ocas falsidades; foi a terra que a sua imaginação havia criado, que o teatro lhe parecia centralizar e representar. Ali a poesia encontrou uma voz – ali lutou também, sob uma forma imperfeita; e depois, quando aquela terra já era insuficiente para ela, retirou-se, voltando à sua própria morada. Essa poesia dava colorido aos pensamentos da jovem, enchendo-lhe a alma; não pedia palavras, nem criava coisas; produzia apenas emoções e desperdiçava-se em sonhos. Enfim, veio o amor; e então a poesia, como um rio no mar, transfundiu ao amor as suas inquietas vagas para, em seguida, emudecer em sua tranqüila profundidade – o eterno espelho dos céus.

E não será por meio dessa poesia, que jaz em sua alma, que se pode conduzir essa criatura à grandiosa poesia do universo? Às vezes, escutando a sua despretensiosa conversação, encontro oráculos em sua inconsciente beleza, como achamos estranhas virtudes numa solitária flor. Vejo que a sua mente está amadurecendo debaixo dos meus olhos; e em sua admirável fertilidade, que manancial inesgotável de belos e variados pensamentos!

Ó Mejnour! Quantos da nossa Ordem, deslindando as leis do universo, resolveram os enigmas da natureza externa, e da obscuridade deduziram a luz! E não é acaso o poeta, que estuda só o coração humano, um filósofo maior do que eles todos?

A ciência e o ateísmo são incompatíveis. Conhecer a natureza é saber que há de existir um Deus. Mas, para saber isto, será necessário examinar o método e a arquitetura da criação?

Quando contemplo uma mente pura, por ignorante e infantil que seja, parece-me que vejo nela o Augusto Ser Imaterial mais claramente do que em todos os mundos de matéria que, à sua ordem, movem-se pelo espaço.

Tem razão a lei fundamental da nossa Ordem, em estabelecer que não devemos participar os nossos segredos senão às almas puras. A mais terrível parte das provas está nas tentações que o nosso poder oferece ao criminoso. Se fosse possível a um homem malévolo chegar a possuir as nossas faculdades, que desordem poderia introduzir no mundo! Felizmente, isto é impossível; a malevolência desarmaria o seu poder. Conto com a pureza de Viola, como você, que mais vãmente confiou no valor ou no talento dos seus discípulos.

Pode ser a testemunha, ó Mejnour, de que desde o remoto dia em que penetrei nos arcanos da nossa ciência, nunca tentei empregar os seus mistérios para objetivos indignos; ainda que, ai! a extensão da nossa existência nos prive de ter uma pátria e um lar; ainda que a lei que coloca toda a ciência e toda a arte na abstração das tumultuosas paixões, e a turbulenta ambição da vida atual nos prive de influenciar os destinos das nações, para que o céu eleja agentes mais violentos e mais cegos; sem embargo, para onde eu tenha dirigido os meus passos, sempre me esforcei em socorrer os desvalidos e em afastar a gente do pecado. O meu poder tem sido hostil somente aos malvados; e, não obstante, apesar de toda a nossa ciência, só nos é permitido sermos, a cada passo, os instrumentos do Poder, do qual o nosso dimana. Como é reduzida, quase a nada, toda a nossa sabedoria, comparada com Aquela que dá as convenientes virtudes à mais insignificante erva e povoa o mais diminuto glóbulo com os seus seres apropriados! E ao passo que se nos permite exercer, às vezes, uma influência sobre a felicidade dos outros quão misteriosamente as sombras obscurecem o nosso próprio destino! Não podemos profetizar-nos o nosso futuro! Com que trêmula esperança alimento a idéia de que poderei conservar para a minha solidão a luz de um imperecedouro sorriso!"

..................................................

## Carta II

"Não me acreditando bastante puro para iniciar um coração tão puro, eu invoco, no seu transe, os habitantes mais belos e mais ternos do espaço, que forneceram à poesia, esta instintiva adivinha da criação, as idéias dos gênios e dos silfos. E estes seres eram menos puros do que os pensamentos dela, e menos ternos do que o seu amor! Não puderam elevá-la acima do seu humano coração, por que este possui um céu especial próprio.

..................................................

Acabo de contemplá-la, adormecida –, ouvi-a suspirar o meu nome. Ai! Isto, que tão doce é para os outros, tem a sua amargura para mim; pois penso quão breve poderá vir o tempo em que estará adormecida, sem sonhar – quando o coração que lhe dita o meu nome estiver frio e mudos os lábios que o pronunciam. Quão diferentes são as duas formas sob as quais se apresenta o amor! Se o examinamos materialmente – se não consideramos nele mais do que os seus laços humanos, seus gozos de um momento, a sua febre turbulenta e a sua fria reação –, como nos parece estranho que esta paixão seja o supremo móvel do mundo; que foi esta paixão que ditou os maiores sacrifícios e fez sentir a sua influência sobre todas as sociedades e sobre todos os tempos; que foi a esta paixão que os gênios mais elevados e mais amáveis consagraram a sua devoção; que se não houvesse o amor, não haveria civilização, nem música, nem poesia, nem beleza, nem outra vida além da dos animais!

Porém, examinemos o amor sob a sua forma mais celestial – em sua mais absoluta abnegação, em sua íntima relação com tudo o que é mais delicado e sutil no espírito –, o seu poder sobre tudo o que é sórdido na existência; o seu domínio sobre os ídolos da mais abjeta adoração; a habilidade para transformar em palácio uma cabana, em oásis o deserto, e para converter em verão o frio do inverno – pois onde respira o seu alento, ele fertiliza e aquece; e mais nos admiraremos ao ver que tão poucos o consideram sob este seu mais santo aspecto.

O que os sensualistas chamam seus prazeres, são os mais ínfimos dos seus gozos. O verdadeiro amor é menos uma paixão do que um símbolo. Mejnour, virá o tempo em que te falarei de Viola como de uma coisa que se foi?"

..................................................

## Carta III

"Sabes que, nestes dias, várias vezes perguntei a mim mesmo se não há algum mal na ciência que nos separou tanto dos nossos semelhantes? Verdade é que, quanto mais nos elevamos, tanto mais odioso nos parecem os vícios dos mortais, dotados de tão curta existência, que se arrastam pela terra –, à medida que penetra em nós e nos enche a bondade do Ser Todo-Bondade, sentimos cada vez mais que a nossa felicidade emana d'Ele.

Porém, por outra parte, quantas virtudes hão de permanecer mortas nos que vivem no mundo da morte e recusam-se a morrer! Este sublime egoísmo, este estado de abstração e de profunda contemplação, esta majestade da existência, imersa em si mesma – e só de si mesma dependente –, não será uma resignação daquela nobreza que agrega o nosso bem-estar, as nossas alegrias, as nossas esperanças, os nossos temores aos dos demais? Viver sempre sem temer os inimigos, sem sentir-se nunca abatido pela enfermidade, sem cuidados e sem ver-se debilitado pela velhice é um espetáculo que cativa o nosso orgulho. E, sem embargo, não admiras o que morre por outrem? Desde que a amo, Mejnour, parece-me quase uma covardia iludir a sepultura que devora os corações que nos envolvem em suas dobras.

Sinto que a terra ganha terreno no meu espírito. Tinhas razão; a eterna velhice, serena e livre de paixões, é um dom mais grato do que a eterna juventude, com seus desejos, suas inquietações. Enquanto não chegar a hora de sermos totalmente espírito, a tranquilidade da solidão deve ser buscada na indiferença."

. . . . . . . . . . . . . . . . . . . . . . . . . . . . . . . . . . . . . . . . . . . . . . . . . . . . . . . . . . . . . . . . .

## Carta IV

"Recebi a tua comunicação. Como?! Pois é assim mesmo? Teu discípulo proporcionou-te um novo desengano? Ah! o pobre discípulo! Porém...
. . . . . . . . . . . . . . . . . . . . . . . . . . . . . . . . . . . . . . . . . . . . . . . . . . . . . . . . . . . . . . . . .

> (Aqui seguem comentários sobre aquelas passagens da vida de Glyndon, que o leitor já conhece mais ou menos, com ardentes súplicas a Mejnour para que vele ainda sobre o porvir do seu discípulo.)

. . . . . . . . . . . . . . . . . . . . . . . . . . . . . . . . . . . . . . . . . . . . . . . . . . . . . . . . . . . . . . . . .

Porém, eu alimento o mesmo desejo, com um coração mais ardente. Minha discípula! Como os terrores que devem acompanhar a tua prova me advertem que não faça vítimas! Mais uma vez procurarei o Filho da Luz.
. . . . . . . . . . . . . . . . . . . . . . . . . . . . . . . . . . . . . . . . . . . . . . . . . . . . . . . . . . . . . . . . .

Sim; Adonai, tanto tempo surdo à minha voz, desceu à minha visão e deixou após si a auréola da sua aparição em forma da Esperança. Oh, não é impossível, Viola – não é impossível que nós ainda possamos ser unidos, alma com alma!

## Carta V

*(Escrita muitos meses depois da precedente)*

"Mejnour, desperta da tua apatia – regozija-te! Uma nova alma virá ao mundo – um novo ser me chamará de 'pai'! Ah! se aqueles para quem existem todas as ocupações e cuidados da vida humana estremecem, com esquisita emoção, à idéia de saudar outra vez a sua própria infância nos semblantes de seus filhos; se naquele nascimento renascem na santa inocência, que é o primeiro estado da existência; se podem sentir que ao homem se impõe um dever quase angelical, quando tem de guiar um ser desde o berço e educar uma alma para o céu –, que prazer arrebatador deverá ser para mim saudar o herdeiro de todos os dons que se duplicam no mero fato de serem participados!

Como é doce exercer o poder de vigiar e guardar, instilar o saber, desviar o mal e reconduzir a corrente da vida, num rio mais rico, mais largo e mais profundo, ao paraíso de onde ela emana! E às margens desse rio se encontrarão as nossas almas, querida mãe! Nosso filho nos trará a simpatia que ainda nos falta e não poderá espantar-te sombra alguma, nem terror algum será capaz de fazer-te desmaiar, quando a tua iniciação estiver ao lado do berço do teu filho!"

## *Capítulo XI*

*"They thus beguile the way*
*Untill the blustring storme is overblowne,*
*When weening to returne whence they did stray,*
*They cannot finde that path which first was showne,*
*But wander to and fro in waies unknowne."*
Spenser, *Faerie Queene*, book I, canto I, st. X.

["E assim vão se entretendo, até passar a estrondosa tormenta quando, pensando em voltar de onde vieram, não puderam achar aquela senda que primeiro lhes foi mostrada, mas vagueiam cá e acolá por caminhos desconhecidos." (*Rainha das Fadas*, de Spenser, livro I, canto1, estr. X.)]

Sim, Viola agora é muito diferente de quando, sentada no umbral da porta da sua casa italiana, seguia as suas fantasias que vagavam pelo País da Sombra; ou quando em vão buscava dotar de voz uma beleza ideal, no palco, onde a ilusão cria a terra e o céu por uma hora, até que os sentidos fatigados, despertando, não vêem mais do que o ouropel e o figurante. O seu espírito descansa agora na sua própria felicidade; suas divagações encontraram já os seus limites. Muitas vezes, o sentimento da eternidade se desperta num instante; pois quando nos sentimos profundamente felizes, parece-nos que é impossível morrer. Sempre que a alma sente a si mesma, sente a vida eterna.

A iniciação fica adiada; em teus dias e em tuas noites não terás outras visões, a não ser aquelas com que um coração satisfeito encanta uma cândida imaginação.

Gênios e silfos, perdoai-me por perguntar se aquelas visões não são mais agradáveis do que vós mesmos.

Zanoni e Viola estavam na praia, contemplando o sol que mergulhava no mar. Há quanto tempo habitavam aquela ilha? Que importa? – que faça meses ou anos –, que importa? Por que deveria eu, por que deveriam eles contar aquele tempo ditoso?

Como no sonho de um momento pode parecer passarem anos e séculos, assim devemos medir o êxtase ou a dor pela duração do sonho, ou pelo número de emoções que o sonho em si envolve?

O sol vai-se pondo lentamente; o ar é pesado e sufocante; o lindo navio permanece imóvel no mar e, na costa, não se vê tremer nem uma folha nas árvores.

Viola aconchegou-se mais a Zanoni. Um pressentimento, que não sabia definir, fazia o coração bater-lhe com mais rapidez; olhando o semblante do marido, ficou surpreendida com a expressão inquieta, abstraída e perturbada que nele se notava.

– Esta calma me dá medo – murmurou Viola.

Zanoni fez como se não a ouvisse; e enquanto falava consigo mesmo, os seus olhos olhavam inquietamente em redor de si. Viola não sabia por que, mas aquele olhar que parecia querer atravessar o espaço – aquelas palavras murmuradas em um idioma estrangeiro, despertaram nela algumas das suas superstições de outros tempos.

Desde o momento em que Viola soubera que ia ser mãe, tornara-se mais tímida. Estranha crise na vida e no amor da mulher! Um ser ainda desconhecido começa já a dividir o seu coração com aquele que fora antes o seu único monarca.

– Olha-me, Zanoni – disse a jovem esposa, apertando a mão do marido.

Ele, voltando-se, disse:

– Estás pálida, Viola; tua mão está tremendo.

– É verdade. Sinto como se algum inimigo viesse se arrastando para perto de nós.

– E o seu instinto não se engana – respondeu Zanoni. – Com efeito, temos muito perto de nós um inimigo. Eu o vejo através deste ar pesado; ouço-o no meio deste silêncio; o inimigo, cujo espectro nos assombra, é a Destruidora, a Peste! Ah! Olha com atenção, e verás como as folhas se cobrem de insetos que seguem o sopro da praga!

Enquanto Zanoni dizia isto, um pássaro caiu dos ramos aos pés de Viola; o pobrezinho fez um esforço para voar, contorceu-se por um instante e morreu.

– Oh, Viola! – exclamou Zanoni, apaixonadamente. – Isto é a morte. Tu não tens medo de morrer?

– Sim, porque eu me separaria de ti! – respondeu a esposa.

– E se eu lhe ensinasse a desafiar a Morte? Se eu pudesse deter o curso do tempo na sua juventude, se eu pudesse...

Zanoni interrompeu-se de repente porque os olhos de Viola revelavam um medo difícil de descrever; o seu rosto cobrira-se de mortal palidez.

– Não me fales dessa maneira, não me olhes assim – disse Viola, retrocedendo. – Desanimas-me. Ah! Não me fales dessa maneira, ou tremerei, não por mim, mas pelo teu filho!
– Teu filho! Mas recusaria para o teu filho o mesmo glorioso dom?
– Zanoni?!
– Meu amor!
– O sol ocultou-se aos nossos olhos, para aparecer aos olhos de outros. Desaparecer deste mundo e ir viver em outro mundo, longe daqui! Oh! meu querido! meu esposo! – continuou Viola, com súbita energia –, dize-me que apenas gracejavas, que só querias brincar com minha ignorância. Na peste, há menos horror do que nessas tuas palavras.

O semblante de Zanoni anuviou-se, e o homem misterioso, depois de mirar a esposa por alguns momentos, disse gravemente:
– O que tens visto em mim que possa fazer-te desconfiar?
– Oh! perdão, perdão! Nada! – exclamou Viola, lançando-se-lhe nos braços e prorrompendo em pranto. – Não acreditaria nem nas próprias palavras, se parecessem injuriar-te!

Zanoni beijou os olhos da esposa e ficou silencioso.
– Ah! – prosseguiu Viola, com um encantador sorriso infantil –, se quisesses dar-me algum talismã contra a peste! Olha, eu o aceitaria de bom grado!

E ao dizer isto, Viola pôs a mão num antigo amuleto que Zanoni trazia sobre o peito.
– Sabes, Zanoni – disse-lhe –, quantas vezes isto me tem dado ciúmes do passado? Acaso é alguma prenda de amor? Mas, não; não amaste a quem te deu isto, como me amas a mim! Posso roubar o teu amuleto?
– Criança! – disse Zanoni, com ternura –; aquela que pôs isto no meu peito atribuía-lhe efetivamente um grande poder, porque era supersticiosa como tu, porém, para mim, este objeto é uma coisa mais do que um talismã; é a relíquia de um tempo feliz que passou, de um tempo em que ninguém dos que me amavam era capaz de desconfiar de mim.

Zanoni pronunciou estas palavras repassadas de tal melancolia, que tocaram o coração de Viola; porém aquele tom mudou-se logo num acento solene, que sufocou os sentimentos tristes que empolgavam a jovem esposa, quando disse:
– Este amuleto, Viola, talvez um dia eu o coloque no teu colo; sim, quando me compreenderes melhor, quando as leis das nossas existências forem as mesmas!

Zanoni e Viola regressaram lentamente à casa; Viola, porém, por mais que fizesse para expulsar o medo do coração, não pôde consegui-lo. Era uma italiana e católica, com todas as superstições do seu país e da sua seita. Logo que chegou à casa, entrou no seu quarto e pôs-se a rezar diante de uma pequena relíquia de São Januário, que um capelão lhe havia dado quando era menina, e que a tinha acompanhado em todas as suas viagens. Nunca pensara que pudesse abandonar aquela pequena prenda. Ora, se essa relíquia era um talismã contra a peste, temeria ela o flagelo quanto a própria pessoa?

No dia seguinte, quando Zanoni despertou, achou a relíquia de São Januário pendurada em seu peito, ao lado do amuleto.

– Agora, sim, não tens que temer a peste – disse Viola, entre lágrimas e sorrisos –; e quando quiseres me falar outra vez, assim como fizeste ontem à noite, o santo te repreenderá.

Então, Zanoni, pode existir uma verdadeira comunhão de pensamentos e de espírito, fora dos que têm as mesmas idéias e as mesmas condições de existência?

A praga manifestou-se de uma forma tão violenta, que foi preciso abandonar a ilha. Poderoso Vidente, tu não tens nenhum poder para salvar aos que amas! Adeus, teto nupcial! Doce mansão de tranqüilidade e de ventura, adeus! Climas tão benignos como o que estão deixando, ditosos amantes, poderão saudá-los; o destino pode conceder-lhes um céu igualmente sereno e águas igualmente azuis e calmas, porém, poderá esse tempo voltar, para lhes dar igual felicidade? Quem pode assegurar que o coração não sofrerá mudança quando se muda a cena – o sítio onde se tem vivido pela primeira vez com a pessoa amada? Cada lugar ali conserva tantas recordações, que só ele mesmo pode reproduzir. O passado que as evoca parece impor constância para o futuro. Se entra em nossa mente um pensamento menos nobre, menos fiel, a vista de uma árvore, embaixo da qual foram trocados juramentos, ou onde um beijo enxugou uma lágrima, nos reconduz às horas da primeira ilusão divina. Porém, numa morada onde nada fala do primeiro tempo nupcial, onde não há eloqüência da união, nem algum santo sepulcro de emoções guardado por visões angélicas, quem é, repito, que tendo passado por uma triste história de afeto, possa nos dizer que o coração não sofre mudança quando se muda a cena?

Soprai afavelmente, ó ventos favoráveis; inflai suavemente, ó velas; partamos para longe do país onde a morte veio arrebatar o centro do Amor!

As praias desaparecem; novas costas sucedem às verdes colinas e aos laranjais da ilha nupcial. Ao longe, na luz prateada da lua, brilham as colunas, ainda visíveis, de um templo que os atenienses dedicaram à sabedoria; e de pé no barco que era impelido pela fresca brisa, o devoto dessa deusa, que a ela sobreviveu, murmurava para si:

– Não me trouxe a sabedoria dos séculos horas mais felizes do que as que concede ao pastor e ao camponês, que não conhecem mais mundo do que o seu modesto povoado, nem mais aspirações do que o beijo e o sorriso do lar?

E a lua, iluminando igualmente as ruínas do templo da extinta crença, a cabana do camponês, o imemorial pico da montanha e as tenras ervas que cobriram as suas ladeiras, parecia sorrir com a sua resposta de calmo desdém ao ser que, talvez, tenha visto construir o templo e que, na sua inescrutável existência, podia ver arrasada a montanha.

# LIVRO QUINTO

## OS EFEITOS DO ELIXIR

### Capítulo 1

*"Zwei Seelen wohnen, ach! in meiner Brust.*
. . . . . . . . . . . . . . . . . . . . . . . . . . . .
*Was stehst du so, und blickst erstaunt hinaus?"*
　　　　Goethe, *Fausto*.

["Duas almas residem, ai! no meu peito. – Por que estás assim parado, e olhas, pasmado, para fora?"]

O leitor se recordará que deixamos mestre Paolo ao lado da cama de Glyndon; e que, ao despertar daquele profundo sono, e ao lembrar-se da terrível cena da noite anterior, o inglês lançou um grito, cobrindo o rosto com as mãos.

– Bom dia, Excelência! – disse Paolo, alegremente. – *Corpo di Bacho*! Dormiu um sono prolongado!

O som da voz desse homem, tão alegre, sonora e sadia, afugentou o fantasma que ainda estava na mente de Glyndon.

O jovem ergueu-se na cama e perguntou:

– Onde me encontrou? Por que está aqui?

– Onde o encontrei?! – repetiu Paolo, surpreendido. – Em sua cama, sem dúvida. Por que estou aqui? Porque o patrão me ordenou aguardar que despertasse, para eu receber as suas ordens.

– O patrão? Mejnour? Ele chegou? – perguntou Glyndon.

– Chegou e tornou a partir, senhor – respondeu Paolo. – Ele deixou esta carta para o senhor.

– Dê-ma, e aguarde-me lá fora até que me tenha vestido.

– Estou às suas ordens. Preparei um excelente almoço, pois deve ter muito apetite. Sou um regular cozinheiro, como o filho de um monge o pode ser! Com certeza lhe surpreenderá a minha habilidade em guisar peixe. Suponho que não o molestarei se cantar; eu o faço sempre quando preparo uma salada; o canto harmoniza-se muito bem com os ingredientes.

E pendurando a carabina ao ombro, Paolo saiu do quarto, fechando a porta atrás de si.

Glyndon havia já começado a ler a carta, cujo conteúdo era o seguinte:

"Quando o recebi por discípulo, prometi a Zanoni que se eu me convencesse, às suas primeiras provas, que aumentaria não o número da nossa Ordem, mas apenas a lista das vítimas que a ela têm aspirado em vão, não o abandonaria à sua ruína e infelicidade – mas que o restituiria ao mundo. Cumpro a minha promessa. A sua prova iniciática foi a mais fácil que se possa apresentar a um neófito. Não lhe exigi nada mais do que a abstinência sensual e uma curta experiência da sua paciência e da sua fé. Volte ao seu mundo, pois não tem qualidades dignas de aspirar ao nosso!

Fui eu quem arranjou que Paolo o recebesse na festa. Fui eu quem instigou o velho mendigo para que lhe pedisse esmola. Fui eu quem deixou o livro que não podia ler, sem violar o meu preceito. Pois bem! Viu o que o aguarda no Umbral do Saber. Viu o primeiro inimigo que ameaça a quem se deixa ainda dominar e escravizar pelos sentidos. Surpreender-se-á ao saber que fechei para você as portas para sempre? Compreenderá agora que, para passar pelo Umbral e desafiar o inimigo, é necessário ter uma alma temperada e purificada que se exalte, não por encantamentos externos, mas por usa própria sublimidade e por seu próprio valor?

Infeliz! Toda a minha ciência é inútil para o temerário, para o homem sensual – para aquele que deseja possuir os nossos segredos somente para poluí-los com prazeres grosseiros e vícios egoístas. Como pereceram os impostores e feiticeiros dos tempos antigos por quererem penetrar nos mistérios que exigem purificação e não toleram depravações?! Jactaram-se de possuir a Pedra Filosofal e morreram miseravelmente; pretenderam ter o elixir da imortalidade, e baixaram ao sepulcro, envelhecidos prematuramente. As lendas contam que o inimigo os fez em pedaços. Sim, o inimigo, que eram os seus desejos impuros e os seus propósitos criminosos! Você cobiçou o mesmo que eles cobiçaram; e ainda que tivesse as asas de um serafim, não poderia elevar-se do lodaçal da sua mortalidade. O seu anseio de saber não era mais do que uma petulante presunção; a sua sede de felicidade só lhe inspirava o desejo de beber as imundas águas dos prazeres corporais; até o seu amor, esse sentimento que, às vezes, eleva até os homens mais baixos, não é senão uma paixão que calcula a traição no meio da primeira chama de volúpia. E você queria ser um dos nossos! Um irmão da Augusta Ordem! Um Aspirante às Estrelas que brilham na Shemaia da ciência caldaica! A águia não pode levantar ao sol senão o próprio filho. Eu o abandono ao seu crepúsculo!

Porém, ai de você, desobediente e profano! Inalou o elixir; atraiu à sua presença um cruel e incansável inimigo. Você mesmo há de exorcizar o fantasma que evocou. Há de voltar ao mundo; porém, não sem sofrer um castigo, e somente fazendo grandes esforços poderá recuperar a calma e a alegria da sua vida anterior. Dir-lhe-ei, para que ao menos tenha este consolo: quem, como você, provou uma quantidade, por menor que seja, da volátil e vital energia que dão os sumos aéreos, despertou em si faculdades que com paciente humildade, com fé sã e com a coragem, não-corporal como é a sua, mas da mente resoluta e virtuosa, podem atingir, senão o saber que governa as esferas superiores, ao menos a alta perfeição na carreira dos homens. Sentirá a infatigável influência do elixir em tudo o que empreender. O seu coração, no meio de alegrias vulgares, almejará outra coisa mais santa; a sua ambição aspirará, no meio do excitamento grosseiro, a algo que estará fora do seu alcance. Porém, não pense que isto, já por si mesmo, será suficiente para levá-lo à glória; pois os seus desejos poderão conduzi-lo igualmente ao crime e à desonra. O que sentirá será uma nova e imperfeita energia, que não lhe deixará um momento de repouso. Segundo a direção que lhe der, será a emanação do seu mau ou do seu bom gênio.

Porém, ai de você! Inseto colhido na rede onde está preso de pés e asas! Não somente inalou o elixir, mas também conjurou o espectro; de todos os seres do espaço, não há outro mais hostil ao homem, e você levantou o véu que cobria a sua vista, e eu não posso colocá-lo ali novamente. Sabe, ao menos, que todos nós – os mais altos e os mais sábios – que, em sóbria verdade, temos passado além do Umbral, tivemos, como a primeira e temível tarefa, a de dominar e subjugar o seu terrível guarda. Saiba que pode libertar-se daqueles olhos lívidos e fixos; saiba que, quando lhe aparecem, não podem fazer-lhe mal, se resistir aos pensamentos com que o tentam e ao horror que inspiram. Teme-os mais quando os avista!

E assim, filho do verme, nos separamos! Tudo o que pude dizer-lhe para animá-lo e para adverti-lo e guiá-lo, disse-o nestas linhas. A triste experiência que o levou à posição crítica em que se encontra não foi provocada por mim, mas por si mesmo; espero, porém, que tornará a entrar no gozo da paz. Representante da ciência que sirvo, não oculto nenhuma lição ao aspirante puro; sou, porém, um obscuro enigma ao investigador comum. Como a única possessão indestrutível de um homem é a sua memória, assim não pode a minha arte reduzir à matéria os imateriais pensamentos que surgiram no seu peito. O aprendiz pode reduzir este castelo a pó e derribar esta montanha, igualando-a com a planície; porém, o mestre não tem poder para dizer: "Cesse de existir!" a um pensamento que a sua ciência inspirou. Poderá dar ao pensamento novas formas; poderá refazê-lo e sublimá-lo, reduzindo-o a um espírito mais fino, porém não poderá aniquilar o que só existe na memória, o que não tem substância fora da idéia. Cada pensamento é uma alma! Inútil, pois, seria querer eu, ou querer você desfazer o que aconteceu, ou restituir-lhe a alegre cegueira da sua juventude. É necessário que sofra a influência do elixir que inalou, e não lhe resta outro remédio senão lutar com o espectro que evocou!"

Glyndon deixou cair a carta das mãos. Uma espécie de estupor sucedeu às várias emoções que experimentara durante a sua leitura; estupor parecido ao que segue à repentina destruição de uma ardente esperança que, por muito tempo, foi alimentada no coração humano, seja de amor, de avareza ou de ambição. O mundo superior, ao qual havia anelado tanto, ao qual sacrificara tantas coisas e pelo qual se submetera a tantos trabalhos, ficava-lhe defeso "para sempre", e isso por sua temeridade e presunção.

Porém, o caráter de Glyndon não era daqueles que culpam a si mesmos, por muito tempo, de faltas cometidas. Começou a inflamar-se a sua indignação contra Mejnour porque, depois de havê-lo tentado, o abandonava – abandonava-o à presença de um espectro!

As repreensões do místico antes o aguilhoavam do que humilhavam. Que crime havia cometido para merecer uma linguagem tão dura e tão desdenhosa? Era um mal tão grave sentir prazer no sorriso e nos olhos de Filida? Não havia fugido com ela, como sua companheira?

Glyndon não se tinha detido nunca a refletir se existia alguma diferença entre uma espécie de amor e outra. E também, onde estava a grande ofensa de ter cedido a uma tentação, que somente existia para um homem intrépido? Não dizia o livro que Mejnour propositalmente deixara aberto: "Guarde-se do medo!"? Não era a maior provocação premeditada que se pode fazer às mais fortes influências da mente humana, proibir-lhe de entrar num quarto cuja chave se lhe confiara, para excitar a sua curiosidade, e no qual se lhe deixara aberto um livro que parecia ditar o modo de satisfazê-la?

Enquanto estes pensamentos cruzavam pela sua mente com extraordinária rapidez, Glyndon começou a considerar toda a conduta de Mejnour como um pérfido intento de enlaçá-lo em sua própria miséria, ou como o estratagema de um impostor, incapaz de realizar as grandes promessas que fizera. Quando se pôs a ler outra vez as misteriosas ameaças e advertências contidas na carta de Mejnour, pareceu-lhe que encerravam uma linguagem de mera parábola e alegoria – o estilo dos platônicos e dos pitagóricos. Pouco a pouco, começou a persuadir-se de que os espectros que tinha visto – até aquele fantasma de aspecto tão horrível –, não deviam ser outra coisa mais do que ilusões que a ciência de Mejnour lhe preparara. Os brilhantes raios de sol que inundavam de luz o seu quarto, pareciam afugentar, com riso, os terrores da noite passada. O orgulho e o ressentimento revigoravam a coragem habitual de Glyndon; e quando, depois de ter-se vestido precipitadamente, foi reunir-se a Paolo, o seu rosto estava sereno e o seu passo era seguro.

– Então, Paolo – indagou Glyndon –, o patrão, como você o chama, lhe disse que me esperasse e recebesse na festa do povoado?

– Sim – respondeu Paolo –, ele me enviou o recado por um pobre velho aleijado. Isso me surpreendeu, porque eu julgava que o patrão estivesse muito longe; mas esses grandes filósofos sabem dar passos de duzentas léguas.

– Por que não me disse que tinha notícias de Mejnour?

– Porque o velho aleijado mo proibiu.
– Não viu o homem, depois, durante o baile?
– Não, Excelência.
– Hum!
– Permita que lhe sirva – disse Paolo, enchendo o prato de Glyndon e deitando vinho no copo. – Agora que o patrão está ausente (não é que eu pretenda dizer dele alguma coisa má) – acrescentou o bandido, lançando em volta de si um olhar desconfiado –, digo que, agora, que está ausente, eu desejava dizer-lhe que tivesse compaixão de si mesmo e que perguntasse ao seu coração de que serve a juventude!? Que é o que conseguirá sepultando-se em vida, nestas ruínas, para expor ao perigo o seu corpo e a sua alma, com estudos que, estou certo, nenhum santo aprovaria?

– E os santos aprovarão as suas ocupações, mestre Paolo? – objetou Glyndon.

– Oh! – respondeu o bandido, um tanto desconcertado –, um cavalheiro com um bolso cheio de dinheiro não tem necessidade de abraçar a profissão de tirar o dinheiro de outra gente! Porém, a coisa é diferente conosco, que somos pobres marotos. E, além disso, também dou sempre uma parte dos meus ganhos à Virgem, e do resto distribuo outra parte caridosamente entre os pobres... Porém, beba e coma alegremente; faça-se absolver por seu confessor, se cometeu algum pecadinho, e não se exponha a muitos perigos desnecessariamente, é isto o que lhe aconselho. À sua saúde, Excelência! Ora, senhor, os jejuns, exceto nos dias em que são prescritos a um bom católico, não servem senão para criar fantasmas.

– Fantasmas! – exclamou Glyndon.

– Sim – retrucou Paolo –, o diabo sempre tenta o estômago vazio. Os desejos naturais do homem que tem fome levam o seu pensamento à cobiça, ao ódio, ao roubo, ao assassínio. Com a barriga cheia, senhor, estamos em paz com todo o mundo. Assim é bom; o senhor gosta de perdiz! Cáspite! Quando passo dois ou três dias nas montanhas, sem ter para comer mais do que um pedaço de pão preto e uma cebola, desde a manhã até a noite, fico como um lobo. E isto ainda não é o pior; mas em todas aquelas horas vejo pequenos duendes dançarem diante dos meus olhos. Oh, sim; quando o estômago está vazio, apresenta tantos espectros como um campo de batalha.

Glyndon pensou descobrir uma sã filosofia no raciocínio do seu companheiro; e efetivamente, quanto mais comia e bebia, menos se recordava da noite passada e menos sentia a deserção de Mejnour. A janela estava aberta, a brisa era fresca e suave, o sol brilhava com todo o seu esplendor – toda a natureza parecia sorrir. Paolo foi-se pondo tão alegre como a natureza; ele falou de aventuras, de viagens, de mulheres, com um certo entusiasmo que contagiava. Glyndon, porém, escutou-o com mais complacência quando Paolo tornou, com seu sorriso velhaco, a elogiar os olhos, os dentes, os artelhos e o talhe da bela Filida.

Esse homem parecia, com efeito, a personificação da vida sensual dos animais. Ele teria sido para Fausto um tentador mais perigoso do que Mefistófeles. Não se notava em seus lábios nenhuma ironia quando descrevia os prazeres que animavam a sua voz. Para um homem em que despertava um sentimento das vaidades do saber, essa descuidada e ignorante alegria de humor era um agente corruptor pior do que todas as frias burlas de um inimigo ilustrado. Mas quando Paolo se despediu, com a promessa de voltar no dia seguinte, a mente do inglês tornou a ocupar-se de coisas mais sérias e mais importantes.

O elixir parecia, efetivamente, haver produzido nele os sutis efeitos que Mejnour lhe atribuíra. Enquanto o jovem passeava pelo solitário corredor, ou parava contemplando o delicioso e vasto cenário que se estendia lá embaixo, elevados pensamentos de ambição e brilhantes visões de glória passavam, em rápida sucessão, por sua alma.

– Mejnour me nega a sua ciência. Pois bem! – exclamou o pintor, com altivez –; não me despojou da minha arte!

Como! Clarêncio Glyndon volta àquilo com que começou a sua carreira? Com que, então, Zanoni tinha razão?

Glyndon se encontrava agora no quarto do místico; não se via ali nem um vaso, nenhuma erva! O volume fatídico tinha desaparecido e não havia o menor vestígio do elixir! Sem embargo, parecia ainda que o quarto estava impregnado de uma atmosfera de encanto. Mais forte e impetuosamente arde em você, Clarêncio, o desejo de criar e de apresentar obras perfeitas! Você suspira por uma vida além da que é sensual – pela vida que é permitida a todo gênio –, pela vida que respira na obra imortal e perpetua-se num nome imperecível.

Onde estão os utensílios da sua arte? Oh! não se inquiete por isso; quando faltaram os instrumentos a um verdadeiro trabalhador? Encontra-os você outra vez no seu quarto – a branca parede lhe servirá de tela e um pedaço de carvão será o seu lápis. Isto basta para, ao menos, delinear o esboço que, sem isso, poderia desvanecer-se já, amanhã, na sua mente.

A idéia que excitou, desta maneira, a imaginação do artista, era indubitavelmente nobre e augusta. Derivava-se da cerimônia egípcia, descrita por Diodoro (no seu 1º livro), sob o título: "O juízo dos mortos pelos vivos." Quando o corpo do defunto, depois de devidamente embalsamado, era colocado na margem do lago Aquerúsio, e antes que fosse entregue ao barco que devia conduzi-lo através das águas à sua última morada, os juízes, nomeados para a respectiva função, ouviam todas as acusações que se faziam ao falecido e, quando achavam que estas eram graves e justificadas, privavam o corpo das honras rituais da sepultura.

Mejnour havia descrito a Glyndon esse costume, ilustrando-o com várias anedotas que não se encontram em livro algum; e esse assunto foi o que sugeria agora ao artista a idéia de dar-lhe realidade e força. Ele imaginou um rei poderoso, déspota e cruel, contra o qual ninguém se atrevera a murmurar durante a sua vida; porém, apenas tinha expirado o último hálito, o escravo a quem ele havia agrilhoado saiu do escuro calabouço e esse infeliz mutilado, lívido e esquálido como se fosse também já morto, veio acusá-lo, invocando a justiça que sobrevive à sepultura.

Que estranho fervor é este, jovem artista, que tem feito sair, de repente, a sua arte da obscura e densa névoa com que a ciência oculta envolvera por tanto tempo a sua imaginação?! Como parece estranho que a reação de uma noite de terror e o desengano de um dia lhe tenha restituído a sua divina arte! Ah! com que ligeireza caminha a mão atrevida pelo extenso debuxo! Como, apesar dos toscos materiais, revela-se a mão, não do aprendiz, mas do mestre perfeito! Sem dúvida, os recentes efeitos do poderoso elixir fazem com que dê às suas figuras a animação e a vida superior que lhe foram negadas. Um poder alheio traça, por meio da sua mão, os grandes símbolos na parede. Atrás, levanta-se o vasto sepulcro; na construção desta mansão de repouso para os mortos consumiram-se milhares de vidas. Ali se sentam os sérios juízes, formando um semicírculo. Lentamente, agita-se o lago de águas enegrecidas. Lá jaz a múmia do rei morto. Intimida-se ainda a sua austera carranca e o franzir da sua testa, que parece ainda viva? Ah! que magnífica concepção, ó artista! – Levantam-se as magras figuras! – Os seus rostos pálidos falam uma linguagem de espectros! Deixará a humanidade de vingar-se do poderoso tirano, depois da morte deste?

O seu quadro, Clarêncio Glyndon, é uma sublime verdade; o seu debuxo promete um renome ao gênio. E esta magia é melhor do que os encantos do livro e do vaso. Passaram-se muitas horas: você acendeu a lâmpada; a noite o encontra trabalhando ainda.

Porém, céu misericordioso! O que é que gela assim a atmosfera? Por que se apaga a luz? Por que se eriçam os seus cabelos? Ali! – ali! – ali! à janela! a negra, asquerosa aparição, envolta num manto, o olha! E que olhar diabólico é o seu! Como destila escárnio e ódio.

Glyndon ficou estarrecido, olhando o espectro; não era ilusão. O fantasma não falava, nem se movia; porém, por fim, não podendo suportar por mais tempo aquele olhar fixo e terrível, o inglês tapou o rosto com as mãos. Um momento depois, descobriu-a, dando um grito de espanto – junto a si sentia aquele horrível algo sem nome, que estava agora curvado ao pé do seu debuxo; e eis que as figuras pareciam destacar-se da parede! As pálidas figuras dos acusadores, que a mão traçara, faziam carantonhas, olhando-o com mofa.

Fazendo um violento esforço, o jovem conseguiu dominar o espanto. Dirigindo-se ao fantasma e afrontando o seu olhar, perguntou-lhe o que queria, dizendo-lhe que desafiava o seu poder.

Ouviu-se, então, uma voz que se assemelhava ao murmúrio do vento. O que a sombra disse, o que revelou, é proibido que os lábios repitam e que a mão escreva. Não fosse o elixir, que lhe havia dado um vigor e uma energia mais poderosa do que a força dos mais fortes, e Glyndon não teria sobrevivido àquela hora terrível. Despertar-se nas catacumbas e ver sair os mortos dos seus sudários, e ouvir os espíritos infernais em suas horríveis orgias de corrupção, seria preferível a ver aquelas feições que se apresentavam à vista do pintor quando o espectro levantou o véu, e a escutar o que murmurou a sua voz!

. . . . . . . . . . . . . . . . . . . . . . . . . . . . . . . . . . . . . . . . . . . . . . . . . . . . . .

No dia seguinte, Glyndon fugiu do arruinado castelo. Com que esperanças de brilhante luz atravessara o umbral e penetrara nessa casa! E agora, ao sair, com que desencanto olhou as suas torres enegrecidas, roídas pelo tempo, e que recordações levava consigo, capazes de fazê-lo estremecer, horrorizado, sempre que se achava na escuridão!

## *Capítulo II*

"Fausto: – *Wohin soll es nun gehn?*
Mefist.: – *Wohin es Dir gefällt.*
*Wir sehn die kleine, dann die grosse Welt.*
Goethe, *Fausto.*"

["*Fausto:* Aonde iremos agora?
*Mefistófeles:* Aonde te agradar.
Vamos olhar primeiro o pequeno, depois o grande mundo."]

Coloque a sua cadeira perto do fogão, encha-o de lenha e acenda as luzes. Oh! lar de asseio, ordem, abastança, conforto! Oh! como é excelente e consoladora a Realidade!

Passou-se algum tempo, depois dos acontecimentos narrados no capítulo precedente. Não nos encontramos agora em risonhas ilhas e sob os pálidos raios da lua, nem em castelos carcomidos pelo tempo, mas estamos numa sala de vinte e seis pés de comprimento e vinte e dois de largura – bem atapetada, com sofás, sólidas cadeiras e oito quadros de insignificante valor artístico, porém com ricas molduras, adornando as paredes.

Thomaz Mervale, cavalheiro comerciante de Londres, é um homem invejável!

Para Mervale, foi a coisa mais fácil do mundo, ao regressar do continente, sentar-se diante da sua escrivaninha – da qual nunca se havia separado o seu coração. A morte do pai lhe deu, como direito de herdeiro, uma alta e respeitável posição numa casa de comércio de segunda classe. Fazer com que o seu estabelecimento passasse a ser de primeira classe era a honrosa ambição de Mervale. Fazia pouco tempo que se havia casado, não totalmente por causa de dinheiro, não! Ele era mais um homem do mundo do que mercenário. As suas idéias a respeito do amor não eram românticas; porém era bastante sensível para saber que uma esposa devia ser uma companheira, e não uma mera especulação. Mervale não ambicionava casar-se com uma mulher de notável beleza e gênio, mas cuidou de ter uma esposa dotada de boa saúde e de bom caráter, e com uma certa dose de úteis conhecimentos; e, assim, escolheu a sua companheira de vida dando ouvidos à razão e não ao coração, e havemos de dizer que a sua escolha foi bem acertada. A senhora Mervale era uma mulherzinha excelente, viva, trabalhadora, econômica, afetuosa e boa. Tinha vontade própria, porém não era despótica. Possuía grandes noções dos direitos da mulher e uma forte percepção das qualidades que proporcionam o bem-estar. Nunca teria inclinação ao seu marido se houvesse observado nele alguma inclinação por outra mulher; porém, por sua vez, possuía um admirável sentimento de felicidade. Aborrecia toda a leviandade, toda a faceirice, todo o fingimento, os pequenos vícios que, muitas vezes, arruínam a felicidade doméstica, mas nos quais um caráter caprichoso incorre tão facilmente.

Todavia, não acreditava que devesse amar o esposo sobre todas as coisas; assim é que reservava uma parte do seu afeto para todos os seus parentes, amigos e conhecidos, e também para o senhor Mervale. Cuidava da boa mesa, e tinha bom apetite; o seu humor era sempre moderado, porém firme; contudo, sabia dizer uma ou duas palavras azedas, sempre que o marido deixasse de ser pontual como devia.

Tinha um cuidado particular em que o senhor Mervale mudasse de calçado ao entrar em casa – porque os tapetes eram novos e caros. Não era de temperamento frio, nem apaixonada – o céu a abençoe por isso! –; porém, quando alguma coisa a desagradava, manifestava o seu desgosto aplicando-lhe uma repreensão, sem esquecer-se de lembrar ao marido as virtudes que ela possuía, a alta posição do seu tio, que era almirante, e as trinta mil libras que havia trazido de dote. Como, porém, o senhor Mervale era homem de bom humor e reconhecia as próprias faltas, dava razão à mulher, e assim o desgosto logo passava.

Se é verdade que cada casa tem seus pequenos dissabores, em nenhuma eram menos freqüentes do que na do casal Mervale. A senhora Mervale, sem gostar excessivamente das novidades da moda, cuidava contudo de andar bem vestida. Nunca saía do seu quarto com papelotes no penteado, nem nesse desalinho matutino, que é a pior das desilusões. Todas as manhãs, às oito horas e meia, a senhora Mervale vestia com esmero o espartilho bem atado, o seu toucador em boa ordem e, tanto no inverno como no verão, o seu vestido era de seda grossa e bonita. As damas daquele tempo usavam coletes muito curtos, e a senhora Mervale seguia a moda. Os seus adornos, de manhã, consistiam numa cadeia, de ouro maciço, da qual pendia um relógio do mesmo metal – não desses frágeis anões de mecanismo, que são tão bonitos à vista, mas trabalham tão mal, mas um belo relógio de repetição que sempre dava a hora exata; trazia também, engastado no bracelete, um broche de mosaico e um retrato em miniatura do almirante, seu tio. Para a tarde, tinhas duas lindas coleções completas de jóias, compostas de colares, brincos e braceletes, uma de ametistas e outra de topázios. O traje que acompanhava esses adornos era, geralmente, um vestido de cetim cor de ouro, e um turbante, com o qual se tinha feito retratar.

A senhora Mervale tinha o nariz aquilino, bons dentes, lindo cabelo e finas pestanas; a sua compleição era daquelas que constituem, geralmente, um belo busto, sendo de estatura antes alta do que baixa; tinha as faces cheias; os pés regulares e as mãos brancas e grandes, com unhas rosadas, e nas quais nunca, nem em sua meninice se havia visto a mais leve mancha de pó.

Parecia representar um pouco mais de idade do que realmente tinha; isso era causado por um certo ar de afetada dignidade, e pela forma aquilina do seu nariz. Nas mãos, costumava trazer curtas *mitenes*. Nunca lia outros poetas a não ser Goldsmith e Cowper. Não gostava muito de romances e novelas, embora não tivesse preconceitos contra tal literatura. No teatro, preferia a tudo um drama ou uma pantomima, seguidos de uma leve ceia. Não era afeiçoada a concertos nem a óperas. Ao começar o inverno, escolhia um livro para a sua leitura, e principiava algum trabalho por passatempo; e ocupava-se com ambos, tanto com a leitura, como com o trabalho, até a chegada da primavera. Nessa estação, deixava de ler, mas continuava a trabalhar. O seu estudo predileto era a história, e gostava muito da que havia escrito o dr. Goldsmith. O seu autor favorito nas belas-letras era, naturalmente, o dr. Johnson. Não se podia encontrar uma mulher mais digna, nem mais respeitável, a não ser num epitáfio!

Era uma noite de outono, e fazia pouco que o senhor e a senhora Mervale haviam regressado de uma excursão a Weymouth.

Achavam-se sentados na sala de visitas, cada um no seu lugar favorito.

– Sim, eu lhe asseguro, minha querida – dizia Mervale –, que Glyndon, com todas as suas excentricidades, era um bom amigo e amável camarada. Certamente teria gostado dele, pois agradava a todas as mulheres.

Meu querido Thomaz – respondeu a esposa – perdoe-me a observação; porém, essa sua expressão: *todas as mulheres*...

– Desculpe; tem razão. Eu queria dizer que ele era quase sempre um favorito do sexo encantador.

– Compreendo; quer dizer que o seu caráter era bastante frívolo.

– Frívolo, precisamente, não; um pouco inconstante, extravagante, se assim quer, mas não frívolo. Era presunçoso e obstinado no seu caráter, porém modesto e atento em suas maneiras; talvez demasiado modesto e reservado, assim como você gosta que os homens sejam. Mas, voltemos ao assunto; as notícias que hoje tenho ouvido a respeito dele inquietam-me profundamente. Parece que tem levado uma vida muito irregular e extravagante, viajando de um lugar para outro, de maneira que deve ter gasto já grande parte da sua fortuna.

A propósito de dinheiro – lembrou a senhora Mervale –, julgo que teremos de mudar de açougueiro; certamente está em liga com o cozinheiro.

– É uma lástima, pois o seu bife é ótimo! Estes criados de Londres são tão maus como os carbonários. Porém, como ia dizendo, o pobre Glyndon...

Neste instante, ouviu-se bater à porta.

– Meu Deus! – exclamou a senhora Mervale –, quem será? Já são dez horas passadas. Quem poderá vir a esta hora?

– Talvez o seu tio, o almirante – observou o marido, não sem um certo azedume.

– Creio, meu querido – retrucou a esposa –, que não lhe é desagradável a visita de qualquer um dos meus parentes. O almirante é um homem de interessante conversação, e a sua fortuna está inteiramente à sua própria disposição.

– Eu o respeito como merece – disse Mervale, com ênfase.

O criado abriu a porta e anunciou o senhor Glyndon.

– O senhor Glyndon! Que coisa extraordinária! – exclamou a senhora Mervale; porém, antes que tivesse tempo de concluir a frase, Glyndon já se achava na sala.

Os dois amigos se abraçaram e saudaram com grande alegria de se encontrarem, depois de tão longa separação. Em seguida, foi o recém-chegado apresentado à senhora Mervale, a qual, com um sorriso cheio de dignidade e com um furtivo olhar às suas botas, felicitou o amigo do esposo por sua chegada à Inglaterra.

Glyndon estava muito mudado desde a última vez em que Mervale o havia visto. Ainda que se houvessem passado, desde então, apenas dois anos incompletos, a sua bela compleição tinha se tornado mais varonil, e o seu semblante mais bronzeado. Pensamentos graves, ou talvez uma vida de dissipação, haviam imprimido no seu semblante, antes lustroso e liso quando se revelava nele a feliz juventude, rugas de cuidados ou de sofrimento. Às suas maneiras, outrora elegantes e polidas, haviam sucedido certa rudeza nos gestos, e até a sua voz não se acomodava ao que exigem a calma e as conveniências sociais. Não obstante, uma espécie de altiva nobreza, que anteriormente não se notava nele, dava certa dignidade ao seu semblante e suavizava a liberdade da sua linguagem e dos seus ademanes.

– Então, pelo que vejo, Mervale, você se estabeleceu? Não preciso perguntar se é feliz; o mérito, a sensatez, a riqueza, um bom caráter e uma companheira tão bela, certamente trazem a felicidade.

– Quer tomar chá, senhor Glyndon? – perguntou a senhora Mervale.

– Não, senhora, agradeço-lhe – respondeu o jovem. – Tomarei a franqueza de propor um convite mais estimulante ao meu velho amigo. Vinho, Mervale... vinho, eh?, ou uma taça de ponche inglês. A sua esposa nos desculpará, se passarmos a noite bebendo.

A senhora Mervale puxou para trás a sua cadeira, e custou-lhe muito esforço dissimular a surpresa. Porém, Glyndon não deu ao amigo tempo de replicar.

– Encontro-me, enfim, na Inglaterra – disse, olhando em torno com um sorriso irônico –; seguramente este ar exercerá em mim uma benéfica influência, e poderei viver aqui como os demais.

– Esteve doente, Glyndon? – perguntou o amigo.

– Doente! Sim – respondeu o artista. – Hum! Você tem uma casa magnífica! Haverá nela um pequeno quarto para um viajor solitário?

Mervale dirigiu um olhar à esposa, que se manteve com os olhos fixos no tapete.

– Modesto e reservado em suas maneiras... Talvez demasiado! – pensava a senhora Mervale, que se achava no sétimo céu da indignação e surpresa!

– Minha querida? – disse, por fim, Mervale, com afabilidade e em tom interrogante.

– Que é? – respondeu a esposa, com mal dissimulada aspereza.

– Podemos oferecer um quarto ao meu amigo. Será?

O amigo, que se havia sentado comodamente numa cadeira, com os pés colocados sobre o amparo diante do fogão, olhava atentamente o fogo, como se tivesse esquecido já a sua pergunta.

A senhora Mervale mordeu os lábios, e depois de refletir um instante respondeu com frieza:

– Certamente, senhor Mervale; os seus amigos devem sentir-se aqui como em sua própria casa.

Ao dizer isto, a senhora se levantou, acendeu uma vela e saiu da sala, com ar majestoso. Quando voltou, os dois amigos haviam passado para o escritório.

O relógio bateu meia-noite – uma, duas horas! Três vezes a senhora Mervale havia mandado um criado ao escritório, para saber: primeiramente, se precisavam de alguma coisa; pela segunda vez, se o senhor Glyndon queria dormir numa cama com colchões de plumas; e pela terceira vez, para perguntar-lhe se devia abrir a sua mala. E o viajor, depois de responder a todas essas perguntas, acrescentava a cada vez, com uma voz robusta, que se ouvia da cozinha até o sótão:

- Outra taça! Porém mais forte, sim, faça o favor, e que venha já!

Por fim Mervale apareceu no quarto conjugal. Tinhas os olhos brilhantes, as faces ardiam e sentia as pernas trôpegas; e pôs-se a cantar. Sim, o senhor Thomaz Mervale cantou!

- Senhor Mervale! É possível, senhor?! – exclamou, irada, a esposa.

Mas ele, em vez de responder, cantou:

- "O rei Cole era uma alma fagueira..."
- Senhor Mervale! Deixe-me só!
- "Não deixou fazer a ninguém..."
- Senhor Mervale! Que exemplo está dando o senhor aos criados!
- "O cachimbo acendeu, mandou vir a poncheira..."
- Se não se calar, senhor, chamarei...
- "E também já os músicos vêm."

## *Capítulo III*

*"In die Welt weit*
*Aus der Einsamkeit*
*Wollen sie Dich locken."*
    *Fausto.*

["Ao mundo vasto da solidão te querem atrair."]

Na manhã seguinte, à hora do almoço, a senhora Mervale estava tão taciturna como pode estar uma mulher que se crê muito ofendida. Mervale, por sua parte, dir-se-ia um criminoso perseguido pelos remorsos e pela vingança do mau humor. Só falou para queixar-se de uma forte dor de cabeça e para dizer que tirassem os ovos da mesa.

Clarêncio Glyndon, imperturbável e com bom apetite, estava de um humor buliçoso, e falava pelos três.

- Pobre Mervale! – dizia. – Perdeu os hábitos do verdadeiro companheirismo, senhora! Mas dentro de um par de noites, tornará a ser o mesmo que era dantes.

- Cavalheiro – observou a senhora Mervale, pronunciando uma premeditada sentença, com suma dignidade –; permita-me que lhe recorde que o senhor Mervale agora está casado, que é o presumível pai de uma família e o atual dono de uma casa.

- Precisamente estas são as razões que me fazem invejá-lo – retrucou Glyndon. – Eu também tenho grande desejo de me casar; a felicidade é contagiosa.

- Pinta agora? – perguntou Mervale, com desaprovação, esforçando-se para dar outro rumo à conversação do seu hóspede.

- Não – respondeu o artista –; adotei o seu conselho. Troquei a arte e o ideal pelo positivismo. Se tornar a pintar, suponho que você comprará os meus quadros. Porém, trate de acabar o seu almoço, homem; quero consultá-lo sobre umas coisas. Vim à Inglaterra para cuidar dos meus negócios. Minha ambição é fazer dinheiro e, para isso, conto com a sua experiência e com os seus conselhos, que hão de servir-me muito.

– Ah! tão cedo se desenganou da Pedra Filosofal? – disse Mervale. – Não sei se já lhe contei, Sara, que quando deixei o meu amigo Glyndon, estava ele a ponto de tornar-se alquimista e mago.

– Está hoje disposto a gracejar? – retrucou a esposa.

– Não, minha querida, palavra de honra, afirmo que é a verdade. Não lhe havia contado já antes?

Glyndon levantou-se de repente, dizendo:

– Por que recordar, agora, os desvarios de uma louca presunção? Já disse que regressava à minha terra natal para praticar a saudável vocação a que me sinto inclinado! Ah, sim! Que coisa pode haver mais salutar, mais nobre e mais apropriada à nossa natureza do que o que se chama ... a vida prática? Se possuímos algumas faculdades que coisa melhor podemos fazer do que vendê-las vantajosamente? Compremos conhecimentos como compramos os nossos gêneros de comércio; adquiramo-los aos preços mais baratos possíveis, e vendamo-los, depois, por preços notavelmente maiores! Não acabou ainda de almoçar?

Os dois amigos saíram à rua. Mervale tremia ao ouvir com quanta ironia Glyndon o felicitava por sua respeitável posição, seu modo de vida, seus propósitos, seu feliz matrimônio e seus oito quadros colocados em tão ricas molduras. Antigamente, o sóbrio Mervale exercia certa influência sobre o amigo; naquele tempo, era ele que empregava sempre o sarcasmo contra o caráter tímido e irresoluto de Glyndon. Agora estavam trocados os papéis. Havia, no gênio alterado do pintor, uma fogosa seriedade que intimidava o seu pacífico amigo, impondo-lhe silêncio, e parecia comprazer-se malignamente, dando-lhe a entender que estava persuadido de que a sóbria vida dos homens da sociedade era desprezível e vil.

– Ah! – exclamava Glyndon –, quanta razão tinha em aconselhar-me que tratasse de fazer um respeitável casamento, procurando uma sólida posição, vivendo em decoroso medo do mundo e da própria mulher, suportando a inveja dos pobres e gozando a boa opinião dos ricos! Praticou o que pregava. Deliciosa exigência! O escritório do comerciante e os sermões pregados pela esposa! Ah! ah! Teremos outra noite como a passada?

Mervale, confuso e irritado, encaminhou a conversação para os negócios de Glyndon, e ficou surpreendido ao ver os conhecimentos do mundo de negócios que o artista parecia ter adquirido tão repentinamente; e mais ainda admirado ao notar com que sutileza e inveja falava o seu amigo das especulações que estavam mais em voga no mercado. Sim, Glyndon tinha certamente o sério propósito de tornar-se rico e respeitável – e ganhar, ao menos, os dez por cento em suas transações comerciais!

Depois de passar alguns dias com o comerciante, durante os quais esteve a ponto de levar a desorganização a toda a casa, fazendo da noite dia, convertendo a harmonia em desacordo, levando a pobre senhora Mervale a uma disposição que a tornava meio distraída, e convencendo o seu amigo de que se deixava dominar demasiadamente pela esposa, o fatal hóspede desapareceu tão repentinamente como havia chegado.

Arranjou uma casa própria, procurou a sociedade de pessoas abastadas, entregou-se aos negócios da bolsa; parecia, enfim, haver-se convertido num homem de negócios. Os seus projetos eram atrevidos e colossais, e os seus cálculos rápidos e profundos.

Em breve, Mervale, pasmado pela energia de Glyndon e deslumbrado pelos seus sucessos, começou a ter-lhe inveja e a estar descontente com os próprios ganhos regulares e lentos.

Quando Glyndon comprava ou vendia fundos públicos, chovia-lhe dinheiro; o que a sua arte não podia oferecer-lhe em muitos anos de trabalho, deram-lhe algumas felizes especulações, realizadas em poucos meses. De repente, porém, deixou esses negócios, pois novos objetos de ambição pareciam atraí-lo a outro terreno. Quando ouvia tocar um tambor na rua, que glória podia haver maior que a do soldado? Quando se publicava um novo poema, que renome podia se igualar ao do poeta? Glyndon começou a escrever algumas obras literárias que prometiam ser excelentes; porém, antes de concluí-las, punha-as de lado, desgostoso.

De pronto abandonou a sociedade que freqüentava e, associando-se com alguns jovens turbulentos e imprudentes, entregou-se a todos os vícios e excessos da grande cidade, onde o ouro reina sobre o trabalho e o prazer. Por toda a parte levava consigo um certo poder e um calor de alma; em todas as sociedades aspirava a dominar, e em todas as empresas, a brilhar.

Não obstante, qualquer que fosse a paixão que o dominasse no momento, a reação sempre era terrível e triste. Às vezes, entregava-se a profundas e estranhas meditações. Quando ardia na febre da atividade, parecia que a sua mente queria despojar-se da memória; e quando repousava, parecia que a memória se apoderava outra vez da sua mente, para devorá-la.

Mervale via-o agora muito pouco, pois evitavam ambos encontrar-se um com o outro. E assim chegou Glyndon a não ter nenhum confidente e nenhum amigo.

## Capítulo IV

*"Ich fuhle Dich mir nahe;*
*Die Eisanmkeit belebt;*
*Wie über seinem Welten*
*Der Unsichtbare schwebt."*
                Uhland.

["Sinto-o perto de mim; a solidão se anima; como sobre os seus mundos, paira aqui o Invisível."]

Glyndon achava-se mais num estado de intranqüilidade e de agitação do que de uma infatigável atividade, até que dele foi tirado pela visita de uma pessoa que parecia exercer sobre ele uma salutar influência. Sua irmã, órfã como ele, havia residido no campo, com sua tia. Em sua primeira juventude, o artista amara essa irmã, mais jovem do que ele, com o terno carinho de um irmão afetuoso. Ao seu regresso à Inglaterra, parecia havê-la esquecido completamente. Havendo falecido a tia, essa jovem dirigiu-se ao irmão por meio de uma carta, cheia de impressionável melancolia, dizendo que agora não tinha outra casa a não ser a do irmão, nem outro amparo senão o seu afeto. Glyndon chorou ao ler a carta, e não sossegou até a chegada de Adélia.

A jovem, de uns dezoito anos de idade, ocultava sob a calma e a singeleza exterior uma grande parte do romântico entusiasmo que caracterizava seu irmão, quando este tinha a sua idade. Não obstante, o entusiasmo de Adélia era de uma natureza muito mais pura, e tinha seus limites regulares, em parte pela doçura de uma natureza verdadeiramente feminina, e em parte pela vigorosa e metódica educação que recebera. Diferia especialmente do caráter do irmão na timidez, que era maior do que se costumava ver nas jovens de sua idade; mas essa timidez era oculta pelo costume de dominar-se e isto tão cuidadosamente, como também o romantismo das suas idéias.

Adélia não era bela; o seu aspecto era o de uma pessoa de constituição delicada e de pouca saúde; e a débil organização de seus nervos tornava-a suscetível a toda impressão que pudesse influenciar a saúde do corpo, através da simpatia da mente.

Como porém nunca se queixava, e porque, por outra parte, a singular serenidade de suas maneiras parecia indicar uma equanimidade de temperamento que, para o vulgo, podia passar por indiferença, os seus sofrimentos não foram percebidos por muito tempo porque os sabia dissimular, sem grande esforço.

Ainda que, como já disse, não fosse bela, a sua fisionomia era interessante e simpática, pois revelava essa afetuosa bondade, esse sorriso atraente e encantador e esse dom de agradar e consolar, que iam diretamente ao coração.

Tal era a irmã que Glyndon por tanto tempo olvidara, e à qual agora havia recebido tão cordialmente.

Adélia tinha passado muitos anos sendo vítima dos caprichos de uma parenta egoísta e exigente, que lhe ocasionaram um sem-número de enfermidades. A delicada, generosa e atenta consideração do irmão foi, para ela, tão nova como deliciosa. Glyndon comprazia-se em torná-la feliz, a tal ponto que, pouco a pouco, foi-se retirando de qualquer outra sociedade, e começou a sentir o encanto do lar. Não devemos nos admirar, portanto, que Adélia, livre de inclinações mais ardentes, concentrasse todo o seu carinho e gratidão no irmão que a protegia e amava tão dedicadamente. Os estudos em que a jovem se aplicava de dia, e os sonhos que a visitavam à noite, todos tinham um único objetivo: pagar-lhe a sua afeição. Estava orgulhosa do talento do irmão, e dedicava-se exclusivamente ao bem-estar dele; a coisa mais insignificante que pudesse interessá-lo, tomava para ela o aspecto de um dos mais graves interesses da vida. Em suma, todo o acumulado tesouro de entusiasmo que constituía a sua perigosa e única herança, ela o inverteu nesse único objeto da sua santa ternura, nessa imaculada ambição.

Porém, à medida que Glyndon abandonava os excessos e excitamentos a que se entregava para ocupar o tempo, ou para distrair o pensamento, a tristeza de suas horas mais tranqüilas vinha sentindo-se mais profunda e mais contínua. Ele temia sempre, muitíssimo, estar só; e não podia suportar que a sua nova companheira se ausentasse da sua vista: passeava com ela, a pé ou a cavalo, e só com visível relutância, que quase tocava o horror, retirava-se de noite, e a horas muito avançadas, para se deitar. Essa tristeza não era desse gênero a que se dá o brando nome de melancolia – era muito mais intensa; parecia antes ser uma espécie de desespero. Muitas vezes, depois de um silêncio sepulcral e de uma abstração que o deixava como que convertido numa estátua, sobressaltava-se de repente e lançava olhares assustados ao seu redor. Seu corpo tremia, os lábios se tornavam lívidos e sentia a fronte banhada de suor frio.

Convencida Adélia de que alguma mágoa secreta afligia seu irmão e que isto poderia minar-lhe a saúde, sentiu o fortíssimo e natural desejo de ser sua confidente, para poder consolá-lo. Com seu fino e delicado tato, observou que Glyndon sentia grande desgosto quando parecia afetado pelo mau humor, e a jovem se esforçava por dominar seus temores e sentimentos. Não queria solicitar a confiança do irmão, mas tratou de obtê-la gradualmente, sem que ele o notasse, e viu que, pouco a pouco, ia conseguindo o seu propósito.

Demasiado preocupado com a sua estranha existência para observar agudamente o caráter dos outros, Clarêncio Glyndon equivocou-se, tomando a calma de uma afeição generosa e humilde por força da alma e vigor da constituição; e essa qualidade o agradava e lhe servia de consolo. É a força e a segurança de si mesmo a que uma pessoa, que tem a alma doente, requer no confidente que escolhe por seu médico. E como é irresistível o desejo de comunicar um pesar! Quantas vezes o homem solitário pensou consigo: "Como seria aliviado o meu coração, se eu pudesse confessar o peso da sua miséria!"

Glyndon sentia também que, na juventude, na inexperiência e no temperamento poético de Adélia podia achar mais conselhos e ser por ela mais facilmente compreendido do que por qualquer outra pessoa mais severa e prática. Mervale teria tomado as suas revelações como os delírios de uma imaginação louca, e a maior parte dos homens as consideraria, na melhor hipótese, como quimeras ou alucinações de um homem enfermo.

Assim, tendo-se preparado pouco a pouco para esse momento de alívio que tanto anelava, aproveitou uma oportunidade que favoreceu o desenlace, desta maneira:

Uma tarde, estando ambos sós, Adélia, que herdara parte do talento artístico do irmão, entretinha-se pintando.

Glyndon, saindo de suas meditações, menos tétricas do que de costume, levantou-se e, pondo afetuosamente a mão sobre o ombro da irmã, pôs-se a olhar o seu trabalho. De repente, deixando escapar uma exclamação de surpresa, tirou-lhe das mãos o desenho e disse:

– Que está fazendo? De quem é este retrato?

– Querido Clarêncio, não se recorda do original? – respondeu a jovem. – É uma copia do retrato do nosso sábio avô, com quem, segundo dizia a nossa pobre mãe, você tem muita semelhança. Eu pensei que você gostasse de ver-me copiá-lo de memória.

– Maldita semelhança! – exclamou Glyndon, tristemente. – Não adivinha o motivo por que eu não quis voltar à casa dos nossos pais? Porque temia ver aquele retrato! Porque... porque... Mas, perdoe-me, eu a assusto!

– Não, não, Clarêncio; você não me assusta nunca quando fala: eu temo só o seu silêncio! Oh! se me cresse digna da sua confiança! Se me tivesse concedido o direito de discutir consigo sobre as suas mágoas, cujas causas tanto desejo conhecer!

Glyndon não respondeu, mas começou a passear agitadamente pelo quarto. Depois de alguns instantes parou e, fixando na irmã um olhar sério, disse:

– Sim, você também descende dele; sabe que essa classe de homens tem vivido e sofrido; você não zombará de mim, nem duvidará das minhas palavras. Escute! escute!... Que ruído é este?

– Não é nada, Clarêncio; é apenas o vento que se ouve lá fora.

– Dê-me a sua mão, minha Adélia; deixe-me sentir o seu vivo contato; e nunca comunique a ninguém o que lhe vou contar. Oculte-o de todo o mundo, jure-me que este segredo morrerá conosco... os últimos descendentes da nossa predestinada raça!

– Nunca trairei a sua confiança, nunca! Juro-lhe! – disse Adélia, com acento firme, e aproximando-se mais do irmão.

Então começou Glyndon a sua história, a qual, narrada por escrito e lida por pessoas preparadas para discutir e duvidar, pode talvez parecer fria e pouco aterradora; um efeito muito diferente porém produzia, sendo referida por aqueles lábios pálidos, com toda a verdade do sofrimento que convence e espanta. Muitas eram realmente as coisas que o narrador ocultou, e muitas às quais involuntariamente deu um colorido mais suave; porém, apesar disto, revelou o bastante para que a sua narração fosse inteligível e clara para a pálida jovem, que o escutava tremendo.

– Ao amanhecer – terminou Glyndon, depois de ter narrado tudo o que leitor já sabe dos acontecimentos no velho castelo –, deixei aquela tétrica e maldita habitação. Sem embargo, tinha ainda a esperança de que tornaria a ver Mejnour, a quem me propunha procurar pelo mundo. Eu esperava obrigá-lo a livrar-me do inimigo que aterrorizava a minha alma. Com esse intento, viajei de uma cidade a outra, fazendo praticar as mais ativas diligências pela polícia da Itália. Em Roma, empreguei até os serviços da Inquisição, que ultimamente havia dado uma prova do seu antigo poder no processo do afamado Cagliostro, que era menos temível do que Mejnour. Tudo foi em vão, não foi possível encontrar-se o menor vestígio do homem que eu procurava. Eu não ia só, Adélia.

Glyndon interrompeu-se por um momento, como embaraçado, porque em sua narração só uma ou outra vez havia aludido a Filida, a qual, como o leitor deve supor, era a sua companheira.

– Eu não ia só; porém a minha alma não podia confiar o seu segredo à pessoa que me acompanhava nas viagens. Embora fosse fiel e afeiçoada, carecia ela de educação e das faculdades necessárias para poder me compreender. Possuía instintos naturais, mas a sua razão era inculta. O meu coração encontrava nela um apoio em suas horas tranqüilas; mas não existia entre nós comunhão de pensamentos, e o meu atribulado espírito não podia tomá-la por guia. Todavia, na companhia daquela pessoa, o demônio não me inquietava. Deixe que lhe explique mais minuciosamente as terríveis condições de sua presença. Quando eu me imergia em excitamentos baixos, em orgias, em tumultuosos e fogosos excessos, na torpe letargia daquela vida animal que nos nivela aos brutos, os seus olhos permaneciam invisíveis e o seu murmúrio era mudo. Porém, sempre quando a alma tinha alguma aspiração, quando a imaginação se inflamava para alcançar alguns fins elevados, quando a consciência do nosso verdadeiro destino lutava contra a vida desregrada que eu levara, então, Adélia... então o espectro vinha acocorar-se ao meu lado, na luz do meio-dia, ou sentar-se em minha cama – uma "coisa escura", visível na própria escuridão! Se nas galerias da divina arte os sonhos da minha juventude despertavam a minha anterior emulação – se eu dirigia os meus pensamentos aos sábios –; se o exemplo dos grandes homens ou a conversação dos homens inteligentes acordavam o meu intelecto adormecido, o demônio do espectro surgia na minha presença, como evocado por um encantamento. Por fim, uma tarde, na cidade de Gênova, aonde eu havia ido em busca do místico, de repente, quando eu menos esperava, Mejnour apareceu diante de mim. Era por ocasião do carnaval; eu estava numa dessas cenas tumultuosas, que não merecem o nome de divertimento e que estabelecem saturnais pagãs no meio de uma festa cristã. Cansado de dançar, eu entrei num quarto onde estavam alguns folgazões bebendo, cantando e gritando; com seus fantásticos disfarces e suas máscaras hediondas, a sua orgia não tinha nada de humano. Sentei-me entre eles e, nessa excitação de espírito que o homem feliz nunca conheceu, em pouco tempo vim a ser o mais barulhento de todos. A conversação versava sobre a Revolução Francesa, que sempre tinha exercido sobre mim uma espécie de fascinação. As máscaras falavam da transmutação que essa revolução ia trazer à Terra, não como filósofos que se comprazem no advento das luzes, mas como sicários que exultavam no aniquilamento das leis. Sem saber por que, a sua linguagem licenciosa causou-me náuseas; e sempre desejoso de ser o dianteiro em qualquer círculo, excedi em breve àqueles turbulentos em declamações sobre a natureza da liberdade que ia abraçar todas as famílias do globo – liberdade que invadia não somente a legislação pública, mas também a vida doméstica, emancipando o homem de todas as cadeias forjadas para sujeitá-lo. No meio desse discurso, uma das máscaras me disse: – Cuidado! Há um que o escuta, e que me parece ser um espião.

"Os meus olhos seguiram os da máscara, e observei um homem que não tomava parte na conversação, mas cujos olhos pareciam constantemente fixos em mim. Ele estava disfarçado como os demais; porém todos asseguravam, murmurando uns aos outros, que não o haviam visto entrar. O seu silêncio e a sua atenção, impondo respeito aos folgazões desse círculo, não fizeram senão excitar-me mais. Entusiasmado com as minhas próprias palavras, prossegui perorando, sem fazer caso dos sinais que me faziam os que me rodeavam; e dirigindo-me particularmente ao silencioso mascarado que estava sentado fora do círculo, nem sequer notei que os demais, um após outro, foram abandonando o quarto e que, por fim, eu e o silencioso ouvinte éramos os únicos que ali permaneciam.

"Cessando a minha impetuosa declamação, disse-lhe:

"– E o senhor, que pensa desta brilhante era? Opinião sem perseguições; fraternidade sem inveja; amor sem escravidão...

"– E vida sem Deus – acrescentou a máscara, quando titubeei, buscando novas imagens.

"O som daquela voz tão conhecida mudou o curso das minhas idéias. Precipitei-me até ao mascarado, e exclamei:

"– Impostor ou demônio, finalmente nos encontramos!

"O homem se levantou, tirou a máscara, e eu reconheci a fisionomia de Mejnour. O seu olhar fixo e o seu aspecto majestoso me aterrorizaram, fazendo-me retroceder. Fiquei como que cravado no solo.

"– Sim – disse o homem misterioso, com acento solene –, encontramo-nos porque eu o quis, pois tenho de lhe falar. Como tem seguido bem os meus conselhos e admoestações! São estas as cenas, no meio das quais o Aspirante à Serena Ciência pensa escapar ao Espectro Inimigo? Crê que os pensamentos que expressou – pensamentos que destruíram toda a ordem do universo – correspondem às esperanças que concebera o sábio que queria fazê-lo participar da Harmonia das Esferas Eternas?

"– A culpa é sua mesmo! – exclamei. – Exorcize o fantasma! Liberte-me deste terror que esmaga a minha alma!

"Mejnour contemplou-me um instante, com um frio e profundo desdém que me provocou, ao mesmo tempo, medo e raiva, e replicou:

"– Não, insensato escravo dos sentidos, não! É necessário que tenhas uma completa experiência das ilusões que o Saber sem Fé encontra no seu titânico caminho. Suspira por esta Revolução, por esta Nova Era. Pois bem, vê-la-ás! Serás um dos agentes da Era da Luz e da Razão. Neste momento, enquanto te falo, vejo a teu lado o fantasma, do qual foges; ele guia os teus passos, ele tem sobre ti ainda um poder que desafia o meu. Nos últimos dias dessa Revolução que saúdas, no meio das ruínas da Ordem que amaldiçoas como Opressão, busca o cumprimento do teu destino, e aguarda a tua cura!

"Nesse instante, um turbulento grupo de máscaras, em altos gritos, entrou cambaleando no quarto e separou-me do místico. Abrindo passo por entre esse grupo, procurei Mejnour por toda a parte, porém em vão. As pesquisas que fiz no dia seguinte foram igualmente infrutíferas. Passei semanas inteiras ocupado na mesma tarefa, sem descobrir nem o mínimo vestígio de Mejnour. Cansado de falsos prazeres, impressionado pelas repreensões que havia merecido, e retirando-me da cena onde Mejnour me profetizara que encontraria a minha cura, ocorreu-me por fim a idéia de que, no saudável ar da minha terra natal, levando uma vida tranqüila e dedicando-me a sérias empresas, poderia emancipar-me do espectro. Abandonei aquela vida e, libertando-me de todos os que me haviam seduzido e fascinado, vim para aqui. Nos projetos mercenários e nas especulações egoístas, achei o mesmo alívio que primeiro achara nos vícios e excessos. O fantasma mantinha-se invisível. Porém, essas ocupações tornaram-se em breve tão fastidiosas como as outras. Eu sentia incessantemente que havia nascido para algo mais nobre do que a sede da ganância; que a vida pode tornar-se igualmente indigna e a alma desagradada, tanto pelo frio sopro da avareza, como pela ardente turbulência das paixões.

Eu me sentia continuamente atormentado por uma ambição mais nobre. Porém – continuou Glyndon, com um estremecimento e empalidecendo –, a cada esforço que eu fazia para entrar numa existência mais digna, apresentava-se-me o horrível espectro. Se eu pintava, via-o ao lado do meu cavalete. Se eu lia os livros dos sábios e dos poetas, via os seus ardentes olhos no silêncio da noite, e parecia-me que a sua horrível voz murmurava tentações que nunca serão divulgadas."

Glyndon calou-se e grossas gotas de suor corriam-lhe pela testa.

– Mas eu – disse Adélia; dominando o medo e abraçando o irmão –, de hoje em diante, não viverei senão para a sua felicidade; oxalá possa a minha afeição desvanecer este terror que o acabrunha.

– Não, não! – exclamou Glyndon, desprendendo-se dela. – Falta ainda a revelação mais terrível! Desde que está aqui, desde que resolvi seriamente corrigir-me e retirar-me das cenas em que esse inimigo sobrenatural não viesse molestar-me, eu... eu ...Ó Deus! Misericórdia!... Ali está o espectro...ali, ao seu lado... ali!

E Glyndon caiu ao solo, perdendo os sentidos.

## Capítulo V

*"Doch wunderbar ergriff mich's diese Nacht;*
*Die Glieder schienen schon in Todes Macht."*
Uhland.

["Mas nesta noite senti uma admirável comoção; os meus membros pareciam estar já em poder da morte."]

Glyndon sofreu durante alguns dias uma febre acompanhada de delírio, que o privou do conhecimento; e quando, mais pelos cuidados de Adélia do que pela habilidade dos médicos, começou a recuperar a saúde e a razão, ficou extremamente surpreendido ao ver a mudança que se havia verificado no semblante da irmã. A princípio pensou, erroneamente, que a saúde dela, alterada por causa das vigílias, se restabeleceria ao mesmo tempo que a sua. Em breve, porém, viu com uma angústia que participava do remorso, que as raízes dessa doença estavam muito profundas – tão profundas que nem a ciência de Esculápio, nem o poder de suas drogas podiam curá-la.

A imaginação da irmã, quase tão viva como a sua, fora fortemente impressionada pelas estranhas confissões que ouvira durante o seu delírio. Repetidas vezes gritara ele:

– Ali está o espectro, minha irmã, ao seu lado!

O desventurado chegou a gravar na mente da jovem a imagem do fantasma e o horror que o perseguia e oprimia.

Glyndon compreendeu tudo isto, não porque a irmã lho dissesse, mas pelo silêncio que ela guardava, pelos olhos que fitavam o espaço, pelos estremecimentos que observava nela de vez em quando, por seu contínuo sobressalto e porque a sua vista, aterrorizada, não se atrevia a voltar-se para trás. O artista arrependeu-se amargamente da sua confissão; amargamente compreendeu que, entre os seus sofrimentos e a simpatia humana, não podia existir nenhum terno laço, nem uma santa comunhão; em vão procurou se retratar e desfazer o que fizera, declarando que tudo o que lhe havia contado não era mais do que alucinação de um cérebro exaltado!

E era valente e generosa a sua abnegação; pois, muitas e muitas vezes, quando dizia isso, via o objeto do seu terror aparecer e acocorar-se ao lado da irmã, fitando nele os seus olhos ameaçadores, quando ele negava que esse mesmo espectro existisse.

O que porém impressionou Glyndon ainda mais do que o aspecto doentio de Adélia e os seus nervos hiperexcitados, foi ver que o amor que ela lhe tinha se havia convertido em medo, e que a sua presença lhe causava uma espécie de horror. A jovem empalidecia quando o irmão se aproximava dela – e estremecia quando ele segurava a sua mão. Separado já de todo o mundo, viu que a contínua recordação do fantasma havia aberto agora um abismo entre ele e a irmã. Glyndon não podia mais suportar a presença da pessoa cuja vida a sua vida amargurara. Declarou à irmã que tinha necessidade de fazer uma viagem, e sentiu uma profunda mágoa ao ver que ela recebia esta notícia com grande satisfação. Desde a noite em que lhe fizera a fatal revelação, este era o primeiro sinal de alegria que observara no semblante da irmã, e pareceu maior o contentamento dela quando lhe disse:

– Adeus!

Glyndon viajou, durante algumas semanas, pelos sítios mais desertos e escabrosos da Escócia; e as vistas que são deliciosas para os artistas em geral, eram indiferentes aos seus olhos inquietos.

Em tal disposição de ânimo, recebeu uma carta que o obrigava a regressar a Londres, com urgência e com a alma cheia de angústia e medo.

Quando chegou, encontrou a irmã num estado de saúde física e mental muito mais deplorável do que havia imaginado. O seu olhar vago, as suas feições lívidas e o seu enorme abatimento o assombraram; era como se contemplasse a cabeça de Medusa e sentisse, sem poder obstá-lo, que o ser humano ia se transformando, gradualmente, numa fria estátua sem vida. O que Adélia padecia não era delírio nem idiotismo – era uma abstração, uma terrível apatia, uma espécie de sono com os olhos abertos. Somente pelas onze horas da noite – à hora em que Glyndon concluíra a sua história –, a jovem se tornava visivelmente inquieta, perturbada e quase frenética; os seus lábios murmuravam então palavras ininteligíveis, as suas mãos se torciam e ela, dirigindo um olhar de terror em torno de si, parecia implorar socorro e proteção; e de repente, quando o relógio dava as onze horas, lançava um agudo grito e caía ao chão, fria e como morta. Somente com muita dificuldade e depois das mais ardentes súplicas, respondia às perguntas angustiosas de Glyndon; e, por fim, confessava que, naquela hora, e somente naquela, onde quer que se encontrasse, e qualquer que fosse a ocupação a que se entregava, via claramente a aparição de uma velha bruxa, a qual depois de bater três pancadas na porta, entrava no quarto, aproximava-se dela coxeando e, com uma fisionomia hedionda, transtornada pela ira e pela ameaça, punha-lhe seus gelados dedos sobre a testa; perdia, então, os sentidos, e quando voltava a si, era somente para aguardar, com um medo que lhe gelava o sangue nas veias, a reaparição do terrível espectro.

O médico que tinha sido chamado para socorrer Adélia antes do regresso de Glyndon, e que foi quem escreveu a carta chamando este para junto da irmã, era um prático vulgar que, depois de manifestar honestamente que não compreendia aquele mal, pediu que o substituíssem por outro médico, mais experimentado em sua arte. Clarêncio chamou um dos doutores mais eminentes da Faculdade, e o fez ciente da ilusão ótica que atormentava sua irmã. O médico ouviu-o com atenção e pareceu ter grandes esperanças de curá-la. Foi à casa de Glyndon duas horas antes da hora temida pela doente e adiantou os relógios em meia hora, sem que soubessem Adélia e o irmão. O doutor era um homem de talento e conversava muito agradavelmente revelando, a par da vasta instrução, aguda percepção e o dom de interessar e divertir os ouvintes. Primeiramente, administrou à enferma uma poção anódina que, como ele mesmo supunha, desvaneceria a ilusão. O seu tom, cheio de confiança, despertou as esperanças de Adélia; o médico continuou distraindo a atenção desta, fazendo-a sair, pouco a pouco, do seu estado de prostração; ele gracejava e ria, até que se ouviu o relógio dar as onze horas.

– Alegre-se, meu irmão! – exclamou, então, Adélia, abraçando Glyndon –; passou a hora!

E, como uma pessoa que se vê livre de um encantamento pareceu recuperar a sua antiga alegria.

– Ah, Clarêncio! – murmurou –, perdoe-me o desamparo em que o havia deixado... perdoe-me por ter medo de você. Viverei! ... viverei!, para, por minha vez, banir o espectro que o atormenta!

E Clarêncio sorria, enxugando as ardentes lágrimas que lhe corriam pelas faces.

O médico prosseguiu contando alegres histórias e chistosas anedotas. No meio de uma torrente de bom humor que parecia ter inundado Adélia e o irmão, Glyndon viu de repente, no semblante da jovem, a mesma transformação, o mesmo olhar angustiado, o mesmo desassossego e o mesmo horror, como na noite precedente. Ele se levantou e se aproximou da irmã.

Adélia, com um terrível estremecimento, exclamou:

– Olhe!...olhe!...olhe! Ela vem! Salve-me dela, salve-me!

E caiu aos pés do irmão em espantosas convulsões, quando o relógio, que o médico em vão adiantara, deu a meia hora depois das onze.

O doutor levantou-a nos braços, dizendo seriamente:

– Os meus piores temores, infelizmente, se confirmaram; a enfermidade é uma epilepsia.*

No dia seguinte, à mesma hora, Adélia Glyndon faleceu.

---

* O mais célebre médico de Dublin relatou ao editor (do original inglês) uma história de ilusão ótica, muito semelhante à que acabamos de narrar, tanto no que concerne às circunstâncias como também em relação à causa física.

## Capítulo VI

*"La loi, dont le règne vous épouvante, a son glaive levé sur vous; elle vous frappera tous: le genre humain a besoin de cet exemple."*

Couthon.

["A lei, cujo reino vos terrifica, tem o seu gládio levantado contra vós; ela vos castigará a todos; o gênero humano precisa deste exemplo."]

— Ah! que alegria! que alegria! Venha outra vez! Aperto a sua mão e beijo os seus lábios. Diga-me que não me abandonou pelo amor de outra; diga-me repetidas vezes! E eu o perdoarei de tudo o mais!
— Então, sentiu a minha ausência?
— Se a senti! E, todavia, foi bastante cruel para deixar-me dinheiro; aqui está ... aqui está, intacto!
— Pobre filha da natureza! E como obteve pão e abrigo aqui no estrangeiro, nesta cidade de Marselha?
— Honestamente, alma da minha alma! Honestamente, e isso com esta cara que um dia achou ser tão bela; acha que o é ainda agora?
— Sim, Filida, acho-a hoje mais formosa do que nunca. Porém, que é que quer dizer?
— Há aqui um pintor — respondeu a jovem, um grande homem, uma das pessoas que mais figuram em Paris; não sei como se chama; mas ele tem aqui poder sobre tudo; dispõe da vida e da morte dos demais; e esse homem me pagou muito bem por me deixar retratar. Ele quer dar o seu quadro à nação, de presente, pois esse artista pinta somente pelo desejo de glória. Que renome vai adquirir a sua Filida!

Ao dizer isto, a vaidade fez brilhar os vivos olhos da rapariga, que prosseguiu:
— Esse homem queria se casar comigo e me disse que, se eu consentisse nisso, se divorciaria da sua mulher. Mas eu não quis aceitar. Esperava-o, ingrato!

Nesse instante, bateram à porta; um homem entrou:
— Nicot!
— Ah! Glyndon! Olá! Seja bem-vindo! Como! Outra vez meu rival? Porém, Jean Nicot não pensa em malícia. A virtude é o meu sonho... a minha pátria é a minha querida. Sirva a minha pátria, cidadão, e eu lhe perdôo a preferência desta bela. *Ça ira! ça ira!**

Porém, enquanto o pintor falava, ouvia-se nas ruas o hino fogoso da *Marselhesa*, cantado por um uma multidão entusiasta, levando bandeiras e armas. E quem seria capaz de dizer que aquele movimento marcial era o sinal, não de uma guerra contra algum povo estranho, mas de uma matança, em que franceses perseguiam franceses? Pois em Marselha havia dois partidos — e isso dava uma ocupação contínua ao verdugo! Porém,

---

* "A coisa irá", ou "Assim se poderá fazer".

o inglês recém-chegado à cidade e não pertencendo a nenhuma facção não notava nada disso.

Glyndon não percebia mais do que o hino, o entusiasmo, as armas e as bandeiras, que elevavam ao sol a gloriosa mentira: *Le peuple français debout contre les tyrans!*\*

O infeliz viajor animou-se a olhar da janela a multidão que marchava debaixo do seu estandarte que flutuava ao vento. O povo, avistando Nicot, o amigo da liberdade e o infatigável Mébert, ao lado do estrangeiro, prorrompeu em estrepitosos vivas.

– Aclamem também – gritou Nicot – o valente inglês que abjura os seus *Pitts* e *Coburgs*, para se converter em cidadão da liberdade e da França!

Mil vozes encheram o ar de entusiásticos clamores, e a *Marselhesa* levantou-se novamente, em majestosos tons.

– Ah! sim; no meio deste povo intimorato e destas nobres esperanças, há de desvanecer-se o espectro e hei de encontrar a minha cura! – murmurou Glyndon.

E parecia-lhe que sentia novamente correr-lhe pelas veias o poderoso elixir.

– Será um membro da Convenção, junto com Paine e Clootz. Eu me encarrego de preparar tudo! – exclamou Nicot, batendo-lhe levemente no ombro; e Paris...

– Ah!, se eu pudesse ver Paris! – exclamou Filida, extasiada, com voz alegre.

Alegre! E alegre estava a cidade inteira, por todo esse tempo, e o ar era agradável – exceto onde se levantava o grito da agonia e o alarido do assassínio.

Durma tranqüila em sua sepultura, Adélia!

Alegria! Alegria! No Jubileu da Humanidade devem cessar todas as mágoas particulares! Olhe, marinheiro bravo, a vasta voragem atrai-o ao seu tempestuoso seio! Ali não existe o indivíduo. Tudo é de todos! Abra as suas portas, formosa Paris, ao cidadão estrangeiro! Recebam, ó modestos republicanos, em suas fileiras, o novo campeão da liberdade, da razão e da humanidade!

Mejnour tinha razão; quando se praticar a virtude e, com a valentia, se sustentar gloriosa luta pela humanidade, o espectro haverá de fugir, voltando às trevas de onde saiu.

E a voz aguda e penetrante de Nicot elogiava este novo campeão; e o magro Robespierre – "a tocha, a coluna, a pedra angular do edifício da República"\*\* – sorria-lhe ominosamente com seus olhos sangüinários; e Filida o apertava, com braços apaixonados, ao seu amoroso peito.

E ao levantar-se e ao deitar-se, à mesa e na cama, apesar de que Glyndon não o via, o espectro sem nome o guiava, com olhos de demônio, ao mar cujas águas eram sangue.

---

\* "Levante-se o povo francês contra os tiranos."
\*\* *"Flambeau, colonne, pierre angulaire de l'édifice de la République." Lettre du Citoyen P...; Papiers inédits chez Robespierre, tome II, p. 127.* [Carta do cidadão P..., nos papéis inéditos achados em poder de Robespierre, volume II, p. 127.]

# LIVRO SEXTO

## A SUPERSTIÇÃO FUGINDO DA FÉ

### Capítulo I

"Por isso, pintavam-se os Gênios com um prato cheio de grinaldas e flores numa das mãos, e com um açoite na outra."
Alexandre Ross, *Mystag. Poet.*

Segundo a ordem dos acontecimentos que acabamos de relatar, a partida de Zanoni e Viola da ilha grega, onde este casal passou dois anos felizes, teve lugar um pouco depois da chegada de Glyndon a Marselha. Foi, por conseguinte, no ano de 1791 que Viola fugira de Nápoles com o seu misterioso amante, e que Glyndon fora procurar Mejnour no fatal castelo.

No momento em que começamos a narração deste capítulo, tornando a nos ocupar de Zanoni, estamos nos fins do ano de 1793. As estrelas do universo brilhavam sobre os lagozinhos de Veneza. O tumultuoso movimento do Rialto se havia calado, e os últimos passeantes tinham abandonado a praça de São Marcos; somente de vez em quando se ouvia o compassado ruído dos remos das rápidas gôndolas, que conduziam à casa alguma notívago ou amante. Porém, ainda brilhavam luzes através das vidraças dos palácios Paladinos, cujas sombras se refletiam no grande canal; e dentro do palácio velavam as duas Eumênides gêmeas, que nunca dormem para o homem; a Ânsia e a Dor.

– Se a salvar, fá-lo-ei o homem mais rico de Veneza – disse o dono do palácio, que era Zanoni, a um médico que chamara para assistir Viola, que estava passando pelos trabalhos do parto.

– Senhor – respondeu o médico –, o seu ouro não pode deter a morte, nem a vontade do céu. Se dentro de uma hora não se verificar alguma mudança favorável, prepare-se para suportar o golpe fatal.

Como Zanoni, homem do mistério e do poder, que tem passado por entre as paixões do mundo com semblante sereno, deixa-se por fim dominar pelas ondas de tempestuosa ânsia, e teme? Treme o seu espírito? Conhece, finalmente, a força e a majestade da Morte?

E o poderoso Zanoni fugiu, cambaleante, da presença do abatido facultativo, e depois de cruzar maquinalmente a grande sala e o comprido corredor, entrou num quarto apartado, que se conservava cerrado para todas as outras pessoas.

Ah! Zanoni! Como está triste e abatido! Prepara as suas ervas e os seus vasos! Brote dos encantados elementos, ó chama azul-prateada! Por que não vem ele – o Filho da Luz Celeste?! Por que Adonai permanece surdo à sua solene voz? Não vem – a luminosa e deliciosa Presença não vem! Cabalista, são vãos os seus encantamentos? O seu trono se desvaneceu dos domínios do espaço? Está pálido e treme. Oh! Não estava pálido, nem tremia, quando a sua voz governava os gloriosos seres aéreos. Ao homem que empalidece e treme, nunca se inclinam os filhos da glória; a alma – e não as ervas, nem a azulada chama, nem os encantamentos da Cabala – é o que comanda os filhos do ar; e a sua alma perdeu o cetro e a coroa, o Amor e a Morte lhos arrebataram!

Por fim, a chama tremula, o ar está frio como o vento gelado. Aparece um coisa que não é um ser terrestre – uma sombra, semelhante a uma névoa, uma sombra informe. Acocora-se a certa distância – um Horror mudo! A aparição se levanta; arrasta-se em direção a ele e se aproxima envolta em seu negro e vaporoso manto; e por debaixo do seu véu, fixa os olhos lívidos e malignos.

– Ah! jovem caldeu! Jovem nos seus inumeráveis anos – jovem como quando, insensível ao prazer e à beleza, habitava a velha Torre do Fogo, escutando como o silêncio das estrelas lhe explicava o último mistério que desafia a Morte –; teme a Morte agora, finalmente? Não é o seu saber mais do que um círculo que torna a trazê-lo ao ponto onde começou a sua jornada?! Gerações após gerações desapareceram desde que nós dois nos encontramos. Olha! estou outra vez diante de você!

– Mas eu o olho sem medo! É verdade que têm perecido milhares de homens ao avistá-lo; é verdade que onde os seus olhos irradiam o seu fogo, deitam abomináveis venenos no coração humano, e a sua presença sepulta o infeliz que você sujeita à sua vontade, nas espirais de uma alucinação, ou o leva ao negro calabouço do crime e do desespero; porém, comigo o caso é diferente: não é meu vencedor, mas é meu escravo!

– E como tal o servirei! Ordene ao seu escravo, ó formoso caldeu! Escute os gemidos das mulheres! Ouça os agudos gritos da sua amada! A Morte entrou no palácio! Adonai não comparece à sua voz. Os Filhos da Luz Celeste descem aos humanos somente quando nenhuma sombra da paixão e da carne perturba o olhar da Serena Inteligência. Porém, eu posso ajudá-lo! Escute!

E Zanoni ouviu distintamente no seu coração, apesar da distância, a voz de Viola que, em seu delírio, chamava pelo esposo amado.

— Oh! Viola, eu não posso salvá-la! — exclamou o vidente, com voz angustiada —; o amor que lhe professo me desarmou!

— Não é assim — disse-lhe a horrível aparição —; eu posso conceder-lhe o meio de salvá-la. Eu posso pôr em sua mão o remédio que lhe dará as necessárias forças para vencer a crise e viver!

— O seu remédio salvará a ambos, a mãe e o filho?

— Sim!

Zanoni estremeceu; uma grande luta deu-se no seu íntimo, depois da qual sentiu-se débil como uma criança: a Humanidade e a Hora venceram o seu espírito.

— Cedo! Salve a mãe e o filho! — exclamou, por fim.

. . . . . . . . . . . . . . . . . . . . . . . . . . . . . . . . . . . . . . . . . . . . . . . . . . . . . . . . . . . . . .

No obscuro quarto, estava Viola na cama, nas mais agudas agonias do parto; a vida parecia esgotar-se com os gritos e gemidos que, no meio do delírio, revelavam os seus sofrimentos; e sempre ainda, nos gemidos e gritos, chamava o seu querido Zanoni. O médico olhou o relógio; o Coração do Tempo batia com a sua tranqüila regularidade — o Coração que nunca simpatizou com a VIDA, nem se abrandou ante a Morte.

— Os gemidos estão cada vez mais fracos — murmurou o médico —; em dez minutos, tudo terá acabado.

Insensato! Os minutos se riem de você; a natureza, neste mesmo instante, como o céu azul através de um templo arruinado, sorri através do torturado corpo. A respiração torna-se mais calma e regular; a voz do delírio se cala e um doce sono reparador se apodera de Viola. É um sonho ou é uma realidade que a sua alma vê? Parece-lhe, de repente, que está ao lado de Zanoni, e que a sua cabeça ardente se apóia no peito do esposo; parece-lhe que, enquanto ele a contempla, os olhos do seu amado dissipam as dores que dela se apoderaram, e que o contato da sua mão refrigera a sua testa, tirando-lhe a febre. Viola ouve a voz do esposo que murmura — é uma música que afugenta os inimigos. Onde está a montanha que parecia oprimir as suas fontes? Esse peso cruel desaparece como um vapor açoitado pelo vento. No meio do frio de uma noite de inverno, vê aparecer o sol, sorridente, no céu sereno — ouve o murmúrio das verdes folhas; o belo mundo, os vales, as correntes e as florestas se apresentam à sua vista e parecem dizer-lhe, numa linguagem natural: "Ainda existimos para você!" Homem de drogas e receitas, olhe o seu vaticínio! Olhe o relógio; o primeiro continuou andando e os minutos se sepultaram na Eternidade; a alma, que a sua sentença teria despedido, permanece ainda nas praias do Tempo.

Viola está dormindo; a febre cede; as convulsões não se repetem; a rosa viva torna a florescer na sua face; passou a crise! Homem, a sua mulher vive! Amante, o seu universo não é solidão! Coração do Tempo, bata! Um momento mais, um pequeno instante — e que alegria! que alegria! Pai, abrace o seu filho!

# Capítulo II

*"Tristis Erinnys*
*Praetulit infaustas sanguinolenta faces."*
   Ovídio.

["Erínia, triste e sanguinolenta, estende os sinistros fachos."]

E o pai recebeu o filho nos braços! E enquanto o contemplava, silencioso, abundantes lágrimas caíam-lhe dos olhos – lágrimas como as de um mortal qualquer! E a criança parecia sorrir ao sentir o calor das lágrimas que banharam as suas faces!

Ah! com que doces lágrimas recebemos o ser desconhecido que vem a este mundo de tristeza! Com que angústia choramos quando vemos o desconhecido regressar às mansões dos anjos!

Quão desinteressada é a nossa alegria! Mas quão egoísta é a nossa tristeza!

E agora, uma voz doce e débil interrompe o silêncio que reina no quarto; é a voz da jovem mãe.

– Estou aqui, a seu lado! – murmurou Zanoni.

A mãe sorri, agarrando a mão do esposo, e não pergunta nada mais; está contente.

. . . . . . . . . . . . . . . . . . . . . . . . . . . . . . . . . . . . . . . . . . . . . . . . . . . . . . . . . . . . . . . . . . . . . . . . . . . . . .

Viola recuperou a saúde com uma rapidez que deixou admirado o médico; e o pequeno estrangeiro recém-chegado à vida terrestre, medrava como se já amasse o mundo ao qual havia descido. Desde aquela hora, Zanoni parecia viver na vida do filho e nessa vida as almas do pai e da mãe encontraram um novo laço de amor.

Nunca a vista de um pai contemplou criatura mais formosa do que essa. As aias estranhavam que a criança não chorasse ao ver a luz, mas ao contrário, sorrisse, como se a luz lhe houvesse sido familiar já antes de nascer. Nunca se ouviu um grito que o anjinho tivesse dado por sentir alguma dor que costuma afligir as crianças. No seu tranqüilo repouso, parecia escutar alguma voz suave que lhe falava ao coração; parecia tão feliz! Quem lhe contemplava os olhos, sentia que neles estava já aceso o intelecto, embora ainda não falasse. Também parecia conhecer já seus pais, pois estendia os braços quando Zanoni se inclinava sobre o leito, no qual a criança respirava e se desenvolvia como um botão em flor. E raras vezes se apartava Zanoni desse leito; contemplando-o com os olhos serenos e alegres, parecia a sua alma alimentar a alma do recém-chegado, e permanecia ali até que a escuridão da noite fosse completa. Viola o ouvia murmurar, mas não compreendia o que o esposo dizia, porque ele falava numa língua que lhe era desconhecida. Às vezes, quando o ouvia, sentia um certo medo, como se a assaltassem vagas e indefiníveis superstições – as superstições dos primeiros anos da sua juventude. As mães temem sempre, até o próprio Deus, quando se trata de seu filho. Os mortais se alarmavam também, quando na antiguidade viam a grande Deméter querendo tornar imortal algum filho humano.

Zanoni, porém, envolvido nos sublimes desígnios que animavam o amor humano que agora despertara em seu coração, esquecia tudo, até o que tinha perdido e os perigos que havia atraído, pois esse amor não deixava ver com a clareza necessária. Mas a negra e informe sombra, embora não a invocasse nem a enxergasse, arrastava-se muitas vezes ao redor dele, e sentava-se freqüentemente junto ao leito da criança, envolvendo-a num olhar torvo e odioso.

## *Capítulo III*

""*Fuscis tellurem amplectitur alis.*"
        Virgílio.

["Abraça a terra com asas sombrias."]

### CARTA DE ZANONI A MEJNOUR

"Mejnour, a Humanidade, com todos os seus pesares e com todas as suas alegrias, outra vez me conta o número dos que lhe pertencem. De dia para dia, vou forjando as minhas próprias cadeias. Vivo mais em outras vidas do que na minha, e nelas perdi já mais da metade do meu domínio. Não sou capaz de elevá-las às alturas, e assim me arrastam à terra, pelos fortes laços do afeto. Abandonado dos seres amigos, visíveis somente quando os sentidos estão submersos numa profunda abstração, fiquei enleado nas redes do terrível Inimigo que guarda o Umbral. Crer-me-á quando lhe disser que aceitei os seus serviços e que sofro as conseqüências da perda dos meus poderes anteriores? Séculos e séculos terão de passar, antes que os espíritos puros possam novamente obedecer ao que se tem inclinado ante o poder do espectro impuro. E . . .
. . . . . . . . . . . . . . . . . . . . . . . . . . . . . . . . . . . . . . . . . . . . . . . . . . . . . . . . . . . . . . . . . . . . . . .
. . . . . . . . . . . . . . . . . . . . . . . . . . . . . . . . . . . . . . . . . . . . . . . . . . . . . . . . . . . . . . . . . . . . . . .
"Nesta esperança, pois, Mejnour, triunfo ainda, ainda tenho um poder absoluto sobre esta jovem vida. Insensível e imperceptivelmente, a minha alma fala à sua. Sabe que para o puro e imaculado espírito infantil, a prova iniciática não oferece terror nem perigo. Assim, pois, incessantemente alimenta a sua alma com a serena luz; e antes de ela ficar consciente do dom, desfrutará os privilégios que eu alcancei. A criança comunicará gradualmente, e sem que o advirta, os próprios atributos à mãe e, contente ao ver a Juventude sempre radiante na frente dos seres que bastam, agora, para encher toda a minha infinidade de pensamentos, por que me afligiria o fato de que estou perdendo, a cada vez mais, o contato com o reino das aéreas alturas? Você, porém, cuja vista ainda é clara e serena, dirija o olhar aos longínquos abismos, onde não me é dado penetrar, e aconselhe-me ou advirta-me! Sei que os favores do Ser, cuja raça é tão hostil à nossa são, para um pesquisador vulgar, fatais e pérfidos como ele mesmo. Por isso, quando os homens, ao chegarem à extremidade do conhecimento, à qual chamavam na antigui-

dade de Magia, encontravam os seres das tribos hostis, acreditavam que as aparições eram espíritos infernais e que, por contratos imaginários, haviam feito a entrega de sua alma, como se o homem pudesse dar, por uma eternidade, uma coisa sobre a qual tem domínio somente enquanto vive! Encerrados no seu impenetrável e escuro reino, os demônios rebeldes ocultavam-se perpetuamente às vistas humanas. Nos espíritos malignos não há sopro algum de Divindade, sopro esse que alenta a criatura humana; e só Ele tem o poder para julgar depois o que é d'Ele, e destinar-lhe uma nova morada e nova carreira. Se o homem pudesse vender-se a um espírito infernal, teria a capacidade de julgar atentamente a si mesmo e arrogar-se o poder de dispor da eternidade! Porém, essas criaturas, não sendo mais do que modificações da matéria, e algumas mais malignas do que o mais maligno dos homens, podem muito bem parecer ao medo e à superstição que não raciocinam, os representantes dos seres infernais. E do mais escuro e mais poderoso dentre eles, eu aceitei um favor – o segredo que afastou a Morte do lado das pessoas que me são tão caras. Não devo confiar que me sobra ainda bastante poder para afrontar ou intimidar o fantasma, se quiser perverter a sua dádiva? Responda-me, Mejnour; pois na obscuridade que vela a minha vista, não vejo senão os puros olhos do meu filho, nem ouço mais do que o bater do meu coração. Responda-me, você, cuja sabedoria está livre do amor!"

## *CARTA DE MEJNOUR A ZANONI*

ROMA.

"Espírito decaído! – Eu vejo diante de ti o Mal, a Morte e a Dor! Abandonaste Adonai pelo inominável fantasma – as brilhantes estrelas por aqueles horríveis olhos! Por fim, vais ser a vítima da Larva do terrível Umbral, desse espectro que, no seu primeiro noviciado, fugiu vencido ante o teu soberano olhar! Quando, nos primeiros degraus da iniciação, o discípulo que me entregaste nas praias da transformada Partênope, desmaiou aterrorizado pela presença do Negro Fantasma, compreendi que o seu espírito não estava apto para penetrar nos mundos que se estendem além do físico; porque o medo é a maior atração que o homem sente pela terra; e enquanto teme, não pode elevar-se às alturas. Porém, não sabes que amar não é outra coisa que temer? Não vês que o poder, de que se jacta de possuir ainda sobre a maligna aparição, já se desvaneceu? Esse espectro te assusta e te domina; zomba de ti e te engana. Não percas um momento; vem pessoalmente falar comigo. Se existe ainda suficiente simpatia entre nós, verás, por meio dos meus olhos e poderás, talvez, guardar-te dos perigos que, informes ainda e envoltos entre sombras, se agrupam ao redor de ti e daqueles a quem o teu amor tem condenado a sofrer a tua sorte. Vem, desprendendo-te de todos os laços com que afeições humanas te retêm em seu domínio; pois não fariam mais do que obscurecer a tua vida. Vem, livre dos teus temores e das tuas esperanças, dos teus desejos e das tuas paixões. Vem e lembra-te que a Mente só pode ser o monarca e o vidente, quando brilha através da mansão em que reside, em sua qualidade de inteligência pura, sublime e livre de alheias impressões."

## Capítulo IV

*"Plus que vous ne pensez, ce moment est terrible."*
La Harpe, *Le Comte de Warwick*, Ato III, Cena 5.

["Este momento é mais terrível do que pensais."]

Pela primeira vez, desde a sua união, Zanoni e Viola se achavam separados. Zanoni precisava ir a Roma, por causa de negócios de importância; porém, segundo dizia, a sua ausência devia ser muito curta, e partiu tão de repente, que não deu tempo à surpresa nem à tristeza. Não obstante, a primeira despedida é sempre mais melancólica do que se pensa; pois parece ser uma interrupção para a existência, em que o Amor está enlaçado com outro Amor, e faz com que o coração sinta o vazio que há de ficar na vida, quando chega a hora da última separação.

Porém, Viola tinha agora um novo companheiro; gozava daquela deliciosíssima novidade que renova sempre a juventude e deslumbra os olhos da mulher. Como amante e esposa, a mulher se apóia num outro ser humano; e deste outro se reflete a sua felicidade e a sua existência, como um planeta toma do sol a luz.

Sendo, porém, mãe, a mulher passa do estado de dependência ao estado de poder; é um outro ser, agora, que nela se apóia; é uma estrela que surgiu no espaço, para a qual ela mesma se tornou o sol!

A ausência será curta, apenas de alguns dias — mas haverá uma coisa que suavizará a sua tristeza. Uns dias — cada hora dos quais parece uma era para a criança, sobre a qual se inclinam, vigilantes, os olhos e o coração. Desde a vigília ao sono, e do sono à vigília, se efetuará uma revolução no tempo. Cada novo gesto, cada novo sorriso do pequerrucho parece ser um novo progresso no mundo que se tornou abençoado para a mãe, com a vinda do filho adorado!

Zanoni partiu — emudeceu o último ruído do remo, a última onda que a gôndola deixou desaparecer nas águas plácidas de Veneza! O filho está dormindo no berço, ao pé da mãe; e enquanto esta derrama as lágrimas da despedida, pensa já em tudo o que terá que contar ao pai quando voltar, pois aquele berço, que é para ela um imenso mundo cheio de maravilhas, lhe oferecerá abundante assunto. Ri e chora, jovem mãe! A folha mais bela no estranho livro do seu destino já está fechada para você, e o dedo invisível volta a página!

. . . . . . . . . . . . . . . . . . . . . . . . . . . . . . . . . . . . . . . . . . . . . . . . . . . . . . . . . . . . . .

Junto à ponte do Rialto estavam dois venezianos, ardentes republicanos e democratas, que consideravam a Revolução Francesa como um terremoto que devia derrubar também a expirante e viciada constituição de Veneza, e estabelecer a igualdade de classes e direitos também nessa cidade.

— Sim, Cottalto — dizia um deles —, o meu correspondente em Paris me prometeu que venceria todos os obstáculos e evitaria todos os perigos. Ele determinará, de acordo conosco, a hora da revolução, que será quando as legiões francesas estiverem tão perto que possam ouvir o eco dos nossos canhões. Um dia desta semana, a esta mesma hora, deve vir encontrar-me aqui. Hoje é o quarto dia dos sete, durante os quais devo esperar a sua vinda.

Apenas havia acabado de pronunciar estas palavras, apareceu um homem, envolto em sua *rocló*,* o qual acabara de sair de uma das estreitas ruas, à esquerda. Esse homem deteve-se diante dos dois venezianos e, depois de examiná-los durante alguns instantes com ar sério e perscrutador, disse em voz baixa, e em francês:

— *Salut!*\*\*

— *Et fraternité*\*\*\* — respondeu o que havia falado.

— É, pois, o senhor o valente Dandolo a quem o *Comité* me enviou para nos entendermos? E este cidadão...

— É Cottalto, cujo nome freqüentemente mencionei em minhas cartas.

— Saúde e fraternidade para ele! Tenho de dizer muitas coisas a ambos. Hei de falar consigo esta noite, Dandolo; porém, na rua poderíamos ser observados.

— E eu não me atrevo a dizer-lhe que venha à minha casa; a tirania converte em espias até as nossas paredes; porém, o lugar que lhe designo neste bilhete é seguro.

E, dizendo isto, pôs um papelzinho na mão do seu interlocutor.

— Pois, até às dez horas, nesta noite! Agora tenho de pôr em ordem ainda outros negócios.

O homem, envolto no *rocló*, calou-se um instante e, em seguida, prosseguiu com voz misteriosa:

— Em sua última carta, fala-me desse homem rico e misterioso... desse Zanoni. Está ainda em Veneza?

— Ouvi dizer que havia partido esta manhã; porém, a sua mulher está ainda aqui.

— Sua mulher! Está bem!

— Que sabe dele? Pensa que se unirá conosco? A sua riqueza seria...

— A sua casa, o seu endereço... depressa! — interrompeu o estrangeiro.

— O palácio de ..., no Grande Canal.

— Agradeço-lhe; às dez nos encontraremos.

O homem dirigiu-se, com passo rápido, para a rua de onde viera; e quando passava em frente à casa onde estava alojado (pois havia chegado a Veneza na noite anterior), uma mulher que estava à porta agarrou-o pelo braço e disse-lhe, em francês:

---

\* Rocló ("roquelaure"), capote usado no tempo de Luís XIV.
\*\* Saúde.
\*\*\* E fraternidade.

– Senhor, eu estava aguardando o seu regresso. Entende-me? Desafiarei tudo, a tudo me atreverei para voltar com o senhor à França... para estar, viva ou morta, ao lado do meu marido!

– Cidadã, prometi ao seu esposo que, se assim o desejasse, arriscaria a minha segurança para ajudá-la a realizar o seu desejo. Porém, reflita bem! O seu marido pertence a um partido, sobre o qual Robespierre tem fixos os seus olhos; ele não pode fugir. A França inteira é uma prisão para toda pessoa suspeita. Se regressar à França, correrá um grave perigo. Francamente, cidadã, aguarda-a a guilhotina. Eu lhe falo, como o seu marido me encarregou; já o sabe por sua carta.

– Eu quero regressar com o senhor – insistiu a mulher, com um sorriso no pálido semblante.

– E, sem embargo, abandonou o seu marido no momento em que mais brilhante aparecia o sol da Revolução, e quer ir reunir-se a ele, agora que esta está em forte tempestade e trovoada! – respondeu o homem, em tom entre admirado e de censura.

– Foi porque, então, os dias do meu pai estavam ameaçados, porque não lhe restava outra salvação senão a fuga para um país estrangeiro; porque era velho e pobre, e não tinha ninguém que por ele trabalhasse a não ser eu; porque, naquele tempo, meu marido não estava em perigo, e meu pai estava. Porém, meu pai faleceu e meu marido corre perigo agora. Os deveres da filha terminaram e os da esposa persistem.

– Como quiser, cidadã; parto na terceira noite próxima. Durante o tempo que ainda lhe sobra, poderá refletir e mudar de decisão.

– Nunca!

Um sorriso triste apareceu no semblante do homem.

– Ó guilhotina! – exclamou ele. – Quantas virtudes tem revelado! Bem podem dar-lhe o nome de "Santa Mãe", ó sanguinolenta guilhotina!

## *Capítulo V*

*"Ce que j'ignore*
*Est plus triste, peut-être, et plus affreux encore."*
            La Harpe, *Le Comte de Warwick*, Ato V, Cena 7.

["O que ignoro é, talvez, ainda mais triste e mais assustador."]

Viola estava sentada perto da janela aberta. Junto dela, murmuravam as brilhantes águas que corriam sob um sol esplêndido. Muito dos elegantes cavalheiros, que passavam nas suas gôndolas, dirigiam olhares curiosos àquela formosa criatura.

Por fim, no centro do canal, parou uma dessas escuras embarcações, e um homem, que ia dentro, por trás da gelosia, fixou o olhar naquele majestoso palácio. O homem disse algumas palavras aos remadores, e a gôndola aproximou-se da margem. O estrangeiro saltou e subindo a larga escada, entrou no palácio.

Chore para nunca mais sorrir, ó jovem mãe! Acaba de virar-se a última página do livro do destino.

Um criado entrou no quarto e entregou a Viola um bilhete, no qual estavam escritas as seguintes palavras em inglês:

"Viola, é necessário que a veja! – *Clarêncio Glyndon*."

Oh, sim! que entre! Com alegria o verá Viola! Com que satisfação lhe falará da sua felicidade, de Zanoni! Com que prazer lhe mostrará o seu filho! Pobre Clarêncio! Ela o tinha esquecido até agora, como tinha esquecido toda a agitação da sua vida de solteira, todos os sonhos e as vaidades daqueles anos juvenis, as lâmpadas do luxuoso teatro, os entusiásticos aplausos da ruidosa multidão.

Glyndon entrou. Viola ficou surpreendida ao vê-lo tão mudado; o gracioso e sereno semblante do artista amador havia-se transformado; a fronte era melancólica e denotava cuidados, aflições e, ao mesmo tempo, resolução. O seu traje, ainda que não fosse como o das classes mais baixas, era tosco, notando-se mesmo certo descuido e desordem. Um aspecto meio selvático substituíra aquela franqueza de fisionomia, desconfiada no meio de sua graça e séria em sua desconfiança, que caracterizava, em outro tempo, o jovem adorador da arte, o aspirante a uma ciência superior.

– É você, realmente? – perguntou, por fim, Viola. – Pobre Clarêncio, como está mudado!

– Mudado! – replicou abruptamente Glyndon, sentando-se ao lado de Viola. – E a quem devo agradecê-lo, senão aos inimigos satânicos, aos feiticeiros, que se apoderaram da sua existência, igualmente como da minha? Viola, escute-me. Há algumas semanas que eu soube que estava em Veneza. Sob outros pretextos e correndo inúmeros perigos, vim cá, arriscando a liberdade e talvez a vida, se o meu nome e a minha carreira chegarem a ser conhecidos em Veneza. E vim cá unicamente para adverti-la e salvá-la. Diz que estou mudado! Porém, o íntimo? Dê-se por avisada enquanto ainda é tempo!

O tom lúgubre com que Glyndon pronunciou estas palavras alarmou Viola. A palidez que cobria o semblante do estrangeiro fazia-o parecer-se com o espectro que abandonara a tumba.

– Que é que diz? – balbuciou Viola. – É possível...

– Escute-me – interrompeu Glyndon, pondo a mão, fria como a de um morto, sobre o braço da jovem –, escute! Sem dúvida, ouviu falar desses homens que fazem pactos com demônios, com o objetivo de alcançar poderes sobrenaturais. Essas histórias não são meras fábulas. Tais homens existem, e o seu prazer é aumentar o maldito círculo a que pertencem, procurando fazer novos adeptos, para torná-los tão desgraçados como são eles mesmos. Se os seus prosélitos não resistem à prova, o demônio se apodera deles já nesta vida, como sucedeu a mim! Se triunfam, ai! são infelizes, mil vezes mais infelizes! Há outra vida, onde nenhum feitiço pode encantar o espírito maligno ou aliviar a tortura que se sofre. Venho de uma cena onde o sangue corre a torrentes, onde a Morte leva os mais intrépidos e os mais elevados, e onde o único monarca é a Guilhotina; porém, todos os perigos mortais que podem rodear os homens nada são, quando comparados com o tremendo quarto onde o Horror, que excede o da morte, se move e se agita!

E Glyndon contou a Viola, com uma fria e clara precisão, minuciosamente, como antes o fizera com Adélia, a iniciação pela qual havia passado. Descreveu com palavras que gelavam o sangue da sua ouvinte, a aparição do fantasma disforme, com os olhos que queimavam o cérebro e gelavam a medula. Visto uma vez, o fantasma nunca mais se podia afugentar. Surgia quando queria, sugerindo negros pensamentos – murmurando estranhas tentações! Só não se deixava ver, quando a sua vítima se ocupava em cenas de turbulenta excitação. A solidão, a tranqüilidade de espírito, a luta para alcançar uma existência virtuosa – estes os elementos que o fantasma gosta de perturbar!

Sem saber o que se passava em sua alma, e presa de terror, ouvia Viola a estranha história que veio confirmar-lhe as negras apreensões que, no meio da confiança do afeto, nunca haviam sido examinadas profundamente. Ao contrário, eram sempre banidas logo que surgiam no seu coração – os receios de que a vida e os atributos de Zanoni não fossem como os dos demais mortais –, impressões que o seu amor, até agora, lhe censurara como suspeitas injuriosas e que, assim mitigadas, haviam servido talvez somente para consolidar mais as fascinantes cadeias com que Zanoni havia aferrolhado o seu coração e os seus sentidos. Agora, porém, depois de ter Glyndon contagiado o seu terror por meio da espantosa narração que acabava de lhe fazer, desvaneceu-se parte do encanto que sentira até esse momento. Viola, tremendo de medo, não por si mesma, levantou-se precipitadamente e agarrou nos seus braços o filho, apertando-o contra o coração!

– Infeliz! – exclamou Glyndon, estremecendo. – É realmente a mãe de uma vítima que pôs no mundo e que não pode salvar? Ah! negue-lhe o alimento, deixe morrer o filho dele! No túmulo, ao menos, se encontra o repouso e a paz!

Então, apresentou-se à mente de Viola a recordação das longas horas que Zanoni, de noite, passava ao lado do berço, e do medo que dela, já várias vezes, se apoderara, quando ouvia como ele, nessas ocasiões, murmurava palavras ininteligíveis. A criança olhava-o firmemente com seus claros olhos, e naquele olhar estranho e inteligente, Viola acreditava ver alguma coisa que confirmava o seu terror. Em silêncio permaneceram ambos, a mãe e o amigo; um raio de sol entrava risonho pela janela, e junto ao berço, embora não o vissem, estava acordado e imóvel o velado espectro.

Pouco a pouco, porém, recordações melhores, mais justas e mais gratas do passado vieram ocupar o seu lugar na mente da jovem mãe. As feições do filho, quando o olhava, tomavam o aspecto do pai ausente. Parecia que uma voz triste e melancólica saía daqueles rosados lábios e lhe dizia: "Eu falo por intermédio do seu filho. Em troca de todo o amor que sinto por você e por ele, você desconfia e duvida de mim, à primeira sentença de um maníaco que me acusa?"

Viola sentiu dilatar-se o seu coração, ergueu de novo o busto e os seus olhos brilharam com uma luz clara e serena.

– Retire-se, pobre vítima de doidas ilusões – disse ela a Glyndon. – Eu não creria nos meus próprios sentidos, se acusassem o pai do meu filho! E que sabe você de Zanoni? Que é que têm que ver Mejnour e os terríveis espectros que ele invocou, com a radiante imagem com a qual pretende pô-los em relação?

– Em breve o saberá – replicou Glyndon, melancolicamente. – O mesmo fantasma que me persegue murmura no meu ouvido coisas horríveis que a esperam e aos seus. Ainda não creio em sua decisão; antes de partir de Veneza, virei vê-la outra vez. Adeus!

E com estas palavras, retirou-se.

## *Capítulo VI*

*"Quel est l'égarement ou ton âme se livre?"*
La Harpe, *Le Comte de Warwick*, Ato IV, Cena 4.

["Qual é a ilusão a que a tua alma se entrega?"]

Ah, Zanoni! Misterioso e iluminado aspirante da Sublime Ciência! – julgou duradouro o laço entre o homem que sobreviveu aos séculos e a filha de um dia? Não previu que, enquanto ela não tivesse passado pela prova iniciática, não podia estabelecer-se a igualdade entre a sua sabedoria e o seu amor? Está ausente agora, buscando, no meio de seus augustos segredos, a solene proteção para o filho e a mãe, e esquece que o fantasma que lhe serviu, tem um poder sobre os dons que lhe concedeu – sobre as vidas que lhe ensinou a salvar da morte? Não sabe que o Medo e a Desconfiança, uma vez semeados no coração do Amor, germinam, e da pequena semente se transformam numa espessa floresta que oculta as estrelas? Homem misterioso e iluminado, não vê como os odiosos olhos do espectro brilham ao lado da mãe e do filho?!

Durante aquele dia inteiro, milhares de negros pensamentos e terrores atormentaram Viola; pensamentos que se desvaneciam quando os examinava, mas tornavam depois a se apresentar, mais tenebrosos ainda. Ela se lembrava como um dia havia contado a Glyndon que, em sua meninice e nos primeiros anos de sua juventude, tinha sentido estranhos presságios de que estava destinada para alguma coisa sobrenatural. Recordava-se também que quando lhe dissera isto, estando ambos sentados juntos ao mar que dormia nos braços da baía de Nápoles, ele também lhe participara que se lembrava de haver sentido presságios do mesmo gênero, e que uma misteriosa simpatia parecia unir os seus destinos. Viola se recordava principalmente de que, comparando os seus confusos pensamentos, ambos haviam então confessado que, ao ver Zanoni pela primeira vez, o instinto, manifestando-se por aquele pressentimento, tinha-lhes falado em seus corações mais perceptivelmente do que antes, advertindo-os de que "com aquele homem estava ligado o segredo da vida, cujos enigmas se lhes apresentavam insolúveis".

E agora, que Glyndon e Viola tornavam a se encontrar, outra vez aqueles temores da meninice pareciam despertar do seu sono encantado. Viola sentiu uma simpatia pelo terror de Glyndon, contra a qual lutaram em vão a sua razão e o seu amor. E todavia, quando volvia os olhos para o filho, este a olhava de uma forma particular, fitando-a seriamente, e os seus lábios, embora não articulassem som algum, moviam-se como se lhe quisessem falar. O pequeno não queria dormir. A qualquer momento que ela o olhasse, sempre encontrava aqueles olhos abertos e vigilantes como se, em sua seriedade, revelassem alguma dor, alguma repreensão, alguma acusação. Aqueles olhos a gelavam cada vez que os contemplava. Incapaz de suportar aquela repentina e completa mudança que acabavam de sofrer todos os seus sentimentos, tomou uma resolução, própria das mulheres do seu país e do seu credo: mandou buscar o sacerdote que dirigia a sua consciência desde que estava em Veneza, e confessou-lhe, entre lágrimas e intenso terror, as dúvidas que a atormentavam. O bom padre, homem digno e piedoso, porém de pouca ilustração e menos senso comum, que até aos poetas tinha por feiticeiros (como até hoje se dá com muitos dos italianos das baixas classes sociais), pareceu cerrar ao seu coração as portas da esperança. Os seus preconceitos eram veementes, porque o horror que sentia o bom religioso não era fingido.

Unindo seus rogos aos de Glyndon, aconselhou a Viola que fugisse se abrigasse a menor dúvida acerca das intenções e crenças do esposo, e se acreditasse que eram daquelas por causa das quais a Igreja Romana havia queimado benevolamente tantos homens de ciência, quando as adotavam. E até o pouco que Viola pôde comunicar, pareceu ao ignorante ascético uma prova incontestável de feitiçaria; pois, prevenido por alguns dos boatos que circularam acerca de Zanoni, achava-se disposto a crer no pior.

O digno Bartolomeu teria enviado, sem o menor escrúpulo, o inventor Watt à fogueira, se tivesse ouvido falar da máquina a vapor. Viola, tão pouco instruída como o seu confessor, tremeu ao ouvi-lo falar, com a sua rude e apaixonada eloqüência – tremeu sim, pois com essa penetração que os sacerdotes da Igreja Católica Romana, por mais ignorantes que sejam, geralmente adquirem em sua vasta experiência do coração humano, que podem examinar a toda hora, Bartolomeu lhe falava menos dos perigos que ela corria do que aqueles que ameaçavam o seu filho.

– Os feiticeiros – dizia o padre – tratam sempre de atrair e seduzir a alma dos jovens, sobretudo a das crianças!

E sobre este tema, referiu o sacerdote um grande número de contos e lendas, dando-os como fatos históricos. Tudo isso, que teria feito rir-se uma inglesa, aterrorizou a supersticiosa napolitana; e quando o seu confessor se ausentou, depois de lhe ter manifestado as graves penas em que incorreria se faltasse aos deveres que lhe impunha a sua condição de mãe e se hesitasse em fugir com o filho de uma morada contaminada por poderes tenebrosos, Viola, que ainda se apegava à imagem de Zanoni, caiu em profundo abatimento, que paralisou todas as suas faculdades de raciocínio.

Inadvertidamente passavam as horas; veio a noite; um silêncio sepulcral reinava no palácio. Viola, despertando pouco a pouco do entorpecimento em que mergulhara, começou a agitar-se, muito perturbada, no seu leito. O silêncio tornou-se-lhe intolerável, e mais intolerável ainda foi o ruído que veio interrompê-lo, quando o som do relógio lhe recordou que cada minuto era um passo que dava no caminho para o túmulo. Os momentos, por fim, pareceram encontrar uma voz e uma forma. Viola julgou vê-los sair, pálidos e semelhantes às sombras das aparições, do seio da escuridão; e antes de tornarem a extinguir-se na mesma escuridão que lhes servia de tumba, murmuravam em voz baixa:

– Mulher, nós relatamos à Eternidade tudo o que se faz no tempo! Que é que diremos de você, guarda de uma inocente alma recém-nascida?

Viola sentia que as fantasias a tinham feito cair numa espécie de delírio e que se encontrava num estado entre o sono e a vigília quando, de repente, um pensamento tornou-se mais persistente do que os demais. O quarto que, tanto nessa casa como em todas as que haviam habitado, inclusive a das ilhas gregas, Zanoni reservava para si, cuidando para que ninguém pudesse nele entrar, e em cujo umbral até a Viola era proibido pôr os pés, nunca havia provocado a sua curiosidade, naquele doce estado de tranqüila confiança que inspira um amor satisfeito –; agora, porém, esse quarto parecia chamá-la com insistência. Talvez encontrasse ali alguma coisa que a ajudasse a decifrar o enigma, ou que, ao menos, dissipasse ou confirmasse as suas dúvidas. Esse pensamento crescia e aprofundava-se em sua mente, tornando-se cada vez mais forte e irresistível e parecia apoderar-se dela e obrigá-la a obedecer-lhe, sem que nisso tivesse parte a sua vontade.

E agora, eis que se aventura a penetrar nesse quarto, atravessando as galerias, e achando-se num estado antes de sono do que de vigília, se bem que caminhe com os olhos abertos! A lua brilha sobre ela, quando passa por diante das janelas, vestida de branco, como um espírito errante! – com os braços cruzados sobre o peito e com os olhos fixos. Mãe, é o seu filho que a guia! Os solenes momentos marcham diante dela, e ainda ouve o som do relógio, marcando os minutos que vão caindo na sepultura do tempo. Indo passo a passo, chegou à porta; nenhuma fechadura a detém, nenhum encantamento mágico a repele.

Filho do pó, permaneça só com a noite, no quarto onde, pálidos e inumeráveis, os habitantes do espaço costumavam reunir-se ao redor do vidente!

## *Capítulo VII*

*"Des Erdenlebens*
*Scheweres Traumbild sinkt, sinkt und sinkt."*
*Das Ideal und das Leben.*

["A pesada ilusão da vida terrestre vai se afundando cada vez mais."]

Ao encontrar-se dentro do quarto, Viola pôs-se a examiná-lo todo; não se via nele o menor sinal nem instrumento pelos quais um inquisidor tivesse podido descobrir um discípulo da Arte negra. Não havia ali crisóis, nem caldeiras, nem volumes com encadernações de cobre ou latão, nem cintos cifrados, nem crânios, nem cruzes de ossos. Calmamente, a lua iluminava aquele quarto vazio, deixando ver suas paredes brancas e limpas. Alguns feixes de ervas secas e alguns vasos antigos de bronze, postos desordenadamente sobre um banco de madeira, eram os únicos objetos que um olhar curioso podia ver naquele recinto e pôr em relação com as ocupações do proprietário ausente.

A Magia, se realmente existia, residia no artífice pois, para qualquer outra pessoa, os materiais que estavam ali não representavam senão ervas e bronzes. Assim sucede sempre com as suas obras e maravilhas, ó Gênio que procura os Astros! As palavras são uma propriedade comum de todos os homens; e sem embargo, só com palavras, ó Arquiteto de Imortalidades, eriges templos que sobreviverão às pirâmides e cada folha de papiro converte-se num majestoso Shinar com suntuosas torres em torno do qual o dilúvio dos séculos ruirá em vão!

Porém, a presença daquele que, nesta solidão, havia invocado tantas maravilhas, não deixou aqui algum de seus encantamentos? Parecia que sim, pois Viola sentiu que dentro daquele quarto se verificava uma misteriosa mudança em sua sensação de prazer – parecia-lhe que pesadas cadeias caíam dos seus membros uma atrás da outra. Todos os confusos pensamentos que se haviam acumulado em sua mente durante o estado que não era nem sono nem vigília, concentraram-se num intenso desejo de ver o marido ausente – de estar com ele.

As mônadas que formavam o espaço e o ar, pareciam carregadas de espiritual atração – para converter-se num meio pelo qual o seu espírito, libertando-se da prisão de barro, pudesse pôr-se em comunicação direta com o outro espírito, ao qual a impelia o seu desejo. Então sentiu uma debilidade que a obrigou a sentar-se no banco onde estavam os vasos e as ervas e, ao abaixar-se, viu que dentro de um vaso de cobre estava um pequeno frasquinho de cristal. Levada por um impulso mecânico e involuntário, a sua mão agarrou o frasquinho e abriu-o. Imediatamente, escapou de dentro uma essência volátil, que espalhou pelo quarto uma forte e deliciosa fragrância.

Viola inalou o aroma e friccionou as fontes com o líquido; e, de repente, sentiu que lhe passava aquela debilidade para dar lugar a uma nova energia, parecendo-lhe que se elevava no ar e que voava. O quarto desapareceu de sua vista. Longe, longe, cruzando terras e mares e atravessando o espaço, nas asas do vivo desejo, voa a mente, saída da prisão!

Numa esfera, não deste mundo, mas de um outro, viam-se as formas dos filhos da ciência sobre um mundo em embrião – sobre uma imperfeita, pálida e leve massa de matéria, sobre uma das nebulosidades que os sóis dos milhares de sistemas arremessam de si, ao girar ao redor do trono do Criador, para converter essa massa em novos mundos de glória –, em planetas e em sóis que eternamente, por sua vez, multiplicarão a sua brilhante raça e serão os pais de outros sóis e planetas futuros.

Ali, naquela enorme solidão de um mundo nascente, que só no decorrer de milhares e milhares de anos poderá alcançar a forma regular, o espírito de Viola viu a figura de Zanoni, ou antes, a sua semelhança, o seu simulário, o lêmure (a larva) da sua forma, não a substância humana e corpórea – e parecia-lhe que a sua inteligência, como também a dela mesma, apenas se tivesse separado da matéria – e Viola compreendia como o sol que, sempre girando e ardendo, havia arrojado no remotíssimo espaço aquela nebulosa imagem de si mesmo, assim o ser da Terra, na ação da sua mais luminosa e duradoura existência, havia arrojado a sua semelhança naquele recém-nascido estrangeiro dos céus. Ali estava o fantasma de Zanoni – e, ao seu lado, outro fantasma – Mejnour. No gigantesco caos que os rodeava, lutavam e mesclavam-se os elementos; a água e o fogo, as trevas e a luz estavam em guerra – vapores e nuvens se convertiam em montanhas, e o Sopro da Vida movia-se como um firme esplendor sobre tudo.

Viola, olhava, como que sonhando, e estremecia; e observou que os dois fantasmas humanos não estavam sós. Monstros disformes, que somente aquele desordenado caos podia gerar – a primeira raça de colossais répteis que serpearam pelas primeiras camadas de um mundo nascente – afundavam-se na lodosa matéria ou escondiam-se entre os vapores luminosos. Porém aquelas duas figuras humanas não pareciam fazer caso daqueles monstros; a sua vista se fixara num objeto situado no lugar mais remoto do espaço.

Com os olhos do espírito, Viola seguiu os olhos desses dois homens-fantasmas; e com um terror maior do que o que lhe pudera causar a vista do Caos e dos seus hediondos habitantes, avistou uma nebulosa semelhança do quarto em que naquele momento se achava, com suas brancas paredes, com a lua brilhando sobre o soalho, com a sua janela aberta, os quietos telhados, as torres e as cúpulas de Veneza refletindo-se no mar que murmurava embaixo – e, naquele quarto, Viola viu a nebulosa imagem de si mesma! Esse duplo fantasma, ou antes, ela mesma como um fantasma, contemplando outro fantasma que era o seu perfeito reflexo –, inspirou-lhe um horror que as palavras não poderiam expressar, e que os anos, por mais numerosos, nunca fariam esquecer.

Nesse instante viu, porém, a sua imagem levantar-se lentamente e deixar o quarto sem produzir ruído e, depois de atravessar o corredor, ajoelhar-se ao lado do berço! Céus! Ela vê o seu filho! – o seu filho, maravilhosamente belo, e com os seus serenos olhos sempre abertos. Porém, ao lado do berço está acocorada uma negra sombra, coberta com um manto – aparição tanto mais horrível, que não se pode distinguir a sua forma, e vê-se que nada tem de humano. As paredes do quarto parecem abrir-se como o cenário de um teatro. Aparece um medonho calabouço; ruas por onde se precipita uma multidão furiosa, em cujos rostos, de aspecto demoníaco se vêem pintados a ira e o ódio; uma praça cheia de cadáveres; um instrumento de morte; uma carnificina medonha; Viola mesma, o seu filho – tudo, passando com a rapidez de uma furiosa fantasmagoria.

De repente, o fantasma Zanoni se voltou e pareceu reparar nela – no seu segundo Eu! Zanoni correu a abraçá-la; o seu espírito não pôde resistir mais: Viola lançou um grito e despertou. Ela viu que, efetivamente, havia abandonado aquele funesto quarto: o berço estava diante dela e, no berço, o filho – tudo, tudo como o que acabava de ver naquele "transe"; inclusive aquele horrível, disforme espectro, que se desvanecia no ar!

– Filho, meu filho! – exclamou Viola. – Sua mãe o salvará!

## *Capítulo VIII*

*"Qui? Toi m'abandonner! Où vas-tu? Non, demeure, demeure!"*
La Harpe, *Le Comte de Warwick*, Ato III, Cena 5.

["Quem? Tu, abandonar-me! Aonde vais? Não, fica, fica."]

### *CARTA DE VIOLA A ZANONI*

"Não há mais remédio! – Eu o abandono! Eu me despeço de você para sempre. Quando os seus olhos lerem esta carta, me considerará como morta; pois, apesar de que você foi e ainda é a minha vida – eu não existirei para você! Ó meu caro esposo, a quem ainda amo e adoro! Se realmente me amou, e se de mim se compadece, não procure descobrir os passos que fogem de você. Se o seu poder mágico é capaz de me achar, não me busque; poupe-me, e poupe o nosso filho! Zanoni, eu o criarei e o ensinarei a amá-lo e a chamar-lhe pai! Zanoni, os seus rubros lábios orarão por você! Ah! Poupe o seu filho, pois as crianças são os santos da Terra, e por sua mediação, podemos fazer-nos ouvir no céu! Devo dizer-lhe por que parto? Por que fujo? Não; você, sábio terrível, adivinhará o que a mão não se atreve a escrever; e, ao passo que estremeço ao me lembrar do seu poder, e é desse poder que fujo (com o nosso filho nos braços), consola-me pensar que o seu poder pode ler no coração!

Você saberá que lhe escreve a mãe fiel, e não a infiel esposa! Há pecado em sua ciência, Zanoni? O pecado há de ser acompanhado de sofrimento; mas doce – oh, quão doce! – era para mim ser o seu consolo. Porém, o filho, o pequeno anjinho que, com os olhos, me pede que o proteja! – Mago! Eu lhe arrebato esta alma angélica! Perdoe, perdoe se as minhas palavras o ofendem e o fazem sofrer. Olhe, eu me ponho de joelhos para escrever-lhe o resto!

Por que não fugi já anteriormente, diante da sua misteriosa ciência? Por que a estranheza da sua vida, tão diferente da vida geral dos homens da Terra, não fazia mais que me fascinar com um delicioso temor? Porque, se era feiticeiro ou anjo-demônio, só havia perigo para mim; e para mim não podia haver perigo algum, pois o meu amor era a parte mais divina do meu ser; e a minha ignorância em tudo, exceto na arte de amá-lo, repelia todo o pensamento que não fosse aos meus olhos tão puro e tão brilhante como a sua imagem. Porém, agora há um outro ser! Olha! Por que os seus olhos me fitam assim? Por que esta eterna vigília e este olhar tão sério e repreendedor? Dominaram-no já os seus feitiços? Destinou-o, oh, cruel, para os terrores da sua incompreensível arte? Não me faça enlouquecer! Não me faça enlouquecer! Desfaz o seu feitiço!

Escute! Ouve-se o ruído dos remos! Eles vêm vindo, vêm vindo para me separar de você! Olho em redor de mim, e parece-me que o vejo em toda parte. Você me fala em cada sombra, em cada estrela. Ali, junto à janela os seus lábios me deram o último beijo; ali, ali, naquele umbral, você voltou a me olhar mais uma vez e o seu sorriso parecia dizer que confiava em mim! Zanoni! – meu esposo! – quero ficar! Não posso separar-me de você! Não, não! Irei ao quarto onde a sua voz querida, com a sua música suave, acalmava os meus sofrimentos! – onde, através da escuridão, a sua voz foi a primeira que murmurou ao meu ouvido: 'Viola, você é mãe!' sim, eu me levanto – sou mãe! Eles vêm vindo, para me levar! Estou resolvida; irei! Adeus!"

Sim; desta maneira repentina e cruel, fosse no delírio de uma cega superstição, fosse no impulso daquela convicção que nasce do dever, a criatura, pela qual Zanoni resignara tanto poder e tanta glória, o abandonava. Essa deserção, nunca prevista, não era, porém, mais do que o constante destino que aguarda a todos os que se põem, com a sua Mente, além da Terra, mas deixam na Terra o tesouro do coração. Eternamente, a ignorância fugirá do saber. Contudo, nunca ainda um amor humano se enlaçou com outro com mais força, nem por motivos mais nobres e puros de abnegação, do que eram os que impeliram a desamparada mulher a abandonar o marido ausente. Com razão havia dito que não era a infiel esposa, mas sim a mãe fiel que fugia, que fugia daquele em quem estava concentrada toda a sua felicidade terrestre.

Por todo o tempo que aquela fervorosa paixão, que a impeliu a esse ato, animou-a com uma espécie de falsa febre apertava o filho ao peito, e estava consolada – resignada. Porém, que amargas dúvidas a respeito da sua conduta a assaltaram depois, e que remorso cruel começou a atormentar o seu coração quando, ao deter-se em companhia de Glyndon por algumas horas, no caminho de Livorno, ouviu a mulher que os acompanhava rogar a Deus que lhe permitisse chegar com segurança até junto do marido, e que lhe desse força para suportar os perigos que ali a aguardavam! Que contraste terrível, a conduta dessa mulher que ia acompanhar o marido ao cadafalso, e a sua deserção! Viola perscrutou os recônditos do próprio coração, e não pôde ouvir ali nenhuma voz que a consolasse.

## Capítulo IX

"Zukunft hast du mir gegeben,
Doch du nimmst den Augenblick."
*Kassandra.*

["O futuro me deste, mas retiras-me o momento."]

– Mejnour, contemple sua obra! Despertemo-nos das vaidades da nossa inútil sabedoria! De que nos servem os nossos séculos de estudo e de vida? Para salvá-la do perigo, ausentei-me, e o perigo apoderou-se dela com a sua mão de ferro!

– Não culpe a sua sabedoria; culpe as suas paixões! Abandone, finalmente, a sua vã esperança de poder gozar o amor de uma mulher! A todo o que intente alcançar o sublime com o vulgar, espera a inevitável maldição. Veja o que sucedeu: a sua verdadeira natureza não foi compreendida, e os seus sacrifícios passaram ignorados. O vulgo vê, no homem elevado pela sublime ciência, somente um necromante ou um diabo. Titã, é possível que chore?

– Agora o compreendo, agora vejo tudo. Era o espírito dela o que esteve ao lado dos nossos espíritos, e escapou ao contato da minha mão aérea! Oh, forte desejo da maternidade e da natureza! Descubra todos os nossos segredos, e voe de um mundo a outro, através do espaço! – Mejnour, que saber terrível se oculta na ignorância do coração que ama!

– O coração! – respondeu o místico, friamente. – Ah! Durante cinco mil anos pesquisei os mistérios da criação, mas não pude descobrir ainda todas as maravilhas que se encerram no coração do mais rústico camponês!

– E, sem embargo, os nossos sublimes ritos não nos enganaram; as proféticas sombras, negras de terror e manchadas de rubro sangue, anunciavam que, mesmo no calabouço e diante do verdugo, terei o poder para salvá-los a ambos!

– Porém, à custa de um sacrifício de que ainda não tem a menor idéia, e que lhe será extraordinariamente fatal.

– Fatal para mim! Sábio, frio como gelo! No amor não existe o Eu! Eu parto, e parto só; não preciso de você. Não quero agora outro guia a não ser os instintos do afeto humano. Não haverá caverna, por escura que seja, nem deserto, seja vasto como for, capazes de me ocultarem a minha esposa amada. Ainda que não me fale a minha arte; ainda que não me falem os astros; ainda que o espaço, com as suas brilhantes miríades de mundos, não seja para mim mais do que o azulado vazio – resta-me o amor, a juventude e a esperança! Que mais se necessita para triunfar e salvar os entes queridos?!

# LIVRO SÉTIMO

## O REINADO DO TERROR

### Capítulo I

*"Qui suis-je, moi quon accuse? Un esclave de la Liberté, un martyr vivant de la République."*
Discours de Robespierre, 8 Thermidor.

["Quem sou eu, a quem acusam? Um escravo da Liberdade, um mártir vivo da República."]
Discurso de Robespierre, no dia 8 de Termidor.

Ruge o Rio do Inferno, cuja primeira erupção foi cantada como o borbotão de um canal que conduzia ao Eliseu. Como floresceram as esperanças em belos corações que se haviam alimentado do diamantino orvalho da rósea alvorada; quando a Liberdade surgiu do obscuro Oceano e se desembaraçou dos braços da discreta Escravidão, como a Aurora, levantando-se do leito de Titon! Esperanças que deram frutos, porém estes frutos são sangue e cinzas! Belo Roland, eloqüente Vergniaud, visionário Condorcet, generoso Malesherbes! – homens de espírito, filósofos, estadistas, patriotas – sonhadores! Olhem a desejada era pela qual tanto ousaram e tanto trabalharam!

Invoco os seus manes! Saturno devorou os seus filhos* e vive só – debaixo do seu verdadeiro nome de Moloch!

Estamos no reinado do Terror, e o rei é Robespierre. Estavam concluídas as lutas entre a serpente boa e o leão: a serpente devorou o leão, e tem a sua vítima atravessada na garganta; Danton e Camilo Desmoulins sucumbiram. Danton havia dito, antes de morrer: "Somente eu poderia salvar o covarde Robespierre." Desde aquela hora, efetivamente, o sangue do gigante encobria a astúcia de Maximiliano, o "Incorruptível", até que, por fim, no meio dos gritos da insubordinada Convenção, começou a

---

\* *"La Révolution est comme Saturne; elle dévorera tous ses enfants."* – ("A Revolução é como Saturno; devorará todos os seus filhos."), dissera Vergniaud.

afogar a sua voz.* Se Robespierre, depois desse último sacrifício, talvez indispensável à sua segurança, tivesse feito terminar o Reinado do Terror, inaugurando a era do perdão que Danton havia começado a pregar, podia ter-se tornado monarca e vivido ainda muitos anos. Porém, as prisões continuavam a encher-se de vítimas, e o gládio a cair; Robespierre não percebia que a sua canalha já estava saciada de sangue, e que a mais forte impressão que lhes poderia causar um chefe era tornar a converter aquelas feras em homens.

Achamo-nos transportados, agora, a um quarto da casa do cidadão Dupleix, o marceneiro; a data é o mês de julho de 1794; ou, se contarmos pelo calendário dos revolucionários, era o Termidor do segundo ano da República "Una e Indivisível!".

Conquanto fosse o quarto pequeno, estava adornado com um cuidado tão minucioso, que revelava uma elegância forçada. O desejo do seu dono parecia querer evitar tudo o que pudesse oferecer um aspecto baixo e vulgar, sem que quisesse manifestar luxo e voluptuosidade. As clássicas cadeiras eram de forma elegante; os amplos tapetes estavam em perfeita ordem; da parede pendiam singelos espelhos; alguns bustos de bronze estavam colocados sobre seus pedestais e, em estantes, vários livros, bem encadernados e cuidadosamente alinhados. Um observador teria dito: "Este homem quer dizer-lhe: Não sou rico, nem amigo de luxo ou ostentação; não sou um sibarita indolente que dorme sobre colchões de plumas e possui quadros que excitam os sentidos; não sou um aristocrata altivo que tem espaçosos salões e vastas galerias que repetem o eco; entretanto, como sou homem de gosto e amo a elegância, maior é o meu mérito se desdenho os excessos do bem-estar e do orgulho! Nada há de estranho que os outros sejam singelos e honestos, quando os seus hábitos rústicos já naturalmente lhes imprimem essas qualidades, quando eu, que sou dotado de tanto gosto refinado e de tanta delicadeza, igualmente sou singelo e honesto –; reflitam sobre isto e admirem-me!"

Nas paredes desse quarto viam-se muitos retratos, e sobre vários pedestais, agrupados, alguns bustos. A maior parte dos retratos representava uma só face, e em grande parte dos bustos estava esculpida uma mesma cabeça: era a face do dono da habitação, o famoso Robespierre. Naquele pequeno quarto, o Egoísmo estava sentado no mais alto lugar, e servia-se das Artes unicamente para utilizá-las como espelhos em que pudesse contemplar o reflexo da sua própria pessoa. O próprio dono da habitação, o original de todos aqueles bustos e retratos, estava sentado numa cadeira, diante de uma grande mesa coberta de papéis e cartas. Estava só, e mantinha-se ereto, com ar cerimonioso e formal, como se nem em sua própria casa se sentisse bem acomodado. O seu traje estava em harmonia com a sua postura e com o seu quarto: afetava um esmerado asseio e singeleza, diferenciando-se assim tanto dos suntuosos vestuários dos depostos fidalgos, como do asqueroso desalinho dos *sans-culottes*. Muito bem penteado e toucado, nenhum dos seus encrespados cabelos estava fora do lugar; a sua casaca azul estava perfeitamente escovada, e nem uma só ruga desfigurava o seu colete branco como neve, com finos bordados encarnados. À primeira vista, nada se notava na fisionomia desse homem, senão que

---

\* *"Le sang de Danton t'etouffe!"* – ("O sangue de Danton de afoga!"), disse Garnier de l'Aube, quando, no fatal dia 9 de Termidor, Robespierre mal podia respirar. – *"Pour la dernière fois, Président des Assassins, je te demande la parole."* – ("Presidente dos Assassinos, pela última vez, peço-te a palavra.")

era de feições doentias; porém, examinando-a com maior atenção, descobria-se que possuía um poder e um caráter próprios. A sua testa, ainda que curta e comprimida, revelava alguma inteligência ou o hábito de pensar, que geralmente se observa nos que têm um largo espaço entre as sobrancelhas; os seus lábios eram firmes e constantemente cerrados, mas, de vez em quando, se notava que tremiam e torciam-se inpacientemente. O seu olhar, severo e sombrio era, não obstante, penetrante e cheio de um concentrado vigor que não parecia natural naquele corpo fraco e delgado ou que, ao menos, destoava num rosto lívido esverdeado, que revelava ansiedade e falta de saúde.

Tal era Maximiliano Robespierre, e tal a sua habitação, situada sobre a oficina do marceneiro; habitação de onde saíam os editos que lançavam exércitos no caminho da glória, e que fizeram derramar, em torrentes, o sangue que inundou a metrópole do povo mais guerreiro do globo terrestre! Assim era o homem que havia renunciado à carreira judicial (o primeiro objeto da sua ambição), porque não queria violentar os seus filantrópicos princípios, o que julgava que aconteceria se, de vez em quando, tivesse de firmar alguma sentença de morte dada contra um seu semelhante; tal era o acérrimo inimigo da pena capital; tal era aquele que, sendo agora ditador-carniceiro, era um homem cujos puros e rígidos costumes, incorruptível honestidade, ódio aos excessos no amor e na bebida, se tivesse morrido cinco anos antes, o teriam recomendado a pais prudentes e a bons cidadãos para ser mostrado aos seus filhos como um modelo. Tal era o homem que parecia não ter vício algum até que as circunstâncias, esse forno incubador, fizeram aparecer nele dois vícios que, em tempos ordinários, ocultam-se nos recônditos mais profundos do coração humano: a Covardia e a Inveja. Num ou noutro destes vícios, descobre-se a causa de todos os assassínios que cometeu esse homem diabólico. A sua covardia era de um gênero muito estranho e particular; pois era acompanhada de uma deliberada vontade que não conhecia escrúpulos – uma vontade que até Napoleão admirou –, uma vontade de ferro, encerrada em nervos de choupo-tremedor. Mentalmente, Robespierre era um herói; fisicamente, um covarde. Quando a mais leve sombra de perigo ameaçava a sua pessoa, o seu corpo tremia; porém, a sua vontade fazia retroceder o perigo até o matadouro, entregando à guilhotina os que julgava serem seus inimigos.

Como já dissemos, Robespierre estava sentado na cadeira, conservando o corpo ereto; as suas mãos, com os pequenos e delgados dedos, cerravam-se convulsivamente; os seus sombrios olhos erravam, pensativos, pelo espaço, e no seu branco-amarelado apareciam listras de sangue; as suas orelhas moviam-se como as de um ignóbil animal, para perceberem bem qualquer pequeno ruído –; era um Dioniso em sua caverna; porém, não perdia por isso a sua decorosa postura, nem se desarranjava a sua encrespada cabeleira.

– Sim, sim – resmungava – eu os ouço; os meus bons jacobinos guardam o seu posto na escada. Lástima é que praguejem tanto! Tenho preparada uma lei contra as imprecações, é necessário reformar os costumes do pobre e virtuoso povo! Quando tudo estiver em ordem, um exemplo ou dois entre esses bons jacobinos produzirão muito bom efeito. Fiéis companheiros, como me amam! Hum! Que imprecação foi aquela!?

Não precisam praguejar tão alto... e até na escada! Isto é prejudicial à minha reputação. Ah! ouço passos!

Robespierre lançou um olhar ao espelho que tinha em frente, tomou um livro na mão e parecia estar profundamente absorto em sua leitura, quando um homem de elevada estatura, com um varapau na mão e um cinturão de pistolas, abriu a porta para anunciar duas visitas. Um dos anunciados era um jovem que, segundo se dizia, assemelhava-se muito a Robespierre, porém, em cuja fisionomia se notava uma expressão de decidida resolução. Esse jovem foi o primeiro que entrou no quarto, e olhando o livro que Robespierre tinha na mão, pois este parecia querer continuar uma leitura interrompida, exclamou:

– Como?! Está lendo a *Heloísa*, de Rousseau? Uma história de amor!

– Meu caro Payan, o que deste livro me encanta é a filosofia, e não o amor. Que sentimentos tão nobres! Que virtude tão ardente! Se Jean Jacques tivesse podido viver até estes dias!

Enquanto o Ditador comentava desta maneira o seu autor favorito, ao qual se esforçava por imitar nos seus discursos, trouxeram ao aposento o outro visitante, sentado numa cadeira de rodas. Esse homem, na flor da vida, pois somente contava trinta e oito anos, não podia valer-se de suas pernas; sem embargo, ainda que aleijado e paralítico, mereceu o apelido de Hércules do Crime! Uma beleza quase angelical caracterizava as suas feições, e sobre os seus lábios via-se sempre um doce sorriso; um inexpressível aspecto de benignidade, e o seu ar de tranqüila resignação ao sofrimento lhe atraíam o coração daqueles que o viam pela primeira vez. Com uma suave e melodiosa voz, como a de uma flauta, o cidadão Couton saudou o admirador de Jean Jacques Rosseau e falou:

– Não diga que não é o amor que sente neste livro; é o amor, sim! Porém, não essa grosseira e sensual atração que sente o homem pela mulher. Não! O que sente é um sublime afeto por toda a humanidade e, com efeito, por tudo o que vive no mundo!

E o cidadão Couton, inclinando-se, acariciava um cãozinho que costumava trazer sempre consigo, mesmo quando ia à Convenção, o qual parecia ser-lhe um desafogo necessário ao excesso de sensibilidade que lhe inundava o coração.

– Sim, por tudo o que vive! – repetiu Robespierre. – Bom Couton, pobre Couton! Ah! como nos desfigura a malícia dos homens! Caluniar-nos até o ponto de dizer que somos os verdugos dos nossos colegas! Ah! isto destroça o coração! Ser um objeto de terror para os inimigos da nossa pátria, isto é uma coisa nobre; porém, ser um objeto de terror para os bons, para os patriotas, para aqueles a quem se ama e respeita – isto é uma horrível tortura, ao menos para um coração suscetível e honesto!

– Com que prazer o escuto! – disse Couton a Payan.

– Hum! – respondeu este, com alguma inpaciência. – Mas, agora, tratemos de negócios!

– Ah! negócios – repetiu Robespierre, e os seus olhos raiados de sangue despediram um olhar sinistro.

– Chegou o tempo – disse Payan – em que a segurança da República exige uma completa concentração de todos os seus poderes. Esses gritadores do Comitê de Salvação Pública sabem só destruir; não sabem edificar coisa alguma. Eles o odeiam, Maximiliano, desde o momento em que você tentou substituir a anarquia por boas instituições. Como zombam da festa em que foi proclamada a existência do Ser Supremo! Esses homens desejariam não ter governador algum, nem no céu! A sua clara e vigorosa inteligência compreendeu que, depois de haver aniquilado o mundo antigo, tornou-se necessário formar um novo. O primeiro passo para a sua construção deve ser destruir os destruidores. Enquanto nós deliberamos, os seus inimigos agem. Vale mais atacar, nesta noite, o punhado de homens armados que os custodiam, do que ter de fazer frente aos batalhões que possam pôr em pé amanhã.

– Não – disse Robespierre, que se opunha diante do resoluto espírito de Payan –, eu tenho outro plano, melhor e mais seguro. Hoje estamos a 6 de Termidor; no dia 10, no dia 10 deste mês, a Convenção assistirá, em corpo, à Festa Decadária. Nesse dia, acudirá o populacho. Os artilheiros, as tropas de Henriot e os jovens discípulos da Escola de Marte se disseminarão entre a multidão. Fácil, então, será acabar com os conspiradores, que designaremos aos nossos agentes. No mesmo dia, também, Fouquier e Dumas não descansarão; e para que se mantenha o saudável receio e para que se conserve a excitação revolucionária, o gládio da lei fará cair algumas cabeças de suspeitos. O dia 10 será um grande dia de ação. Payan, preparou você a lista desses últimos réus?

– Aqui está – respondeu laconicamente Payan, apresentando um papel.

Robespierre passou por ele um rápido olhar.

– Collot d'Herbois! Bem! Barère! Ah! Era este quem dizia: "Matemos; os mortos são os únicos que não voltam mais." Vadier, o bobo selvagem! Bem! bem! Vadier da Montanha. Foi ele quem me apelidou de *Maomé*! Malvado! Blasfemador!

– Maomé virá à montanha – disse Couton, com sua voz argentina, ao mesmo tempo que acariciava o seu cãozinho.

– Porém, como é isto? Não vejo aqui o nome de Tallien! Tallien... eu odeio esse homem; isto é – ajuntou Robespierre, corrigindo-se com a hipocrisia ou a ilusão de si próprio, que os personagens que formavam o conselho desses fraseadores costumavam empregar, até entre si mesmos –, isto é, a virtude e a nossa Pátria o odeiam! Não há na Convenção outro homem que me inspire tanto horror como Tallien. Couton, onde esse homem se senta, parece-me que vejo mil Dantons!

– Tallien é a cabeça desse corpo disforme – disse Payan, cuja criminal ferocidade era, como a de Saint-Just, acompanhada de talentos pouco comuns. – Não seria melhor, em vez de cortar-lhe a cabeça, ganhá-lo ou comprá-lo, por algum tempo, e deixá-lo à disposição para quando ficasse isolado? Tallien odeia-o talvez; porém, ele ama o dinheiro.

– Não – objetou Robespierre, escrevendo na lista o nome de Jean Lambert Tallien, com o pulso firme, para que as letras fossem bem visíveis –; eu necessito dessa cabeça!

– Eu também trago aqui uma pequena lista – disse Couton, com suavidade. – É muito curta. Os senhores se ocupam da Montanha; mas também é necessário dar alguns exemplos na Planície. Esses moderados são como as palhas que sempre seguem o vento. Ontem se pronunciaram contra nós na Convenção. Um pouquinho de terror corrigirá esses cataventos. Pobres criaturas! Não nutro nem a menor parte da má vontade; até choraria por eles. Porém, mais do que tudo, vale-me a querida Pátria.

Robespierre devorava, com os olhos acesos, a lista que lhe entregara o homem sensível.

– Ah! – disse –, todos estes nomes foram bem escolhidos; pois, sendo pouco notáveis, a sua morte não será muito sentida; esta é uma política excelente para com os restos deste partido. Também vejo na lista alguns estrangeiros; sim, estes não têm parentes em Paris. As mulheres e os parentes dos mortos começaram agora a falar mal de nós. As suas queixas desmoralizam a guilhotina!

– Couton tem razão – disse Payan –, a minha lista contém os que conviria despachar em massa, no meio do bulício da festa; na sua, figuram só nomes de pessoas que se podem entregar, prudentemente, à lei. Não a assinará agora mesmo?

– Já está assinada – respondeu Robespierre, recolocando a pena junto ao tinteiro. – Vamos falar agora de assuntos mais importantes. Estas mortes não produzirão excitação alguma; porém, Collot d'Herbois, Bourdon de l'Oise Tallien (ao pronunciar este último nome, Robespierre arquejou) são os cabeças de partidos. Esta é a questão de vida ou morte, tanto para eles como para nós.

– As suas cabeças são os escabelos da sua cadeira consular – disse Payan, à meia voz. – Esta empresa não oferece perigo, se agirmos com ousadia. Juízes e jurados, todos foram escolhidos por você. Com uma mão move o exército, e com a outra a lei. A sua voz tem ainda autoridade sobre o povo.

– O pobre e virtuoso povo! – murmurou Robespierre.

– E mesmo – prosseguiu Payan –, se o nosso projeto fracassar no dia da festa, não devemos retroceder, pois ainda poderemos utilizar-nos de grandes recursos. Reflita bem. Henriot, o general do exército parisiense, lhe fornecerá tropas para prender; o "Clube dos Jacobinos" lhe proporcionará um público que aprove; e o inexorável Dumas, juízes que nunca absolvem. É necessário que sejamos ousados!

– E nós o somos e seremos! – exclamou Robespierre, dando com a mão uma pancada na mesa, enquanto se levantava, com a cabeça erguida, como a serpente no ato de atacar. – Ao ver a multidão de vícios que a torrente revolucionária mescla com as virtudes cívicas – acrescentou –, temo que o impuro contágio desses homens perversos, que deslizam entre os verdadeiros defensores da humanidade, me apresente manchado aos olhos da posteridade. Pois quê?! Crêem eles, acaso, que podem repartir a pátria como uma presa?! Eu lhes agradeço o seu ódio a tudo o que é virtuoso e digno! Esses homens – e assim dizendo, arrebatou a lista das mão de Payan –, eles, e não nós, têm estabelecido a linha divisória entre eles e os que amam a França!

– Tem razão; nós havemos de governar sozinhos! – murmurou Payan –; em outras palavras, o Estado precisa da unidade do mando.

– Eu irei à Convenção – continuou Robespierre. – Há muito tempo que não me tenho apresentado nela, para não se dizer que violentava a República que criei. Fora com semelhantes escrúpulos. Quero preparar o povo! Quero confundir os traidores com um só olhar!

Robespierre dizia isto com essa terrível firmeza oratória que nunca lhe faltou – com essa vontade moral que marchava como um guerreiro contra o canhão.

Nesse instante, foi interrompido por um criado, que lhe trouxe uma carta. Ao abri-la, o ditador empalideceu e um profundo estremecimento percorreu-lhe todo o corpo; era um dos anônimos que continuamente com o ódio e a vingança dos que ainda estavam vivos ameaçavam aquele verdugo.

"– Está manchado – dizia o escrito – com o sangue mais nobre da França. Leia sua sentença! Aguardo a hora em que o povo o entregará, furioso, às mãos do carrasco. Se a minha esperança me enganar – se o seu fim se dilatar ainda por muito tempo –, escute! leia! Esta mão, que os seus olhos em vão se esforçarão por descobrir, atravessará o seu coração! Vejo-o todos os dias – e todos os dias estou ao seu lado. A cada hora, o meu braço se levanta contra o seu peito. Malvado! Viva entretanto ainda os poucos e miseráveis dias que lhe sobram – viva para pensar em mim –; durma para me ver nos seus sonhos! O seu terror e a sua contínua recordação de mim são os arautos do seu próximo fim. Adeus! Hoje mesmo vou-me embora, para rir-me do seu medo!"*

Suas listas não estão bastante cheias! – bradou o tirano, com uma voz terrível, quando a carta anônima escapou das suas mãos trementes. – Dê-mas! Pensem e lembrem-se de que Barère tem razão! Matemos! Os mortos são os únicos que não voltam mais!

## Capítulo II

"La haine, dans ces lieux, n'a qu'un glaive assassin. Elle marche dans l'ombre."
La Harpe, *Jeanne de Napoles*, Ato IV, Cena 1.

["O ódio, nestes lugares, tem um só gládio assassino. Ele anda na sombra."]

Enquanto Maximiliano Robespierre maquinava estes projetos e estava atormentado por estes terrores, o perigo e o ódio comuns, tudo o que restava de nobre e virtuoso entre os agentes da Revolução servia para unir as mais estranhas e apartadas vontades hostis ao assassino universal. Existia, realmente, uma verdadeira conspiração contra o ditador, na qual entravam homens pouco menos manchados com sangue inocente do que ele.

Porém, essa conspiração teria sido infrutuosa, apesar da sagacidade de Tallien e Barras, os únicos entre esses conspiradores que, por sua previsão e energia, eram dignos do nome de "chefes". Os elementos mais seguros e destruidores, que se reuniram em redor do tirano para o ameaçar, eram o tempo e a natureza. Robespierre não se acomodava às exigências daquele, e havia sublevado esta em todos os peitos, ultrajando todos os sentimentos humanos.

---

* Esta carta foi achada entre os papéis inéditos de Robespierre.

Os membros do partido mais atroz da Revolução, a facção de Hébert, iam ao último extremo. Esses carniceiros-ateus que, ao profanar o céu e a terra, arrogavam uma inviolável santidade para si mesmos, estavam igualmente irritados pela execução do seu execrado chefe e pela proclamação de um Ser Supremo. O populacho, apesar dos seus brutais excessos, despertou sobressaltado, como que saindo de um pesadelo de sangue, quando o seu gigantesco ídolo, Danton, deixou de ocupar o cenário do terror onde popularizara o crime, por aquela combinação de descuidada franqueza e de eloqüente energia que seduz a multidão. O gládio da guilhotina havia-se voltado contra eles mesmos. Esse partido sanguinário tinha gritado, cantando e dançando de prazer, quando veneráveis anciãos ou a entusiasta juventude da aristocracia ou das letras atravessavam as ruas, levados em tristes e sujos carros para o cadafalso; agora, porém, os adeptos desse partido estavam desesperados e falavam-se aos ouvidos, quando via que a própria facção estava ameaçada e que alfaiates e remendões, jornaleiros e lavradores eram entregues ao abraço da "Santa Mãe Guilhotina", com tão pouca cerimônia como se houvessem sido Montmorencys ou La Trémouilles, Malesherbes ou Lavoisiers.

Razão tinha Couton, ao dizer, naquele tempo: "As sombras de Danton, de Hébert, de Chaumette passeiam entre nós!"

Entre os que haviam abraçado as doutrinas do ateu Hébert, mas que naquele momento temiam sofrer a sorte do seu chefe, encontrava-se o pintor Jean Nicot. Desesperado e furioso ao ver que com a morte do seu patrão havia terminado a sua carreira, e que, no zênite da Revolução, pela qual tanto trabalhava, via-se reduzido ao triste estado de ter de viver escondido nas bodegas, mais pobre, mais obscuro e mais desprezado do que o fora a princípio, não se atrevendo sequer a exercer a sua arte e temendo que o seu nome aparecesse na lista dos sentenciados, havia-se convertido naturalmente num dos mais ardentes inimigos de Robespierre e do seu governo.

Tinha secretas entrevistas com Callot d'Herbois, que era animado dos mesmos sentimentos; e com a sua astúcia de serpente, que formava a parte mais notável do seu caráter, entretinha-se, sem ser descoberto, em propagar tratados e invectivas contra o ditador, preparando entre "o pobre e virtuoso" a mina que devia produzir a grande explosão.

Porém, aos olhos de Nicot, como aos dos políticos perspicazes, mais profundos que ele, o poder maléfico do "incorruptível Maximiliano" aparecia ainda muito firme; e tão pouco contavam com o êxito do movimento que preparavam contra ele, que Nicot, bem como muitos outros, punha mais esperanças antes no punhal assassino do que numa revolução popular. Entretanto, Jean Nicot, ainda que nada tivesse de covarde nessa ocasião, não desejava representar o papel de mártir; ele tinha bastante juízo para compreender que, apesar de que todos os partidos se regozijariam pelo assassinato, todos se uniriam, provavelmente, para decapitar o assassino. O pintor não tinha suficiente virtude para converter-se num Brutus. O seu objeto era, ao contrário, inspirar alguém que desempenhasse esse papel, o qual não era impossível conseguir no meio daquela inflamável população.

Entre os que, com maior aspereza, declamavam contra aquele reinado de sangue; entre os desiludidos da Revolução; entre os que mais horrorizados ficaram com os excessos desta – encontrava-se, como se pode supor, o inglês Clarêncio Glyndon. O talento, o brilhante gênio e as incertas virtudes que, de vez em quando, vinham iluminar, como esplêndidos relâmpagos, a mente de Camilo Desmoulins, haviam fascinado Glyndon mais do que as qualidades de qualquer outro agente da Revolução. E quando – pois Camilo Desmoulins tinha um coração que parecia morto ou adormecido à maior parte de seus contemporâneos –, aquele fogoso filho do gênio e da concepção errônea, aterrorizado ante a matança dos girondinos e arrependendo-se do que fizera contra eles, começou a alarmar a serpentina malícia de Robespierre, pregando a tolerância e o perdão, Glyndon abraçou a sua opinião com toda a força da sua alma.

Camilo Desmoulins pereceu, e o inglês, desesperando de salvar a própria vida, como também de ver triunfar a causa da humanidade, desde aquele tempo procurava somente a ocasião de fugir daquele calvário hediondo. Além da sua própria vida, tinha ele de salvar duas outras vidas. Temendo mais por estas do que por si mesmo, começou a idealizar um plano de evasão.

Apesar de que Glyndon odiava os princípios, o partido e os vícios de Nicot, socorria a este, quanto podia, para mitigar-lhe a dura penúria. Jean Nicot, por sua vez, decidiu, em seu coração, exaltar Glyndon à imortalidade de um Brutus, que modestamente recusara para si. Ele baseava os seus projetos na coragem física, nas inconstantes e arrebatadas idéias do artista inglês e no veemente ódio e profunda indignação que este manifestava abertamente contra o governo de Maximiliano Robespierre.

Na mesma hora do mesmo dia de julho, em que Robespierre conferenciava (como vimos) com seus companheiros, duas pessoas estavam sentadas num pequeno quarto, numa das travessas que levavam para fora da Rua de St. Honoré; eram um homem e uma mulher. O primeiro parecia escutar, com impaciência e franzindo a testa, a sua companheira, que era de singular beleza, porém de fisionomia atrevida e de expressão descuidada. Enquanto ela falava, o seu semblante animava-se com todas as paixões de uma natureza selvagem e veemente.

– Inglês – dizia a mulher –, olhe o que você faz! Já sabe que, seja na fuga ou no lugar de morte, desafiarei tudo para não me separar do seu lado; você sabe disto. Fale!

– Bem, Filida; tenho acaso duvidado alguma vez da sua fidelidade?

– Duvidar dela não pode. Pode, porém, traí-la – respondeu a jovem. – Disse que na fuga deve acompanhá-lo, além de mim, mais outra pessoa, e que essa pessoa é mulher. Pois bem; isto não se dará!

– Não se dará? – perguntou Glyndon, pasmado.

– Não, não se dará! – repetiu Filida, com voz resoluta e cruzando os braços sobre o peito.

Antes que Glyndon tivesse tempo de responder, ouviu-se uma leve pancada na porta e, levantando o trinco, entrou Nicot.

Filida recostou-se sobre o espaldar da cadeira e, apoiando a face sobre a mão direita, pareceu fazer tão pouco-caso do recém-chegado, como da conversação que se seguiu depois.

– Não posso dar-lhe os bons dias, Glyndon – disse, aproximando-se do artista inglês, Jean Nicot, com seu traje de *sans-culotte*, sem tirar o roto chapéu, com as mãos metidas nas algibeiras e com a barba que tinha mais de uma semana –; não posso dar-lhe os bons dias porque, enquanto vive o tirano, o mal é o único sol que irradia seus raios sobre a França.

– É verdade! Porém, que quer? Temos semeado o vento, agora temos de colher a tempestade.

– E sem embargo – disse Nicot, como se não tivesse ouvido a resposta e falasse consigo mesmo –, isso estranha, quando nos lembramos que o carniceiro é tão mortal como a vítima; que a sua vida pende de um tênue fio; que entre a cutícula e o coração há uma passagem muito curta – que, em suma, um só golpe pode libertar a França e redimir a humanidade!

Glyndon olhava o francês com a indiferença do desprezo, enquanto este falava, e não lhe respondeu.

– Muitas vezes – continuou Nicot –, tenho dirigido um olhar à minha volta para ver se descobria o homem nascido para este glorioso destino, e cada vez que me ocorria esta idéia, os meus passos me traziam para cá!

– Não seria melhor que o houvessem levado ao lado de Maximiliano Robespierre? – insinuou Glyndon, com um sorriso de escárnio.

– Não – retrucou Nicot, com sangue-frio –; não, porque eu sou um suspeito; a mim seria impossível introduzir-me entre o seu séquito, e não poderia aproximar-me nem cem passos da sua esposa, sem ser preso. Você, porém, ainda é livre de perigo. Escute-me! – e a voz de Nicot tornou-se séria e expressiva. – Escute-me! Ainda que esta ação pareça perigosa, não o é absolutamente. Falei com Collot d'Herbois e Bilaud-Varennes, e disseram-me que não fariam o menor mal a quem desse esse golpe; o populacho correria a socorrê-lo; a Convenção o saudaria como o seu libertador, como...

– Pare, homem! Como se atreve a unir o meu nome com o ato de um assassino? – exclamou Glyndon, irritado. – Toque o sino de rebate naquela torre, como um sinal de guerra entre a humanidade e o tirano, e não serei dos últimos a correr ao campo; nunca, porém, a liberdade reconhecerá o seu defensor num assassino.

Havia algo tão valente e nobre na voz, no aspecto e nos gestos de Glyndon, quando pronunciava aquelas palavras, que impôs silêncio a Nicot, o qual viu que havia formado um juízo errôneo a respeito do inglês.

– Não! – disse Filida, levantando a cabeça –; não! o seu amigo está preparando um projeto mais prudente; ele quer deixá-los, cidadãos, e não se importará de vê-los devorando uns aos outros, como lobos; e nisto tem razão; porém...

– Fugir! – exclamou Nicot. – É possível? Fugir! Como? Quando? Por quais meios? Toda a França está cheia de espias e de guardas! Fugir! Oxalá pudéssemos fazê-lo!

– Deseja também fugir da abençoada Revolução?

– Oh! se desejo! – exclamou Nicot, de repente e, deixando-se cair abatido, abraçou os joelhos de Glyndon. – Oh! – prosseguiu –, faça com que eu me salve consigo! A minha vida é uma tortura; a cada momento vejo a guilhotina diante dos olhos. Sei que as minhas horas estão contadas; sei que não está longe o instante em que o tirano escreverá o meu nome em sua inexorável lista; sei que René Dumas, o juiz que nunca perdoa, resolveu a minha morte, já há tempo. Oh, Glyndon! Em nome da nossa velha amizade, pela comunidade da nossa arte, pela leal fidelidade inglesa e pelo seu bom coração inglês, permita que eu fuja com você!

– Se quer, eu não me oponho a que me acompanhe.

– Mil graças! Durante toda as minha vida lhe serei agradecido. Porém, como preparou os meios, os passaportes, o disfarce, o...?

– Eu lhe direi. Conhece o cidadão C..., da Convenção. É um homem que tem poder, e é avarento. "Não me importa que me desprezem, contanto que eu possa jantar", disse ele, um dia, quando lhe censuravam a avareza.

– Pois bem; e então?

– Por meio desse forte republicano, que tem muitos amigos no *Comité*, obtive os meios necessários para a minha fuga; comprei-os. Em consideração à nossa amizade, poderei arranjar-lhe também um passaporte.

– Mas, então, o dinheiro que possui não consiste em meros assinados?

– Não; eu tenho ouro suficiente para nós todos.

Ao dizer isto, Glyndon levou o francês a um quarto contíguo e ali lhe expôs, em poucas palavras, o seu plano de evasão e os disfarces de que haviam de servir-se, para que tudo ficasse conforme os dizeres dos passaportes. Em seguida, acrescentou:

– Pelo serviço que lhe faço, peço-lhe um favor que, julgo, está em suas mãos. Lembra-se de Viola Pisani?

– Ah! lembro-me, sim! E também me lembro do amante com quem ela fugiu.

– E a quem já abandonou – disse Glyndon.

– É verdade?! Ah! já compreendo. *Sacré bleu!* Mas você é um homem feliz, caro confrade!

– Silêncio, homem! Com as suas eternas frases acerca de fraternidade e virtude, parece que é incapaz de crer numa ação boa ou num pensamento virtuoso!

Nicot mordeu os lábios e replicou sombriamente:

– A experiência é um grande desenganador. Hum! Que serviço posso fazer-lhe com respeito à italiana?

– Tive a culpa de ela ter vindo a esta cidade de armadilhas e calabouços; por conseguinte, não posso deixá-la abandonada no meio dos perigos de que não se vê segura nem a inocência nem a obscuridade. Nesta abençoada República, qualquer bom cidadão que não seja suspeito e que cobice uma mulher, solteira ou casada, não tem mais do que dizer: "Seja minha ou a denunciarei!" Em poucas palavras: É necessário que Viola fuja conosco.

– Que coisa mais fácil, se tem passaporte para ela?

– Que coisa mais fácil!, diz você. Pois asseguro-lhe que é sumamente difícil! Aí está Filida, a quem oxalá não tivesse nunca visto!, e a quem, em má hora, eu escravizei a minha alma e os meus sentidos! O amor de uma mulher violenta, sem princípios e sem educação oferece, no começo, a entrada num céu para depois levar a um inferno! É ciumenta como todas as Fúrias, e não quer ouvir falar de outra mulher que nos acompanhe. E quando ela vir a beleza de Viola... Eu tremo só de pensar nisso. Ela é capaz de cometer qualquer excesso no ímpeto de suas paixões.

— Ah! Eu sei perfeitamente o que são essas mulheres! A minha esposa, Beatriz Sachini, com a qual entretive relações em Nápoles, quando essa mesma Viola recusou a minha mão, separou-se de mim quando se acabou o meu dinheiro. Veio a ser a amante de um juiz, e muitas vezes a vejo passar num luxuoso coche, enquanto eu me arrasto pelas ruas. Maldita!... Mas... paciência! paciência! Este é o prêmio da virtude. Oh! se eu fosse Robespierre por um só dia!

— Deixe essas loucuras! — exclamou Glyndon, com impaciência. — Vamos ao caso. Que é que me aconselha?

— Que deixe Filida em Paris.

— Deixá-la entregue à sua ignorância, sem contar sequer com a proteção de uma mentalidade mediana! Abandoná-la no meio dessas saturnais de violência e assassinato? Não! Fui ingrato para com ela uma vez; mas agora, suceda o que suceder, não desampararei tão vilmente uma mulher que, apesar de todos os seus erros, confiou ao meu amor o seu destino.

— Entretanto, abandonou-a em Marselha.

— É verdade; porém, naquele tempo, não a ameaçava nenhum perigo e eu não havia experimentado ainda a fidelidade e a força do seu amor. Deixei-lhe dinheiro e julguei que isto a consolaria; não foi assim. Desde então temos atravessado juntos graves perigos! E deixá-la, agora, exposta a males que nunca a teriam ameaçado, se não tivesse demonstrado tanta fidelidade para comigo, é impossível. Ocorre-me uma idéia. Não pode, acaso, dizer que tem uma irmã, uma parenta ou uma benfeitora, a quem deseja salvar? Não poderíamos, até havermos deixado a França, fazer crer a Filida que Viola é uma mulher que somente interessa a você, e que eu permito que venha acompanhar-nos na fuga, apenas para lhe agradar?

— Ah! Bem pensado! Certamente!

— Então, eu fingirei ceder aos desejos de Filida e abandonar o projeto, que tanto lhe repugna, de salvar o inocente objeto dos seus frenéticos ciúmes. Você, entretanto, pedirá a Filida para que interceda comigo para salvar...

— A uma senhora — pois ela sabe que não tenho irmã —, a uma senhora que me tem socorrido na desgraça... Sim, eu arranjarei tudo; não tema. Uma pergunta: Que é feito de Zanoni?

— Não me fale dele. Não sei.

— Ele ama ainda essa jovem?

— Parece que sim. Ela é a sua mulher, e tem dele um filho.

— Sua mulher!... e mãe! Ele a ama! Ah! E por quê?...

— Não me pergunte mais. Vou prevenir Viola que se prepare para fugir; você, entretanto, volte para o lado de Filida.

— Mas o endereço da napolitana? É necessário que o saiba para o caso que Filida mo pergunte.

— Rua M-T, nº 27. Adeus!

E Glyndon, tomando o chapéu, saiu de casa.

Nicot, quando só, pareceu refletir por alguns momentos.

— Olá! — murmurou, falando consigo mesmo — não poderia eu fazer com que todo este negócio redundasse em meu proveito próprio? Não posso vingar-me de você, Zanoni, como o tenho jurado tantas vezes, por meio de sua mulher e de seu filho? Não posso tornar-me o possuidor do seu ouro, dos seus passaportes e da sua Filida, arrebatado inglês, que me humilha com os seus benefícios, e me lançou a sua esmola como a um mendigo? Eu amo Filida; e, mais ainda, amo o seu ouro! Títeres, vou mover as suas cordas!

Dizendo isso, Nicot dirigiu-se lentamente ao quarto de Filida, que permanecia ainda na mesma atitude reflexiva, porém com algumas lágrimas nos olhos negros. Ao abrir-se a porta, a jovem dirigiu ao recém-chegado um ansioso olhar; porém, ao ver a feia cara de Nicot, volveu a cabeça com visível impaciência.

— Glyndon deixou-me aqui — disse o pintor, aproximando uma cadeira daquela em que estava Filida — para tornar menos fastidiosa a sua solidão, formosa italiana. Ele não tem ciúme do feio Nicot!... Ah! Ah! Mas Nicot a amou muito, nos dias em que a sua fortuna era melhor. Porém, deixemos de falar das loucuras passadas!

— Segundo o que diz, pois, o seu amigo saiu de casa? Para onde foi? Ah! você desviou a vista... balbuciou... não pode olhar nos meus olhos! Fale! eu vô-lo suplico, eu vô-lo ordeno!

— Criança, que é o que teme?

— Temo, sim! Temo! — disse a italiana, estremecendo e parecendo abismar-se em seus pensamentos.

Depois de alguns momentos, a jovem deitou para trás os compridos cabelos que lhe caíam diante dos olhos e, levantando-se de repente, começou a passear pelo quarto, com passo agitado. Por fim, detendo-se em frente de Nicot, pôs sua mão sobre o ombro deste, e levou-o a uma escrivaninha. Abrindo-a, mostrou-lhe o ouro que havia dentro e disse-lhe:

— Você é pobre, e ama o dinheiro; tome quanto quiser mas diga-me a verdade, Quem é a mulher que o seu amigo visita? Sabe se a ama?

A avareza brilhou nos olhos de Nicot, e as suas mãos se abriam e cerravam convulsivamente, enquanto contemplava o dinheiro. Resistindo com relutância àquele impulso, disse, afetando amargura:

— Pensa subornar-me? Neste caso, não o alcançará por meio do ouro. Porém, por que quer saber se ele ama uma rival? E se a trai? Ou se, aborrecido com os seus ciúmes, ele trata de fugir sem levá-la consigo? Acaso o saber isso a tornaria mais feliz?

— Sim! — exclamou a italiana, fogosamente — sim! pois seria uma felicidade odiar e vingar-me! Ah! você não sabe como é doce o ódio para quem realmente amou!

— Porém, jura que não me acusará, se eu lhe revelar o segredo, e que não se porá a chorar, como as mulheres costumam fazer, e a repreender o seu infiel amante, quando ele voltar?

— Chorar... repreender! Não chorarei... não o repreenderei! A vingança oculta-se muito bem nos sorrisos!

— É uma mulher valente! — disse Nicot, em tom quase de admiração. — Outra condição: o seu amante pretende fugir com a sua nova querida e abandoná-la à sua sorte. Se lhe provo isto e lhe proporciono a ocasião de se vingar da sua rival, fugirá comigo? Eu a amo! Eu me casarei com você!

Filida não respondeu; mas os seus olhos brilharam com um fogo extraordinário, enquanto lançavam sobre o pintor um olhar de inexprimível desdém.

Nicot compreendeu que havia ido demasiado longe; e com esse profundo conhecimento da parte má da nossa natureza, que aprendera na escola do crime, e que era o sentimento dominante no seu coração, resolveu confiar o resto às indômitas paixões da italiana, quando as houvesse excitado até o extremo que se havia proposto.

– Perdoe-me – disse ele. – O meu amor me tornou presunçoso; e, contudo, é somente este amor, a simpatia que sinto por você, formosa enganada, o que me induz a falar, com as minhas revelações, contra um homem que considerei sempre como um irmão. Posso crer no seu juramento de não dizer nada disto a Glyndon?

– Pode crer no meu juramento, no meu sentimento de ofendida e no meu sangue de montanhesa!

– Basta! Ponha o chapéu e o manto e siga-me!

Assim que Filida saiu do quarto, a fim de preparar-se para o passeio de exploração proposto por Nicot, os olhos deste fixaram-se outra vez sobre o ouro; era muito – muito mais do que o francês se haveria atrevido a esperar; e enquanto espreitava o conteúdo da escrivaninha, abrindo as gavetas, viu um pacote de cartas com a muito conhecida letra de Camilo Desmoulins. Apoderou-se do pacote e abriu-o; os olhos brilharam de prazer ao devorar algumas frases.

– Isto seria suficiente para entregar cinqüenta Glyndons à guilhotina! – murmurou, e escondeu as cartas na algibeira.

Ó, artista! Ó, gênio errante e obcecado! Veja os seus dois piores inimigos: o Falso Ideal, que não reconhece um Deus, e o Falso Amor, que nasce da corrupção dos sentidos, e não reflete nenhum esplendor da alma!

## *Capítulo III*

*"Liebe sonnt das Reich der Nacht."*
*Triumph der Liebe.*

["O Amor ilumina o reino da Noite."]

### CARTA DE ZANONI A MEJNOUR

PARIS.

"Recorda-te, Mejnour, daqueles tempos antigos (quando o belo residia ainda na Grécia), como nós dois, no vasto Teatro Ateniense, assistíamos ao nascimento da Arte das Palavras, tão imortal como nós mesmos? Recorda-te do estremecimento de terror que correu por todo o auditório, quando Cassandra rompeu o seu espantoso silêncio, inspirada pelo seu implacável Deus? Como estava pálida, quando à entrada da Casa de Atreu, que por pouco foi sua tumba, lançou suas exclamações, predizendo desgraças: 'Morada que o céu aborrece! Carniceria de entes humanos! Solo salpicado de sangue!'* Recorda-te como, no meio do silencioso terror que dominava aquela multidão de espectadores, cujo número passava de alguns milhares, eu me aproximei de ti e te disse, em voz baixa: 'Na realidade, não há profeta igual ao poeta!' Esta cena de horror, embora não passe de fábula e de imaginação, apresenta-se à minha mente como se fosse um sonho, que me prediz alguma coisa semelhante que deve suceder no meu próprio futuro, ainda remoto! Recorda-te?

Quando entrei nesta cidade, transformada em grande carniceria de corpos humanos, a memória me apresentou novamente aquela cena, e eu ouço a voz de Cassandra reproduzir-se outra vez nos meus ouvidos. Um medo solene difunde-se ao redor de mim, como se eu estivesse também a tropeçar numa tumba, e como se já estivesse preso na 'Rede do Hades'!

Que tesouros de negras vicissitudes e de dor se acumulam na nossa memória! Que é a nossa vida mais do que a crônica da infatigável morte?! Parece-me que era ontem que eu vagava pelas ruas desta cidade dos gauleses, quando estavam cheias de brilhantes cavalheiros cujas plumas tremulavam no ar, e cujos ricos trajes de seda encantavam a vista. O jovem Luís, monarca e amante, havia saído vitorioso no torneio de Carousel, e toda a França parecia resplandecer no esplendor do seu deslumbrante chefe! Agora, não há aqui nem Trono nem Altar; e que é o que se vê em seu lugar? É triste estar entre as ruínas de cidades que antigamente floresceram, e ver deslizarem o lagarto e a serpente entre os restos de Persépolis e de Tebas; porém, mais triste ainda é achar-se como agora eu – estrangeiro proveniente de impérios que deixaram de existir –, no meio das ruínas, ainda mais espantosas, da Lei e da Ordem, presenciando o despedaçamento da humanidade! Todavia, ainda aqui, o Amor – o Embelezador, que tem guiado os meus passos, caminha com intrépida esperança no meio do deserto da Morte.

É estranha essa paixão que forma para ti um mundo à parte, e que, individualizando um ente humano no meio da multidão, sobrevive por entre as metamorfoses da minha vida, ao passo que a ambição, o ódio e a ira, já de há muito tempo, estão mortos! O amor é o anjo solitário que paira sobre um universo de túmulos, sustendo-se por suas trêmulas e humanas asas, que são a Esperança e o Medo!

Como é, Mejnour, que quando a minha divina arte me abandonou – quando ao buscar Viola, não me vi ajudado senão pelos ordinários instintos do mais humilde mortal –, como é, repito, que nunca desconfiei e que, no meio de todas as dificuldades, animava-me o forte pressentimento de que, por fim, nos encontraríamos? Todos os vestígios da sua fuga ocultaram-se tão cruelmente! Fugira tão de repente e envolvida num segredo tamanho, que nem os espias nem as autoridades de Veneza puderam

---

* Ésquilo, *Agam*. 1098.

acilitar-me o menor indício. Em vão busquei-a em toda a Itália! Em vão, na sua anterior morada, em Nápoles!

Não obstante, ao encontrar-me naquela humilde habitação, parecia-me respirar a fragrância da sua presença! Todos os sublimes segredos da nossa ciência me falharam, quando eu quis conseguir que a sua alma se tornasse visível à minha; porém, é preciso que o saiba, pobre solitário que não tem filho algum, que de manhã e de noite, separando-me do meu invólucro grosseiro, posso comunicar-me com o meu filho! Nesta, que é a mais abençoada, típica e misteriosa de todas as relações, a natureza mesma parece conceder o que a ciência nega. O espaço não pode separar a alma vigilante do pai do lado do berço do seu primogênito!

Ignoro o país e a casa que habitam; as minhas visões não me descrevem a terra – senão a pequena e tenra criatura, a qual parece já ter o espaço por herança! Para a criança, cuja razão ainda não despertou, e na qual as paixões de homem ainda não vieram obscurecer a essência que trouxe do elemento que deixou, não existe país algum peculiar, nem cidade natal, nem linguagem mortal que lhe sejam próprios. A sua alma, sendo ainda o habitante do ar e de todos os mundos, encontra-se com a minha no espaço; ali o filho se comunica com o pai!

Mulher cruel, por quem deixei a sabedoria das esferas, a quem devo o fatal dote das debilidades e terrores da humanidade: pude crer que a jovem alma estaria menos segura na Terra, porque eu queria conduzi-la cada vez mais alto ao céu! Julgou que eu era capaz de fazer algum mal ao meu próprio filho?! Não via, nos seus serenos olhos, a luz que eu lhe inspirava para adverti-lo, para repreender a mãe que queria ligar essa alma às trevas e fazê-la participar dos tormentos dos demais mortais?! Não compreendia que era eu quem, por meio do poder do Céu, escudava-o contra as enfermidades e os sofrimentos? E em sua admirável beleza, eu bendizia o santo meio pelo qual, finalmente, o meu espírito poderia comunicar-se com o seu!

E como lhe achei a trilha, depois? Soube que o teu discípulo havia estado em Veneza. Pela descrição que me fizeram do quase selvático personagem que esteve a visitar Viola antes da sua fuga, não me foi possível reconhecer o jovem nobre neófito de Partênope; porém, quando quis citar perante mim a sua idéia, esta negou-se a me obedecer; e então compreendi que o seu destino estava ligado ao de Viola. Segui os vestígios que ele deixara, e assim cheguei até esta infeliz cidade, onde me acho desde ontem; até o instante em que escrevo estas linhas, não pude descobrir o homem que procuro.

. . . . . . . . . . . . . . . . . . . . . . . . . . . . . . . . . . . . . . . . . . . . . . . . . . . . . . . . . . . . . . . . . . . . . . . .

"Agora mesmo acabo de voltar do que chamam aqui os 'Tribunais de Justiça' – e o que, na realidade, merece o nome de cavernas onde os tigres processam a sua presa. Não encontrei a quem buscava. Estão, pois, ainda fora do perigo de caírem nas mãos desses tigres. Porém, nos crimes dos mortais, reconheci a escura sabedoria do Eterno. Mejnour, tenho visto aqui, pela primeira vez, que coisa bela e majestosa é a morte! De que sublimes virtudes nos despojamos, quando, sedentos de virtude, alcançamos a arte por meio da qual podemos evadir-nos da morte no momento em que ela nos procura! Quando, num clima feliz, onde respirar é gozar, o túmulo se abre para engolir a juventude e a formosura; quando a Morte se apresenta a um estudante que está pesquisando, com nobres fins, os segredos da ciência, e este deve interromper os seus interessantes estudos, quando a fatal cortina, caindo sobre a encantadora terra, lhe oculta a interessante cena que se oferecia à sua contemplação – quão natural é então o nosso desejo de viver, e quão natural é que a perpetuidade da vida seja o primeiro objeto da nossa investigação!

Porém, aqui, colocando-me na minha torre do tempo e volvendo a vista ao escuro passado, e contemplando o brilhante futuro, compreendo que doçura e glória sentem os grandes corações, quando morrem pelo que amam! Vi um pai sacrificar-se por seu filho; faziam-lhe acusações que podia desvanecer pronunciando uma só palavra: haviam-no tomado, equivocadamente, pelo seu filho. Com que prazer aceitou o erro, confessando os nobres crimes de valor e fidelidade que o filho cometera! Com que prazer marchou para o suplício, recordando-se que salvava a vida do filho amado! Tenho visto mulheres jovens e delicadas, na flor da sua beleza, que se haviam consagrado ao retiro do claustro. Mãos manchadas de sangue inocente, abriam-lhes as portas que as separavam do mundo e, relevando-as dos votos que haviam feito ante o Deus que esses ateus negavam, diziam-lhes que buscassem amantes e consortes, já que eram livres. Algumas dessas ternas criaturas haviam amado, ou talvez lutavam ainda contra o amor. E essas tímidas donzelas declararam, com voz tranqüila, que preferiam morrer do que romper o seu voto e faltar à sua fé! Mejnour, de onde provém esta coragem? Do fato de que estes corações vivem numa vida mais abstrata e mais santa do que a sua. Porém, viver para sempre nesta terra é viver em algo que não é mais divino do que nós mesmos. Sim, mesmo no meio desta sangrenta carnificina, Deus, o Eterno Ser, reclama, aos olhos dos homens, a santidade da sua serva, a Morte!

. . . . . . . . . . . . . . . . . . . . . . . . . . . . . . .

"Outra vez vi-o em espírito, meu querido filho! Vi-o e abençoei-o. Não me reconheceu também em seus sonhos? Não sentiu as batidas do meu coração por entre o véu dos seus rosados sonhos? Não ouviu as asas dos resplandecentes seres aéreos que ainda posso conjurar em derredor de si, para o vigiarem, alimentarem e protegerem? E quando o encantamento se desvanece ao despertar, quando os seus olhos se abrem à luz do dia, não me buscam por toda a parte, perguntando à sua mãe, com muda eloqüência, por que lhe roubou o seu pai?

Mulher, não se arrepende? Fugindo de temores imaginários, você vem à mansão do terror real onde o Perigo reside visível e palpável. Ah! se pudéssemos nos encontrar, não se lançaria nos braços do que tem ofendido para sentir, pobre viajante perdida no meio da tempestade, que reentrava no seu abrigo?

Mejnour, as minhas pesquisas foram, até agora, infrutíferas. Apesar de freqüentar todas as classes de homens, até os juízes e espias, não posso achar a ponta do novelo. Sei que Viola está aqui. Sei-o instintivamente, pois o alento do meu filho me parece mais quente e mais familiar.

Os espias cravam em mim seus venenosos olhares, quando passo pelas ruas; porém, basta um olhar meu para desarmar a sua malícia e fascinar os bassiliscos. Por toda a parte, vejo as pistas e sinto a presença do terrível espectro do Umbral, cujas vítimas são as almas que quiseram aspirar, mas não venceram o medo. Vejo como essa negra e disforme sombra marcha diante dos verdugos, dirigindo os seus passos. Robespierre passou ao meu lado com passo furtivo; os olhos do horrível espectro roíam o seu coração. Fui ver o Senado; o fantasma estava acocorado ali no soalho; fixou a sua residência na cidade do Terror. E que é que são, em verdade, esses homens que se intitulam edificadores de um novo mundo? Como os estudantes que em vão têm lutado para obter a nossa suprema ciência, tentaram uma empresa que está além do seu poder; passaram da sólida terra de costumes e formas, ao país das sombras, e o seu terrível guarda fez deles a sua presa. Quis ler no fundo da alma do tirano – essa alma covarde tremia quando passou ao meu lado. Ali, no meio das ruínas de mil sistemas que aspiravam à virtude, estava sentado o Crime, e estremecia vendo a sua obra de destruição. E não obstante, esse homem é o único Pensador, o único Aspirante que há entre todos eles. Ele sonha ainda com um porvir de paz e de perdão! E quando deverá começar esta nova era? Só quando ele tiver destruído todos os seus contrários. Insensato! Cada gota de sangue derramado produz novos inimigos. Conduzido pelos olhos do espectro, Robespierre caminha para o seu fim.

Ó Viola, a sua inocência a protege. Você, a quem a doce humanidade do amor privou até dos sonhos de uma beleza aérea e espiritual, fazendo do seu coração um universo de visões mais formosas do que as que pode contemplar o viajor sobre o róseo Héspero – não se rodeará essa mesma pura afeição, aqui mesmo, de uma atmosfera encantada, que desarmará o terror, quando este quiser atacar uma vida demasiado pura até para a sabedoria?"

. . . . . . . . . . . . . . . . . . . . . . . . . . . . . . . . . . . . . . . . . . . . . . . . . . . . . . . . . . .

## Capítulo IV

*"Ombra più che di notte, in cui luce*
*Raggio misto non è;*
. . . . . . . . . . . . . . . . . . . . . .
*Nè più il palagio appar, nè più le sue*
*Vestigia; nè dir puossi – egli qui fue."*
Gerus, Lib., canto XVI, 69.

["Sombra mais escura do que a da noite, e em que não há, misturado, nem um raio de luz ... O palácio não aparece mais, nem um vestígio dele; e nem se pode dizer que ele existiu aqui."]

Os clubes se agitam freneticamente, e os seus chefes se perdem num negro labirinto de projetos. O terrível Henriot corre de um lado para outro, murmurando às suas tropas armadas:

– Robespierre, o seu querido Robespierre, está em perigo!

O ditador anda perturbado escrevendo, a cada hora, novas vítimas em sua lista. Tallien, como Macduff e Macbeth, inspiram coragem aos seus assustados amigos conspiradores.

Precipitadamente, passam pelas ruas os carros que levam as vítimas ao cadafalso. As lojas e vendas estão fechadas; o povo está saciado de sangue, e não quer envolver-se mais nessas horríveis cenas. E cada noite, os filhos da Revolução enchem os oitenta teatros de Paris, para rir aos remoques da comédia, ou para chorar, sensibilizados, por dores imaginárias de alguma tragédia!

Num pequeno quarto no coração da cidade, a vigilante mãe está sentada ao lado do berço do seu filho. É a hora tranqüila do meio-dia; os raios do sol, quebrados pelos pequenos tetos da rua estreita, introduzem-se pela janela aberta – esses imparciais camaradas que brincam com o ar e conservam a sua alegria tanto no templo como na prisão, tanto no grande salão como na cabana; e são sempre igualmente dourados e risonhos, quer iluminem a primeira hora da vida, quer assistam, com o seu delicioso tremular, às dores e ao terror da agonia mortal! A criança, deitada aos pés de Viola, estendia as mãozinhas como se quisesse apanhar os dourados átomos de pó que estavam dançando nos raios do sol. A mãe apartou o seu olhar da luz, porque a entristecia mais; um profundo suspiro escapou-lhe do peito.

É a mesma Viola que brilhava mais formosa do que Idália sob o céu da Grécia?

Como está mudada! Como está pálida e exausta! Sentada negligentemente, com os braços caídos sobre os joelhos, tem um ar muito sério; o sorriso que anteriormente lhe era tão habitual, não reside mais nos seus lábios. Um triste e pesado desalento parece curvar a sua juventude e tornar-lhe importuno o alegre raio de sol! Com efeito, a sua existência se havia definhado desde a sua fuga, como um melancólico arroio que se ausentasse da fonte que o nutria. O repentino excesso de medo ou de superstição que, como se a tivesse impelido pelos movimentos inconscientes de um sonho, a fizera fugir de Zanoni, havia cessado desde o dia em que os seus pés pisaram a terra estrangeira.

Então... então... sentiu que a sua vida estava no sorriso do homem que abandonara para sempre. Não obstante, Viola não estava arrependida, nem teria retrocedido outra vez, ante o impulso que lhe deu as asas para fugir. Embora seu entusiasmo tivesse desaparecido, a superstição ainda permanecia; Viola cria ainda que havia salvado o seu filho da negra e culpável feiticeira, de que se contam tantas coisas nas tradições de todos os países, mas que em nenhuma parte é tão temida como no sul da Itália. Esta impressão estava confirmada pela misteriosa conversação de Glyndon e pela terrível mudança que observara nesse homem que se apresentava como a vítima dos feiticeiros. Por isso, não se arrependia de ter fugido; mas a sua vontade parecia ter emudecido.

Desde a sua chegada a Paris, Viola não viu mais a sua companheira – a mulher que lhe dera aquele exemplo de fidelidade. Antes de haverem passado três semanas, essa mulher e o seu marido tinham deixado de existir neste mundo.

E agora, pela primeira vez, as exigências e labutações dessa dura terra vieram impor-se à bela napolitana. Naquela profissão em que se dá voz e forma à poesia e ao canto, e na qual empregara os seus primeiros anos, se encontra, enquanto se a exerce, uma excitação na arte que a eleva fora da esfera do mecanismo de um ofício. Balanceando entre duas vidas, a Real e a Ideal, agita-se a vida da música e do teatro. Essa vida, porém, estava para sempre perdida para o ídolo dos olhos e ouvidos de Nápoles. Elevada à esfera superior do amor apaixonado, parecia como se o gênio fictício, que representa os pensamentos de outros, estivesse imerso no gênio que, por si mesmo, gera e eleva o próprio pensamento. Teria sido a pior infidelidade para com o seu querido abandonado, se houvesse descido outra vez a viver dos aplausos do mundo. E assim pois, Viola não teria aceitado esmola de Glyndon – assim, por meio das artes mais comuns, pela mais humilde indústria que o sexo feminino conhece, pelos trabalhos manuais, sozinha e sem ser vista por ninguém, aquela que havia dormido nos braços de Zanoni adquiria os meios para criar e proteger o filho. Era como quando, no verso prefixado a este capítulo, Arminda destruiu, por si mesma, o seu palácio encantado – nem um só vestígio restava daquela suntuosa morada, levantada em outro tempo pela Poesia e pelo Amor, que pudesse dizer: – Existiu.

E o filho vingava o pai; florescia e medrava – crescia são e robusto, na luz da vida. Entretanto, ainda parecia que um ser oculto velava sobre ele. O seu sono era tão profundo e tranqüilo, que não poderia interrompê-lo nem um estampido de trovão. E em seu sono, muitas vezes, o pequeno movia os braços, como para abraçar o ar; e muitas vezes, os seus lábios pareciam murmurar sons de indistinta afeição – porém, não para ela. Durante o seu sono, via-se sempre em suas faces um colorido de beleza celestial e, pairando sobre os seus lábios, um sorriso de misteriosa alegria. E quando despertava, os seus olhos não se dirigiam primeiro a ela – pensativos, sérios e errantes, vagueavam de um lado a outro para fixar-se, por fim, com uma expressão de muda tristeza e repreensão, no pálido rosto de sua mãe.

Nunca antes Viola havia percebido quanto amava Zanoni; o pensamento, o sentimento, o coração, a alma, a vida – tudo parecia paralisado e dormindo na fria ausência a que se consagrara. Ela não ouvia os ruídos das ruas; não percebia nada daquela tempestade popular – nada dos inumeráveis excitamentos que a toda hora se levantavam na grande cidade. Somente quando Glyndon, pálido como um espectro, vinha fazer-lhe a sua visita diária, a bela filha do Sul ficava ciente da pesada atmosfera de sangue e de morte que a rodeava. Sublime na passiva indiferença – em sua vida mecânica –, a jovem italiana não sentia medo nesse covil das Aves de Rapina.

A porta do quarto abriu-se repentinamente e Glyndon entrou. O inglês estava mais agitado do que de costume.

– É você, Clarêncio? – perguntou Viola, com sua voz lânguida e suave. – Não o esperava a esta hora.

– Quem pode contar agora as horas em Paris? – respondeu Glyndon, com um trágico sorriso. – Não é bastante o estar eu aqui? A sua apatia, no meio de tantas calamidades, me horroriza. Com tanta tranqüilidade me diz "Bom-dia!" ou "Boa-tarde!" ou "Adeus!" – como se não houvesse um espia em cada esquina, e cada dia um massacre!

– Perdoe-me! Porém, para mim, o mundo se reduz a estas paredes. Apenas posso acreditar no que me conta. Tudo aqui, exceto este – disse Viola, apontando o filho –, parece-me também tão sem vida, que talvez nem na tumba se poderiam ignorar mais os crimes que se cometem lá fora.

Glyndon guardou silêncio por alguns momentos, contemplando, com estranhos e variados sentimentos, aquela figura, tão jovem ainda e, todavia, submergida naquele tristíssimo repouso que reina somente quando o coração se sente envelhecido.

– Ó Viola! – exclamou, por fim, o artista, com uma voz de mal contida paixão. – Podia eu imaginar que chegaria a vê-la nesta situação, quando nos encontramos pela primeira vez sob o alegre céu de Nápoles? Ah! por que recusou, naquele tempo, o meu amor? Ou, por que o meu amor não foi digno de você? Não se retire! Permita-me tocar a sua mão. Jamais poderei tornar a sentir uma paixão tão doce como aquele meu amor juvenil. Agora só lhe professo o afeto que um irmão sente por uma irmã jovem e desamparada. Quando me encontro ao seu lado, por mais triste que seja a sua presença, parece-me que respiro o ar puro dos primeiros anos da minha juventude. Com exceção das cenas de turbulência e tumulto, é somente aqui que o espectro cessa de me perseguir e até esqueço a morte que vejo atrás de mim, e que me segue como se fosse a minha sombra. Porém, ainda podem vir para nós melhores dias. Viola! por fim, se bem que ainda de uma forma vaga, começo a distinguir o meio de burlar e subjugar o fantasma que envenenou a minha vida; este meio é desafiá-lo e lutar contra ele. Enquanto levou uma vida desregrada e turbulenta, como já lhe disse, o fantasma não me atormenta. Porém, agora compreendo o que Mejnour queria indicar em suas obscuras palavras, dizendo que eu "devia temer o espectro muito mais quando não se deixasse ver por mim". No meio de uma vida virtuosa e tranqüila sempre me aparece... sim, agora mesmo o vejo; ali, ali está, com os seus lívidos olhos!

E, a estas palavras, grossas gotas de suor corriam pelas faces do inglês.

– Porém, por mais que faça – continuou ele –, não me fará desistir da minha resolução. Eu o encaro, e eis que, gradualmente, se desvanece entre as sombras.

Glyndon calou-se, enquanto os seus olhos pareciam seguir, com estranha alegria, algum objeto no luminoso espaço. Depois, com uma respiração pesada e profunda, prosseguiu:

– Viola, encontrei os meios de escaparmos. Abandonaremos esta cidade. Iremos para algum outro país onde nos esforçaremos para consolar um ao outro, procurando esquecer o passado.

– Não – respondeu Viola, calmamente. – Eu penso não me mover daqui, até que me levem à última morada. Clarêncio! Esta noite sonhei com ele! E esta foi a primeira vez que com ele tenho sonhado, desde que parti de Veneza; e, não zombe de mim!, parece-me que ele me perdoava e me chamava "esposa". Este sonho santifica este quarto. Talvez ele me venha ver outra vez, antes de eu morrer.

– Não fale dele ... desse semidemônio! – exclamou Glyndon, irritado, e batendo com o pé no chão. – Dê graças ao Céu por haver-se livrado dele.

– Silêncio! – disse Viola, com gravidade. E ia prosseguir, quando os seus olhos se fixaram no filho. O pequeno achava-se no centro daquela oblíqua coluna de luz, que o sol projetava dentro do quarto; e os raios dessa luz pareciam formar uma radiante auréola, semelhante a uma coroa, posta sobre o ouro dos seus resplandecentes cabelos.

No seu pequeno corpo, cuja forma era tão esquisitamente modelada, nos seus grandes, firmes e tranqüilos olhos, havia algo de imponente que, ao mesmo tempo, reprimia e encantava o orgulho da mãe.

A criança fitava Glyndon enquanto este falava, com um olhar que quase se podia interpretar por desdém, e o qual Viola, por fim, interpretou como uma defesa em favor do ausente, uma defesa mais forte do que os seus próprios lábios pudessem pronunciar.

Glyndon rompeu o silêncio:

– Quer ficar aqui? E para quê? Para faltar aos deveres de mãe? Se lhe suceder alguma desgraça aqui, que será do seu filho? Ficará sendo órfão num país que profanou a sua religião e onde não se conhece mais a caridade. Ah! chore, e aperte o filho ao coração; mas com as suas lágrimas não o salvará nem o protegerá.

– Triunfou, meu amigo – respondeu Viola. – Fugirei consigo.

– Então deve estar preparada para amanhã de noite. Eu lhe trarei os necessários disfarces.

Em seguida, Glyndon esboçou, em poucas palavras, a marcha que deviam seguir, e o papel que deviam representar. Viola escutou, mas pouco compreendeu. Glyndon levou a mão da jovem ao seu coração, apertou-a e partiu.

## *Capítulo V*

*"Van seco pur anco*
*Sdegno ed Amor, quasi due Veltri, al fianco."*
*Gerus, Lib.*, canto XX, 117.

["Acompanham-no, contudo, ainda o Desdém e o Amor, como dois cães galgos que vão ao seu lado."]

Ao sair precipitadamente da casa de Viola, Glyndon não reparou em duas pessoas agachadas no canto de um muro. O inglês via ainda o espectro que deslizava ao seu lado, mas não percebeu os olhos ainda mais venenosos da inveja humana e do ciúme de mulher, que espiavam os passos da sua retirada.

Nicot adiantou-se até a casa, e Filida seguiu-o em silêncio. O pintor, sendo um *sans-culotte* esperto, sabia perfeitamente que linguagem devia empregar, falando com o porteiro. Chamou, pois, este para fora e disse-lhe:

– Como é isto, cidadão? Tu hospedas gente suspeita?*

– Cidadão, tu me espantas! Se é assim, dize-me o nome dele.

– Não é homem; aqui mora uma mulher, uma emigrada italiana.

---

\* Os revolucionários se tratavam por tu.

— Uma italiana? Sim, no terceiro andar, a porta da esquerda. Porém, o que há a respeito dela? Essa pobre mulher não pode ser perigosa.

— Cidadão, cuidado! Tu te atreves a defendê-la?

— Eu? Não; absolutamente não! Porém...

— Dize a verdade! Quem a visita?

— Ninguém mais que um inglês.

— É isto mesmo, um inglês, um espia de Pitt e de Coburg.

— Justo Céu! É possível?

— Como, cidadão! Tu falas do Céu? Sem dúvida, és um aristocrata!

— Não, absolutamente não! Essa palavra é apenas um velho costume, e escapou-me sem eu o advertir.

— O inglês a visita amiúde?

— Todos os dias.

Filida deixou escapar uma exclamação.

— Ela mesma nunca sai – prosseguiu o porteiro. – A sua única ocupação é trabalhar e cuidar do filho.

— Seu filho!

Filida deu um salto para a porta. Em vão Nicot quis detê-la. Com a velocidade de um raio, ela subiu a escada, e não parou senão quando chegou diante da porta indicada pelo porteiro. A porta estava entreaberta. Filida abriu-a e deteve-se no umbral, para contemplar aquele rosto, ainda tão belo! Ao ver tanta formosura, a montanhesa perdeu a última esperança.

E os seus olhos se fixaram na criança, sobre a qual a mãe se inclinava! – e ela, Filida, nunca havia sido mãe! – Queria falar, mas não pôde articular som algum; as Fúrias disputavam o seu coração.

Viola volveu a cabeça. Ao ver aquelas feições, onde estava pintado o mais mortal ódio, o desprezo e a vingança, a pobre mãe lançou um grito de espanto, e apertou o filho contra o coração.

Filida soltou uma estrepitosa gargalhada – voltou os ombros, desceu e encontrou Nicot, ainda conversando com o porteiro. Quando chegaram à rua, deteve-se repentinamente, e disse:

— Vingue-me, e diga o que pede em recompensa!

— O que peço, minha querida?! Nada mais senão que me permita amá-la... Fugirá comigo amanhã de noite; e, para isso, deve apoderar-se dos passaportes e aproveitaremos o mesmo plano.

— E eles?

— Antes daquela hora, estarão na prisão; a guilhotina vingará os seus agravos.

— Faça assim, e ficarei contente – disse Filida, com firmeza.

E não disseram nem mais uma palavra até que chegaram a casa. Quando, porém, Filida dirigiu um olhar às janelas da triste habitação, da qual a crença no amor de Glyndon fizera um paraíso, o coração daquela leoa se abrandou um tanto, como se algo da mulher despertasse em sua natureza vingativa e selvagem. Apertando o braço de Nicot, no qual se apoiava convulsivamente, exclamou:

— Não, não! A ele não denuncie! Que pereça ela só! Ele não! Dormi sobre o seu peito... A ele não denuncie!

— Como quiser — respondeu Nicot, com um sorriso satânico —, porém; por ora, ele há de ser preso por poucos momentos, provisoriamente. Não lhe acontecerá mal algum, porque não aparecerá nenhum acusador contra ele. Porém, ela... não se compadece dela?

Filida dirigiu a Nicot um olhar sombrio terrível, cuja expressão era uma resposta suficiente.

## *Capítulo VI*

*"In poppa quella*
*Che guidar gli dovea, fatal Donzèlla."*
Gerus. Lib., canto XV, 3.

["Na popa estava a fatal donzela que devia guiá-la."]

Todo aquele dia, soube Filida conservar essa astuta dissimulação que é proverbial no seu país e peculiar ao seu sexo. Nem uma palavra, nem um olhar revelou a Glyndon a terrível mudança que convertera o amor em ódio.

O inglês, absorto também em seus projetos e nas reflexões que lhe sugeria o seu estranho destino, não se encontrava em bom estado para fazer observações. Porém, as maneiras de Filida, mais amáveis e mais humildes do que de costume, produziram nele um efeito consolador, imprimindo uma direção mais animadora às suas idéias, ao declinar a tarde. Ele começou, então, a falar com Filida sobre as esperanças que tinham de escapar, e do porvir que os aguardava em terras menos profanadas.

— E a sua formosa amiga, que devia acompanhar-nos? — perguntou a italiana, com os olhos desviados e com um falso sorriso. — Segundo o que me disse Nicot, renunciou a ela, para favorecer uma outra pessoa pela qual ele se interessa. É verdade?

— Ele lhe disse? — respondeu Glyndon, evasivamente. — Bem! Agrada-lhe a troca?

— Traidor! — murmurou Filida, levantando-se repentinamente para ir ao seu lado, e retirando da fronte com fingidas carícias os compridos cabelos de Glyndon, beijou convulsivamente a sua testa.

— Esta cabeça é demasiado formosa para entregá-la ao verdugo — acrescentou, com um leve sorriso.

E separando-se do amante, pareceu ocupar-se com os preparativos da viagem.

Quando, na manhã do dia seguinte, o inglês se levantou da cama, não viu a italiana; e esta ainda não tinha voltado a casa quando ele saiu. Glyndon teve de ir outra vez falar com C..., antes de partir definitivamente, não somente para arranjar o que era necessário para Nicot poder participar da sua fuga, como também para saber se não se havia apresentado algum obstáculo que contrariasse ou ameaçasse o plano que havia adotado.

C..., embora não fosse um dos que formavam a camarilha de Robespierre (ao qual ele odiava secretamente), tinha sabido congraçar-se com os diferentes partidos que se haviam sucedido no poder. Saído da populaça, possuía contudo essa graça e vivacidade que se encontra com freqüência em todas as classes sociais da França. Esse homem, no curso da sua rápida carreira, e sem que se soubesse como, havia sabido enriquecer. Ultimamente era considerado, com efeito, como um dos proprietários mais ricos de Paris e, na época a que nos referimos, vivia numa casa magnífica, esplendidamente decorada. Era um daqueles que, por várias razões, Robespierre se dignava favorecer; assim é que C... havia salvo, muitas vezes, pessoas proscritas e suspeitas, proporcionando-lhes passaportes com nomes supostos, e indicando-lhes a maneira de escapar. Mas ele se dava a esse trabalho somente para gente rica. O "Incorruptível" Maximiliano, que não carecia da faculdade de penetração, que costuma distinguir os tiranos, não ignorava provavelmente essas manobras, nem a avareza que C... ocultava sob o disfarce de caridade. Porém, era sabido que Robespierre cerrava muitas vezes os olhos – e propunha destruir depois – como se tendesse a desconceituá-los ante a opinião pública, fazendo, por outra parte, ressaltar a própria, austera e inatacável integridade e o seu "purismo". E sem dúvida, ria mais de uma vez, interiormente, ao ver a suntuosa mansão e a insaciável cobiça do digno cidadão C...

À casa deste personagem, pois, dirigia Glyndon, pensativo, os seus passos.

Era verdade que, como o inglês havia dito a Viola, à medida que resistia ao espectro, este perdia a sua influência sobre ele e lhe causava menos terror. Por fim, havia chegado o tempo em que o artista, vendo o crime e o vício em toda a sua horrível fealdade, exercido em tão grande escala, compreendeu que, no crime e no vício, havia horrores mais repugnantes do que nos olhos do espectro que o espantava. A sua natural magnanimidade começou a voltar-lhe ao coração. Ao passar pelas ruas, ocupava a mente com projetos de arrependimento, tomando a resolução de melhorar os seus costumes; e até pensou em esquecer a baixa classe e a pouca educação que o separavam, aos olhos da sociedade, de Filida, e prometia-se a si mesmo recompensar a sua dedicação, e reparar todos os erros que contra ela tinha cometido, casando-se com ela. Ele que, em outro tempo, recusara-se a casar-se com a amável e generosa Viola – queria unir-se agora, pelos laços matrimoniais, a uma mulher de caráter tão selvático e tão pouco compatível com o seu. O artista havia chegado a compreender, neste mundo de iniqüidade, que o que é justo não deixa de ter a sua razão de ser, e que o céu não criou um sexo para que fosse a vítima do outro. As suas juvenis visões do Belo e do Bom apresentavam-se novamente aos seus olhos, e no vasto oceano da sua mente vislumbrava, como um caminho iluminado pelo luar, o sorriso da virtude que outra vez despertava. Nunca, talvez, a sua alma havia estado em condição tão elevada; nunca havia alimentado sentimentos tão altruístas.

Ao mesmo tempo, Jean Nicot, igualmente absorvido em sonhos do futuro, e meditando já de que maneira tiraria mais proveito do ouro do amigo que ia trair, dirigia-se à casa que tinha a honra de ser a residência de Robespierre. Nicot não tinha a menor intenção de cumprir a promessa que fizera a Filida, quando lhe garantira que Glyndon ficaria fora de perigo. O traidor pensava como Barère, que "só os mortos não voltavam".

Todos os homens que se dedicaram a algum estudo ou a alguma arte, e que, à força de trabalho e constância, chegaram a adquirir certo grau de celebridade, possuem indubitavelmente um fundo de energia incomparavelmente maior do que os homens comuns. Geralmente, essa energia está concentrada nos objetos da sua ambição profissional, fazendo-os olhar com apatia todas as outras coisas que movem, inspiram ou excitam a ambição dos outros. Porém, quando a um homem que possui tal fundo de energia, são negados os objetos que a sua ambição quis alcançar – quando a corrente não tem o seu escoamento legítimo, a energia irritada e despeitada apodera-se do homem e, se o seu ânimo não se deixou abater pelos desenganos sofridos, ou se não é purificado pela consciência e por um princípio moral superior, converte-se num elemento perigoso para a sociedade, pela qual vagueia de orgia em orgia e de desordem em desordem. É por isso que, em todas as monarquias sabiamente dirigidas ou, para dizer melhor, em todos os Estados bem constituídos, se atende cuidadosamente que sejam abertos canais para toda arte e toda ciência, a fim de satisfazer as ambições de todos os gênios, tanto científicos como artísticos; – é por isso que estadistas sagazes e previdentes tributam honras aos cultivadores das artes e das ciências, ainda que, às vezes, não vejam numa pintura nada mais do que uma tela cheia de cores, nem num problema outra coisa senão engenho e paciência. Nunca um Estado se acha em tanto perigo como quando o talento, que devia estar dedicado a trabalhos pacíficos, não tem outra ocupação senão a intriga política ou o proveito pessoal. O talento que não é tratado com apreço, é um elemento de guerra empregado contra os demais homens. Devemos fazer observar aqui que a classe de atores, sendo a mais desprezada na opinião pública do antigo regime, que até se lhe negava o enterro cristão (com algumas exceções de pessoas desta classe, favorecidas pela Corte), continha os mais infatigáveis e vingativos entre a escória da Revolução. No selvagem Collot d'Herbois, o mau cômico, estavam personificadas as injúrias e a vingança de toda uma classe.

Ora, a energia de Jean Nicot nunca havia sido dirigida suficientemente para a arte que professava. Já em sua primeira juventude, as discussões políticas do seu mestre David o haviam distraído dos trabalhos do cavalete, que lhe pareciam um tanto enfadonhos. Os seus defeitos corporais haviam amargurado a sua mente; o ateísmo do seu benfeitor havia amortecido a sua consciência. Porque um grande merecimento da religião – e sobretudo, da Religião da Cruz – é que eleva a paciência, primeiro, ao grau de uma virtude, e converte-a depois numa esperança. Pai que nos recompensa pelos sofrimentos e pelas provas que temos passado neste mundo –, e que será, então, a paciência? E que será um homem ou um povo, sem esta virtude? Sem paciência, a arte não pode elevar-se, nem a liberdade pode ser perfeita. Por meio de grandes dores e impetuosas e infindas lutas, esforça-se o intelecto em libertar o homem da Penúria, e em dar a Liberdade a uma nação. E ai do homem e ai da nação, se se lançam nessa luta, sem estarem fortalecidos, guiados e apoiados por essa virtude!

Nicot era um homem muito vil. Na maior parte dos criminosos, por mais que estejam abandonados, há vestígios de humanidade ou algum resto de virtude; e o verdadeiro delineador da humanidade incorre, às vezes, no escárnio dos corações maus e das mentes obtusas, por mostrar que até as piores ligas metálicas contêm alguma partícula de ouro, e que até as melhores coisas que a natureza produz não estão livres de alguma escória. Contudo, há exceções, se bem que poucas, desta regra geral; e estas exceções se manifestam quando a consciência está inteiramente morta, e quando o bem e o mal são coisas indiferentes, a não ser que conduzam a algum fim egoísta. Isto é o que sucedia com o protegido do ateu. Inveja e ódio enchiam o seu coração todo, e o sentimento que tinha do seu talento superior só servia para fazê-lo amaldiçoar todos os que lhe excediam em fortuna ou tinham a vantagem de ser de aspecto mais belo do que a sua disforme figura. Apesar de ser já um monstro, quando pôs a mão assassina sobre a garganta do seu benfeitor, querendo estrangulá-lo, o Tempo e aquele fermento de todas as más paixões – o Reinado do Sanguinolento Terror – aprofundaram mais ainda o inferno do seu coração.

Não podendo exercer a sua profissão (pois nem que se tivesse tornado um artista célebre, as revoluções não são um tempo favorável para os pintores; e nem o mais rico e soberbo magnata tem um instante tão alto e tão vivo no bem-estar da sociedade, como o poeta e o artista), o pensamento de Nicot, sempre inquieto e sem guia, somente se ocupava em contemplar as imagens do crime que interessavam ao seu coração, sempre propenso ao mal. Segundo as sua concepções, não existia nada depois desta vida; o futuro em que ele pensava era, pois, unicamente o que podia gozar neste mundo; e como haviam chegado à prosperidade, nesta vida, os homens que tinham nas mãos o mando, os grandes lutadores pelo poder? Tudo o que era bom, puro, generoso – fosse entre os realistas ou entre os republicanos – havia sucumbido no cadafalso, e só os verdugos se viam triunfantes, na pompa e na púrpura das suas vítimas! Indigentes mais nobres do que Jean Nicot teriam se desesperado, e a Pobreza se teria levantado em suas pálidas multidões de famintos, para degolar a Classe Abastada, e esfaquear, depois, os seus membros, um por um, se a Paciência, o Anjo dos Pobres, não se tivesse sentado ao seu lado, apontando-lhe, com o seu dedo solene, a vida futura!

À medida que Nicot se aproximava da casa do ditador, começou a fazer planos inteiramente contrários aos do dia anterior; não porque vacilasse na sua resolução de denunciar Glyndon e Viola, pois estava decidido a fazê-lo, odiando-os como os odiava a ambos (e, além disso, não esquecia o velho ódio que votava a Zanoni). Viola o havia desprezado, e Glyndon lhe havia prestado serviços; e o pensamento de gratidão era-lhe tão intolerável como a lembrança do insulto. Porém, por que devia, agora, fugir da França? Podia tornar-se o possuidor do ouro de Glyndon; e não duvidava que dominaria Filida, por meio dos ciúmes e da ira a que ela se entregava, e que dela conseguiria tudo o que lhe propusesse. Os papéis que havia furtado, isto é, a correspondência de Desmoulins com Glyndon, não só decidiriam a sorte do inglês, como também seriam muitíssimo úteis a Robespierre e Nicot esperava que o Rei do Terror, em consideração ao serviço que ele lhe prestava, entregando-lhe esses papéis, esqueceria que o denunciante de Glyndon havia sido íntimo amigo de Hébert, e o alistaria entre os seus aliados e instrumentos. Outra vez sentiu Nicot despertarem no seu coração as esperanças de uma carreira, da riqueza e da prosperidade. Essa correspondência, que datava de muito poucos dias antes da morte de Camilo Desmoulins, estava escrita com aquela leviana e atrevida imprudência que caracterizava o malogrado partidário de Danton. Falava abertamente dos planos que se forjavam contra Robespierre; dava os nomes de vários confederados, contra os quais o tirano desejava somente encontrar pretexto popular para os enviar ao cadafalso. Essa correspondência era um novo instrumento de morte nas mãos do infatigável carrasco. Que presente melhor, pois, se podia fazer a Maximiliano, o Incorruptível?

Acariciando estes pensamentos, chegou Nicot diante da porta do cidadão Dupleix. Em frente ao umbral, se viam agrupados, em admirável confusão, oito ou dez robustos jacobinos, a guarda voluntária de Robespierre; todos eram homens de elevada estatura, bem armados e insolentes, com o poder que reflete o poder, e estavam misturados com mulheres jovens e belas, vestidas com vistosos trajes, as quais, em conseqüência dos boatos que circulavam de que Maximiliano havia sofrido um ataque de bílis, haviam vindo para informar-se, enternecidas, do estado da sua saúde, pois Robespierre, ainda que pareça estranho, era o ídolo do sexo feminino!

Nicot abriu passo por entre esse grupo estacionado diante da porta e, subindo a escada, chegou ao patamar – pois os aposentos de Robespierre não eram bastante espaçosos para poder oferecer uma ante-sala ao grande número de pessoas, de variadas classes e condições, que vinham às suas audiências. Nicot abria caminho à viva força, sem fazer caso das palavras pouco lisonjeiras que lhe vinham aos ouvidos.

– Ah! o belo Polichinelo! – disse uma graciosa matrona, cujo vestido fora enrugado pelos angulosos e descomunais cotovelos do pintor.

Porém, quem poderia esperar alguma atenção de semelhante espantalho?

– Cidadão, eu o advirto que está pisando nos meus pés. Porém, perdão, agora vejo os seus e compreendo que não há lugar suficiente para eles.

– Olá! cidadão Nicot – exclamou um jacobino, adiantando o seu formidável cajado –, que é que o traz aqui? Pensa que já estão esquecidos os crimes de Hébert? Fora daqui, fenômeno da natureza! E dê graças ao Ser Supremo que o fez bastante insignificante para que seja perdoado.

– É uma cara bonita! Valeria a pena vê-la assomar à Janela Nacional!* – disse a mulher cujo vestido o pintor amarrotara.

– Cidadãos – disse Nicot, pálido de ira, mas dominando-se –, tenho a honra de informá-los de que preciso falar com o Representante, a respeito de assunto da mais alta importância para o público e para ele mesmo; e – acrescentou devagar e malignamente, olhando em redor de si – tomo por testemunha todos os bons cidadãos, para quando me queixar a Robespierre do recebimento indigno que alguns dos presentes me fizeram.

No olhar e no tom do pintor, havia tão profunda e concentrada malícia, que se intimidaram os que o rodeavam; e , ao pensarem estes nos repentinos altibaixos da vida revolucionária, muitas vozes se levantaram para assegurar ao esquálido pintor que nada estava mais longe deles do que a idéia de ofender a um cidadão, cujo aspecto só por si já lhes revelava que era um virtuoso *sans-culotte*. Nicot escutou essas desculpas com carrancudo silêncio; e cruzando os braços, apoiou-se contra a parede, aguardando com forçada paciência o momento de sua admissão.

---

* A guilhotina.

Os demais que ali estavam puseram-se a formar grupinhos de dois ou três, falando-se, em cada um deles, de coisas diferentes; e no meio desse murmúrio geral ouvia-se, de vez em quando, a voz forte e clara do alto jacobino que estava de guarda na escada. Ao lado de Nicot, havia uma anciã e uma linda jovem que falavam em voz baixa, com muito calor; e o pintor ateu ria-se, no seu interior, ao ouvir a sua conversação.

– Eu lhe asseguro, minha querida – dizia a velha, com um misterioso movimento de cabeça –, que a divina Catarina Theot, que os ímpios agora perseguem, é realmente inspirada. Não pode haver dúvida de que os eleitos, dos quais Dom Gerle e o virtuoso Robespierre são destinados a ser os dois grandes profetas, gozarão a vida eterna aqui, e exterminarão todos os seus inimigos. Sobre isto não há a mínima dúvida!

– Como é delicioso! – disse a moça –, este querido Robespierre parece que não é muito velho.

– Tanto maior o milagre! – respondeu a anciã. – Eu tenho oitenta e um anos de idade e, entretanto, não me sinto nem um dia mais velha, desde quando Catarina Theot me prometeu que eu seria uma das pessoas eleitas!

As duas mulheres foram empurradas, nesse momento, por algumas pessoas que acabavam de chegar e que falavam em voz alta e com muita animação.

– Sim – exclamava um homem musculoso, o qual, como se via pelo seu traje, pelos braços nus e pelo gorro na cabeça, era um carniceiro –; venho para avisar Robespierre. Estão a preparar-lhe uma armadilha; oferecem-lhe o Palácio Nacional. Não se pode ser amigo do povo e habitar um palácio.*

– Tem razão – respondeu um sapateiro –; gosto dele mais na sua modesta habitação, em casa do marceneiro; assim se parece mais com um de nós.

Outro movimento da multidão, e um novo grupo se aproximou de Nicot. E esses falavam mais alto do que os demais.

– Porém, o meu plano é...

– Ao diabo com o seu plano! Eu lhe digo que o meu projeto é...

– Disparate! – gritou um terceiro. – Quando Robespierre compreender o meu novo método de fazer pólvora, os inimigos da França...

– Ora! quem teme os inimigos estrangeiros? – interrompeu um quarto. – Os inimigos temíveis são os que estão entre nós. A minha nova guilhotina corta cinqüenta cabeças de um só golpe.

– Mas a minha nova Constituição! – exclamou um quinto.

– Melhor é a minha nova religião, cidadão! – murmurou um sexto, em tom satisfeito.

– Silêncio, com mil demônios! – gritou um jacobino dos da guarda.

E a multidão calou-se para abrir caminho a um homem de aspecto violento, que descia a escada; a sua casaca estava abotoada até o queixo, a espada tinia ao seu lado, bem como as esporas em seus calcanhares. A cor púrpura das suas faces inchadas

---

* *"On ne peut être ami du peuple et habiter un palais."* – (Achado entre os papéis inéditos de Robespierre, vol. II, p. 132).

revelavam nele a intemperança, e os seus olhos, apagados e selvagens, assemelhavam-se aos de um abutre.

Todos os semblantes empalideceram ao ver aparecer o infatigável Henriot. Apenas este carrancudo e férreo instrumento do tirano atravessara a apertada turba, um novo movimento de respeito, de agitação e de temor veio impor-se ao crescente grupo que esperava na escada. Um sóbrio e modesto cidadão, de aspecto sorridente e de olhos humildes, subia pela escada com a silenciosa ligeireza de uma sombra. É impossível que algum poeta bucólico pudesse pintar Coridon ou Tirsis com uma fisionomia mais afável e mais cheia de brandura. Por que a vista desta personagem pareceu suspender até a respiração daquela turba, tão buliçosa ainda poucos minutos antes? Como um furão que penetra na toca de coelhos, deslizou esse homem franzino por meio daquelas criaturas fortes, altas e rudes, que se apressavam a abrir-lhe o passo. Uma piscadela dos seus pequenos olhos bastou para que os robustos jacobinos da guarda lhe deixassem a passagem livre, sem pronunciar uma palavra ou formular uma pergunta. Esse novo personagem entrou no aposento do tirano, aonde o seguiremos.

## *Capítulo VII*

"*Constitutum est, ut quisquis eum* hominem *dixisset fuisse, capitalem penderet pœnam.*"

["Foi decretado que quem dissesse que ele tinha sido um *homem*, deveria sofrer a pena capital."]
Santo Agostinho, "Sobre o deus Serápis", liv. 18, de *De Civitate Dei*, cap. 5.

Robespierre estava reclinado negligentemente em sua poltrona, e o seu cadavérico semblante parecia mais abatido e fatigado do que de ordinário.

Ele, a quem Catarina Theot assegurava uma vida imortal, parecia como se realmente estivesse às portas da morte.

Sobre a mesa que havia diante dele, via-se um prato cheio de laranjas, com cujo sumo, segundo se dizia, somente podia acalmar a acre bílis que lhe inundava o organismo. Uma anciã, ricamente vestida (e que havia sido marquesa no antigo regime), ocupava-se em descascar para o dragão doente as frutas hesperídias, com os delicados dedos cobertos de preciosos anéis.

Já dissemos que Robespierre era o ídolo do sexo feminino. Isto parecerá estranho, mas aquelas mulheres eram, nessa época, mulheres francesas! A velha marquesa que, da mesma forma que Catarina Theot, chamava-o "meu filho", parecia realmente amá-lo com a ternura e o desinteresse de uma mãe; e, enquanto ela descascava as laranjas e prodigalizava palavras carinhosas ao ditador, assomava nos magros e lívidos lábios deste um ligeiro e melancólico sorriso.

Um pouco mais longe, Payan e Couton, sentados em outra mesa, escreviam rapidamente e, de vez em quando, suspendiam o seu trabalho para consultar-se em voz baixa.

De repente, um dos jacobinos abriu a porta e, aproximando-se de Robespierre, pronunciou o nome de Guérin. Ao ouvi-lo, o homem enfermo se ergueu, como se essa notícia lhe comunicasse nova vida.

– Minha boa amiga – disse o ditador à marquesa –, perdoe-me se recuso agora os seus ternos cuidados. A França precisa de mim. Nunca me sinto mal, quando posso servir à minha pátria!

A velha marquesa levantou os olhos ao céu e murmurou:

– Que anjo!

Robespierre fez um gesto de impaciência, e a anciã, exalando um suspiro, acariciou a pálida face de Maximiliano, beijou-lhe a testa e retirou-se com ar submisso.

Um momento depois, o homem risonho e sóbrio que descrevemos atrás foi colocar-se humildemente diante do tirano. E Robespierre tinha razão de alegrar-se ao receber a visita de um dos seus mais sutis agentes; pois esse homem valia, para ele, mais do que o clube dos seus jacobinos, as línguas dos seus oradores e as baionetas do seu exército. Guérin era o mais famoso dos seus instrumentos – o espia universal e onipotente, sempre ocupado em buscas e investigações, o qual, como um raio de luz, penetrava pelas fendas dos lugares e trazia ao ditador notícias não só dos fatos, mas também dos segredos que em si guardavam os corações dos homens!

– Bem, cidadão, bem! E que novas me traz de Tallien?

– Saiu de sua casa esta manhã, às oito horas e dois minutos.

– Tão cedo, hein?

– Passou pela Rua de Quatre Fils, Rua do Templo, Rua da Reunião e Rua Martin; nada digno de observação, a não ser que...

– Quê? – perguntou Robespierre, curioso.

– Que se entreteve numa livraria para comprar alguns volumes.

– Comprou livros! Ah! Ah! o charlatão! Quer ocultar o intrigante sob o disfarce do sábio! Bem!

– Depois, na Rua de Fosses Montmartre, se lhe juntou um indivíduo desconhecido, que levava um sobretudo azul. Passearam pela rua, por alguns minutos, e depois se encontraram com Legendre!

– Legendre! Vem cá, Payan! Ouviu? Legendre!

– Eu fui a uma tenda onde vendiam frutas, e paguei duas meninas para que se pusessem a jogar a pela perto deles, de maneira que pudessem ouvi-los. E as meninas me contaram que Legendre disse: – "Creio que o seu poder não durará muito." E que Tallien respondera: "E nem ele mesmo. Eu apostaria qualquer coisa que não viverá três meses." – Não sei, cidadão, se aludiam a você.

– Nem eu, cidadão –, respondeu Robespierre, com irônico sorriso, ao qual sucedeu uma expressão de melancólica meditação. – Ah! – murmurou –; sou ainda muito jovem... encontro-me na flor da vida. Não cometo excessos. Não; a minha constituição é sadia e forte. Sabe algo mais de Tallien?

— Sim. A mulher que ele ama, Tereza de Fontenay, e que se encontra presa, ainda continua a corresponder-se com ele, e incita-o a que a salve, destruindo o senhor. Meus agentes souberam disto por uma casualidade. O seu criado é o mensageiro entre ele e a mulher presa.

— Sim?! Pois o criado será preso no meio das ruas de Paris. Ainda não se concluiu o Reinado do Terror. Segundo o que digam as cartas que se encontrarem nas mãos do criado, derrubarei Tallien do seu banco na Convenção.

Robespierre levantou-se e, depois de passear, pensativo, alguns instantes, pelo quarto, abriu a porta e chamou um dos jacobinos, dando-lhe ordem de vigiar e prender o criado de Tallien. Em seguida, sentou-se outra vez. Apenas saiu o jacobino, perguntou Guérin, em voz baixa:

— Não é esse o cidadão Aristides?

— Sim; um bom rapaz, se lavasse a cara e não praguejasse tanto!

— Não fez guilhotinar seu irmão?

— Sim; porém Aristides foi o seu denunciante.

— Não obstante, crê que lhe convém ter semelhante homem ao seu lado?

— Hum! Tem razão!

E Robespierre, tirando uma carteira, escreveu nela algumas notas e, depois de pô-la novamente na algibeira, prosseguiu:

— Há algo mais sobre Tallien?

— Nada mais. Ele e Legendre, em companhia do sujeito desconhecido, dirigiram-se depois ao Jardim *Egalité*, onde se separaram. Segui Tallien até que entrou sua casa. Tenho, porém, outras notícias. Encarrego-me de averiguar quem lhe mandava esses ameaçadores bilhetes anônimos.

— Guérin! Você os descobriu? Sim?

E o tirano, ao dizer estas palavras, abria e cerrava as mãos, como se já estivesse se apoderando da vida dos autores daquelas cartas, ao mesmo tempo que uma careta convulsiva, parecida com um esgar epilético, desfigurou as suas feições.

— Cidadão, julgo que descobri um. Não ignora, decerto, que entre os mais desafetos se encontra o pintor Nicot.

— Espere, espere! — disse Robespierre, abrindo um livro manuscrito, encadernado de marroquim vermelho (pois Robespierre era asseado e preciso até em suas listas de morte) e, guiando-se por um índice alfabético, exclamou:

— Nicot! Sim, aqui o tenho: — ateu, *sans-culotte* (eu odeio os desalinhos), amigo de Hébert! Ah! Nota: René Dumas sabe da sua vida e crimes anteriores. Continua!

— Suspeitava-se que este Nicot repartia folhetos que falavam contra você e contra o *Comité*. Ontem de tarde, quando ele havia saído de sua casa, o porteiro me permitiu entrar no seu quarto, na rua Beaurepaire. Com a minha chave-mestra, abri a sua escrivaninha, e achei nela um desenho em que você aparece na guilhotina; e, debaixo do desenho, estava escrito: "Verdugo do seu pai, lê o decreto do seu castigo!" Comparei a letra com a dos fragmentos das várias cartas anônimas que me entregou; e verifiquei que a letra é idêntica a uma dessas cartas. Olhe, eu trouxe o trecho escrito.

Robespierre comparou a letra dos dois escritos, sorriu, e como se a sua vingança já estivesse satisfeita, espreguiçou-se na cadeira, dizendo:

– Bem! Eu temia que fosse um inimigo mais poderoso. É preciso prender imediatamente esse homem.

– Casualmente, espera na escada; passei roçando-me com ele, quando subi.

– Está ali? Que entre! Não! Espere um pouco! Guérin, esconda-se naquele quarto, até que eu o chame. Querido Payan, vá ver se este Nicot não traz consigo alguma arma.

Payan, que era tão destemido quanto Robespierre era pusilânime, reprimiu o sorriso de desdém que ia assomar aos seus lábios e saiu do quarto.

Ao mesmo tempo, Robespierre, com a cabeça caída sobre o peito, parecia imerso em profunda meditação.

– A vida é uma coisa melancólica, Couton – disse ele, de repente.

– Perdoe, mas eu penso que a morte é pior – respondeu o filantropo, com afabilidade.

Robespierre não disse mais nada, e tirou da carteira aquela carta singular, que se encontrou depois entre os seus papéis e que leva o número LXI na coleção publicada.*

"Sem dúvida – dizia o escrito –, estará inquieto por não ter recebido mais cedo notícias minhas. Tranqüilize-se; já sabe que eu podia responder somente pelo nosso correio ordinário; e como este foi interrompido em sua última saída, está explicada a causa da minha demora. Quando tiver recebido esta, apresse-se a fugir de um teatro onde está a ponto de aparecer e desaparecer pela última vez. Seria ocioso mencionar aqui todas as razões que o expõem ao perigo. O último passo que o deveria conduzir ao sofá da presidência, só o leva ao cadafalso; e o populacho cuspirá em sua cara como cuspiu nos que você julgou. Já que tem acumulado aqui suficientes tesouros para a vida, aguardo-o com grande impaciência, para rir consigo do papel que tem representado nos distúrbios de uma nação tão crédula e tão ávida de novidades. Aja segundo temos combinado; tudo está preparado. Concluo; o nosso correio está aguardando. Espero a sua resposta."

Pensativo, o ditador devorou devagar o conteúdo dessa epístola.

– Não – disse consigo mesmo –, quem provou uma vez o poder, não pode já gozar de descanso. Danton, Danton! Quanta razão tinha você ao dizer que era melhor ser um pobre pescador, do que governar os homens!**

Abriu-se a porta e Payan reapareceu, dizendo em voz baixa a Robespierre:

– Não há perigo. Pode ver o homem.

O ditador, satisfeito, ordenou ao jacobino que trouxesse Nicot à sua presença. O pintor entrou com uma expressão intrépida em sua repulsiva fisionomia e parou, com a fronte erguida, diante de Robespierre, que o examinava, com olhar de soslaio, da cabeça aos pés.

É uma coisa notável que os principais atores da Revolução Francesa tinham aspecto repugnante – desde a colossal fealdade de Mirabeau e de Danton, ou a vil ferocidade

---

\* *Papéis inéditos*, vol. II, pág. 156.
\*\* "*Il vaudrait mieux être un pauvre pêcheur que de gouverner des hommes*", disse Danton, na prisão.

do semblante de David e Simão, até o asqueroso desalinho de Marat, e a sinistra e biliosa baixeza das feições do ditador. Porém Robespierre, cuja fisionomia, segundo se dizia, assemelhava-se muito à do gato, tinha também o asseio desse animal; o seu traje sumamente esmerado, a sua face cuidadosamente barbeada, a feminil brancura das suas pequenas mãos, faziam ressaltar ainda mais o descuido e o desalinho do traje e a fisionomia do pintor *sans-culotte*.

– Então, cidadão – disse Robespierre, em tom afável –, deseja falar-me? Eu sei que, por muito tempo, foram desatendidos os seus méritos e o seu civismo. Vem para solicitar algum emprego para poder servir ao Estado? Não se acanhe, fale!

– Virtuoso Robespierre – respondeu Nicot –, o senhor que ilumina o universo! Não vim com o intuito de pedir um favor, mas para prestar um serviço à pátria. Descobri uma correspondência que revela uma conspiração, cujos autores, pela maior parte, até agora não foram suspeitados.

E ao dizer isto, Nicot pôs os papéis sobre a mesa.

Robespierre agarrou-os e passou por eles, rapidamente e com avidez, o olhar.

– Bem! Bem! – murmurou consigo mesmo –; isto é tudo o que eu necessitava. Barère, Legendre! Tenho-os em meu poder! Camilo Desmoulins não era mais do que o seu instrumento. Eu fui amigo de Camilo, em outro tempo; a eles, sempre os odiei!

– Cidadão Nicot, eu lhe agradeço. Vejo que estas cartas são endereçadas a um inglês. Quem é bom francês, há de desconfiar desses lobos ingleses, revestidos com peles de ovelha! A França não precisa mais dos cidadãos do mundo; esta farça foi concluída com Anarchasis Clootz. Perdão, cidadão Nicot; mas, creio que Clootz e Hébert eram seus amigos.

– Não! – respondeu Nicot, desculpando-se. – Todos estamos sujeitos a ser enganados. Eu cessei de honrá-los com o meu afeto, desde o dia em que o senhor se declarou seu contrário; pois antes duvidarei dos meus próprios sentidos do que da sua justiça.

– Sim, eu desejo fazer justiça; pois esta é a virtude que mais adoro – disse Robespierre, em voz melíflua; e com as suas propensões felinas, mesmo naquela hora crítica em que estava ocupado em vastos projetos, naquela hora em que corria perigo iminente e premeditava a vingança, comprazia-se em brincar com a solitária vítima que pensava imolar. – Em breve verá que a minha justiça saberá recompensar os seus serviços, bom Nicot. Você conhece esse Glyndon?

– Sim, conheço-o bem, intimamente. Foi meu amigo. Mas eu entregaria o meu próprio irmão, se fosse do partido dos "indulgentes". Não me envergonho em dizer que tenho recebido favores desse homem.

– Ah! E, sem dúvida, professa a doutrina de que, quando um homem ameaça a minha vida, devem esquecer-se todos os favores pessoais?

– Todos!

– Bom cidadão! Generoso Nicot!... Faça-me o obséquio de escrever aqui o endereço de Glyndon.

Nicot inclinou-se sobre a mesa, para escrever; de repente, porém, quando já tinha a pena na mão, deteve-se embaraçado e confuso, como se alguma súbita idéia houvesse passado pela sua mente!

— Escreva, bom Nicot!

O pintor obedeceu, com lentidão.

— Quem são os cúmplices de Glyndon?

— Agora mesmo queria falar-lhe sobre eles, Representante — respondeu o pintor. — Glyndon visita diariamente uma mulher estrangeira, que sabe todos os seus segredos; essa mulher afeta ser pobre e sustentar o seu filho por meio de trabalho. Ela é, porém, a esposa de um italiano imensamente rico, e não resta dúvida que possui muito dinheiro, que gasta em corromper os cidadãos. Essa mulher deve ser presa.

— Escreva também o nome dela.

— Devo adverti-lo, porém — acrescentou Nicot —, que não há tempo a perder; pois consta-me que ambos tencionam fugir de Paris já nesta noite.

— A nossa justiça é rápida, bom Nicot... Não tenha medo. Hum! Hum! — disse Robespierre, tomando o papel em que o pintor escrevera; e, inclinando-se sobre ele — pois era míope — acrescentou, sorrindo: — Esta é a sua letra habitual, cidadão? Parece-me como se fosse disfarçada.

— Eu não quereria que soubessem quem os denunciou, Representante.

— Bem! Bem! A sua virtude será recompensada, eu lho prometo. Saúde e fraternidade!

Robespierre ergueu-se um pouco, dizendo estas palavras, com as quais despedia Nicot, e este se retirou.

— Olá! aqui! — gritou o ditador, agitando a campainha; e quando entrou o jacobino de guarda, disse a este:

— Siga esse homem, esse Jean Nicot; e logo que ele esteja na rua, prenda-o. Espere! Não se falte à lei; aqui tem a ordem. O acusador público receberá as minhas instruções. Agora vá! Ligeiro!

O jacobino saiu correndo. Todos os sintomas de enfermidade e de languidez haviam desaparecido do semblante do valetudinário. Robespierre se pôs em pé, com o corpo erguido e os braços cruzados: os músculos da sua face se agitavam convulsivamente. Depois de alguns momentos, exclamou:

— Olá, Guérin.

O espia apareceu.

— Tome estes endereços — disse o ditador. — Antes de decorrer uma hora, o inglês e aquela mulher hão de estar na prisão; as suas revelações me guiarão contra inimigos mais temíveis. Morrerão, perecerão com os demais, no dia dez, dentro de três dias, pois. Tome! — e escreveu precipitadamente —, aqui tem a ordem! Pronto!

E dirigindo-se a Couton e a Payan, Robespierre prosseguiu:

— Não percamos mais tempo, e ataquemos Tallien e a sua grei. Soube que a Convenção não assistirá à festa do dia dez. Não nos resta outro recurso senão a espada da lei. Hei de coordenar as minhas idéias e preparar o meu discurso. Amanhã, irei à Convenção; amanhã, o intrépido St.-Just, coberto de louros pelas recentes vitórias dos nossos exércitos, se reunirá conosco; amanhã, da tribuna, lançarei o raio sobre os mascarados inimigos da França; amanhã, à face do país, pedirei as cabeças dos conspiradores.

## Capítulo VIII

*"Le glaive est contre toi tourné de toutes parties."*
La Harpe, *Jeanne de Naples*, Ato 4, Cena 4.

["A espada está dirigida contra ti, de todos os lados."]

Enquanto, no domicílio do tirano, sucedia o que acabamos de narrar, Glyndon, depois de haver tido uma longa entrevista com C..., na qual arranjaram os últimos preparativos para a fuga, convencido da segurança com que podia empreendê-la e julgando não encontrar já obstáculos, voltava a Filida.

De repente, no meio dos seus risonhos pensamentos, parecia-lhe ouvir uma voz, cujo terrível eco conhecia muito bem; essa voz murmurava-lhe ao ouvido: "Como! você se atreve a me desafiar e pretende escapar do meu poder?! Quer voltar à vida virtuosa e alegre?! Em vão – é demasiado tarde. Não, eu não o molestarei mais, agora; mas homens, tão inexoráveis como eu, seguem, neste momento, os seus passos. Não tornará a ver-me senão no calabouço, à meia-noite, antes do dia em que perecerá no cadafalso. Olhe!"

E Glyndon, voltando maquinalmente a cabeça, viu muito perto de si um homem desconhecido, que ele já havia notado, porém sem prestar-lhe atenção, quando saíra da casa do cidadão C..., e o qual o seguia com cautela. O inglês compreendeu, instintivamente, que era espionado e que o perseguiam.

A rua onde se encontrava era sombria e deserta, pois sendo o dia muito mormacento, quase todos os habitantes estavam recolhidos em suas casas, e era a hora em que poucos saíam por causa de negócios. Apesar da sua natural intrepidez, o artista sentiu que se lhe oprimia o coração, pois sabia demasiado o que ia por Paris, para não ver o perigo que o ameaçava.

O primeiro olhar de um espia da Revolução era, para a vítima a que se dirigia, o mesmo como o primeiro tumor contagioso para o infeliz que se via atacado de mortífera peste. A espionagem, a prisão, o julgamento e a guilhotina – estes eram os passos habituais e rápidos do monstro que os anarquistas chamavam – Lei!

Glyndon respirava com dificuldade, e ouvia distintamente as fortes pancadas do coração. Parando então, olhou firme para o homem que o seguia, e que também parou, a certa distância, atrás dele.

A coragem de Glyndon se reanimou um tanto, por ver que, naquele instante, o espia estava só, e que não andava ninguém pelas ruas. O artista adiantou um passo para aquele homem, mas este fez um movimento como se quisesse retroceder à medida que o inglês avançava.

– Cidadão – disse-lhe Glyndon –, observo que me vem seguindo. O que é que deseja?

– As ruas – respondeu o espia com um sorriso de desprezo – são certamente bastante largas para podermos passar ambos ao mesmo lado, não é verdade? Suponho que não é tão mau republicano que julgue que a cidade de Paris inteira pertence exclusivamente a você.

– Siga, pois, adiante; eu lhe deixo o passo livre.

O espia saudou-o cortesmente, tirando o chapéu, e passou adiante. Um momento depois, Glyndon se meteu numa tortuosa travessa e, acelerando quanto podia o passo, engolfou-se num labirinto de ruas, passagens e becos. Pouco a pouco foi-se acalmando, pois julgava ter desorientado o seu perseguidor; então, fazendo uma grande volta, tomou outra vez o caminho de sua casa. Ao sair de uma das ruas mais largas da cidade, um transeunte, envolto num manto, passou ao seu lado com tanta rapidez que Glyndon, a quem ele tocou ligeiramente com o cotovelo, não pôde ver-lhe a face, ouvindo apenas as suas palavras, ditas em voz baixa:

– Clarêncio Glyndon, estão perseguindo você; siga-me!

O desconhecido prosseguiu o seu caminho, marchando com passo ligeiro, diante do inglês. Este volveu a cabeça e afligiu-se novamente ao ver que tinha atrás de si o homem do sorriso servil que o perseguia, e do qual ele pensava haver escapado.

Glyndon esqueceu-se do convite que lhe fizera o desconhecido para que o seguisse; e reparando num grupo de gente que havia ali perto, detido diante de uma estamparia, passou pelo meio dele, para chegar a uma outra rua e mudar de direção. Depois de andar por muito tempo e com passo ligeiro, foi ter a um bairro distante da cidade, sem haver tornado a ver o seu perseguidor.

Tudo parecia ali tão sereno e tranqüilo, que a sua vista de artista, apesar do perigo do momento, pôs-se a contemplar com prazer a formosa e calma cena que o rodeava.

Era um sítio formado por um dos grandes cais. O Sena corria majestosamente ao longo dele e muitos barcos, cheios de marinheiros e dessa gente que encontra ocupação à beira do rio, navegavam por sua superfície. Os raios do sol faziam brilhar, com variadas cores, mil pináculos e cúpulas da populosa cidade, e cintilavam sobre as brancas paredes dos palácios da abatida nobreza.

Fatigado e ofegante, deteve-se Glyndon ali um instante, para que a suave brisa do rio lhe refrescasse a testa abrasada.

– Ainda que não seja mais que por alguns momentos, aqui enfim estarei seguro – murmurou Glyndon.

Porém, apenas havia acabado de fazer esta reflexão, tornou a avistar o espia que estava a uns trinta passos atrás dele. Ao artista pareceu que os seus pés haviam lançado raízes naquele sítio; cansado e surpreendido, parecia-lhe que não podia mais escapar. De um lado tinha o rio (e não via ponte alguma), e do outro lado uma longa fileira de casas unidas, sem oferecer uma só esquina. Glyndon ouviu grandes gargalhadas e cantos obscenos numa casa que havia atrás, entre ele e o espia. Era um café de muito má fama e muito temido naquele bairro, e quase sempre estava cheio de soldados de Henriot e de agentes e satélites de Robespierre. O espia havia, pois, acossado a vítima até a presença dos cães que o deviam morder. O perseguidor adiantou-se lentamente e, parando em frente à janela aberta do café, meteu a cabeça na abertura, parecendo reclamar o auxílio de seus camaradas armados.

Naquele mesmo instante, e enquanto a cabeça do espia estava voltada para o interior do café, Glyndon viu, na porta entreaberta da casa que estava imediatamente diante dele, o desconhecido que o havia avisado na rua. Esse homem, apenas distinguível pelo manto que o envolvia, fez-lhe um sinal para que entrasse. O artista deslizou silenciosamente pelo estreito espaço que lhe oferecia a hospitaleira porta, que se cerrou em seguida; e, quase sem poder respirar, seguiu o desconhecido por uma espaçosa escadaria, e depois por uma série de quartos vazios; até que, por fim, chegaram a um pequeno gabinete.

Ao entrar nele, o misterioso personagem tirou o chapéu e o comprido manto que até então haviam ocultado a sua forma e suas feições, e Glyndon viu diante de si – Zanoni.

## Capítulo IX

"Não penses que eu as obras portentosas,
A que vós de Magia o nome dais,
Faço apoiado em forças tenebrosas,
Ou com auxílio de anjos infernais!
A minha ciência tem por seus aliados:
As forças mui sutis dos minerais,
As ervas dos jardins, dos bosques, prados,
E as posições dos astros abençoados."
*Gerus Lib.* Tasso, canto XIV, 43.

– Aqui está seguro, jovem inglês – disse Zanoni, designando uma cadeira a Glyndon. – Pode considerar-se feliz, porque, por fim, o encontrei.

– Muito mais feliz seria, se nunca nos tivéssemos encontrado! – respondeu o artista. – Entretanto, até nestas últimas horas da minha vida, alegro-me de poder ver mais uma vez a face do ominoso e misterioso ser, a quem atribuo todos os sofrimentos que tenho experimentado. Aqui, pois, não deverá me iludir ou burlar. Aqui, antes de nos separarmos, me revelará o negro enigma, se não da sua vida, ao menos da minha!

– Tem sofrido? Pobre neófito! – exclamou Zanoni, em tom compassivo. – Sim, sofreu, eu o leio no seu semblante. Porém, por que me censura? Por que de mim se queixa? Não o preveni contra as insinuações da sua alma? Não o avisei que não devia ceder? Não lhe disse que a prova iniciática era muito arriscada e cheia de tremendos terrores? Não lhe ofereci entregar a você o coração que batia por mim, querendo assim desprender-me da minha felicidade para dá-la a você? Não se decidiu voluntariamente a enfrentar os perigos da iniciação? Foi você mesmo quem tomou Mejnour por mestre, para estudar a sua ciência!

– Porém, de onde vinha o irresistível desejo que me impelia a essa ciência frenética e condenável? Não o conheci até que o seu mau olhar caiu sobre mim, e fui levado na mágica atmosfera do seu ser.

– Está em erro! O seu desejo estava em você; e teria aberto caminho de uma forma ou de outra. Jovem! Pede-me a explicação do enigma do seu destino e do meu. Olhe em redor de você e reflita sobre tudo o que existe; não vê mistério por toda a parte? Podem os seus olhos seguir a trilha da germinação do grão debaixo da terra? No mundo moral, como igualmente no físico, existem ocultos portentos, muito mais maravilhosos do que as forças que se atribui!

– Desconhece essas forças? Confessa que é um impostor? ou que, afetivamente, está vendido ao Espírito Maligno? – e que é um mago cujo gênio familiar me tem atormentado dia e noite?

– Não importa quem eu seja – retrucou Zanoni. – O que é importante é saber se posso ajudá-lo a conjurar o terrível fantasma e restituí-lo à sã tranqüilidade da vida ordinária. Contudo, quero dizer-lhe algo, não para me justificar, mas para fazer justiça ao Céu e à Natureza, os quais você injuria com as suas dúvidas.

Zanoni calou-se por um momento, e depois prosseguiu, com um leve sorriso nos lábios:

– Nos primeiros dias da sua juventude, sem dúvida, leu com prazer o grande poeta cristão, cuja musa (assim como o Oriente que ele canta), desceu à Terra, "coroada de flores colhidas no Paraíso".* Nenhum espírito estava imbuído mais do que o dele das cavalheirescas superstições do tempo; e, seguramente, o Poeta de Jerusalém, para satisfazer o mesmo inquisidor a quem consultou, execrou bastante todos os que se entregavam às ilícitas práticas da chamada magia e feitiçaria: *Per isforzar Cocito o Flegetone*.** Porém, não sabe que, em suas tristezas e em suas desgraças, na prisão da sua casa dos orates, o mesmo Tasso achava o seu consolo, a sua escapada, no reconhecimento de uma Teurgia santa e espiritual... de uma magia que invoca o anjo, ou o bom gênio, e não o demônio? E não se recorda como ele, versado como estava para a sua idade, nos mistérios do mais nobre platonismo, que alude a todos os segredos de todas as augustas fraternidades, desde os caldeus até os rosa-cruzes, discerne, no seu belo verso, a negra arte de Ismeno, da gloriosa ciência do Encantador que aconselha e guia, em sua santa missão, os campeões da Terra Santa? A ciência deste não era devida às relações mantidas com os rebeldes do inferno, mas à percepção dos poderes secretos da fonte e da planta – aos arcanos da natureza desconhecida e aos vários movimentos das estrelas. Das alturas dos montes Líbano e Carmelo via, embaixo dos seus pés, as nuvens, as naves, os arco-íris, as gerações das chuvas e dos orvalhos. Lembre-se que o Eremita Cristão, que converteu o Encantador (que não é um ser fabuloso, mas é o tipo de todo espírito que aspira a elevar-se a Deus por meio da natureza), não lhe ordenou que abandonasse esses sublimes estudos, *Le solite arte e l'uso mio*, mas, pelo contrário, deixou-o continuar a cultivá-los, inspirando-lhe os meios de empregá-los para bons e dignos fins. E nesta

---

\* *"L'aurea testa di rose colte in Paradiso infiora."* – Tasso, *Gerus. Lib.*, IV, 50.
\*\* "Para constranger Cocito ou Flêgeton." – (Rios mitológicos do Inferno.)

grande concepção do poeta está o segredo da verdadeira teurgia que, em dias mais ilustrados, espantou a sua ignorância com pueris apreensões e com pesadelos de uma imaginação enferma.

Zanoni fez nova pausa e, depois de um momento, continuou:

– Em tempos muito remotos, de uma civilização muito diferente da que agora submerge o indivíduo no Estado, existiam homens de mentalidade ardente que se entregavam, com todo o coração, ao estudo das ciências. Nos poderosos e brilhantes reinos onde viviam, não havia canais turbulentos e terrestres por onde pudesse escapar o fogo da sua mente. Na antiga instituição das castas, ou classes sociais bem diferenciadas, que nenhum intelecto podia derribar e nenhum ato de coragem podia abalar, nos corações daqueles que recebiam os seus estudos como uma herança de pai a filho, só reinava uma insaciável sede de saber. Por isso, até nas suas imperfeitas recordações do progresso dos conhecimentos humanos, os cientistas atuais acham que, nos tempos primitivos, a filosofia não descia aos negócios e aos lares dos homens. Ela residia entre as maravilhas da criação superior; procurava analisar a formação da matéria – os essenciais da alma predominante; ler os mistérios dos mundos dos astros; penetrar nas profundezas da natureza em que, segundo dizem os eruditos, Zoroastro descobriu as artes que a ignorância designa com o nome de magia.

"Naqueles tempos, pois, surgiram alguns homens que, no meio das vaidades e ilusões da sua classe, acreditaram descobrir o fulgor de uma ciência mais brilhante e mais sólida. Imaginaram que existia uma afinidade entre todas as obras da natureza e que, nas mais baixas, estava oculta a secreta atração que podia conduzir ao descobrimento das mais sublimes. Passaram-se séculos e muitas vidas se consumiram nesses descobrimentos; porém, passo a passo, tudo foi registrado, e serviu de guia aos poucos que possuíam o privilégio hereditário de seguir a senda da grande ciência.

"Por fim, no meio dessa escuridão, brotou a luz para alguns olhos; porém não pense, jovem visionário, que essa luz se revelou aos que abrigavam pensamentos profanos, e sobre os quais a Origem do Mal exercia algum poder. Essa luz, naqueles tempos, igualmente como hoje, se revelava somente aos mais puros êxtases da imaginação e do intelecto, livres dos cuidados da vida vulgar e dos apetites da matéria. Longe de descerem a pedir a assistência de um demônio, aqueles homens nutriam a augusta ambição de se aproximarem mais da Fonte do Bem; quanto mais se emancipavam desse limbo dos planetas, tanto mais eram invadidos pelo esplendor e pela beneficência de Deus. E se eles buscaram saber e, por fim, descobriram como ao olho do Espírito se tornam aparentes todas as modificações sutis do ser e da matéria; e se descobriram como, para as asas do Espírito, deixa de existir o espaço e como, enquanto o corpo permanece pesado e sólido aqui na Terra, como uma tumba deserta, a Idéia libertada pode voar de estrela em estrela, se vieram a descobrir realmente estes sublimes segredos, foi somente para admirar, venerar e adorar! Pois, como disse um autor bastante ilustrado nestas elevadas matérias: 'Existe um princípio da alma, superior a toda a natureza externa, e por meio desse princípio podemos nos elevar acima da ordem e dos sistemas desse mundo, e participar da vida imortal e da energia dos Sublimes Celestiais. Quando a alma se eleva a uma natureza superior à sua, abandonada a ordem a que foi sujeita por um certo tempo, por meio de um magnetismo religioso, é atraída a uma esfera mais alta, com a qual se liga e une!'*

"Admita, pois, que semelhantes seres encontraram, por fim, o segredo de deter a morte e de passar incólumes no meio das revoluções da Terra; pense que esta vida pode inspirar-lhes outro desejo que o de anelar tanto mais a imortalidade e adaptar o seu intelecto cada vez melhor à existência superior, à qual poderão ser transportados quando o tempo e a morte tiverem deixado de existir? Expulse da sua mente essas fantásticas idéias de feiticeiro e demônio! A alma pode aspirar somente à luz; e o único erro da nossa sublime ciência consiste somente no esquecimento da debilidade, das paixões e dos laços de que pode libertar-nos unicamente a morte, que tão inutilmente vencemos."

Este discurso era tão diferente do que Glyndon esperava, que o artista ficou por alguns momentos sem poder falar, até que, afinal, balbuciou:

– Então, por que eu...

– Por que você – respondeu Zanoni – não obteve mais do que o sofrimento e o terror: o Umbral e o fantasma? Insensato! Considere os mais simples elementos do saber comum. Pode cada discípulo converter-se em mestre, somente por meio do seu desejo e da sua vontade? Pode o estudante chegar a ser Newton, apenas por ter comprado um livro de geometria? Pode um jovem, porque as Musas o inspiram, prometer igualar-se a Homero? Pode aquele pálido tirano, por mais que conte com as armas do seu exército, confeccionar uma constituição menos viciosa, que não venha a ser derribada, num momento, por um populacho frenético? Quando, naquele tempo remoto a que me referi, um estudante aspirava à elevada altura que você quis alcançar de um só salto, tinha de se preparar e se exercitar desde o berço para a carreira que devia seguir. As naturezas interna e externa se faziam visíveis à sua vista, ano após ano, à medida que progredia. Ele não era admitido à iniciação prática senão quando nenhum desejo terrestre encadeasse a sublime faculdade a que se dá o nome de imaginação, quando nenhum desejo carnal anuviasse a essência penetrante chamada intelecto. E mesmo assim, quão poucos, e isto dos melhores, alcançavam o último mistério! Com mais felicidade do que eles, chegavam os seus antecessores às santas glórias, cuja mais consoladora porta é a morte!

Zanoni interrompeu-se, e uma nuvem de tristeza e reflexão obscurecia a sua celestial beleza.

– E há, realmente, além de você e de Mejnour, outros que pretenderam possuir os mesmos atributos e atingiram os mesmos segredos que vocês?

– Existiram outros antes de nós, mas agora apenas nós dois, desse número, ficamos vivendo neste mundo.

– Impostor! Você se trai a si mesmo! Se aqueles outros triunfaram da morte, por que deixaram de existir?

– Filho de um dia! – respondeu Zanoni, com tristeza –; não lhe disse já que o erro da nossa ciência era o esquecimento dos desejos e das paixões que o espírito nunca pode alcançar total e permanentemente, enquanto esta matéria carnal o envolve? Pensa que não é triste renunciar a todos os laços humanos, a toda amizade, a todo amor, ou

---

* Jâmblico, *Sobre os Mistérios*, cap. 7.

ver, dia após dia, desaparecerem da nossa vida os afetos, a amizade e o amor, como se desprendem as folhas da haste? Admira-se de que, com o poder de viver tanto tempo quanto durar o mundo, muitos dos nossos preferiram morrer? Antes deveria admirar-se que existam ainda dois seres tão fortemente aderidos à Terra! Pelo que me toca, confesso que o mundo ainda tem atrativos. Tendo eu chegado aos últimos segredos, quando me achava na flor da juventude, a juventude faz brilhar, com as suas belas cores, tudo o que me rodeia; respirar é ainda um prazer para mim. A frescura, ao meu ver, conserva-se sempre no semblante da natureza, e não há erva em que eu não descubra algum encanto, e que não me revele alguma nova maravilha.

"O mesmo que sucede com a minha juventude, dá-se com a idade madura de Mejnour; este lhe diria que a vida para ele não é mais do que o poder de examinar; e que, enquanto não tiver esgotado todas as maravilhas que o Criador semeou na Terra, não desejará novas habitações onde o seu renovado espírito possa seguir explorando. Nós somos os tipos das duas essências do que é imperecedouro: a *Arte*, que goza, e a *Ciência*, que contempla! E agora, para que esteja contente de não haver chegado a obter os segredos, saiba que a idéia deve estar tão absolutamente desprendida de tudo quanto é capaz de ocupar e excitar os homens, que é preciso viver sem cobiçar, amar ou odiar alguém ou alguma coisa; compreenda que, para um homem ambicioso ou para quem ama ou odeia, aquele poder é inútil. E eu, por fim, ligado pelos mais comuns laços da vida doméstica, em conseqüência do que a minha vista espiritual está obscurecida, eu, cego e sem auxílio, peço a você, homem burlado e descontente, peço que me dirija, que me guie: onde estão a minha mulher e o meu filho? Ah! diga-me, fale! Cala-se? Oh! Vê agora que não sou feiticeiro nem espírito malévolo? Eu não posso dar-lhe o que as suas faculdades lhe negam, não posso acabar o que o impassível Mejnour não pôde conseguir; porém posso fazer-lhe outro presente, talvez o mais belo, posso reconciliá-lo com o mundo cotidiano e estabelecer a paz entre você e a sua consciência.

– Você me promete?

– Sim; juro-lhe!

Glyndon fitou Zanoni com firmeza, e acreditou nele. Disse-lhe então, em voz baixa, o endereço da casa aonde o seu fatal passo um pouco antes havia levado a dor e a desgraça.

– Seja abençoado! – exclamou Zanoni, apaixonadamente. – O Senhor o recompensará por esta boa ação! Não pude perceber que à entrada de todos os mundos superiores habita a raça que intimida e aterroriza! Quem é que, tendo saído das antigas regiões do costume e da prescrição, neste nosso mundo, não sentiu a mão opressora do indescritível e inominável medo? Por toda a parte, seja no gabinete do sábio, no conselho do demagogo, ou no campo do guerreiro, em toda a parte onde o homem aspire e trabalhe, encontra-se, embora invisível a seus olhos, o terrível espectro, o inexprimível horror. Porém, só na região onde você se atreve a penetrar, é *visível* o fantasma; e nunca cessará de persegui-lo enquanto não puder passar ao Infinito, como o serafim, ou até que volte à vida familiar, como uma criança! Mas responda-me a isto: Não é verdade que sempre quando resolvia voltar ao caminho da virtude, o fantasma se apresentava, de repente, ao seu lado? E quando a voz lhe murmurava palavras de desespero, quando os seus horríveis olhos o amedrontavam, para conseguir que voltasse outra vez à vida desregrada, porque compreendia que nessas cenas, deixando-o entregue aos piores inimigos da alma, ele se retirava da sua presença, não resistiu nunca, corajosamente, ao espectro e ao seu próprio horror? Não disse nunca: "Suceda o que suceder, quero abraçar-me com a Virtude"?!

– Ah! – respondeu Glyndon –; só no último tempo ousei fazê-lo.

– E então notou que o fantasma se tornava menos perceptível e que o seu poder se debilitava, não é verdade?

– É, sim.

– Regozije-se, pois! Venceu o verdadeiro terror e o mistério da prova iniciática. A sua resolução é o primeiro triunfo. Alegre-se, pois o exorcismo é seguro! Você não é daqueles que, negando uma vida futura, são as vítimas do Inexorável Horror. Oh! Quando compreenderão os homens, por fim, que se a Grande Religião inculca tão rigidamente a necessidade da Fé, não é só porque a Fé conduz à vida futura, mas também porque sem a Fé não há nada de excelente nesta vida terrestre! A crença em algo mais sábio, mais feliz, mais divino do que o que vemos na Terra, é o que os artistas chamam o Ideal, e os sacerdotes a Fé. O Ideal e a Fé são uma e a mesma coisa. Volte, jovem estrangeiro, volte. Compreenda quanta beleza e santidade reside no que é comum e velho. Para trás, ó espectro de horror! Volte à sua guarida! E, ó céu azul, sorria, acalmando o coração infantil, iluminando-o com o seu astro vespertino e com o seu astro matutino, que são um só, se bem que tenha dois nomes: a memória e a esperança!

Enquanto assim falava, pôs Zanoni suavemente a mão sobre as ardentes fontes do seu excitado e admirado ouvinte, que experimentou logo uma espécie de êxtase ou "transe": parecia-lhe que havia voltado ao lar da sua infância; que se encontrava no pequeno quarto onde, nos seus tempos de criança, a sua mãe velava rezando sobre ele, quando adormecia. Ali estava tudo – visível, palpável, solitário e intacto. Num lado, via-se a cama; as paredes, as estantes cheias de livros sagrados; o cavalete onde, pela primeira vez, tentara exprimir o ideal pela linguagem da tela, estava num canto, quebrado e cheio de pó. Debaixo da janela, via-se o velho cemitério; os raios do sol brilhavam por entre as verdes folhas dos teixos. Glyndon via distraidamente o túmulo onde seu pai e sua mãe jaziam unidos, e a ponta do campanário, dirigindo-se ao céu, apresentava-se como um símbolo da esperança daqueles que consignaram os seus restos mortais ao pó. O toque dos sinos ressoava nos seus ouvidos, como num dia santo. Para longe voaram todas as visões de ansiedade e de horror que o haviam aterrorizado e convulsionado; a juventude, a meninice, a infância voltavam a ele, com os seus inocentes desejos e esperanças; parecia-lhe que se ajoelhava para rezar.

Glyndon voltou a si, despertando, e com os olhos marejados de lágrimas; o seu coração lhe dizia que o fantasma havia desaparecido para sempre. O artista olhou em volta de si; Zanoni não estava mais lá. Mas sobre a mesa via-se um papel, em que estavam escritas as seguintes linhas, com a tinta ainda úmida:

"Proporcionar-lhe-ei os meios de escapar. Esta noite, às nove horas, um bote o aguardará em frente desta casa. O barqueiro o conduzirá a um lugar retirado, onde estará em completa segurança, até que o Reinado do Terror, que chega ao seu fim, houver passado. Não pense mais no amor sensual que o alucinou e que estava a ponto de perdê-lo. Traiu-o, e tê-lo-ia destruído. Voltará sem obstáculos ao seu país natal – e viverá ainda longos anos para meditar sobre o passado e para redimi-lo. Para o futuro, seja o seu sonho o seu guia, e as suas lágrimas o seu batismo."

O inglês obedeceu aos preceitos desta carta, e achou que diziam a verdade.

## Capítulo X

*"Quid mirare meas tot in uno corpore formas?"*
*Propert.*

["Por que te admiras que eu, num só corpo, tenha tantas formas?"]

### CARTA DE ZANONI A MEJNOUR

..................................................................

"Viola acha-se numa das sombrias prisões, por ordem de Robespierre; e descobriu que isto lhe acontece por causa de Glyndon. Nisto, pois, consistia aquela terrível relação entre os destinos destes dois seres, a qual não pude explicar até que os seus destinos se separaram; e era essa relação que envolvia Glyndon na mesma nuvem que ocultava Viola à minha vista interna.

"Ela, pois, está na prisão – na prisão! que é a porta do túmulo! O seu julgamento, e a inevitável execução que segue esses julgamentos, deve ter lugar depois de amanhã. O tirano fixou todos os seus sangrentos projetos para o dia 10 de Termidor.

"Enquanto as execuções dos inocentes estiverem enchendo de espanto a cidade, os seus satélites devem exterminar os seus inimigos. Só resta uma esperança – e é que o Poder que agora sentencia o sentenciador, fará de mim o instrumento que deve apressar a sua queda. Somente dois dias me sobram – somente dois dias! Em toda a minha imensidade de tempo, não vejo senão estes dois dias; do que, depois deles, se seguir, não distingo nada – tudo é obscuridade e solidão. Ainda posso salvá-la! Caia o tirano no dia antes do que assinalou para a matança! Esta é a primeira vez que me intrometo nos enredos e estratagemas dos homens, e a minha mente ergue-se, combatendo o meu desespero, para se armar e, ansiosa, aguarda o momento da luta."

..................................................................
..................................................................

Na Rua de Saint Honoré se havia formado um numeroso grupo. Acabavam de prender um jovem, por ordem de Robespierre. Esse homem era um dos criados de Tallien, o chefe hostil na Convenção, a quem o tirano não se atrevera ainda a atacar. Por esta razão, o incidente havia produzido uma excitação maior do que se suporia numa circunstância tão comum no Reinado do Terror. No grupo, havia muitos amigos de Tallien, muitos inimigos do tirano e muitos que já estavam cansados de ver como o tigre arrastava vítima após vítima ao seu covil.

Começaram a ouvir-se roucos murmúrios de descontentamento; olhares ameaçadores se dirigiam contra os agentes que se apoderaram do jovem; e, ainda que a gente não se atrevesse a opor uma resistência manifesta, os que estavam atrás, empurravam os da frente, e formavam uma espécie de barreira entre o preso e os seus detentores. O jovem começou a lutar para escapar e, fazendo um violento esforço, pôde, por fim, ver-se livre das garras dos seus inimigos. A multidão abriu passo, cerrando-se em seguida, para proteger a sua fuga.

De repente, porém, ouviu-se perto o ruído da cavalaria – o feroz Henriot e seus soldados atacaram o grupo, que se dispersou num instante. O jovem foi outra vez agarrado por um dos agentes do ditador. Naquele instante, uma voz murmurou ao ouvido do prisioneiro:

– Tem com você uma carta que, se for achada em seu poder, tira-lhe toda a esperança de se salvar; dê-ma, eu a entregarei a Tallien.

O jovem volveu a cabeça, cheio de admiração, e viu, no semblante do desconhecido que lhe falava, algo que lhe inspirou confiança. A tropa chegava nesse momento ao lugar da cena; o jacobino que havia agarrado o prisioneiro soltou-o por um instante, para evitar as ferraduras dos cavalos; o jovem, aproveitando essa oportunidade, entregou a carta ao desconhecido, e este desapareceu.

. . . . . . . . . . . . . . . . . . . . . . . . . . . . . . . . . . . . . . . . . . . . . . . . . . . . . . . . . . . . . .

Os principais inimigos do tirano estavam reunidos em casa de Tallien. O perigo comum fazia com que todos se unissem. Todas as facções depuseram as suas discórdias, para agrupar-se unânimes contra o homem que marchava por cima de todas as facções, no seu sangrento trono. Ali estava o intrépido Lecointre, inimigo declarado de Robespierre; o astuto Barère, herói dos covardes, que tratava de conciliar todos os extremos; o impávido e calmo Barras; e Collet d'Herbois, respirando ira e vingança, sem ver que somente os enormes crimes de Robespierre podiam obscurecer os que ele mesmo tinha praticado.

O conselho estava agitado e irresoluto. O terror, excitado por contínuos triunfos e pela prodigiosa energia de Robespierre, exercia uma deprimente influência sobre a maior parte. Tallien, o mais temido pelo tirano, e o único que podia reunir num só núcleo tantas paixões contraditórias, dando-lhes uma cabeça, um corpo e uma direção, estava demasiado manchado com a memória das próprias crueldades, para que não titubeasse em declarar-se o campeão da tolerância.

– É verdade – disse ele, depois de um animado discurso de Lecointre – que o usurpador nos ameaça a todos. Porém, ainda é demasiado benquisto entre sua plebe e é fortemente apoiado pelos jacobinos; será melhor adiarmos as hostilidades abertas para uma hora mais propícia. Tentar e sofrer derrota é nos entregarmos atados de mãos e pés, à guilhotina. O seu poder há de declinar de dia em dia. A procrastinação é o nosso melhor aliado.

Enquanto Tallien dizia isto e o seu discurso produzia no auditório o efeito da água sobre o fogo, entrou um criado para dizer-lhe que um desconhecido desejava vê-lo imediatamente, a fim de falar-lhe sobre um assunto que não admitia espera.

– Não tenho tempo – disse o orador, com impaciência.

O criado pôs um bilhete em cima da mesa. Tallien abriu-o, e leu estas palavras, escritas a lápis:

"Da prisão de Tereza de Fontenay."

Tallien empalideceu e, levantando-se de repente, dirigiu-se com passos rápidos à ante-sala, onde encontrou um homem que lhe era totalmente desconhecido.

– Esperança da França! – disse-lhe este, com uma voz que parecia chegar-lhe diretamente ao coração. – O seu criado foi preso na rua. Eu salvei a sua vida e o da sua futura esposa. Trago-lhe esta carta de Tereza de Fontenay.

Tallien, com mão trêmula, abriu a carta e leu:

"Hei de suplicar-lhe sempre em vão? Repetidas vezes disse que não devia perder uma hora, se aprecia a minha vida e a sua. O meu julgamento e a minha morte estão fixados para depois de amanhã – o dia 10 de Termidor. Fira o monstro, enquanto ainda é tempo; abata-o! Sobram-lhe dois dias. Se falhar, se vacilar, adiando – olhe-me pela última vez, quando eu passar por debaixo das suas janelas, a caminho da guilhotina!"

– O seu processo subministrará provas contra você – disse o desconhecido. – A morte dela é o arauto da sua. Não tema o populacho. O populacho queria libertar o seu criado. Não tema a Robespierre... ele se entregará às suas mãos. Amanhã ele irá à Convenção; amanhã ganhará a cabeça dele ou perderá a sua...

– Amanhã irá à Convenção?! E quem é você, que sabe com tanta precisão o que eu mesmo ignoro?

– Um homem que, como você, quer salvar a mulher que ama.

Antes de que Tallien tornasse a si da surpresa, o desconhecido havia desaparecido.

O vingador voltou à reunião, como um homem inteiramente alterado.

– Acabo de ouvir notícias, não importa mais quais – exclamou –, que me fizeram mudar de plano. No dia 10, segundo o que planeja o tirano, devemos morrer na guilhotina. Revogo o meu conselho de adiar a nossa ação; não devemos esperar mais. Robespierre irá, amanhã, à Convenção; ali devemos pôr-nos frente a frente com ele e esmagá-lo. Da Montanha há de aparecer-lhe a ameaçadora sombra de Danton – da Planície hão de levantar-se, ensanguentados, os espectros de Vergniaud e de Condorcet. Descarreguemos o golpe!

– Sim, descarreguemos o golpe! – exclamou Barère, cheio de energia pela resolução corajosa do seu colega. – Ficamos! Só os mortos não voltam mais!

É digno de menção (e o fato acha-se numa das memórias daquele tempo) que todo aquele dia e aquela noite, 7 de Termidor), um desconhecido, que não tinha tomado parte em nenhum dos acontecimentos anteriores a esse tempo tempestuoso, foi visto em várias partes da cidade – nos cafés, nos clubes e nas reuniões secretas das diferentes facções;

que, com grande admiração e pasmo dos ouvintes, falava, em voz alta, dos crimes de Robespierre, anunciando a sua próxima queda. A sua voz parecia despertar os adormecidos corações dos homens e, rompendo as cadeias do medo, inflamava-os com nobre ira e coragem. Porém, o que mais surpreendia a maior parte deles, era que não se levantava uma só voz para replicar-lhe; que nem uma só mão se atrevia a detê-lo e que nenhum agente do tirano exclamava: "Prendam o traidor!" Nessa impunidade, os homens liam, como num livro, que o povo havia abandonado o sanguinário usurpador.

Somente uma vez, um violento e robusto jacobino, levantando-se de repente da mesa onde estava sentado e bebendo, aproximou-se do desconhecido, dizendo-lhe:

– Está preso, em nome da República.

– Cidadão Aristides – respondeu o desconhecido, em voz baixa –, vá à habitação de Robespierre, o qual está fora de casa; na algibeira esquerda da casaca que ele tirou há uma hora, achará um papel. Leia e volte. Eu o aguardarei aqui; e se então quiser me prender, irei consigo sem resistência. Repare neste momento, quantos olhares ameaçadores se dirigem contra você. Se se atrever a tocar-me agora, seguramente será despedaçado.

O jacobino sentiu-se como que impelido a obedecer, contra a sua vontade. Saiu do local, murmurando; quando voltou, encontrou o desconhecido ainda no mesmo lugar.

– Mil raios! – disse o jacobino ao desconhecido. – Agradeço-lhe. O poltrão tinha o meu nome em sua lista dos que quer enviar à guilhotina.

E o cidadão Aristides, depois de pronunciar estas palavras, subiu a uma mesa e gritou:

– Morra o tirano!

## *Capítulo XI*

*"Le lendemain, 8 Thermidor. Robespierre se decida à prononcer son fameux discours."*
Thiers, *Histoire de la Révolution.*

["No dia seguinte, 8 de Termidor, Robespierre se decidiu a pronunciar o seu famoso discurso."]

Amanheceu o dia 8 de Termidor (26 de julho). Robespierre apresentou-se na Convenção disposto a pronunciar o seu estudado discurso, cheio de frases de filantropia e de virtude, com as quais ia arrojar-se sobre sua presa. Todos os seus agentes estavam preparados para recebê-lo; o feroz Saint-Just havia chegado do exército, para inspirar-lhe coragem e inflamar a sua ira. A sua ominosa aparição preparava o auditório para a crise.

– Cidadãos! – gritou a aguda voz de Robespierre. – Outros lhes apresentaram quadros risonhos; eu venho dizer-lhes úteis verdades.

. . . . . . . . . . . . . . . . . . . . . . . . . . . . . . . . . . . . . . . . . . . . . . . . . . . . . . . . . . . . . . . . . . . .

"Qualquer violência, qualquer mal que se cometa, a mim mo atribuem – a mim só! Robespierre é quem o deseja; Robespierre é quem o ordena. Impõe-se uma nova contribuição? Robespierre é quem os arruína. Chamam-me tirano! – e por quê? Porque tenho adquirido alguma influência, porém, como a adquiri? – dizendo a verdade; e quem se atreverá a dizer que a verdade carece de força na boca dos representantes do povo francês? Não há dúvida de que a verdade tem o seu poder, a sua ira, o seu despotismo, os seus acentos sedutores, terríveis, que acham o seu eco nos corações puros, da mesma forma que nas consciências culposas. É tão difícil à mentira imitar o fogo da verdade, como o foi a Salmoneu o forjar os raios do Céu. E quem sou eu, a quem acusam? Um escravo da Liberdade – um mártir vivente da República; a vítima e o inimigo do crime! Todo o rufianismo me provoca, e ações legitimadas em outros são crimes em mim. Basta conhecer-me para ser caluniado. Até o meu zelo convertem em culpabilidade. Despojem-me da minha consciência, e eu serei o mais miserável dos homens!"

Robespierre interrompeu-se por um momento; Couton enxugava as lágrimas; Saint-Just aplaudia em voz baixa, contemplando com os olhos rígidos a rebelde Montanha. Um silêncio lúgubre, como de morte, reinava no auditório. O acento patético do orador não despertou nenhum eco.

O ditador deitou os olhos em roda de si. Oh! não tardará em fazer desaparecer aquela apatia. Prossegue discursando; já não se gaba, nem se queixa; denuncia – acusa. Não podendo por mais tempo conter o veneno dentro de si, vomita-o sobre todos. Fala do interior, do exterior, da fazenda, da guerra – e a todos salpica! A sua voz eleva-se mais penetrante:

"Existe uma conspiração contra a liberdade pública. Esta conspiração deve a sua força a uma coligação criminosa formada no próprio seio da Convenção, e tem seus cúmplices no Comitê de Segurança Pública... Qual é o remédio para cortar pela raiz este mal? Castigar os traidores; purificar este Comitê; esmagar todas as facções pelo peso da Autoridade Nacional, levantando sobre as suas ruínas o poder da Liberdade e da Justiça. Estes são os princípios desta Reforma. É preciso que se tenha a ambição de professá-los? Pois saibam que os princípios se acham proscritos, e que a Tirania reina entre nós! Que se pode objetar a um homem que tem de sua parte a justiça, e que tem, ao menos, este saber: sabe como morrer por sua pátria?! Eu nasci para combater o crime, e não para governá-lo. Infelizmente, não chegou ainda o tempo em que os homens dignos possam servir impunemente à sua terra natal. Enquanto governarem os velhacos, os defensores da liberdade sempre serão proscritos."

Duas horas durou aquele discurso de morte. O auditório, frio e sombrio, escutou-o em silêncio, do princípio ao fim. Os inimigos do orador não ousavam manifestar seu ressentimento, porque não sabiam ainda a que altura se achava a balança do poder. Os partidários de Robespierre temiam aplaudi-lo, porque ignoravam se as acusações envolviam alguns de seus amigos ou parentes.

– Cuidado! – dizia-se cada qual –, é você a quem ele ameaça!

Porém, ainda que o auditório se conservasse silencioso, notava-se que, a princípio, estava sendo já quase dominado. O homem terrível parecia dispor ainda do poder mágico de uma vontade subjugadora. Embora não fosse um grande orador, no significado habitual deste termo, manifestava-se sempre resoluto, e as palavras que usava produziam o procurado efeito; a energia dessas palavras era aterradora, tanto mais quanto, com um leve aceno, movia as tropas de Henriot, e influenciava a sentença de René Dumas, o inexorável presidente do Tribunal.

Levantou-se Lecointre de Versalhes. Houve um movimento de ansiosa atenção; pois Lecointre era um dos inimigos mais figadais do tirano. Qual foi o desânimo da facção de Tallien e o prazer que manifestou o sorriso de Couton, quando Lecointre se limitou a pedir que se imprimisse o discurso! Todos ficaram estupefatos. Um pouco depois, Bourdon de l'Ose, cujo nome estava duplamente marcado na lista negra do ditador, subiu à tribuna e propôs a atrevida contra-resolução: que o discurso se entregasse aos dois Comitês que se acusava. Os conspiradores, estando ainda gelados de estupor, não se atreveram a aplaudir. O tímido Barère, sempre do lado dos prudentes, dirigiu, antes de se levantar, um olhar ao seu redor; depois, pôs-se em pé e apoiou a Lecointre.

Couton aproveitou essa ocasião, e, sem deixar a sua cadeira (privilégio que gozava o paralítico filantropo), com sua melodiosa voz tratou de converter a crise em triunfo. Ele pediu não somente que se imprimisse o discurso, como também que o enviassem a todas as municipalidades e aos diferentes corpos do exército.

– É necessário consolar um coração ofendido e lacerado – disse. – Deputados, acusou-se o mais fiel de derramar sangue. Ah! se "ele" tivesse contribuído para a morte de um só homem inocente, sucumbiria de pesar!

Sedutora ternura! – e enquanto falava, o orador acariciava o cãozinho que trazia nos braços.

Bravo, Couton! Robespierre triunfa! O Reinado do Terror continuará! A assembléia submete-se com a costumada docilidade de um pombo! Vota-se a impressão do mortífero discurso, e a sua transmissão a todas as municipalidades.

Nos bancos da Montanha, Tallien, alarmado, desanimado, impaciente e cheio de indignação, dirige a vista para o lugar onde estavam os estrangeiros admitidos a ouvir os debates; de repente, os seus olhos se encontram com os do desconhecido que lhe trouxera a carta de Tereza de Fontenay, no dia anterior. Aqueles olhos o fascinaram. Em épocas posteriores, Tallien diria, muitas vezes, que aquele olhar fixo, sério, meio-repressivo e, contudo, consolador e triunfante, o reanimou, inspirando-lhe nova energia e coragem. Aquele olhar falou ao seu coração como o clarim fala ao cavalo de guerra. Tallien, levantando-se do seu lugar, dirigiu-se em voz baixa aos seus aliados, aos quais comunicou a sua nova energia, como se fosse um fogo contagioso. Os homens, contra os quais se encaminhava especialmente a acusação de Robespierre, e que viam levantada a espada sobre suas cabeças, despertaram do seu abatimento. Vadier, Cambon, Billaud-Varennes, Pains, Amar, levantaram-se ao mesmo tempo, pedindo a palavra. Vadier foi o primeiro que falou, e depois o seguiram os demais. A Montanha começou a vomitar seus fogos e a devoradora lava; uma legião de Cíceros se arrojava sobre o pasmado Catilina!

Robespierre gagueja, hesita – desejaria modificar-se e retratar-se. Os seus inimigos adquirem nova coragem ao vê-lo titubear; interrompem-no; afogam a sua voz; pedem que se revogue a moção. Amar pede outra vez que se envie o discurso aos Comitês –

os inimigos do ditador! Momentos de confusão, bulha, gritaria. Robespierre envolve-se em silencioso desdém. Pálido e derrotado, porém ainda não destruído, permanece em pé, como uma tempestade no meio de outra tempestade!

Os inimigos de Robespierre ganharam a votação. Todos os homens previam, nessa derrota, a queda do ditador. Um grito saiu das galerias; esse grito foi imediatamente secundado por um grande número de vozes no salão e entre o auditório:

– Abaixo o tirano! Viva a República!

## *Capítulo XII*

*"Auprès d'un corps aussi avili que la Convention, il restait des chances pour que Robespierre sortît vainqueur de cette lutte."*
Lacretelle, vol. XII.

["Num corpo tão aviltado como a Convenção, ainda havia alguma probabilidade de Robespierre sair vitorioso dessa luta."]

Quando Robespierre saiu da Convenção, reinava na multidão que se apinhava no exterior das suas portas um silêncio profundo e ominoso. A multidão, em todos os países, é do lado de quem triunfa e, como os ratos, foge da torre que está caindo. Porém, se a Robespierre faltava coragem, nunca lhe faltou orgulho, e este supria, muitas vezes, aquela. Pensativo e com ar impenetrável, atravessou a multidão, apoiando-se no braço de Saint-Just, e seguido de Payan e de seu irmão.

No momento em que se encontraram em sítio aberto, Robespierre rompeu subitamente o silêncio, perguntando:

– Quantas cabeças deviam cair no dia dez?

– Oitenta – respondeu Payan.

– Ah! não devemos esperar tanto; num dia pode-se perder um império; o terrorismo há de servir-nos ainda!

Calou-se por alguns momentos, e o seu olhar percorreu, suspeitosamente, a rua.

– Saint-Just – disse o ditador, de repente –, não acharam esse inglês cujas revelações ou cujo processo teria esmagado os Amars e os Talliens? Não?! Ah! os meus jacobinos tornam-se estúpidos e cegos. Prenderam uma mulher... só uma mulher!

– Foi uma mulher quem apunhalou Marat – disse Saint-Just.

Robespierre parou um pouco, respirando com dificuldade.

– Saint-Just – disse, depois –, quando tivermos vencido este perigo, fundaremos o Reinado da Paz. Faremos construir casas e jardins para os anciãos. David já está esboçando os pórticos. Nomear-se-ão homens virtuosos para ensinar a juventude. O vício e a desordem não serão exterminados... não! não! serão somente banidos! É preciso que não morramos ainda. A posteridade não pode nos julgar enquanto não tivermos terminado a nossa obra. Temos proclamado a existência do Ser Supremo; agora nos toca reformar este mundo corrompido. Tudo será amor e fraternidade; e, ah! Simon! Simon!, espere! Saint-Just, dê-me o seu lápis!

E Robespierre escreveu precipitadamente algumas palavras, dizendo:

– Simon, leve isto ao cidadão presidente Dumas; vá sem demora! Aquelas oitenta cabeças hão de cair amanhã... amanhã, Simon! Dumas adiantará a sua sentença um dia. Escreverei a Fouquier-Tinville, o acusador público. Simon, esta noite nos veremos no Clube dos Jacobinos; ali denunciaremos a Convenção inteira e reuniremos, em roda de nós, os últimos amigos da liberdade e da França.

Nesse momento, ouviu-se ao longe, atrás deles, um brado:

– Viva a República!

Os olhos do tirano brilharam com o fogo da vingança.

– A República! – exclamou ele, com desdém. – Irra! Não destruímos um trono de mil anos para esta canalha!

O julgamento e a execução das vítimas foram antecipados em um dia. Por meio da misteriosa inteligência que até ali o guiara e animara, Zanoni soube que os seus esforços haviam sido frustrados. Sabia que Viola estaria salva, se pudesse sobreviver uma hora ao tirano. Sabia que as horas de Robespierre estavam contadas; que no dia 10 de Termidor, a data que originalmente haviam marcado para a execução de Viola, estava antecipada em um dia.

Pobre vidente! Quereria fazer-se o instrumento do Eterno, e o mesmo perigo que ameaça agora o tirano, precipita a condenação das suas vítimas! Amanhã cairão oitenta cabeças e, entre elas, a da mulher que dormiu sobre o seu coração! Amanhã! E Maximiliano Robespierre está seguro esta noite!

## Capítulo XIII

*"Erde mag zurück in Erde stäuben;*
*Fliegt der Geist doch aus dem morschen Haus.*
*Seine Asche mag der Sturmwind treiben,*
*Sein Leben dauert ewig aus!"*
   *Elegie.*

["Em pó convertida, volte terra à terra; o Espírito, apesar disso, voará para fora da frágil casa. Embora o vento da tempestade leve ao longe as suas cinzas, a sua vida perdura eternamente!"]

Amanhã! – e já está caindo o crepúsculo da noite. Um após outro, aparecem, aprazíveis, os meigos astros no céu. O Sena, em suas lentas águas, estremece ainda com o último beijo do rosado dia; e no firmamento azul ainda brilham as torres da igreja de

Notre Dame; e ainda levanta para o azul do firmamento os seus braços a guilhotina, junto à Barreira do Trono.

Num edifício, roído pelo tempo, que outrora fora a igreja e o convento dos Irmãos Pregadores, conhecidos então pelo santo nome de jacobinos, tinha no seu clube o partido que se havia apropriado desse nome. Ali, numa sala oblonga, onde estava antes a biblioteca dos pacíficos monges, reúnem-se agora os adoradores de Robespierre. Duas imensas tribunas, levantadas nos extremos, contêm a escória e as fezes do atroz populacho; a maioria desse auditório se compõe das fúrias da guilhotina (*furies de guillotine*). No meio da sala, estão a mesa e a cadeira do presidente – a cadeira, conservada durante muitos anos pela piedade dos religiosos, como uma relíquia de Santo Tomás de Aquino! Acima da cadeira, vê-se um áspero busto de Brutus.

Uma lâmpada de folha-de-flandres e dois candelabros derramam por aquela vasta sala uma luz opaca e fuliginosa, sob a qual os ferozes semblantes daquele pandemônio parecem ainda mais medonhos e disformes.

Ali, da tribuna do orador, Robespierre fala ao auditório, com sua voz aguda e iracunda.

Ao mesmo tempo, no Comitê dos seus inimigos, tudo é caos e desordem, metade coragem e metade covardia.

Rumores circulam de rua em rua, de casa em casa. As andorinhas voam quase tocando o chão, e os rebanhos se reúnem em grupos, antes da tempestade.

Só, em seu quarto, estava em pé o homem, sobre cuja brilhante juventude – símbolo do imperecível florescimento do calmo ideal no meio da transformadora realidade – as tormentas dos séculos haviam passado em vão.

Todos os esforços que a inteligência e a coragem ordinárias podiam sugerir, haviam sido empregados inutilmente; e tais esforços eram frustrados, porque, naquelas Saturnais da morte, o objetivo era salvar uma vida. Nada, senão a queda de Robespierre, podia ter salvado as suas vítimas. Agora, sendo já demasiado tarde, essa queda só serviria para a vingança.

Outra vez, na agonia do excitamento e do desespero, Zanoni se havia imergido na solidão, para invocar novamente o auxílio ou o conselho daqueles misteriosos intermediários entre o céu e a terra, que lhe negaram a sua assistência quando ele vivia dominado pelos laços comuns dos mortais. No intenso desejo e na angústia do seu coração, existia talvez um poder ainda não experimentado; pois é fato conhecido que a agudeza da dor extrema corta e rompe muitos dos mais fortes laços da fraqueza e da dúvida que prendem as almas dos homens e as deitam, atadas e impotentes, na escura cela do negro momento; e que da carregada nuvem e tempestade desprende-se, muitas vezes, a águia olímpica que pode nos transportar às alturas!

E a invocação foi ouvida – as cadeias dos sentidos se romperam para deixar livre a vista interior. Zanoni olhou e avistou – não o ser que chamara, o ser com o corpo de luz e com o tranqüilo sorriso angélico nos lábios –, não o seu familiar Adonai, o Filho da Glória e da Estrela – mas o Mau Agouro, a negra quimera, o implacável Inimigo que comparecia com os seus olhos cintilantes de malícia e de gozo infernal. O espectro, em vez de arrastar-se como antes, na sombra, levantou-se diante dele, gigantesco e ereto;

311

a sua cara, cujo véu nunca foi levantado por mão humana, permanecia ainda coberta, porém a sua forma era mais distinta e corpórea, espalhando em redor de si o horror, a ira e o espanto. Gelando o ar com o seu alento, o Espectro inundou o quarto, como uma nuvem, obscurecendo as estrelas do céu.

— Olhe! — disse a voz — aqui estou outra vez. Arrebatou-me uma presa de menor importância; agora, escape você mesmo do meu poder! Sua vida o abandonou, para viver no coração de uma filha do barro e do verme. Por meio dessa vida, eu venho a você com os meus inexoráveis passos. Voltou ao Umbral, aquele cujos pés pisaram as bordas do Infinito! E como o duende da sua fantasia se apodera da criança na escuridão, assim, ó homem poderoso que pretendeu vencer a Morte — eu me apodero de você!

— Para trás! À sua guarida, escravo! Se compareceu à minha voz que não o chamou, não é para mandar, mas para novamente obedecer. A você, de cujo murmúrio obtive o meio de salvar as vidas que me são mais caras do que a minha, eu ordeno, não por meio de feitiço ou encanto, mas pela força de uma alma mais poderosa do que a malícia do seu ser — que me sirva ainda, e que me revele o segredo que pode salvar as vidas que, com a permissão do Senhor Universal, você permitiu reter, algum tempo, no seu templo de pó terrestre!

Com fogo mais luzente e mais devorador arderam os horríveis olhos do espectro; a sua colossal forma dilatou-se e tornou-se mais visível; e com um ódio ainda mais feroz e mais desdenhoso, respondeu a sua voz:

— Pensou que o favor que lhe fiz pode trazer-lhe outra coisa senão a maldição? Teria sido feliz, se tivesse chorado sobre as mortes enviadas pela branda mão da natureza — se não tivesse nunca sabido como o nome de mãe santifica a face da beleza, e se nunca, inclinando-se sobre o seu filho, tivesse sentido a imperecível doçura do amor de pai! As vidas deles foram salvas, para quê? A mãe, para sofrer a morte violenta, ignominiosa e sanguinolenta, da mão do verdugo, que cortará aqueles brilhantes cabelos que enredaram os seus beijos de noivado! O filho, o primeiro e o último da sua prole, em quem esperou fundar uma raça que com você ouvisse a música das harpas celestiais, e que voasse, ao lado do seu familiar Adonai, pelas azuladas regiões de alegria; esse filho viverá alguns dias num negro calabouço, como um cogumelo vive a sua existência efêmera num cemitério, e morrerá de fome, abandonado pela crueldade. Ah! Ah! Você, que queria burlar a Morte, aprenda agora como morrem os seres imortais, quando se atrevem a amar uma criatura mortal! Agora, caldeu, contemple os meus favores! Eu o envolvo na peste da minha presença, e apodero-me de você! De agora para sempre, até que haja perecido a sua longa raça, os meus olhos arderão no seu cérebro, e os meus braços o apertarão, quando, para fugir do abraço da Noite, quiser remontar nas asas da Manhã!

— Eu lhe digo que não! — respondeu Zanoni. — E outra vez lhe ordeno que fale e responda ao senhor que pode mandar no seu escravo. Ainda que me falte a ciência, e as flechas, sobre as quais me tenho debruçado, trespassem o meu peito, eu sei que as vidas que defendo podem ser salvas da mão do verdugo. Em vão obscurece o seu futuro com a sua sombra; não pode determiná-lo. Você pode prever o antídoto; pode fazer com que o veneno não aja. E ainda que o torture a minha ordem, arrancarei de você o segredo da sua salvação. Eu me aproximo de você, e, impávido, fito os seus olhos. A alma que ama pode arriscar tudo. Sombra, eu a desafio e ordeno que me obedeça!

A sombra minguou e recuou. Como a névoa se desvanece quando os raios do sol nela penetram, o espectro se retirou para um canto do quarto, onde ficou acocorado, deixando livre a janela, pela qual penetravam os raios das estrelas.

– Sim – disse a Voz, com acento débil e oco –, pode salvá-la da mão do verdugo; pois está escrito que quem se sacrifica, pode salvar. Ah! Ah!

E a sombra tornou a erguer-se em toda a sua gigantesca estatura, rindo com infernal alegria, como se o Inimigo, iludido por um momento, houvesse recobrado o seu poder.

– Ah! Ah! Pode salvar a vida deles, se quiser sacrificar a sua! É para isto que tem vivido tantos séculos, e tem visto se esmigalharem tantos impérios e desaparecerem tantas gerações!? Por fim, reclama a Morte! Quer salvar a mulher? Morra por ela! Caia, forte coluna, sobre a qual poderiam brilhar estrelas ainda não formadas! Caia, para que a erva que cresce aos seus pés possa beber por mais algumas horas a luz do sol e o orvalho! Silêncio! Está pronto para o sacrifício! Olhe, a lua caminha pelo firmamento. Formoso sábio, mandar-lhe-á que sorria amanhã sobre o seu corpo sem cabeça?

– Para trás! A minha alma, ao responder da profundidade em que não lhe é dado ouvi-la, reconquistou a sua glória, e eu ouço as asas de Adonai que, com uma harmoniosa música, fendem os ares.

A estas palavras, o Espectro, lançando um grito rouco de impotente raiva e ódio, desapareceu, enquanto uma repentina e radiante Luz argêntea inundava o quarto até então em trevas.

Quando o visitante celeste, na atmosfera do próprio resplendor, dirigiu o olhar à face do teurgo, com um aspecto de inefável ternura e amor, todo o espaço parecia iluminado pelo seu sorriso. Do quarto em que se havia detido até a estrela mais distante, no espaço azul, parecia como se, no sereno ar, estivessem visíveis os rastros do seu vôo, deixando ali um prolongado esplendor, semelhante à coluna da luz lunar sobre o mar. Como a flor difunde o perfume, que é o alento de sua vida, assim a emanação daquela aparência espalhava a alegria. O Filho da Glória descera ao mundo ao lado do amor, com a velocidade milhares de vezes maior do que a da luz e a da eletricidade, e as suas asas derramavam a delícia como a manhã derrama as gotas de orvalho. Naqueles breves instantes, a Pobreza cessou de se lamentar, a Enfermidade abandonou a sua presa, e a Esperança soprou um sonho do Céu nas trevas do Desespero.

– Tem razão – disse a melodiosa voz. – A sua coragem restabeleceu o seu poder. Outra vez a sua alma consegue que eu desça à Terra para ficar ao seu lado. Mais sábio é agora, no momento em que compreende a Morte, do que quando o seu espírito livre aprendia o solene mistério da Vida; as afeições humanas que, por uns instantes, o escravizaram e humilharam, trazem-lhe, nestas últimas horas da sua mortalidade, a mais sublime herança da sua raça: a Eternidade que começa na tumba.

– Ó Adonai! – exclamou o caldeu quando, envolto no esplendor do visitante, sentia-se rodeado de uma glória mais radiante do que a da maior beleza humana, e parecia já pertencer à Eternidade que o Ser Luminoso lhe anunciava, como os homens, antes de morrer, vêem e compreendem enigmas que lhes foram desconhecidos durante a vida. – Assim, nesta hora, quando o sacrifício de mim mesmo, em favor de outro ser, traz o curso dos séculos à sua meta, vejo a pequenez da Vida, comparada com a majestade da Morte. Porém, ó Divino Consolador, mesmo aqui, ainda na tua presença, as afeições que me inspiram enchem-me de tristeza, ao pensar que deixo neste mundo mau, sem amparo e sem proteção, os seres pelos quais morro! Minha esposa! o meu filho! Oh! fala, Adonai! Consola-me sobre esta dúvida!

– Como?! – respondeu o Filho da Luz, com um leve acento de repreensão, mesclado de celestial compaixão. – Com toda a sua sabedoria e com os seus sublimes segredos, com todo o império do seu passado e com as suas visões do futuro, que é você para o Onisciente Diretor de todos os mundos? Pode imaginar que a sua presença na Terra dará aos corações que ama o amparo que o mais humilde recebe das asas da Presença d'Aquele que vive no Céu? Não tema pelo seu futuro. Tanto se viver como se morrer, o seu porvir está ao cuidado do Altíssimo! Até no calabouço e no cadafalso penetra o eterno Olho d'Aquele que é mais terno do que você para amar, mais sábio para guiar, mais poderoso para salvar!

Zanoni inclinou a cabeça; e quando tornou a levantá-la, a sua fronte estava serena, e tranqüilo o seu olhar.

Adonai havia desaparecido; porém, o quarto parecia estar ainda cheio da glória da sua presença, e o solitário ar parecia murmurar ainda com trêmula delícia. E assim será sempre a sorte daqueles que, desprendendo-se inteiramente da vida, recebem a visita do Anjo da fé. A solidão e o espaço retêm o esplendor que se fixará como uma brilhante auréola em volta das suas sepulturas.

## *Capítulo XIV*

*"Dann zur Blumenflor der Sterne
Aufgeschauet liebewarm,
Fass'ihn freundlich Arm in Arm,
Trag'ihn in die blaue Ferne."*
Uhland, *"An den Tod"*.

["Depois, levantando os olhos afetuosos aos jardins das estrelas, segura-o amistosamente, braço em braço, e leva-o às distantes regiões azuis."]
Uhland, *"À Morte"*.

Zanoni estava em pé, no alto do balcão, de onde se avistava toda a cidade, que parecia quieta. Embora longe dali as mais ferozes paixões dos homens se agitassem, provocando luta e morte, tudo o que estava ao alcance de sua vista estava silencioso e calmo, sob os prateados raios da lua de verão. A alma do vidente, esquecendo naquele momento o homem e a sua estreita esfera, contemplava outros mundos, mais serenos e mais gloriosos. Sozinho e pensativo, permanecia Zanoni ali, para dar o último adeus de despedida à maravilhosa vida que havia conhecido.

Atravessando os dilatados campos do espaço, via as diáfanas sombras, de cujos alegres coros tantas vezes participara o seu espírito. Ali, grupo sobre grupo, formavam elas multiformes círculos na estrelada e silenciosa abóbada, na indizível beleza de seres que se alimentavam de ambrosíaco orvalho e da mais serena luz. Nesse seu êxtase, parecia ao vidente que o universo inteiro se estendia diante dos seus olhos. Lá ao longe, nos verdes vales, via as danças das fadas; nas entranhas das montanhas, a raça que sopra o escuro ar dos vulcões, fugindo da luz do céu; em cada folha das inumeráveis florestas, em cada gota de água dos imensos mares, descobria um mundo separado e cheio de vida; e no mais distante azul do alto espaço, divisava orbe sobre orbe, amadurecendo em forma, e planetas que, saindo do fogo central, iam correr o seu dia de mil anos. Pois, em todas as partes, na Criação, está o sopro do Criador, e em cada lugar onde o alento respira, há vida! Só, na distância do espaço, Zanoni vê o solitário Mago, o seu irmão de ciência. No meio das ruínas de Roma, trabalhando com números e com a sua Cabala, calmo e sem paixões, está sentado em sua cela o místico Mejnour, que vive e viverá enquanto existir o mundo, indiferente se a sua ciência produz bem ou mal; um agente mecânico de uma vontade mais terna e mais sábia, que guia cada coisa e cada fato aos seus inescrutáveis desígnios. Mejnour vive, e viverá sempre – como a ciência que só suspira pelos conhecimentos, sem se deter para considerar se o saber aumenta a felicidade, nem para ver como o carro do progresso humano, passando pelas estradas da civilização, esmaga em sua marcha tudo o que não pode se agarrar às suas rodas. Sempre, com a sua Cabala e com os seus números, Mejnour vive para mudar, com insensíveis movimentos, a face do mundo habitável!

– Adeus, ó vida! – murmurou o extático visionário. – Quão doce, ó vida, sempre me tem sido! Quão insondáveis as suas alegrias! Com que prazer a minha alma tem se elevado às sendas que conduzem às imensas alturas! Para aquele que renova perpetuamente a sua juventude na clara fonte da natureza, quão esquisita é a mera felicidade de "existir"! Adeus, ó lâmpadas do céu! Adeus, milhões de tribos que povoais os ares! Não há um só átomo nos raios solares, uma semente arrojada pelo vento no deserto, que não tenha contribuído para a minha ciência, que procurou sempre em tudo o verdadeiro princípio da vida, o belo, o alegre, o imortal. Outros localizaram a sua morada num país, numa cidade, numa casa; a minha morada tem sido sempre no espaço, até onde podia penetrar o meu intelecto, ou onde podia respirar o meu espírito.

Zanoni calou-se e, atravessando o imensurável espaço, os seus olhos e o seu coração, penetrando no negro calabouço, fixaram-se sobre o seu filho. O inocente dormia nos braços da pálida mãe, e a alma do pai falou à alma do anjinho adormecido:

– Perdoe-me, meu filho, se o meu desejo foi um pecado. Eu sonhei educá-lo e dirigi-lo aos mais divinos destinos que as minhas visões podiam prever. Sonhei que cedo, logo que pudesse ter preservado a sua parte mortal do perigo das enfermidades, teria purificado de todo pecado a sua forma espiritual; que o conduziria de um céu a outro, por meio dos santos êxtases que constituem a existência das ordens de seres que habitam as altas regiões etéreas; que, das suas sublimes afeições, teria feito a pura e perpétua comunicação entre a sua mãe e mim. Este sonho não foi mais do que um sonho... e se desvaneceu! Achando-me à beira do túmulo, sinto, por fim, que nas portas da morte está a verdadeira iniciação que conduz à santidade e à sabedoria. Do outro lado dessas portas eu os aguardarei a ambos, amados peregrinos!

No meio das ruínas de Roma, só em sua cela, absorto pela sua Cabala e os seus números, parou Mejnour o estudo em que estava imerso; os seus olhos se dirigiram às estrelas e, pelo espírito, sentiu que o espírito do seu distante amigo o chamava.

– Adeus para sempre, neste mundo, Mejnour! O seu último companheiro despede-se de você. A sua idade madura sobrevive a todas as juventudes; e o Dia do Fim do Mundo o achará contemplando ainda as nossas tumbas. Eu me decidi, por minha espontânea e livre vontade, a passar à terra da escuridão; porém, novos sóis e novos sistemas brilham em redor de nós, por quem me despojo do meu barro, e serão os meus companheiros por toda a eterna juventude. Finalmente, reconheço a verdadeira prova iniciática e a verdadeira vitória. Mejnour, arroje para longe de si o seu elixir! Deponha o peso dos seus anos! Por toda parte onde a nossa alma puder caminhar, a Alma Eterna de todas as coisas sempre a protegerá!

## *Capítulo XV*

*"Ils ne veulent plus perdre un moment d'une nuit si precieuse."*
Lacretelle, tomo XII.

["Não querem perder nem um momento de uma noite tão preciosa."]

Era já muito tarde da noite, quando René François Dumas, o presidente do Tribunal Revolucionário, voltou à sua casa, de regresso do Clube dos Jacobinos. Acompanhavam-nos dois homens, dos quais se podia dizer que um representava a força moral, e o outro a força física do Reinado do Terror: Fouquier-Tinville, o acusador público, e François Henriot, o general da Guarda Nacional de Paris. Este formidável triunvirato se reunia para tratar dos negócios do dia seguinte; e as três irmãs feiticeiras, ao redor da sua caldeira infernal, não se sentiam talvez animadas de pensamentos mais malvados, nem projetavam desígnios mais execráveis, do que estes três heróis da Revolução, na sua premeditada matança do dia seguinte.

Dumas havia mudado muito pouco de aspecto desde o tempo em que, no princípio desta narrativa, foi apresentado ao leitor; as suas maneiras eram, não obstante, algum tanto mais enérgicas e severas, e o seu olhar mais inquieto. Contudo, ao lado dos seus companheiros, parecia quase um ser superior. René Dumas, nascido de pais respeitáveis, e homem bem-educado apesar da sua ferocidade, conservava nas maneiras certo refinamento e uma elegância no seu exterior, qualidades que, talvez, o fizessem mais aceitável do que o preciso e formal Robespierre.

Henriot, porém, havia sido um lacaio, depois um ladrão e, mais tarde, um espião da polícia. Esse homem bebeu o sangue de Madame de Lamballe, e devia a sua elevação somente ao seu rufianismo.

Fouquier-Tinville, filho de um agricultor provinciano e, depois, escrivão na Secretaria da Polícia, era de maneiras pouco menos baixas, e afetava certa repugnante bufonaria em sua conversação. Era homem de limitada capacidade, tendo uma cabeça enorme, cabelos pretos e sempre bem penteados, e uma testa estreita lívida; os seus pequenos olhos piscavam com uma sinistra malícia. As suas formas robustas e toscas o faziam parecer o que era: o audaz campeão de um Tribunal déspota, ilegal e infatigável.

Dumas espevitou as velas e inclinou-se sobre a lista das vítimas do dia seguinte.

– É uma longa relação – disse o presidente –; oitenta julgamentos num só dia! E as ordens de Robespierre para despachar toda esta fornada são terminantes.

– Ora! – retrucou Fouquier, com uma estrepitosa gargalhada –; havemos de julgá-los em massa. Sei bem como devo proceder diante dos nossos jurados. Bastará dizer: "Cidadãos, eu penso que estão convencidos dos crimes dos acusados!" Ah! Ah! Quanto mais longa for a lista, mais curto será o trabalho.

– Oh! Sim! – rosnou Henriot, meio ébrio, como de costume, recostando-se em sua cadeira e pondo sobre a mesa os tacões das botas com esporas. – Tinville é o homem que sabe despachar.

– Cidadão Henriot – disse Dumas, com gravidade –, peço-lhe que me faça o favor de buscar outro escabelo para pôr nele os seus pés. Quanto aos demais, permitam que os advirta que amanhã será um dia muito crítico e importante, quando vai se decidir o destino da França.

– Vou comer um figo à saúde da minha querida França! Viva o virtuoso Robespierre, o apoio da República! Porém, esta discussão é muito seca. Não tem um pouco de aguardente naquele armariozinho?

Dumas e Fouquier trocaram olhares de desgosto. O presidente, encolhendo os ombros replicou:

– Cidadão general Henriot, se o fiz vir cá, foi para evitar que bebesse aguardente. Escute-me, se pode!

– Oh, fale, fale quanto quiser! É o seu ofício. O meu é bater-me e beber.

– Então eu o advirto de que amanhã todo o populacho se lançará à rua, e que todas as facções se porão em movimento. É bem provável que tentem deter os carros dos sentenciados, quando estes se dirigirem para a guilhotina. Tenha armada e preparada a sua gente, e mate sem compaixão todos os que se atreverem a interromper o curso da justiça.

– Compreendo – disse Henriot, acariciando a espada de um modo que Dumas ficou meio sobressaltado. – O sombrio Henriot não é do partido dos Indulgentes!

– Não o esqueça, pois, cidadão! Não o esqueça! E escute – acrescentou o presidente, com ar grave e sombrio –, se preza a sua cabeça, deixe de beber aguardente!

– Minha cabeça! Mil raios! Atreve-se a ameaçar o general do exército de Paris?

Dumas que, como também Robespierre, respeitava a pontualidade e era homem bilioso e arrogante, ia replicar de uma forma desagradável quando o astuto Tinville, pondo-lhe a mão sobre o braço e voltando-se para o general, disse:

– Meu querido Henriot, é preciso que o seu intrépido republicanismo, que está demasiado pronto a cometer ofensas, se acostume a aceitar uma repreensão do representante da lei republicana. Falo-lhe seriamente, meu caro: é indispensável que seja sóbrio por estes três ou quatro dias; quando houver passado a crise, esvaziaremos uma garrafa. Venha cá, Dumas; deixe a sua austeridade e aperte a mão do nosso amigo. Não deve haver desavenças entre nós!

Dumas hesitou um instante; porém, afinal, estendeu a mão ao general rufião, que a apertou fazendo, entre lágrimas e soluços de embriaguez, mil protestos de civismo e prometendo ser sóbrio naqueles dias.

– Bem, meu general – disse Dumas –, confiamos em você; e agora, posto que amanhã teremos todos a necessidade do nosso vigor, vá para casa e durma bem.

– Sim, Dumas – respondeu Henriot –, eu lhe perdôo; eu lhe perdôo. Não sou vingativo. Porém, se um homem me ameaça, se um homem me insulta...

E com as mudanças repentinas de idéias que produzem a embriaguez, os seus olhos tornaram a brilhar de ira, através das asquerosas lágrimas. Depois de grandes esforços, conseguiu Fouquier aplacar esse homem feroz e levá-lo para fora do quarto. Porém, como sucede ao carnívoro que tem de abandonar a presa, Henriot grunhiu, assanhado, enquanto descia pela escada. Na rua, um soldado, montado, fazia o cavalo de Henriot passear para cima e para baixo; e enquanto o general esperava, à porta, que a sua ordenança voltasse, aproximou-se dele um desconhecido que estivera encostado à parede, e disse-lhe:

– General Henriot, desejo falar-lhe. Depois de Robespierre, é ou deveria ser o homem mais poderoso na França.

– Hum! É verdade, deveria sê-lo. Porém, que fazer? Nem todos os homens são o que merecem ser.

– Chiton! – continuou o desconhecido. – O seu soldo não é proporcional à sua posição nem às suas necessidades.

– É verdade.

– Até numa revolução, a gente não deve descuidar a sua fortuna.

– Diabo! Explique-se, cidadão.

– Eu tenho aqui mil peças de ouro... serão suas, se me conceder um pequeno favor.

– Concedo, cidadão! – respondeu Henriot, agitando a mão majestosamente. – Quer, talvez, que denuncie algum maroto que o ofendeu?

– Não; é simplesmente o seguinte: escreva ao presidente Dumas estas poucas palavras: "Receba o portador e, se puder, conceda-lhe o que ele lhe pedir; pelo que lhe ficarei muito grato. François Henriot."

Enquanto o desconhecido falava, pôs lápis e papel nas mãos trêmulas do general.
– E onde está o ouro? – perguntou este.
– Aqui – respondeu o desconhecido.

Henriot, não sem bastante dificuldade, escreveu, com péssima letra, as palavras que lhe foram ditadas, agarrou e guardou o dinheiro, montou o cavalo e ausentou-se.

Entretanto, Fouquier, depois de ter fechado a porta do gabinete atrás de Henriot, disse com azedume:

– Como pôde cometer a loucura de irritar esse brigão? Não sabe que as nossas leis não valem nada sem a força física da Guarda Nacional, e que ele é o seu chefe?

– O que sei – respondeu Dumas – é que Robespierre devia estar louco quando pôs esse borracho à frente da Guarda Nacional; e não se esqueça das minhas palavras, Fouquier: se acontecer de termos de lutar, a incapacidade e a covardia desse homem nos destruirá. Sim, talvez tenha de acusar ainda o nosso querido Robespierre, e perecer em sua queda.

– Pois, por isso mesmo, devemos estar bem com Henriot, até que se nos apresente uma ocasião para prendê-lo e cortar-lhe a cabeça. Para estarmos seguros, é mister que o lisonjeemos tanto mais quanto mais desejarmos depô-lo. Não pense que esse Henriot, quando despertar amanhã, esquecerá as suas ameaças. É o homem mais vingativo que conheço. Deve mandar chamá-lo amanhã e abrandá-lo!

– Tem razão – disse Dumas, convencido. – Agi precipitadamente; e agora penso que não temos nada mais que fazer, visto que já decidimos despachar de uma vez a leva da manhã. Vejo na lista um rapaz que eu havia apontado desde muito tempo, apesar de que o seu crime me valeu outrora uma herança; falo de Nicot, esse discípulo de Hébert.

– E o jovem poeta André Chenier? Ah! esquecia-me; hoje o decapitamos! A virtude republicana está em seu apogeu; pois foi seu irmão que no-lo abandonou.

– Há na lista uma estrangeira, uma italiana; porém, não encontro acusação feita contra ela.

– Não importa; devemos guilhotiná-la para que a conta seja redonda; oitenta soa melhor do que setenta e nove!

Nesse momento, entrou um porteiro trazendo o papel com o pedido de Henriot.

– Ah! que feliz acaso! – disse Tinville, depois de ler o bilhete que Dumas lhe mostrou. – Satisfaça-lhe o pedido, uma vez que não seja para diminuir a nossa lista. Porém, hei de fazer justiça a Henriot sobre este ponto, pois ele nunca diminui, mas, pelo contrário, acrescenta número nas listas. Boa noite! Estou cansado! A minha escolta me espera lá embaixo. Só em ocasiões como esta eu me atrevo a sair de noite à rua.

E Fouquier, com um prolongado bocejo, saiu do quarto.

– Que entre o portador! – ordenou Dumas que, murcho e seco, como costuma ser a maior parte dos advogados, parecia tão pouco suspirar pelo sono como os seus pergaminhos.

O desconhecido entrou no gabinete do presidente.

— René François Dumas — disse ele, sentando-se em frente do juiz e adotando a propósito o plural, como se quisesse demonstrar que desprezava a geringonça revolucionária —; no meio das excitantes ocupações que absorvem a sua vida, não sei se se recorda que já nos temos visto?

O juiz pôs-se a examinar atentamente as feições do seu visitante e, com um leve rubor nas faces pálidas, respondeu:

— Sim, cidadão, recordo-me.

— Então, lembra-se das palavras que eu pronunciei naquela ocasião? O senhor falava de um modo terno e filantrópico, do horror que lhe inspirava a pena capital. Aguardava com ânsia a próxima Revolução para ver terminar todos os castigos sanguinários, e citou com reverência as palavras de Maximiliano Robespierre, que então começava a sua carreira de estadista: "O verdugo é invenção do tirano"; e eu repliquei que, enquanto estava assim falando, um pressentimento me dizia que tornaríamos a nos encontrar, quando as suas idéias sobre a morte e a filosofia das revoluções estivessem bastante mudadas! Tinha eu razão, cidadão René François Dumas, presidente do Tribunal Revolucionário?

— Ora! — disse Dumas, visivelmente confuso. — Eu falava então como o fazem os homens que não tiveram ocasião de agir. As revoluções não se fazem com água de rosas! Porém, deixemos de nos recordar de conversações tão remotas! Eu me lembro também que salvou, naquela ocasião, a vida de um parente meu, e tenho o prazer de lhe dizer que o homem que tentou assassiná-lo será guilhotinado amanhã.

— Isso concerne ao senhor... à sua justiça ou à sua vingança. Permita-me agora o egoísmo de recordar-lhe que, naquele tempo, me prometeu que, se algum dia se apresentasse ocasião de me servir, a sua vida, sim, as suas palavras foram: "o seu sangue"... estaria à minha disposição. Não pense, austero juiz, que venho pedir-lhe um favor que possa afetar ao senhor mesmo. Somente peço-lhe que suspenda por um dia a sentença de uma pessoa!

— É impossível, cidadão! Tenho ordem de Robespierre para que amanhã sejam julgados, sem faltar um só, todos os réus da respectiva lista. Quanto à sentença, depende dos jurados!

— Não lhe peço que diminua a relação. Escute-me. Em sua lista de morte acha-se o nome de uma italiana, cuja juventude, beleza e inocência não farão mais do que excitar a compaixão, em vez do terror. O senhor mesmo estremeceria ao pronunciar a sua sentença. Seria perigoso, num dia em que a plebe andará agitada, quando os seus carros com sentenciados podem ser detidos, expor a juventude, a inocência e a beleza à piedade e à coragem de uma multidão amotinada.

Dumas levantou a cabeça, mas não pôde resistir ao olhar do estrangeiro.

— Não nego, cidadão, que há razão no que diz; porém as minhas ordens são terminantes.

– Terminantes somente quanto ao número das vítimas. Porém, eu lhe ofereço um substituto pela dita mulher. Eu lhe darei, em troca, a cabeça de um homem que sabe tudo o que diz respeito à conspiração que ora ameaça Robespierre e ao senhor mesmo. Essa cabeça vale para o senhor até mais do que oitenta vidas ordinárias.

– Isto é coisa diferente – disse Dumas, avidamente –; se pode fazer o que acaba de dizer, suspenderei, sob a minha própria responsabilidade, o julgamento da italiana. Quem é o substituto?

– Tem-no diante de si!

– O senhor?! – exclamou Dumas, e um temor que não podia reprimir revelava a sua surpresa. – E vem a mim, só, e de noite, para entregar-se à justiça?! Ah! Isto é uma armadilha. Trema, louco! Está em meu poder, e posso fazer perecer ambos!

– É verdade – disse o desconhecido, com calmo e desdenhoso sorriso –, porém a minha vida lhe seria inútil sem as minhas revelações. Sente-se, eu lhe ordeno e escute-me!

E a luz daqueles intrépidos olhos impressionou tanto o juiz que, aterrorizado e como que fascinado, obedeceu.

O desconhecido continuou:

– O senhor me transportará à prisão. – Fixará o meu julgamento, sob o nome de Zanoni, na leva de amanhã. Se as minhas revelações não lhe satisfizerem, terá como refém a mulher pela qual morro. Não lhe peço senão que suspenda o seu julgamento por um só dia. No dia depois de amanhã, eu terei deixado de existir, e poderei fazer cair a sua vingança na vida dela... Como?! juiz e condenador de milhares, hesita? Pensa que o homem que se entrega voluntariamente à noite, poderá ser intimidado para que, no seu tribunal, pronuncie uma sílaba contra a sua vontade? Não tem ainda bastante provas da inflexibilidade do orgulho e da coragem? Presidente, aqui tem o tinteiro e o papel. Escreva ao carcereiro que se suspenda por um dia o castigo da mulher, cuja vida de nada lhe poderá servir, e eu levarei a ordem de minha prisão. Sim, levá-la-ei eu, que à conta do que lhe posso comunicar, lhe digo, juiz, que o seu nome está também escrito numa lista de morte. Eu conheço a mão que escreveu esse nome; eu sei em que parte da cidade ameaça-o o perigo; posso dizer-lhe de que nuvem, nesta carregada atmosfera, pende a tempestade que se desencadeará sobre Robespierre, o seu criado!

Dumas empalideceu; e os seus olhos em vão se esforçavam para escapar ao magnético olhar que o dominava. Mecanicamente, e como que impelido por uma vontade que não era a sua, o juiz escreveu o que o desconhecido lhe ditou.

– Bem! – disse Dumas, ao concluir, com um forçado sorriso. – Eu lhe prometi que lhe serviria; já vê que cumpri a palavra. Suponho que é um desses loucos sensitivos, desses que professam a virtude anti-revolucionária, dos quais vi comparecer não poucos perante o meu tribunal. Irra! Enfastia-me ver essas pessoas que fazem alarde da sua falta de civismo, e perecem para salvar algum mau patriota, porque é seu filho, ou pai, ou sua mulher, ou filha.

– Eu sou um desses loucos sensitivos – disse o desconhecido, levantando-se. – O senhor adivinhou.

— E em troca do serviço que lhe faço, não fará esta noite as revelações que guarda para amanhã? Venha; diga-o, e talvez receba, e a mulher também, o perdão, em vez da suspensão da sua sentença.

— Não falarei senão diante do seu tribunal! Não quero enganá-lo, presidente. Pode ser que a minha revelação não lhe seja de utilidade alguma; e que, enquanto eu mostre a nuvem, o raio já esteja caindo.

— Ora! profeta, cuide de si mesmo! Vá, louco, retire-se! Conheço demasiado a contumaz obstinação da classe, à qual suspeito que pertence, para perder mais tempo com palavras! Diabo! Porém, vocês estão tão acostumados a ver a morte, que até esquecem o respeito que se lhe deve. Posto que me oferece a sua cabeça, eu a aceito. Amanhã talvez se arrependa; será, porém, demasiado tarde.

— Sim, demasiado tarde, presidente! — respondeu o calmo visitante.

— Porém, lembre-se que não lhe prometi que essa mulher será perdoada, mas apenas que a sua sentença será adiada por um dia. Conforme me satisfizer amanhã, viverá ou morrerá. Sou franco, cidadão; a sua sombra não terá de me aparecer por falta de cumprimento da minha palavra.

— Só lhe pedi um dia de adiamento; o resto deixo à justiça e ao Céu. Os seus beleguins esperam lá fora.

## Capítulo XVI

*"Und den Mordstahl seh'ich blinken;*
*Und das Mörderange glühn!"*
    *Kassandra.*

["E vejo reluzir o aço assassino, e arder o olho do homicida!"]

Viola estava num cárcere que não se abria senão para os que já eram sentenciados antes de serem julgados. Desde que se separara de Zanoni, parecia que o seu intelecto se havia paralisado. Toda aquela formosa exuberância de imaginação que, se não era o fruto do gênio, assemelhava-se, ao menos, à sua florescência; todo aquele caudal de esquisitas idéias que, como Zanoni lhe dissera, manavam com mistérios e sutilezas, novos até para ele, o homem sábio — tudo aquilo havia desaparecido, estava aniquilado; as flores murchavam, a fonte estava seca. Da altura quase superior à que uma mulher pode alcançar, parecia ter caído num plano mais baixo do que o da infância. As inspirações haviam cessado desde o instante em que lhe faltara o inspirador; e, desertando do amor, perdera também o contato do gênio.

Viola nem compreendia bem por que fora assim arrebatada de sua casa e do mecanismo das rudes pessoas compassivas que, atraídas por sua admirável beleza, rodeavam-na na prisão, contemplando-a com olhar triste, mas com palavras de consolo.

Ela, que até então havia sentido aversão pelos que a lei condena por crime, admirava-se de ouvir que seres tão piedosos e ternos, com frontes serenas e erguidas, com fisionomias agradáveis e gentis, fossem criminosos, para quem a lei não tinha outro castigo mais benigno do que a morte. Porém, os selvagens, de semblante sinistro e ameaçador, que a haviam tirado da sua morada, que haviam intentado arrancar-lhe o filho de seus braços e que se riam e escarneciam do seu mudo desespero – esses eram os cidadãos escolhidos, os homens virtuosos, os favoritos do Poder, os ministros da Lei! Tais são os seus negros caprichos, ó Juízo Humano, sempre alternável e calunioso!

Os cárceres daqueles dias continham uma multidão de indivíduos esquálidos, porém alegres. Ali, como na sepultura que os aguardava, todas as classes sociais se encontravam mescladas, com visível desdém. E, não obstante, ainda ali reinava o respeito que nasce das grandes emoções e da primeira, imperecedoura, a mais amável e a mais nobre lei da natureza, que é – *a desigualdade entre homem e homem!* Ali, os presos, fossem realistas ou *sans-culottes*, davam lugar à idade, à inteligência, à fama, à beleza; e a força, com a sua inata fidalguia, punha-se a serviço dos desamparados e dos fracos. Os nervos de ferro e os braços de hércules abriam passo para a mulher e a criança; e as graças da humanidade, expulsas de todas as outras partes, achavam o seu refúgio na mansão do terror.

– E por que a trouxeram cá, minha filha? – perguntou a Viola um velho sacerdote, de cabelos brancos.

– Não sei – respondeu ela.

– Ah! Se ignora o seu delito, tanto pior!

– E o meu filho? – perguntou Viola; pois a criança ainda dormia em seus braços.

– Ah! pobre e jovem mãe! Eles o deixarão viver!

– E para isto – para vir a ser órfão e estar na prisão! – murmurou a consciência acusadora de Viola. – Para isto reservei o seu rebento, Zanoni! Oh! Nem em pensamento me pergunte o que tenho feito do seu filho, que de você arrebatei!

Veio a noite; os presos precipitaram-se para a grade, para ouvir a lista dos sentenciados que, na linguagem escarnecedora de então, chamava-se "a gazeta da tarde". O nome de Viola estava entre os condenados à guilhotina. E o velho sacerdote, melhor preparado para morrer, porém ao qual não havia ainda chegado a hora, pôs as mãos sobre a cabeça da infeliz e deu-lhe a bênção, mesclada com lágrimas.

Viola ouviu, pasmada, porém sem chorar. Com os olhos abaixados, com os braços cruzados sobre o peito, inclinou, submissa, a cabeça. Nesse momento, pronunciaram outro nome da lista; e um homem, que havia aberto o passo à viva força até aquele lugar, para ver ou para escutar, lançou um uivo de desespero e raiva. Viola volveu a cabeça e os seus olhos se encontraram com os desse homem. Apesar do tempo que havia transcorrido, a pobre mulher reconheceu o asqueroso semblante de Nicot, no qual apareceu um sorriso diabólico.

– Ao menos, formosa italiana! – exclamou o pintor –, nos unirá a guilhotina! Oh! dormiremos bem a nossa noite nupcial!

E soltando uma gargalhada, retirou-se por entre a multidão, para a sua cama.

. . . . . . . . . . . . . . . . . . . . . . . . . . . . . . . . . . . . . . . . . . . . . . . . . . . . . . . . . . . . . . . . . . . . . . .

Viola foi levada para a sua lúgubre cela; ali ficaria até a manhã seguinte. Haviam-lhe deixado ainda o filho; e ela, olhando o semblante da criança, tinha um sentimento que lhe dizia que o pequeno sabia quão terrível era a condição em que se achavam. No trajeto de sua casa à prisão, a criança não havia gemido nem chorado; havia olhado, com seus olhos claros e firmes, os reluzentes piques e as sinistras caras dos esbirros. E agora, no calabouço, abraçava meigamente o pescoço da mãe, murmurando sons indistintos em voz baixa e suave, como uma linguagem desconhecida de consolo, provinda do céu. E efetivamente, vinha do céu essa linguagem, pois ao ouvir o doce murmúrio, o terror se desvaneceu do coração da mãe; e a voz de querubim, falando por meio desse murmúrio, lembrava-lhe que elevasse o coração às alturas, onde os felizes serafins cantam a misericórdia do Infinito Amor. Viola ajoelhou-se e orou. Os despojadores de tudo o que embeleza e santifica a vida, haviam profanado o altar e negado a existência de Deus; e deixavam as suas vítimas, na última hora, sem um sacerdote, sem um livro sagrado e sem um crucifixo!

Mas a Fé sabe edificar, no calabouço e no lazareto, os seus sacrários mais sublimes; e, por entre os tetos de pedra, que cerram aos olhos a vista do Céu, eleva-se a escada por onde sobem e descem os anjos – a escada formada pela prece.

Em outra cela, contígua à sua, está o ateu Nicot, sentado e estólido no meio da obscuridade, acariciando a idéia de Danton de que a morte é o nada. Esse homem não apresenta o aspecto de uma consciência atemorizada e perturbada! O remorso é o eco de uma virtude perdida, e ele não havia conhecido nunca a virtude. Se continuasse a viver, viveria da mesma forma como até então. Porém, muito mais terrível do que o leito de morte de um crente e desesperado pecador, é essa escura apatia, essa contemplação do verme e do rato que roem o cadáver; esse terrível e pesado *Nada* que, à sua vista, cai como uma mortalha sobre o universo da vida. Fixando a vista no espaço e mordendo os lábios lívidos, Nicot contempla a escuridão, convencido de que ela durará eternamente!

– Abri passo! abri passo! Ainda há lugar para uma nova vítima que entra na casa da morte!

Quando o carcereiro, com a lâmpada na mão, introduziu nessa casa o estrangeiro, este lhe tocou o braço e disse-lhe algumas palavras ao ouvido; e em seguida, tirou um anel muito precioso que tinha num dos dedos. Êta! Como brilha o diamante aos raios da lâmpada! Avalie cada uma das oitenta cabeças que devem cair em mil francos, e a jóia vale ainda mais do que esse total! O carcereiro se deteve, e o diamante faiscava nos seus deslumbrados olhos. Olá, Cérbero, insensível a qualquer sentimento humano! Não se deixe, no desempenho do seu cruel emprego, dominar nem pela compaixão, nem pelo amor, nem pelo remorso. Mas a avareza sobrevive a todo o resto, e esta serpente, tornando-se senhora do seu coração, devora todas as mais caras afeições. Ah! Ah! Astuto estrangeiro, venceu! Os dois seguem andando pelo tenebroso corredor, até chegarem diante da porta onde o carcereiro havia fixado a marca fatal, que deve ser retirada agora, porque a pessoa que está presa lá dentro deve viver um dia mais. A chave penetra na fechadura; a porta se abre – o estrangeiro toma em sua mão a lâmpada e entra.

## Capítulo XVII

*"Cosi vince Goffredo!"*
Gerus. Liber., canto XX, 44.

["Assim venceu Godofredo!"]

Viola estava rezando ainda e submersa nos seus pensamentos; nem ouviu abrir a porta, nem viu a negra sombra que se projetava no soalho. O poder e a arte com que Ele a protegia haviam desaparecido, porém o mistério e os encantos que conhecia o puro coração dela, não a abandonavam nas horas de provação e de desespero. Quando a ciência cai como um meteoro do céu que queria invadir; quando o gênio murcha como uma flor sob o alento do gelado cadáver – a esperança da alma infantil envolve o ar em luz, e a inocência de uma inquestionável crença cobre de flores a tumba.

Viola estava ajoelhada no mais afastado canto da cela; e a criança, como se quisesse imitar o que não compreendia, dobrava seus tenros joelhos e, com semblante risonho, ajoelhava-se também ao lado da mãe.

Zanoni, em pé, contemplava-os à luz da lâmpada, cujo débil brilho caía calmamente sobre as suas formas. Caía sobre as nuvens dos dourados cabelos que, desgrenhados e deitados para trás, deixavam ver a sua cândida fronte; os seus negros olhos, cobertos de lágrimas, elevavam-se ao alto, brilhando como se neles se refletisse uma luz divina; as suas mãos cruzadas, os seus lábios entreabertos e toda a sua pessoa animada e santificada pela triste serenidade da inocência e a comovente humildade de mulher. E Zanoni ouvia a sua voz, apesar de que os lábios apenas se moviam; a voz baixa que vem do coração, suficientemente alta para ser ouvida por Deus!

– E se nunca mais devo vê-lo, ó Pai! – dizia Viola – não pode fazer com que o amor, que nunca morrerá, guie, de além do túmulo, os seus passos nesta vida terrestre? Não pode permitir também que, como um espírito vivente, eu paire sobre ele – como um espírito mais belo do que todos os que a sua ciência sabe conjurar? Oh! qualquer que seja o destino reservado a nós ambos, permita, ó Senhor! que, embora mil séculos hajam de transcorrer entre um e o outro de nós – permita que, por fim, purificados e regenerados, e dignos de gozar o encanto de tal união –, possamos ver-nos novamente! E quanto ao seu filho que, ajoelhado aqui, sobre o lajedo deste calabouço, a Vós, ó Pai Celestial, parece se dirigir – qual é o peito sobre o qual poderá dormir amanhã? Quais as mãos que o alimentarão? Quais os lábios que rezarão por sua felicidade na Terra e pela sua alma no além?!

E os soluços afogaram a voz da angustiada mãe.

– Os seus, Viola, os seus! – exclamou Zanoni. – O homem que você abandonou está aqui para conservar a mãe ao filho!

Viola se sobressaltou, ao ouvir aquelas palavras, ditas com acento trêmulo, como trêmula era também a voz dela; e pôs-se em pé. Oh! ele estava ali, com todo o brilho de sua imperecedoura juventude e da sua sobre-humana beleza! Ali estava, na habitação da morte e na hora da agonia. Ali estava ele, imagem e personificação do amor que pode atravessar o Vale da Sombra, e pode, o impávido peregrino que vem do céu, deslizar pelos abismos do inferno!

Com um grito, talvez ouvido naquela triste caverna – com um grito de delícia e de arrebatamento, Viola correu a prostrar-se aos pés de Zanoni.

Ele se inclinou para levantá-la; porém, ela escapava-se dos seus braços. Em vão o terno esposo a chamava pelos epitetos familiares dos dias do seu ardente amor; Viola somente lhe respondia com seus soluços. Delirante e apaixonada, beijava-lhe as mãos e a orla das suas vestes; a sua voz parecia ter-se extinguido.

– Olhe, Viola, olhe-me! Estou aqui... estou aqui, para salvá-la! Não quer que eu contemple a sua bela face? Cruel! Quer fugir de mim ainda!

– Fugir de você! – disse, afinal, Viola, com voz entrecortada. – Oh! se os meus pensamentos o ofenderam, se o meu sonho, aquele meu terrível sonho, me enganou, ajoelhe-se ao meu lado e reze pelo nosso filho!

E levantando-se repentinamente, foi correndo buscar o filho, e pondo-o nos braços de Zanoni, disse soluçando e em tom suplicante e humilde:

– Não o abandonei por mim... Não por mim, mas...

– Basta! – interrompeu Zanoni. – Conheço todos os pensamentos que os seus sentidos, confusos e postos em luta, mal podem avaliar. E veja como, com um olhar, a ele responde o seu filho!

E com efeito, o semblante daquela extraordinária criança parecia radiante, no meio da sua silenciosa e insondável alegria. Como se reconhecesse o pai, abraçou-o, pendurando-se-lhe ao pescoço, e nesta posição volvia seus claros e brilhantes olhos para Viola e sorria.

– Que eu reze por meu filho! – disse Zanoni, tristemente. – Os pensamentos das almas que aspiram, como a minha, aos ideais divinos, são contínua prece!

E sentando-se ao lado da esposa, Zanoni começou a revelar-lhe alguns dos santos segredos da sua elevada existência. Falou-lhe da sublime e intensa fé, por meio da qual só se pode chegar à ciência divina – da fé que, vendo o imortal por toda a parte, purifica e eleva o mortal que o contempla –; falou-lhe da gloriosa ambição que não tem por objeto as intrigas e os crimes da Terra, mas ocupa-se com as solenes maravilhas que falam não dos homens, mas sim de Deus –; daquele poder de abstrair a alma do pó terrestre, poder que dá à vista da alma a sua sutil visão, e às asas, o espaço sem limites –; daquela pura, serena e intrépida iniciação, da qual a mente emerge, como se fosse da morte, com as claras percepções do seu parentesco com os Princípios Paternos de vida e de luz, de modo que, na própria sensação do belo, acha a sua alegria; na serenidade da sua vontade, o seu poder; na sua simpatia com a juventude da Infinita Criação, da qual é essência e parte, os segredos que embalsamam o corpo de barro, que santifica e renova a força da vida com a ambrosia do sono misterioso e celestial.

E enquanto Zanoni falava, Viola o escutava, quase sem respirar; e ainda que não pudesse compreender, não se atrevia mais a desconfiar. Ela sentia que, naquele entusiasmo, fosse produzido por engano próprio ou não, não podia mesclar-se nenhuma obra do demônio; e mais por uma espécie de intuição do que por um esforço da razão, viu diante de si como um estrelado oceano, a profundidade e a misteriosa beleza da alma que os seus temores haviam ofendido. Contudo, quando o esposo, concluindo as suas estranhas confissões, disse que havia sonhado elevá-la também a essa vida interior e superior, apoderou-se dela o medo que escraviza a humanidade, e Zanoni leu no silêncio dela como teria sido irrealizável esse sonho, apesar de toda a sua ciência.

Agora, porém, quando ele cessou de falar, Viola, apoiando a cabeça no peito do esposo, sentiu o contato dos braços protetores – quando um santo beijo achou o perdão do passado e o esquecimento do presente –, despertaram-se no seu coração as doces e ardentes lembranças da vida normal e da mulher que ama. Zanoni havia vindo para salvá-la! Viola não perguntou como isso era possível – acreditou –, sem formular pergunta alguma. Finalmente, tornariam a viver unidos; ausentar-se-ia para longe dessas cenas de violência e de sangue. Voltariam à feliz ilha iônica, para ali viverem em segurança, na sua retirada mansão. Viola ria com alegria infantil, quando esse quadro sedutor se apresentou à sua vista, ali, na lôbrega prisão. Sua mente, fiel aos seus doces e simples instintos, recusou-se a receber as elevadas imagens que confusamente se lhe apresentavam, e fixou-se em suas antigas visões, embora mais idealizadas, da felicidade terrestre e de um tranqüilo lar.

– Não me fale agora mais do passado, meu querido! – dizia ela. – Está aqui; salvar-me-á; ainda seremos felizes, vivendo unidos para sempre; e nessa vida de nossa doce união há suficiente felicidade e glória para mim! Atravesse você, quanto quiser, no orgulho de sua alma, o universo; o seu coração é o universo para o meu. Até há poucos instantes, eu estava preparada para morrer; mas ao vê-lo e ao tocá-lo outra vez, sinto quão bela e grata é a vida! Olhe através da grade, e verá como as estrelas começam a se apagar no céu; o dia se aproxima, o dia que nos abrirá as portas da prisão! Você me disse que pode me salvar; e eu não duvido. Oh! fujamos das cidades! Naquela ilha ditosa, nunca duvidei de você; lá não me assaltavam outros sonhos a não ser os de alegria e beleza; e quando, ao despertar, contemplava os seus olhos, achava o mundo ainda mais belo e mais alegre. Amanhã! – por que não sorri? Amanhã, meu amor! Não acha abençoada esta palavra: amanhã?! Cruel! Quer castigar-me ainda! Por isso, não toma parte na minha alegria. Ah! olhe o nosso filho, olhe como ele se ri! Vou dizer-lhe o que me alegra. Filho meu, seu pai está aqui!

E tomando a criança nos braços, sentou-se a pequena distância de Zanoni e pôs-se a embalar o pequenino, apertando-o ao peito, acariciando-o com ternura e beijando-o a cada palavra. A ditosa mãe chorava e ria ao mesmo tempo quando, apartando a vista do filho, olhava extasiada o pai, ao qual o sorriso das estrelas, que apagavam a sua luz, dava o último adeus. Quão bela parecia Viola, sentada daquela maneira, sem suspeitar o seu triste porvir! Quase criança ainda ela mesma, e o seu filho respondendo com riso ao riso dela – eram como dois inocentes brincando à beira do túmulo! Cada vez que Viola se inclinava sobre o filho, a sua abundante cabeleira caía-lhe pelo pescoço, como uma nuvem de ouro, e cobria o seu tesouro, como um véu de luz; e o filhinho, com as lindas mãozinhas, afastando de vez em quando esse brilhante manto, sorria à mãe através das suas tranças e depois escondia o rosto entre elas, para descobri-lo sorrindo, um momento depois. Teria sido cruel anuviar essa alegria; porém, muito mais cruel ainda era ter de presenciá-la.

– Viola – disse por fim, Zanoni –, lembra-se que, estando numa noite sentados à luz da lua, diante da caverna, na praia da nossa ilha nupcial, queria que lhe desse este amuleto? Objeto de uma superstição, já há muito tempo desaparecida do mundo, como também desapareceu o credo a que essa superstição pertencia. É a última relíquia da minha terra natal, e foi minha mãe quem, no seu leito de morte, a colocou no meu pescoço. Eu lhe disse, naquela ocasião lá na praia, que lhe daria este amuleto um dia, *quando as leis da nossa existência fossem as mesmas.*

– Lembro-me bem.

– Pois sabe que amanhã será seu o amuleto!

– Ah! o precioso dia de amanhã! – exclamou Viola.

E deitando ao lado, com cuidado e ternura, o filho, que estava agora dormindo, abraçou o esposo e apontou-lhe com o dedo a luz da aurora que começava a aparecer no firmamento.

Ali, entre aquelas lúgubres paredes, o astro matutino brilhava por entre as barras da grade sobre aqueles três seres, nos quais estava concentrado tudo o que os laços humanos podem oferecer de mais misterioso e encantador; tudo o que há de mais misterioso nas combinações da mente humana; a inocência entregue ao sono; a afeição confiante que, contentando-se com um olhar e um contato, não prevê as mágoas; e a fatigada ciência que, depois de penetrar todos os segredos da criação, vem, por fim, achar na morte a solução desses segredos, e aproximando-se já da tumba, ainda se abraça com o amor. Assim, lá dentro viam-se as tristes paredes de um calabouço; e no exterior, cheio de mercados e salões, palácios e templos, reinava a vingança e o terror, forjando negros projetos e contraprojetos; de um lado para outro, flutuando sobre a crescente maré das agitadas paixões, oscilavam os destinos dos homens e das nações; e a estrela d'alva, desvanecendo-se no espaço, fitava com olho imparcial a torre da igreja e a guilhotina.

Radiante, começa a aparecer a luz do dia. Lá, nos jardins, as aves renovam os seus cantos favoritos. Os peixes saltam brincando nas frescas águas do Sena. A alegria da divina natureza e o buliçoso e discordante ruído da vida mortal, novamente despertam: o comerciante abre as suas janelas; as raparigas, ornadas de flores, dirigem-se para as suas lides; operários correm, com passos ligeiros, aos trabalhos diários nas oficinas, que as revoluções, derribando os reis e os imperadores, deixam, como herança de Caim, aos pobres e rústicos; os carros gemem debaixo do peso das mercadorias; a tirania sobressaltada madruga e se levanta com o rosto pálido; a conspiração, que não dormiu, escuta atenta o relógio, murmurando no coração: "Aproxima-se a hora." Nas avenidas do Salão da Convenção vão-se formando grupos, em cujos semblantes se vê pintada a ansiedade;

hoje se decide a soberania da França! Nos arredores do Tribunal, nota-se o ruído e o movimento de costume. Não importa o que o Fado esteja preparando; neste dia cairão oitenta cabeças!

. . . . . . . . . . . . . . . . . . . . . . . . . . . . . . . . . . . . . . . . . . . . . . . . . . . . .

Viola dormia profundamente. Fatigada de alegria, e segura na presença dos olhos que para ela voltaram, havia rido e chorado de prazer, até adormecer; e parecia que até no seu sono a acompanhava a feliz convicção de que o amado esposo estava ao seu lado – que achara tudo o que, com a sua fuga, havia perdido. Viola sorria e falava consigo mesma, pronunciando com freqüência o nome de Zanoni, e estendia os braços e suspirava quando não o tocavam.

Difícil seria expressar as emoções que experimentava Zanoni que, estando em pé ao seu lado, a contemplava. Não a veria despertar mais! Viola não sabia quão caro ele comprara a segurança daquele sono. A manhã, pela qual ela tanto anelara – havia chegado afinal. Como saudaria Viola a tarde? Os seus olhos se haviam cerrado no meio das mais risonhas esperanças com que a juventude e o amor contemplam o futuro. Estas esperanças coloriam ainda agradavelmente os seus sonhos. Ela despertaria para viver! Amanhã cairia o Reinado do Terror; as portas da prisão se abririam – ela sairia do calabouço para correr, com o filho nos braços, ao mundo da luz de verão. E ele? Ele volveu a cabeça, e o seu olhar caiu sobre o filho, que estava acordado e o fitava com os olhos claros, sérios e pensativos. Zanoni inclinou-se para ele e beijou-lhe os lábios.

– Nunca mais – murmurou –, ó herdeiro do amor e da desgraça, nunca mais tornará a ver-me em suas visões; nunca mais a luz desses olhos será alimentada por uma celestial comunicação; nunca mais a minha alma poderá, velando junto de você, preservá-lo dos desgostos e da enfermidade. O seu destino não será tal qual eu, em vão, desejava esboçar-lhe. Confundido com os demais da sua raça, terá de sofrer, lutar e errar. Sejam, porém, brandas as provações que o aguardam, e o seu espírito seja forte para amar e crer! E assim, como eu agora o contemplo, assim possa a minha natureza transladar, por místico sopro, à sua o seu último e mais intenso desejo; que passe para você o amor que sinto por sua mãe, e queira Deus que ela possa, nos seus olhares, ouvir como o meu espírito a anima e consola. Ah! já vêm vindo! Sim! Adeus! eu aguardo a ambos no outro lado da tumba!

A porta abriu-se lentamente; o carcereiro apareceu no umbral e, no mesmo instante, penetrou pela abertura um raio de luz que caiu sobre o semblante da feliz e bela adormecida, e passou, como que brincando, aos lábios do pequerrucho, que ainda mudo e com olhar fixo, seguia todos os movimentos do pai.

Nesse instante, Viola, sonhando, murmurou: "Já é dia! Ao mar! Ao mar! Olhe como os raios do sol brincam sobre as águas! Vamos para a nossa casa, meu querido, vamos para a nossa casa!

– Cidadão, chegou a sua hora! – disse o carcereiro.

– Silêncio! Ela dorme! Um momento, e estarei pronto! Graças a Deus... ela dorme ainda!

Zanoni não quis beijá-la, temendo despertá-la; porém, pôs-lhe delicadamente ao pescoço o amuleto que lhe transmitiria, depois, o seu adeus de despedida – e ao mesmo tempo, a promessa de que novamente se uniriam! Zanoni dirigiu-se para a porta – e daí volveu-se uma e outra vez. A porta se cerrou; Zanoni se foi para sempre!

Viola despertou depois de algum tempo e, olhando ao redor de si, disse:

– Zanoni, já é dia!

Não recebeu outra resposta senão o fraco gemido do filho. Ó Deus misericordioso! Foi apenas um sonho tudo aquilo? A desconsolada esposa, deitando para trás as compridas tranças que lhe cobriam a vista, sentiu ao pescoço o amuleto. Não! não foi sonho!

– Ó Deus! – exclamou. – E ele se foi!

E correndo para a porta, pôs-se a gritar, até que veio o carcereiro.

– Meu esposo, o pai do meu filho? – perguntou a infeliz.

– Precedeu-a, mulher! – foi a resposta.

– Aonde? Fale! Diga-me!

– À guilhotina!

E a negra porta cerrou-se outra vez.

Viola caiu no chão, desmaiada. Com a velocidade do raio, apresentaram-se à sua mente as palavras de Zanoni, a sua tristeza, o verdadeiro significado do seu místico presente e o sacrifício que fazia por ela. Compreendeu tudo naquele terrível momento. E depois, a sua mente se obscureceu como se obscurece o horizonte à aproximação da tempestade; mas aquela obscuridade tinha também a sua luz. E enquanto permanecia sentada no chão do calabouço, muda, rígida e como se estivesse petrificada, uma visão pôs diante da sua vista interna, como a rápida decoração de um teatro, a lúgubre sala do Tribunal, o juiz, os jurados e o acusador; e no meio das vítimas, distinguia-se a altiva e radiante forma de Zanoni.

– Acusado, conhece o perigo que ameaça o Estado; confesse!

– Sim, conheço-o; e vou cumprir a minha promessa. Juiz, eu lhe revelo a sua sentença. Eu sei que a anarquia, a que dá o nome de Estado, expirará hoje ao pôr-do-sol. Escute o ruído e os murmúrios ameaçadores nas ruas! Abri passo, ó mortos! Dai lugar no inferno para Robespierre e a sua grei!

Tudo é desordem e confusão no Tribunal; pálidos mensageiros vêm correndo; os verdugos começam a ter medo.

– Fora com o conspirador! E amanhã morrerá a mulher que você quis salvar!

– Amanhã, presidente, o aço cairá sobre você!

O comboio da morte marchava lentamente pelas ruas, por entre a apinhada e ruidosa multidão. Ah! povo valente! Por fim despertou! Não morrerão os sentenciados! O trono da Morte ruiu por terra! Robespierre caiu! O povo corre a salvá-los!

Num dos carros, ao lado de Zanoni, gritava e gesticulava a feia figura humana que, em seus sonhos proféticos, o místico havia visto como o seu companheiro no lugar da morte.

– Salve-nos! Salve-nos! – uivava o ateu Nicot. – Avante, bravo povo! Havemos de ser salvos!

E por entre a multidão, com os negros cabelos voando nos ares, e com os olhos arrojando fogo, abriu passo uma mulher, em cujo semblante se via pintado o desespero.

— Meu Clarêncio! – gritou ela, no suave idioma italiano. – Verdugo! que fez você do meu Clarêncio?

Os seus olhos correram com ansiedade pelas caras dos presos; e a mulher, não vendo entre elas o que buscava, exclamou:

— Graças a Deus! Graças a Deus! Não sou sua assassina!

O populacho se agrupa mais e mais – ainda um momento, e o verdugo ficará sem as suas vítimas. Ó Zanoni! Por que se vê, em sua fronte, a fria resignação que não fala de esperança?

Tram! tram! As tropas armadas enchem as ruas! Fiel às suas ordens, o feroz Henriot as conduz. Tram! tram! Lançam-se sobre a multidão que se acovarda e dispersa! Aqui, fogem uns em desordem – ali, caídos, outros são pisados pelos cavalos e lançam gritos de desespero! E no meio deles, ferida pelas espadas dos soldados, e com os compridos cabelos empapados de sangue, jaz a italiana; os seus lábios se torcem convulsivamente, mas ainda se nota neles alegria, quando murmuram:

— Clarêncio! não o destruí!

O comboio chega à "Barreira do Trono", onde se estende no ar o gigantesco instrumento de assassínio. O cutelo se levanta e torna a cair uma vez, e outra, e outra, e mais outra! Graças! Graças! Tão ligeiro se passa pela ponte que da luz do sol vai-se às trevas? A passagem é tão curta como um suspiro!

Ah! agora veio a sua vez. – "Não morra ainda! não me deixe! ouça-me! ouça-me!" – gritou a inspirada vidente. – "Como?! E sorri ainda?!"

Sim, aqueles pálidos lábios sorriam ainda e, ao extinguir-se aquele sorriso, pareceu desvanecer-se o cadafalso, o horror e o verdugo. Com aquele sorriso, pareceu que todo o espaço foi inundado de uma brilhante luz eterna. Viola viu como a forma do seu amado se elevou acima da Terra e pairou sobre ela; não era forma material, era uma idéia de alegria e luz! E atrás abriu-se o Céu, e nele, região atrás de região; e ao longe, viam-se grupos sobre grupos, numerosos seres de incomparável beleza.

"Seja bem-vindo!" – cantavam milhares de melodiosos coros dos habitantes dos Céus. – Seja bem-vindo, ó ser purificado pelo sacrifício, que se tornou imortal somente pela morte!" Isto é morrer!" – E radiante entre os radiantes, a Imagem estendeu os braços e murmurou à extasiada vidente: – "Companheira da Eternidade! – isto é morrer!"

. . . . . . . . . . . . . . . . . . . . . . . . . . . . . . . . . . . . . . . . . . . . . . . . . . . . . . . . . . . . . . .

— Ah! Que é que significam esses sinais que nos fazem do alto das casas? Por que as multidões se precipitam para as ruas? Por que tocam os sinos? Ouçam os tiros dos canhões! O choque das armas! Camaradas presos, luzirá, enfim, esperança para nós?

Assim falam os presos, uns aos outros. O dia se vai – a noite se aproxima. Eles permanecem ainda com os seus pálidos rostos encostados às grades, e ainda vêem que se lhes dirigem das janelas e do alto das casas sorrisos de amigos, e que se lhes acenam!

— Hurrah! hurrah! – dizem finalmente. – Robespierre caiu! O Reinado do Terror se acabou! Deus nos permitiu viver!

Sim; dirijamos um olhar à sala onde o tirano e o seu conclave escutavam a tempestade que rugia nas ruas! Cumprindo a profecia de Dumas, Henriot, ébrio de sangue e de álcool, entra cambaleando na sala e, arrojando o seu ensangüentado sabre ao soalho, exclama:

– Tudo está perdido!

– Miserável! A sua covardia nos destruiu! – gritou o feroz Cofinhal, arrojando o covarde pela janela.

O inflexível Saint-Just permanece calmo com o desespero; o paralítico Couton, arrastando-se como uma serpente, esconde-se debaixo da mesa. Ouve-se um tiro: Robespierre quis suicidar-se; porém, a mão trêmula errou o alvo e ele não conseguiu pôr fim à sua vida. O relógio do "Hotel de Ville" dá as três horas. A multidão derriba a porta e, invadindo os sombrios corredores, chega à sala da Morte. Desfigurado pelo tiro, lívido, cheio de sangue, mudo, porém consciente de si, senta-se ainda no seu elevado lugar o altivo chefe dos assassinos. A multidão o rodeia, insulta-o, roga-lhe pragas – e são as suas faces de ira à luz das tochas que se agitam. E ali está ele, não como um brilhante Mago, mas o verdadeiro feiticeiro! E em suas últimas horas, o tirano vê reunidos ao seu redor todos os inimigos que criou!

Arrastam-no para fora da sala. Abra as suas portas, inexorável prisão, receba a sua presa! Maximiliano Robespierre não pronunciou nunca mais uma palavra na Terra!

Deixe sair às ruas os seus milhares e dezenas de milhares de habitantes, emancipada Paris! O carro da morte do Rei do Terror rola para a "Praça da Revolução" – e Saint-Just, Dumas e Couton são os companheiros de suplício de Robespierre.

Uma mulher, a quem deixaram sem filhos, com os cabelos brancos, salta ao lado do tirano, e exclama:

– A sua morte embriaga-me de alegria!

– Robespierre ao inferno! – continuou a mulher. – Ele desce ao inferno no meio das maldições das viúvas e das mães!

O verdugo arrancou a venda do rosto de Robespierre, cuja mandíbula fora despedaçada pelo tiro; o tirano lançou um grito, os espectadores responderam com uma gargalhada e, em seguida, caiu o cutelo, no meio dos gritos da imensa multidão, e negras trevas se precipitaram sobre a alma de Maximiliano Robespierre!

Assim terminou o Reinado do Terror.

. . . . . . . . . . . . . . . . . . . . . . . . . . . . . . . . . . . . . . . . . . . . . . . . . . . . . . . . . . . . .

A luz do novo dia iluminou o calabouço. A gente corria, de cela em cela, a levar a feliz notícia. Os alegres presos se mesclavam com os carcereiros, os quais, de medo, também mostravam um ar alegre. Os presos corriam embriagados de prazer, por aquelas espeluncas e por aqueles corredores da terrível casa que, em breve, iam deixar. Entraram numa cela, esquecida desde a manhã anterior. Ali acharam uma mulher ainda nova, sentada na sua miserável cama, com os braços cruzados sobre o peito, a face levantada para o céu, os olhos abertos e um sorriso nos lábios, que revelava não só serenidade, mas até felicidade. A gente, ainda no tumulto de sua alegria, retrocedeu cheia de respeito. Nunca, na vida, haviam visto tanta beleza; e quando se aproximaram silenciosamente daquela formosa mulher, viram que os seus lábios não respiravam, que o seu repouso era o de mármore, e que a beleza e o êxtase eram de morte.

A multidão rodeou-a em silêncio; e eis que a seus pés havia um menino, o qual, despertado pelos passos, olhou os presentes com serenidade, e os seus rosados dedinhos começaram a brincar com o vestido da mãe morta.

– Um órfão aqui, na cela da prisão!

– Pobrezinho! – exclamou uma mãe. – Dizem que o seu pai pereceu ontem; e agora também a sua mãe morreu! Sozinho no mundo, que destino será o seu?

O menino sorriu tranqüilamente, enquanto a mulher fazia essa exclamação. E o velho sacerdote, que se achava entre aquela gente, disse, com voz terna:

– Mulher! olha! o órfãozinho está sorrindo! Deus cuida dos órfãozinhos e os protege. Ele protegerá também este!

# O FILHO DE ZANONI

*Francisco Valdomiro Lorenz*

Quando concluiu a tradução de *Zanoni*, um romance clássico da literatura esotérica da autoria de Sir Edward Bulwer Lytton, que se mantém há décadas entre os livros mais procurados da Editora Pensamento, uma idéia preocupava seu tradutor, o escritor Francisco Valdomiro Lorenz: que destino aguardaria o filho de Zanoni, órfão de pai e mãe logo depois de nascer?

A essas cogitações seguiram-se outras: Quem cuidaria do menino? Como se desenvolveria ele, física e espiritualmente? Seria pobre? Seria rico? Entraria no mesmo caminho trilhado pelo pai?

Enquanto formulava essas e outras perguntas, "num instante de tranqüila concentração" – diz seu autor – "apresentaram-se a seus olhos espirituais quadros e visões em que pôde reconhecer a solução desses problemas"

Dessa idéia, sem dúvida ousada, nasceu este livro, cujo interesse não se prende apenas a essa peculiaridade, sem dúvida rara, na literatura de qualquer gênero: a de dar seqüência a uma obra cujo autor, conhecido e consagrado no mundo das letras, dera por terminada.

Autor de vários livros que comprovam um amplo conhecimento, mais do que do quadro histórico em que se desenrolaria o romance, do efervescente mundo das idéias que marcaram o fim do século XVIII e a primeira metade do século XIX, não só no campo das ciências como no da filosofia e da espiritualidade em geral, a prova de que Francisco Valdomiro Lorenz se saiu bem na tarefa é a aceitação que seu livro vem tendo desde sua primeira publicação há décadas, coroando de êxito esse raro caso de incorporação literária de um escritor inglês do século XIX num escritor brasileiro do século XX

EDITORA PENSAMENTO

# O MAGO DE STROVOLOS

**O mundo maravilhoso de Daskalos, seus ensinamentos e suas curas espirituais**

## KYRIACOS C. MARKIDES

Este livro é fruto de uma longa convivência do autor, Kyriacos C. Markides, com Daskalos, o Mago de Strovolos, e seu grupo na ilha de Chipre. Durante esse tempo, paralelamente ao relato de curas prodigiosas, Daskalos transmitiu ao autor um conjunto aparentemente inesgotável de ensinamentos esotéricos ligados à psicologia, à doutrina da reencarnação, à cosmologia e ao misticismo em geral, abarcando tanto as tradições do Ocidente como as do Oriente. Mas o Mago de Strovolos é, antes de tudo, alguém que faz curas, alguém cujo trabalho está firmemente enraizado na fé no Espírito Santo, a Superconsciência impessoal que expressa o poder do Absoluto e torna possível a criação do Universo.

Junto com o autor, o leitor irá se envolver nessa aventura ao mundo misterioso e extraordinário de Daskalos, um mestre autêntico, de habilidades psíquicas genuínas, com uma visão da realidade compatível com as mais elevadas tradições do Cristianismo esotérico e da filosofia oriental.

"Trata-se de um livro verdadeiramente maravilhoso. Na minha opinião, é um dos mais extraordinários relatos sobre uma personalidade 'mágica' desde o relato de Ouspensky sobre Gurdjieff."
COLIN WILSON

"Este livro é um verdadeiro tributo e ilustra os melhores aspectos de uma observação participante."
MICHAEL HARNER

EDITORA PENSAMENTO